美国·亚太地区国家海洋战略研究丛书

澳大利亚海洋战略研究

MARITIME STRATEGY OF AUSTRALIA

上海市美国问题研究所·主编

薛桂芳·著

时事出版社

图书在版编目（CIP）数据

澳大利亚海洋战略研究/上海市美国问题研究所主编，薛桂芳著.—北京：时事出版社，2016.11
ISBN 978-7-80232-961-4

Ⅰ.①澳…　Ⅱ.①上…②薛…　Ⅲ.①海洋战略—研究—澳大利亚　Ⅳ.①E611.53

中国版本图书馆 CIP 数据核字（2016）第 238955 号

出 版 发 行：时事出版社
地　　　　址：北京市海淀区万寿寺甲 2 号
邮　　　　编：100081
发 行 热 线：（010）88547590　88547591
读 者 服 务 部：（010）88547595
传　　　　真：（010）88547592
电 子 邮 箱：shishichubanshe@ sina.com
网　　　　址：www.shishishe.com
印　　　　刷：北京市昌平百善印刷厂

开本：787×1092　1/16　印张：24　字数：312 千字
2016 年 11 月第 1 版　2016 年 11 月第 1 次印刷
定价：98.00 元

（如有印装质量问题，请与本社发行部联系调换）

出版说明

党的十八大报告提出了建设海洋强国的战略目标。而为了达到这一目标，则必须依靠综合国力，建立一整套完整的海洋战略。自从海洋向人类展示其作为海上通道的魅力之时，海洋也自然成为连接国与国之间的一个重要桥梁，也成为了外交的重要舞台，海上纷争的战场。因此，在建立海洋战略的同时，对于周边地区各国的海洋战略，我们也必须加以明察。只有这样，才能够从容应对，才能建立我们自己更为完整的海洋战略体系。出于这样的目的，上海市美国问题研究所策划了一套《美国·亚太地区国家海洋战略丛书》，通过汇集多方之力，力求完成这一目标。

我所策划的这套丛书共计八本，全面展示了美国、俄罗斯、日本、韩国、越南、菲律宾、印度以及澳大利亚这八个国家的海洋安全战略、海洋管理战略、海洋经济战略、海洋环保战略、海洋教科文战略以及海洋国际政治与外交战略等，一方面促进了我们对周边各国具有更全面的认识，另一方面也可以对制定我国的海洋战略起到重要的借鉴作用。

该丛书自策划之始，便抱着严谨的学术态度，汇集各个专家多次召开学术会议，从撰写提纲到充实内容，都数易其稿。随着时间的推移，根据新问题、新情况的出现，不断追踪充实，力求与时俱进。对此，我所还遍访相关专家，力求寻找参加编撰的最佳人选，聘请了上海社会科学院金永明研究员、国家海洋局于保华与李双建研究员、解放军国际关系学院成汉平教授与宋德星教授、华东师范大学国际关系与地区发展研究院肖辉忠博士和韩冬涛博士、上海交通大学薛桂芳教授、上海外国语大学廉德瑰教授、上海政法学院朱新山教授、吉林大学李雪威教授等高校和科研机构的专家分别撰稿。历时两年多时间终于得以全部完成。书稿完成之后，我所还聘请了冯绍雷、于向东、张家栋等著名专家进行严格评审，力求做到尽善尽美。

自从本丛书策划和编撰开始之时，便受到了来自各界的支持和帮助，上海市社会科学界联合会、上海社会科学院出版社等单位对本丛书给予了巨大的帮助，国防大学战略研究所前所长杨毅海军少将为本丛书撰写了总序，对此我们表示由衷的感谢。

对于本丛书的编撰，我所常务所长胡华统筹策划、亲力亲为；朱慧、叶君、龙菲组织协调，落实安排；汪道、李奕昕和章骞先后承担联络工作，确保该丛书出版的顺利进行。虽然在出版过程中遇到了很多未曾预料的问题，但经过不懈的努力，将这套丛书展示在了读者的面前。当然，由于本丛书难免还存在各种不足之处，我们真诚地希望各位读者和专家给予指正，提出宝贵的意见。

最后，我们要特别感谢时事出版社苏绣芳副社长以及各位编辑，正是他们的悉心努力，这套丛书才能够得以顺利出版。

上海市美国问题研究所
2016 年 8 月 26 日

总序

中国正处在发展的历史新起点，正在进入由大向强发展的关键阶段。我国发展仍然处于可以大有作为的重要战略机遇期，但战略机遇期内涵发生深刻变化，我国发展既面临许多有利条件，也面临不少风险挑战。

随着综合国力的增强和国际影响力的上升，我国的战略回旋空间和面临的压力同步上升。各种安全挑战中的"内忧外患联动效应"突出，我们维护国家安全利益与发展利益的"两难选择"特征增加了我们运筹国家安全的难度。在实现社会主义小康社会的冲刺阶段，避免跌入"中等收入陷阱"和"修昔底德陷阱"，是我们内政与外交的两个重大课题。

对内，统筹好经济"调结构、稳增长与防风险"三者之间的关系，确保我国经济持久、健康发展是一项重要而艰巨的工作。在新常态下，我国经济发展表现出速度变化、结构优化、动力转化三大特点，增长速度从高速转向中高速，发展方式从规模速度型转向质量效率型，经济结构调整要从增量扩能为主转向调整存量、做优增量并举，发展动力要从主要依靠资源和低成本劳动力等要素投入转向创新驱动。当前，我国经济社会发生深刻变化，改革进入攻坚期和深水区，社会矛盾多发叠加，面临各种可以预见和难以预见的安全风险挑战。

对外，我国和平发展与民族复兴给外部世界特别是给美国等西方国家带来的冲击处于一个激烈的相互磨合和相互适应阶段，各国对华政策也处在一个变化路口，并且可塑性比较强的阶段。中国的外部安全环境继续呈现双重压力状态，即：美国对我国的战略防范和周边部分国家对我国的恐惧与担忧。这双重压力"相互借重，复合交汇"，在涉及与我国利益冲突问题上一拍即合，对我们形成"同步压力"。

我们运筹国家安全正面临着两大矛盾：第一，我们国家迅速扩展的安全和发展利益和有限的保卫手段之间的矛盾；第二，增强保护国家利益手段的迫切性与日益增长的外部制约因素之间的矛盾。

我国经济发展，对外贸易额的增长以及能源供应都对海上运输产生了越来越大的依赖，海上航道的安全已经成为国家安全的重要环节，它不但涉及经济安全，也是国家整体安全的重要组成部分。然而，我国对海上航道的需求的不断上升，与我国海上防卫力量的不足形成了鲜明的反差。

我国外部安全环境，来自陆地方向的大规模军事入侵基本上可以排除，但是来自海洋方向的安全挑战日益增多。美国推进亚太战略"再平衡"，强化在我国周边地区，特别是海洋方向的军事力量部署和活动强度，对我国的周边安全环境形成了巨大压力。

无论是维护国家安全，还是发展经济，经略海洋都已经在战略上形成了刚性需求。党的十八大提出了"建设海洋强国"的战略目标，把经略海洋作为推进中华民族伟大复兴事业的重要组成部分与途径之一。建设海洋强国的内涵丰富，包括提高海洋资源开发能力、海洋运输能力、海洋执法能力、海洋防卫能力，发展海洋经济，保护海洋生态环境，坚决维护国家海洋权益，把我们国家建设成一个世界性的海洋强国。

中国地缘上是一个陆海复合型的国家，虽然在古代曾经有过丰富多彩的海上实践，早在西方的"大航海时代"开始以前，郑和就率领过举世无双的庞大船队远航到了非洲，古代的海上丝绸之路也曾经连接到了欧洲。但是，进入近现代以后，由于传统的观念落后和其他综合因素，中国却不幸地沦落为一个海洋弱国，饱受西方列强的欺凌。在我国从来没有像现在如此接近民族复兴梦想的今天，作为一个世界国家整体面向海洋，这在中华民族的历史上还是第一次，它对世界的冲击是可想而知的。

古希腊著名历史学家修昔底德认为，当一个崛起的大国与既有的统治霸主竞争时，双方面临的危险多数以战争而告终。对于大海，中国还是一个后发的国家，然而，中国建设海洋强国的步伐速度之飞快、规模之宏大，免不了引起一些国家心理上的危机感，他们既无法阻止，又不可抗拒，更难以适应。

19世纪末、20世纪初著名的地缘政治学家，美国海军军官、历史学家，《海权论》的作者阿尔弗雷德·塞耶·马汉（Alfred Thayer Mahan）通过对十七八世纪重商主义和帝国主义时期的海上强国英国历史的大量研究，提出了关于美国海军政策、海军战略、海军战术的一系列基本原则。马汉《海权论》的核心观点是，海洋是世界的中心；谁控制了世界核心的咽喉航道、运河和航线，谁就掌握了世界经济和能源运输之门；谁掌握了世界经济和能源之门，谁就掌握了世界各国的经济和安全命脉；谁掌握了世界各国的经济和安全命脉，谁就（变相）控制了全世界。马汉学说在美国被捧为金科玉律，尤其在两次世界大战之间的20多年中已经构成了美国军事战略的灵魂。马汉的海权论在西方，乃至世界的影响依然巨大。

马汉通过对17世纪和18世纪的英国历史进行推导，设定了六项他表示普遍适用、永恒不变的"影响海权的一般条件"：（1）地理位置；（2）自然构造；（3）领土范围；（4）人口数量；（5）民族性格；（6）政府的特征和政策。

现代海权更是一个复杂的体系，虽然马汉的六大要素依然发挥着作用，但是对这其中第六个要素，也就是政府的特征和政策则更有进一步拓展的必要。我们不妨根据其功能将其分为"硬件"和"软件"两大部分。其中"硬件"包含海军、海洋管理体制和机构、海洋产业和海洋科技实力等构成海权的客观物质要素；而"软件"则包括海洋管理法律制度、海洋价值观和海洋意识，这些非物质因素在海权的发展和维系方面则具有不可替代的独特作用。

各国的海洋战略也正是通过这几大要素辐射而出的，而且随着进入了21世纪，在这国际政治多极化、经济全球化、军事信息化的时代，海洋战略更是具有崭新的色彩。

以往排他性海上霸权逐渐让位于功能更复杂和更国际化的当代海权观念。这一当代海权观念新颖和核心的特点是，海上力量已无力追求单极的全球霸权与秩序，相对于日益崛起的太空和空天复合力量，海权的黄金时代已经成为历史。即使对于拥有绝对海军优势的国家，在国际政策中，单纯利用海权优势也不可能实现自身的利益。这些国家即使有能力轻易获得海上战争的胜利，其外交、经济和其他代价，也是其决定行动时不得不再三综合考虑的因素。这也与当代全球经济和政治的急遽整合趋势是一致的。

在这一背景下，在这个意义下，全球化时代的海洋战略，还加入了维护海上安全、保护海洋环境等内容，其根本目的就是保护现有经济格局的安全，维护现今给大多数国家带来利益的全球秩序的稳定。海洋战略是一个综合海洋经济、海洋政治、海洋军事、海洋法制、海洋环境等一系列因素的复杂问题。

中国奉行的是和平发展道路，而不是走历史上传统大国崛起靠军事扩张，甚至通过发动战争来实现自己战略目标的旧路。正如国家主席习近平所强调的，中国愿同各国一道，构建以合作共赢为核心的新型国际关系，以合作取代对抗，以共赢取代独占，树立建设伙伴关系新思路，开创共同发展新前景，营造共享安全新局面。

面对当今世界复杂的海上局势，中国如何更好地走向海洋、经略海洋，需要我们在战略上很好地把握，搞好战略规划与运筹。对此，我们不仅仅只是开拓出一条具有中国特色的和平发展的海上战略，同样重要的，还应当对世界各国，尤其是中国周边海上国家的海洋战略加以清晰地了解，明确地掌握。

上海市美国问题研究所将美国、日本、韩国、越南、菲律宾、澳大利亚、印度以及俄罗斯这八个国家的海上战略进行了系统的梳理。据我浅薄所知，国内至今还没有见过这样一套系列丛书。这样一套系列丛书的面世，对于今后中国如何面向大海，如何制定相应的海上战略而言，具有非常宝贵的参考价值。这样一套系列丛书的顺利出版，对于服务于建设海洋强国，对于推进中华民族伟大复兴事业都是一件值得庆贺的好事。

对于海洋战略这样复杂的问题，分国家加以考察更要花费巨大的辛劳和探索。对此，上海市美国问题研究所动员了全国的相关专家，历经多年的努力，集中全力对这套丛书进行了编撰，取得了丰硕的学术成就。

为了适应世界多极化、经济全球化、合作与竞争并存的新形势，扩大与沿线国家的利益汇合点，与相关国家共同打造政治互信、经济融合、文化包容、互联互通的利益共同体和命运共同体，实现地区各国的共同发展、共同繁荣，中国政府提出了建设"一带一路"倡议。其中，"二十一世纪海上丝绸之路"的战略规划将促进构建海上互联互通、加强海洋经济和产业合作、推进海洋非传统安全领域的全面合作，也将拓展海洋人文领域的合作。在建设"二十一世纪海上丝绸之路"的大业中，了解各国的海洋战略，更是必不可少。我相信，这套系列丛书会为照亮"二十一世纪海上丝绸之路"的拓展前程做出特殊的贡献。

《美国·亚太地区国家海洋战略研究丛书》浸透了所有参与者的辛勤劳动与心血，当广大的读者从中受益的时候，也是对为这套丛书顺利撰写、编辑、出版和发行而做出各自贡献的人们表示感谢的最好方式。

2016 年仲夏，于北京

目　　录

前言　全球化时代的海洋战略观 …………………… (1)

第一章　澳大利亚的海洋及安全威胁 …………… (10)

　第一节　澳大利亚的海洋概览 …………………… (11)
　　一、海洋自然地理 ………………………………… (11)
　　二、海洋政治地理 ………………………………… (15)
　　三、海洋管理机制 ………………………………… (15)

　第二节　澳大利亚面临的海洋安全威胁 ………… (19)
　　一、直接海洋安全威胁 …………………………… (20)
　　二、间接海洋安全威胁 …………………………… (28)

第二章　澳大利亚海洋战略的内涵演变
　　　　 与目标调整 ………………………………… (34)

　第一节　澳大利亚海洋战略的发展与变迁
　　　　　（1788—1990 年） …………………… (34)
　　一、依附于大英帝国的防务策略 ………………… (35)
　　二、依附于美国的现实策略 ……………………… (37)
　　三、相对独立的海洋战略雏形 …………………… (39)
　　四、由海洋"策略"向"战略"的转变 ………… (45)

第二节　澳大利亚海洋战略的调整（20世纪末—21世纪初） （47）
  一、重新定位海洋战略重心 （47）
  二、继续强调澳美关系 （49）
  三、注重与东亚国家的海上交流与合作 （54）
  四、加强东南亚方向的海洋维权力度 （59）
  五、力图主导南太平洋事务 （62）
  六、提升对印度洋相关事务的影响力 （65）

第三节　澳大利亚海洋战略的内涵与目标 （68）
  一、确立发展成海洋超级大国的目标 （69）
  二、保持在国际海洋事务方面的领先地位 （71）
  三、掌控地区海洋安全事务的领导权 （72）

第三章　澳大利亚的海洋安全战略 （75）
第一节　澳大利亚的海洋安全环境 （75）
  一、战略环境的考量及安全战略的目标 （76）
  二、军事战略任务及军事行动能力 （78）

第二节　澳大利亚的国防安全 （81）
  一、合作安全理念与国防安全战略及其新内涵 （81）
  二、21世纪国防白皮书与国防安全战略 （85）
  三、发展壮大海军力量及其战斗力 （89）

第三节　澳大利亚海洋安全战略的实质与特点 （98）
  一、澳大利亚海洋安全战略的实质 （99）
  二、澳大利亚海洋安全战略的特点 （103）

第四章　澳大利亚的海洋权益战略 （113）
第一节　澳大利亚实施《联合国海洋法公约》的国家实践 （113）
  一、全面享有各项法定的海洋权益 （114）

二、依法推进海洋管理实践 …………………………（117）
　　三、关注重点领域的海洋权益问题 …………………（120）
第二节　国内海洋法律政策的调整与完善 …………………（125）
　　一、依法强化海洋管辖权 ……………………………（125）
　　二、广泛听取有关海洋政策的建议 …………………（130）
　　三、实施《澳大利亚海洋政策》 ……………………（132）
第三节　海上力量的发展与执法队伍的建设 ………………（137）
　　一、注重海上实力建设 ………………………………（138）
　　二、不断壮大海上执法力量 …………………………（139）
　　三、统一海上执法：澳大利亚海岸警备队的建立 …（141）
　　四、实施海事识别制度 ………………………………（144）
　　五、联邦海事国库管理制度 …………………………（149）

第五章　澳大利亚的海洋管理战略 ……………………（152）
第一节　推进海洋管理模式的转变 …………………………（153）
　　一、妥善解决海洋管理模式中存在的问题 …………（153）
　　二、实施海岸带综合管理规划 ………………………（155）
　　三、提升海洋管理模式 ………………………………（156）
　　四、海洋综合管理模式的借鉴价值 …………………（158）
第二节　澳大利亚海洋管理机构的整合与优化 ……………（161）
　　一、涉海管理机构繁多 ………………………………（161）
　　二、改善海洋管理机构的设置 ………………………（164）
　　三、优化涉海管理机构的职能 ………………………（166）
第三节　推进海洋综合管理的范例 …………………………（169）
　　一、保护海洋生物的多样性——大堡礁海洋公园
　　　　的管理 ……………………………………………（170）
　　二、建立海洋保护区体系——澳大利亚维多利亚州
　　　　国家级海洋公园 …………………………………（176）

第六章　澳大利亚的海洋经济战略 (179)

第一节　澳大利亚海洋产业的现状与主要问题 (180)
一、海洋产业的地位 (181)
二、海洋产业的现状 (183)
三、海洋产业发展面临的主要问题 (195)

第二节　澳大利亚海洋产业发展的目标与模式 (208)
一、海洋产业发展的目标 (209)
二、海洋产业发展的综合管理模式 (210)
三、强调发展海洋产业应遵循的原则 (214)

第三节　澳大利亚海洋产业发展的前景 (221)
一、明确发展目标 (221)
二、提升战略对海洋产业发展的促进作用 (231)

第七章　澳大利亚海洋环境保护战略 (233)

第一节　缓解海洋资源开发与环境保护的矛盾 (233)
一、海洋产业发展与环境问题的产生 (234)
二、确保海洋环境健康的措施 (235)
三、保护海洋环境的新尝试 (241)

第二节　澳大利亚海洋资源开发的安全监管与环境保护 (244)
一、海上油气资源开发及监管概况 (244)
二、海上安全监管机构及安全立法 (246)
三、安全规范承包监管模式 (248)
四、加强对海洋污染源的管控和应急反应 (252)

第八章　澳大利亚的海洋科技与教育战略 (258)

第一节　澳大利亚海洋科技的发展 (258)
一、海洋科技发展面临的主要问题 (259)
二、《澳大利亚海洋科技计划》 (262)

三、海洋生物技术的研发和管理 …………………………（264）
第二节 澳大利亚的海洋教育与培训 ……………………………（267）
　　一、海洋教育的体制与基础 ……………………………（268）
　　二、海洋教育发展的动因 ………………………………（271）
　　三、发展海洋教育的途径与模式 ………………………（273）

第九章　澳大利亚的海洋国际政治与外交战略 …………（279）

第一节 澳大利亚国际海洋事务的合作与交流 ……………（280）
　　一、保持良好的国际信誉 ………………………………（280）
　　二、维持区域大国的形象与地位 ………………………（283）
第二节 澳大利亚的海洋权益争端及谈判解决 ……………（289）
　　一、澳大利亚和印度尼西亚的海底边界协定 …………（290）
　　二、澳大利亚和巴布亚新几内亚关于托雷斯海峡的
　　　　划界条约 ……………………………………………（293）
第三节 澳大利亚外大陆架划界提案 ………………………（297）
　　一、关于外大陆架的法律制度及运用 …………………（298）
　　二、联合国大陆架界限委员会及其对划界提案的
　　　　审理建议 ……………………………………………（299）
　　三、澳大利亚外大陆架划界的相关问题 ………………（301）

第十章　澳大利亚海洋战略的启示 ………………………（308）

第一节 制定综合性的国家海洋战略 ………………………（308）
　　一、海陆统筹背景下海洋意识的培养和强化 …………（309）
　　二、全面实施海洋的综合规划与管理 …………………（311）
　　三、高度重视国家的海洋安全 …………………………（312）
　　四、加强海洋管理的能力建设 …………………………（314）
第二节 应对国际海洋法实践的新挑战 ……………………（317）
　　一、争取国际影响力和话语权 …………………………（317）

二、完善国内的海洋法律制度 ……………………………… (319)
　　三、理顺海洋管理体制 ……………………………………… (321)
　　四、完善海上执法队伍的职能 ……………………………… (323)
第三节　实施海洋经济可持续发展战略 ………………………… (324)
　　一、科学规划海洋经济的发展 ……………………………… (325)
　　二、妥善处理海洋资源开发与环境保护的关系 …………… (327)
　　三、重视海洋科学技术的研究和应用 ……………………… (330)
第四节　树立负责任大国的良好形象 …………………………… (333)
　　一、坚持和平解决海洋争端的基本原则 …………………… (333)
　　二、妥善解决与周边邻国的海洋权益矛盾 ………………… (335)
　　三、了解周边海上邻国的海洋战略与政策 ………………… (337)
　　四、综合运用法律与科学技术手段 ………………………… (339)
　　五、深入开展海域划界相关问题研究 ……………………… (343)

结语 …………………………………………………………………… (347)

附件：澳大利亚政府的公开文件和智库 ……………… (349)
　　一、政府公开文件 …………………………………………… (349)
　　二、澳大利亚主要涉海智库名录 …………………………… (352)

主要参考文献 ……………………………………………………… (353)
　　一、中文专著 ………………………………………………… (353)
　　二、中文论文 ………………………………………………… (355)
　　三、外文文献 ………………………………………………… (361)
　　四、网络资源 ………………………………………………… (364)

前言　全球化时代的海洋战略观

"战略"即"strategy"一词，在西方源于希腊语"strategos"，意为军事将领、地方行政长官，[①] 后演变成军事术语，指军事将领指挥战争及军队作战的长远性的、全局性的、根本性的方针、计划和策略，后被比喻为在一定历史时期指导全局的方略。[②] 战略作为智谋的纲领和作战的谋略，特征是必须解决目标及如何实现目标两个基本问题。对于战略制定而言，体系最为重要，统领战略制定的全局；基础分析的内容则是战略制定的基石。很多国家在制定战略时，都需要对国家所处的内部和外部环境进行系统的评估和分析，对战略的目标、方向及战术等进行规划。

近代以来，海洋战略在大国崛起的总体战略中扮演着越来越重要的角色，成为国家安全战略研究的重要课题。"海洋战略是在特定时期，为达到某种目标，通过整合国家涉海力量，在某种程度上控制、利用海洋。"[③] 海洋战略中军事因素的焦点是海军。海军的主要作用包括两方面：一是海军与国家国防的全部行动相联系；二是海军与所有涉及海洋的民事活动相联系。要实现对海洋的有效开发和

[①] 张铠等：《中国近现代社会发展战略》，载《魅力中国》2011年第4期，第181—182页。
[②] 在中国，战略一词历史久远，"战"指战争，"略"指谋略、施诈。春秋时期孙武的《孙子兵法》被认为是中国最早对战略进行全局筹划的著作。
[③] John B. Hattendorf, "What Is Maritime Strategy", in David Stevens Edited, In Search of Maritime Strategy—The Maritime Element in Australian Defence Planning Since 1901, Canberra: Strategic and Defence Studies Centre, 1997, p.18.

利用，必须以实现对该区域海域的有效控制为前提。海军在战争时期可以"保护本国和盟国的商船并在海上提供军事支援；保护港口和海上通道的安全；阻遏任何敌方的商船；保护沿海和沿岸资源；获得前进的基地；运输和支援地面部队；获得和保持对该片海洋的制空权，支持空中和地面的军事行动。"[1] 在和平时期，海军可以承担对沿海和专属经济区的巡逻、救灾和人道主义援助等诸多任务，促进国内的稳定和发展，还可以通过对外友好访问承担一部分外交任务。

虽然海军是国家完整的海洋战略的重要组成部分，在其中扮演着十分重要的角色，但是海洋战略远不仅仅只是海军，其内容也并非一成不变，而是随着时代的发展不断地拓展内涵及外延。任何国家都会根据本国的国情及时代特征不断调整本国的海洋战略，因此，在海洋战略方面并不存在绝对的权威论断。现代海洋战略不再是纯粹的海军战略，而是开始涉及到国家权力的其他功能及以前并不重视的领域，并逐渐和国家的外交、安全战略和国防战略等内容融合在一起，包括保护海上贸易，维护国家渔业发展，对专属经济区进行合理开发并相应开展科学的管理和防卫，守卫国家边疆安全、捍卫国家海洋领土主权，开展海洋科学技术的研发、海洋环境保护的国际合作等。现代海洋军事活动改变了以往以争夺海洋为目标，采用保护贸易、沿海防御、袭扰海洋航线、舰队封锁、海上决战等形式加强对海洋空间的占领和控制的传统方式，转变为以利用海洋空间及其资源发展经济为目标，通过渔业和油气生产、海军外交、国际贸易、边界保护、法律实施、战

---

[1] John B. Hattendorf, "What Is Maritime Strategy", in David Stevens Edited, In Search of Maritime Strategy—The Maritime Element in Australian Defence Planning Since 1901, Canberra: Strategic and Defence Studies Centre, 1997, p.15.

略威慑、后勤保障、两栖行动等手段加强对海洋安全的防卫和控制。[①] 在现代海洋战略中"经济海权"的地位不断上升,一方面包括利用海洋,积极参与国际分工,利用海外市场、资金和技术等加快本国经济的发展;另一方面包括对国家拥有管辖权范围内海域的经济开发。[②]

随着1982年12月10日《联合国海洋法公约》(以下简称《公约》)的签署,特别是1994年11月16日的生效,世界海洋的地理格局、政治秩序与国际环境等发生了重大变化。截止到2016年6月23日,共有168个国家和地区批准或加入了该公约,[③] 使其成为最具有普遍性的国际法律文件——"海洋宪章"。《公约》把海洋分为领海、毗连区、专属经济区、大陆架、公海、国际海底区域等具有不同法律地位的海域,同时规定了内陆国出入海洋的权利、海洋环境的保护和保全、海洋科学研究、海洋技术的发展和转让、海洋争端的解决等内容。《公约》指明了人类和平利用海洋的路径,通过政府间协商来划定相互间的海洋边界,以避免诉诸武力。《公约》将占世界海洋面积35.8%的海域划归沿海国管辖,而将国家管辖外的海洋海域及其资源确定为"人类的共同继承财产",这是人类史上一次最伟大的海洋"土地改革",避免了历史上用持续的血腥战争来瓜分陆地的历史悲剧在海洋上的重演,[④] 为人类开发和利用海洋提供了基本的法律制度,对世界海洋管理实践的发展和国际海洋新秩序的确

[①] 相关讨论见:Geoffrey Till, "Maritime Strategy and the Nuclear Age", New York: St. Martin's Press, Second Edition, 1984, p. 15. Stephan Frühling, "Golden Window of Opportunity: A New Maritime Strategy and Force Structure for the Australian Navy", Security Challenges, Vol. 4, No. 2 (Winter 2008), p. 81.

[②] 李昌新:《海权与国家安全》,广州:暨南大学,2006年博士学位论文,第54页。

[③] 资料来源:The United Nations Convention on the Law of the Sea of 10 December 1982, Last updated: 23 June 2016. http://www.un.org/Depts/los/reference_files/chronological_lists_of_ratifications.htm,上网时间:2016-09-15。

[④] 资料来源:http://www.51lunwen.com/gjhyflw/2012/0629/lw201206292350354431.html,上网时间:2016-07-01。

立都具有划时代的意义。① 国际社会普遍认为,这部世界"海洋宪章"的通过和生效是联合国成立以来最重要的成就,标志着世界进入了和平开发和利用海洋、依法管理和保护海洋的新世纪。②

作为对海洋空间法律地位及有关活动进行全面规范的多边国际协定,《公约》得到包括内陆国在内的世界各国的普遍支持,其生效标志着国际海洋新秩序的全面确立。《公约》所建立的200海里专属经济区制度、大陆架制度和国际海底区域制度,对各国的海洋实践产生了深远的影响,也代表着国际社会在法律制度发展方面取得的卓越成就。《公约》的实施使世界海洋的地理格局与管辖权发生了重大的变化,世界海洋进入了一个权益再分配的新阶段,③ 为沿海国提供了宝贵的发展机遇的同时也带来了严峻的挑战。

随着21世纪这一海洋世纪的到来,人类进入了全面开发、利用、保护和管理海洋的时代。伴随着科学技术的发展,特别是海洋开发利用能力的提高,海洋在全球政治、经济、社会、环境、军事等领域的地位不断提高、国土化趋势日趋明显、战略地位和经济价值受到国际社会和世界各国的高度关注。④ 世界各沿海国家在海洋领域的竞争日趋激烈,纷纷通过制定海洋战略、基本政策、立法和实施综合管理等途径,⑤ 提升海洋的地位,强化海洋管理,力争借助《公约》的条款和国内立法获得更多的利益和实惠。在当前国际政治博弈的舞台上,对海洋空间和资源的竞争已经成为各国拓展国家权益的焦点,而且竞争的态势日趋激烈。

---

① 慕亚平、郑艳:《海洋法公约生效后的新形势和我国面临的问题与挑战》,载《法学评论》1999年第3期,第53—60页。
② 张惠荣:《海上没有弹丸之地——从"联合国海洋法公约"诞生看海洋权益纷争》,载《海洋开发与管理》2006年第1期,第13—17页。
③ 联合国新闻部:《联合国海洋法公约评价》,北京:海洋出版社,1996年版,第28—34页。
④ 谭征:《解读"海洋圣经"》,载《百科知识》2005年第18期,第21—23页。
⑤ 于宜法等:《制定〈海洋基本法〉初探》,载《东岳论丛》2010年第8期,第163—167页。

澳大利亚作为一个中等强国（middle power）独占一整块大陆，孤悬于南半球的岛状大国，地处亚洲、拉丁美洲和南极洲之间，是一个被太平洋、印度洋和南冰洋（Southern Ocean）所环绕的国家，其"拥有全世界最大的管辖海域，是一个潜在的海洋超级大国。"[1] 澳大利亚不仅贯穿南、北两个半球，而且跨越东、西两个半球，处在亚洲和南极洲的中间位置上，东西方向上不仅将太平洋与印度洋打通，并且还与南美洲、北美洲以及非洲隔海相望。澳大利亚、新西兰东面为太平洋的各个岛国；北部与东亚近海的岛屿链（日本—台湾—菲律宾—印度尼西亚）以及美国在中西太平洋设的最重要海空基地—关岛紧密相邻，其独特的地理环境对澳大利亚的国家安全战略、国防战略和外交政策等产生直接的重要影响。[2]

1994年10月澳大利亚批准《公约》之时，正值世界范围内海洋事业迅猛发展，各国竞相以资源为核心争夺海洋权益。澳大利亚政府审视其过去的海洋政策，着手制订新的海洋战略，于1998年出台《澳大利亚海洋政策》，为规划和管理海洋开发提供了战略依据；调整了海洋管理体制，全面实施海洋综合管理，并于1999年成立海岸警备队，实现了海上执法力量的统一；通过公平协商的方法和平解决了与周边国家涉及主权纠纷的海域划界争端；制定并实施了大陆架勘探计划，利用200海里外大陆架划界申请扩展其海洋管辖范围。在《公约》体制下，通过海洋战略卓有成效的实践，使澳大利亚成为国际海洋事务的领先国家，也使其海洋权益得到极大地扩展。

澳大利亚作为英国曾经的殖民地，在政治、经济、社会、外交甚至国家安全防卫等方面一直与欧美国家保持密切关系，并且以此

---

[1] Sam Bateman, Anthony Bergin, "Sea change: Advancing Australia's ocean interests", Canberra: Australian Strategic Policy Institute, 2009, p.9.
[2] 刘新华、秦仪：《略论澳大利亚的地缘战略地位和美澳军事同盟关系》，载《世界经济与政治论坛》2003年第3期，第78页。

为根基。同时，在竞争激烈的国际环境中，澳大利亚各种国家利益的实现与其所在地区的稳定和发展紧密联系在一起，其国家安全在很大程度上不得不依赖于其周边地区的海洋安全环境。澳大利亚要在保证自身国家安全的基础上实现其经济迅速发展的目标，也不得不重视与东南亚各个国家的"友好"关系，加强与亚太国家之间的交流与互动。在这种矛盾心态和无法摆脱的地缘政治形势下，澳大利亚转而更加注重维护和发展本国的海上安全与相关权益，因此其国家安全防务方面的开支在不断加大。

从地缘政治的角度来讲，澳大利亚在国际战略与交通地位上具有不可忽视的影响力。对中国而言，尤为重要的是，澳大利亚地处中国在东南方向上的周边延展区域；作为美国的同盟，澳大利亚对于中国睦邻友好周边战略的实施也有着较为深远的影响。在空间位置上，亚太尤其是东南亚地区的各个国家与澳大利亚隔海相望且距离最近，因此，从地缘安全战略的概念出发，理解澳大利亚与亚太地区特别是东南亚各个国家之间的关系，是了解其国家安全之根本所在，也是了解其国家海洋战略布局特征及未来趋势的关键路径。

澳大利亚的国家海洋安全战略在发端之时并没有清晰的发展思路。澳联邦政府成立初期甚至没有制定国家海洋安全政策的意识，其海上防务策略也相对单一，高度依附于海洋大国对其实施的"影响"与帮助。冷战结束之后，国际格局发生巨大变化，澳大利亚在新的国际安全局势下，其海上防务政策在最初的基础上日益清晰并逐渐发展完善。随着国际形势的变化及其自身经济、军事实力的增强，其海洋安全战略逐渐清晰，逐步发展成为综合性较高、相对独立自主的国家安全战略规划，形成相对成熟的国家海洋安全战略。目前，澳大利亚在制定其海洋战略目标、采用战略战术手段等方面都形成了具有自身特色的方略和切实有效的具体措施。

澳大利亚是美国在亚太地区最重要的盟友之一，也是美国在全球同盟中重要的盟友之一。[①] 澳大利亚历来都是海洋国家对欧亚大陆上的陆权强国进行战略性牵制的重要国家，历史上，美英等国都曾利用澳大利亚优越的战略地位，对中国进行战略性围堵。在当今的现实世界里，美国加强了对中国周边国家的地缘优势的利用，尤其是在澳大利亚投入更多的力量。中国的稳定发展需要和平的外部环境，而澳大利亚是亚太地区的中等大国，中国要想构建稳定的亚太秩序，澳大利亚是重要的合作伙伴和参与者。

澳大利亚的海洋战略是其国家整体发展战略的重要组成部分，其海洋战略的目标、原则及所运用的手段和海洋大国有所不同。美国、日本、澳大利亚三国形成的安全集团对于中国的安全形势构成潜在的威胁。澳大利亚的海洋战略是澳大利亚政府当前和今后一段时期拓展和经营其海上战略的全局性谋略的重要组成部分。该战略通过运用经济、政治及军事手段实现对关系国家利益海域的地缘优势的控制，以取得对海洋的实际控制权和有效影响力。澳大利亚通过对附近海域海洋资源的开发利用以及担负该海域维持秩序、援助遇险船只、阻止大规模捕鲸等责任，以期有效发挥在南太平洋，甚至亚太地区的政治、经济、军事各方面作用，成为亚太地区多元政治格局中重要的平衡力量。

中国作为一个发展中的海洋大国，海洋空间及其资源对于解决日趋紧张的人口与资源矛盾意义重大，对于处理中国资源、环境与经济发展的矛盾也至关重要。与澳大利亚相比，中国的海洋事业处于起步阶段，对内的海洋经济建设和对外的海洋事务均存在许多亟待解决的问题。特别是在中国周边的海上邻国竞相通过国内立法，侵害中国海洋权益的形势下，中国迫切需要采取加大国内立法等措施，以更好地维护中国海洋权益，更快、更好地发展海洋经济。为

[①] Paul Dibb, "Australia's Alliance with America", Melbourne Asia Policy Pappers, Vol. 1, No. 1, (March 2003), p. 1.

此，中国需要学习和借鉴世界沿海国家海洋管理的成功经验，汲取其失败教训。

虽然进入21世纪以来，中澳两国在政治、经济、科技、文化等领域的合作不断加深，但是，研究澳大利亚的海洋战略对于研究亚太地区尤其是东南亚地区局势仍然具有十分重要的现实意义。通过对澳大利亚海洋战略的变迁与构建、海洋战略的目标及实质，特别是对其当代海洋战略内涵的丰富和发展、维护本国海洋权益手段的强化等问题进行探讨，不仅有助于理解作为中等强国的澳大利亚海洋战略问题与国家外交战略、安全战略的相互关系，丰富中国对不同类型国家海洋战略的理解；也有助于理解当代国际安全的内涵和中等强国维护其海洋权利与权力的战略措施，为中国海洋战略的构建与完善提供有意义的探索。通过对澳大利亚海洋战略的探析，为中国正确处理同澳大利亚和美国的关系和为中国崛起创造稳定的外部条件提供建设性意见。

基于上述，本书围绕澳大利亚海洋战略的发展及内涵演变，关注宏观或具体领域内其海洋各方面实践的发展规划及行动，探索其如何通过科学制定海洋战略，并以不同领域的战略方针引导对海洋的综合管控，妥善解决海洋资源的开发利用与环境和生态可持续发展的关系；如何合理利用《公约》的国际规则，和平解决与邻国的海域划界争端，维护国家的海洋权益；如何综合运用法律与科学技术等多种手段，成功实现大陆架外部界限的最大扩展，从而不仅扩展了国家管辖海域的范围，更是占领了海洋空间资源管控的制高点。

根据内容所需，本书对澳大利亚的海洋安全战略和海洋权益战略、实施《公约》的国家实践、海洋政策、海洋管理体制、执法队伍建设、海洋综合管理与规划、海洋产业管理与经济发展战略、海洋资源开发与环境保护、海洋科技发展与教育培训、国际海洋事务的参与及权益争端的解决等方面进行了较为详尽的阐述，并对重点问题提供了具体分析。在对澳大利亚海洋领域各方面战略进行梳理和分析的同时，指出中国海洋管理实践及战略规划中存在的突出问题及面临的挑战。

为更好地发展海洋事业，中国需借鉴澳大利亚制定海洋战略方面的成功经验，避免其走过的弯路，加强海洋管理，深刻理解《公约》规则及适用，积极参与海洋事务的国际合作，取得海洋相关领域管理实践的成功。更重要的是，通过合理的规划海洋空间利用和资源开发行动，有效地经略海洋，为海洋强国的建设奠定坚实的基础。

第一章 澳大利亚的海洋及安全威胁

海洋问题历来是关系国家兴衰的战略问题,海上安全是国家安全的主要方向,维系着国家未来重大的生存和发展利益。对于拥有天然屏障的国家,通常其国家安全比较有保障,有利于国家实施内政外交政策。[1] 作为南太平洋最大的岛国和世界最小的大陆国,"澳大利亚岛屿大陆不是大陆而是一个岛屿",[2] 这样的地理状况成为影响"澳大利亚决策者的战略思维方式的关键因素"。[3] 澳大利亚与海洋的关系十分密切,其国家安全在很大程度上依赖其周边地区的海洋安全环境,因此格外重视海洋问题。本章从自然地理条件和区域政治环境入手,揭示澳大利亚的海洋及海洋战略问题与海洋环境及国家安全战略的紧密联系、重要内涵及主要特征。

---

[1] 正如威廉森·莫里和马克·格里姆斯利在《论战略》中所言"现实将战略规划的制定与其大环境紧密地缠结在一起……地理状况参与决定一个既定的政治实体是否会发觉自己相对免受威胁,或者被潜在的敌手包围。"见威廉森·莫里、马克·格里姆斯利:《论战略》,载[美]威廉森·默里、[英]麦格雷戈·诺克斯、[美]阿尔文·伯恩斯坦编,时殷弘等译:《缔造战略:统治者、国家与战争》,北京:世界知识出版社,2004年版,第1—2页。

[2] Evans Michal, "Island-Consciousness and Australian Strategic Culture", Review-Institute of Public Affairs, Vol. 58, July 2006, p. 22.

[3] 威廉森·莫里、马克·格里姆斯利:《论战略》,北京:世界知识出版社,2004年版,第8页。

第一节 澳大利亚的海洋概览

澳大利亚联邦（The Commonwealth of Australia）简称澳大利亚（Australia），即拉丁语"南方的大陆"之意。澳大利亚国土面积为768.685万平方千米，[①] 居世界第六，仅次于俄罗斯、加拿大、中国、美国和巴西，大约相当于4/5个中国，其大陆海岸线长35876千米，岛屿海岸线长23859千米。[②] 截至2015年12月底，澳大利亚人口总计约2394万人，比上一年同期增长1.4%。[③] 澳大利亚的首都为堪培拉，官方语言为英语。

一、海洋自然地理

澳大利亚位于南半球，处于太平洋西南部和印度洋之间，大陆四面环水。地理上，澳大利亚拥有世界上独一无二的海陆位置：一方面，独享世界上最小的一块大陆；另一方面，四面环海，东临太平洋，西临印度洋，南抵南冰洋，[④] 海岸线长达37000千米，这几乎

[①] 资料来源：https://en.wikipedia.org/wiki/Geography_of_Australia，上网时间：2016-05-30。

[②] 资料来源："Coastline Lenghs", Geoscience Australia. Commonwealth of Australia. 4 June 2009. Retrieved 17 December 2009，上网时间：2016-06-30。

[③] 资料来源：http://www.abs.gov.au/ausstats/abs@.nsf/0/BCDDE4F49C8A3D1ECA257B8F00126F77?Opendocument。

[④] "南大洋"（Southern Ocean），也叫"南极海"、"南冰洋"，指围绕南极洲的海洋，即太平洋、大西洋和印度洋南部的海域，是世界上唯一完全环绕地球却没有被大陆分割的大洋。从前，太平洋、大西洋和印度洋曾被认为一直延伸到南极洲，而南冰洋的水域被视为南极海，但因为海洋学上发现南冰洋有重要的不同洋流，于是国际水文地理组织于2000年确定其为一个独立的大洋，成为五大洋中的第五大洋。但学术界依旧有人认为依据大洋应有其对应的中洋脊而不承认南大洋这一称谓。见http://baike.baidu.com/view/912398.htm。

是整个欧洲的海岸线长度。澳大利亚由澳大利亚大陆、塔斯马尼亚岛和周围数以万计的大小岛屿组成，岛屿岸线几乎占了其全部海岸线的40%。澳大利亚大陆是地球上最大的岛屿，也是地球上最小和最平坦的陆地。

澳大利亚四面临海，没有陆地邻国，但是在东南部隔塔斯曼海与新西兰为邻，北部及西北部隔帝汶海和托雷斯海峡与东帝汶、印度尼西亚和巴布亚新几内亚和所罗门群岛相望。西南与法国所属的新科里多尼亚隔海相望。澳大利亚虽尚未解决与印尼和新西兰的边界问题，但已经通过协定解决了与印尼的大陆架和渔区边界问题，也确定了与法属新科里多尼亚、巴布亚新几内亚和所罗门群岛等地区和国家的海上边界。

四面环海的优越条件，使澳大利亚可以按照《联合国海洋法公约》所允许的最大宽度主张全套海域，即12海里的领海、24海里的毗连区和200海里的专属经济区和大陆架，共拥有包括领海、专属经济区和大陆架在内约1600万平方千米的管辖海域，其中，其专属经济区面积排世界第三，超过其陆地国土面积。澳大利亚东北部沿海地区有世界上最大的珊瑚礁——大堡礁，南北长约2000千米，东西宽20—240千米。近年来，澳大利亚又成功申请到约259万平方千米的200海里外大陆架，大大拓展了其战略空间和资源潜力。

澳大利亚的地形复杂多样，沿海地区是宽阔的沙滩和千姿百态的地形。墨累河和达令河是澳大利亚两条最长的河流。这两个河流系统形成墨累—达令盆地，面积约100多万平方千米，相当于大陆总面积的14%。澳大利亚的年平均降雨量变化幅度较大，分布不均匀，各地的气候差异也较大，但整体而言比欧洲和美洲温和，尤其是北部，气候与东南亚及太平洋地区相近。

澳大利亚约70%的国土处于干旱或半干旱地带，中部大部分地区不适合人类居住，沿海地带，特别是东南沿海地带形成一条环绕大陆的"绿带"，养育了这个国家。然而，澳大利亚内陆贫瘠干旱地带却蕴藏极为丰富的矿产资源，澳大利亚铁矿储量占世界第二位，各种矿产为澳大利亚带来大量的财富。

澳大利亚是一个后起的发达资本主义国家，传统产业为农牧业、采矿业，工业以矿业、制造业和建筑业为主。2015年澳大利亚国内生产总值（GDP）1.59807万亿美元，全球排名第十二，[①] 人均国内生产总值5.1641万美元，全球排名第七。[②] 澳大利亚自然资源丰富，农牧业很发达，有"骑在羊背上的国家"和"坐在矿车上的国家"之称。澳大利亚盛产羊、牛、小麦和蔗糖，主要依靠出口农产品和矿产资源来获得经济收入，澳大利亚同时也是世界重要的矿产资源生产国和出口国。农牧业产品的生产和出口在国民经济中占有重要位置，是世界上最大的羊毛和牛肉出口国。服务业是澳大利亚经济最重要和发展最快的部门，其中产值最高的行业是房地产及商务服务业、金融保险业。

澳大利亚的矿产资源、石油和天然气都很丰富，在已探明的矿产资源中，澳大利亚拥有世界上最大的黄金、铁矿石、铅、镍、金红石、银、铀、锌和锆资源，第二大的铝土矿、褐煤、钴、钛铁矿和钽资源，第三大的铜和锂资源，第四大的钍资源以及第五大的黑煤和锰矿资源。[③] 澳大利亚森林覆盖面积大约占其国土总面积的1/5，天然森林面积约1.55亿公顷，其中2/3为桉树，用材林面积约122万公顷。

澳大利亚的渔业资源丰富，是世界上第三大捕鱼区，海水和淡水鱼以及甲壳及软体类水产品分别有3000余种，其中已有1/5的种类开始进行商业性捕捞，澳大利亚最主要的水产品是对虾、龙虾、鲍鱼、金枪鱼、扇贝、蚝、牡蛎等。

---

① 资料来源：《2015年世界GDP排名——中国经济总量在各国中排名第二》。
② 资料来源：《2015年世界各国人均GDP排名（2016年3月1日）》。
③ 资料来源：《澳大利亚矿产资源分布概况》，http://www.askci.com/news/201401/16/1616494035513.shtml，上网时间：2016 – 06 – 15。

澳大利亚对国际贸易依赖程度较大。澳大利亚与130多个国家和地区都有贸易往来，其主要贸易伙伴依次为日本、中国、美国、韩国、新西兰、新加坡、英国、德国、中国台湾地区和泰国。近年来，澳大利亚的教育行业发展较快，成为着力发展的新兴产业，澳大利亚的高科技产业近年也有较快发展，在国际市场上的竞争力有所提高。自20世纪70年代以来，澳大利亚经济经历了重大的结构性调整，旅游业和服务业迅速发展。澳大利亚充分利用本土优势，大力发展旅游业，海外游客来澳人数总体呈上升趋势，著名的旅游城市和景点有悉尼、墨尔本、布里斯班、阿德雷德、珀斯、大堡礁、黄金海岸和达尔文等。据澳大利亚统计局2016年6月1日发布的数据显示，由于出口以及家庭开支消费领域出现增长，该国一季度GDP环比增长1.1%。[1] 澳大利亚中国工商业委员会于2016年5月30日发布的报告显示，到2025年，中国游客对澳大利亚经济的贡献将达到1400亿澳元（约合1005亿美元）。[2]

可见，澳大利亚海洋产业为本国的GDP出口增速作出重要贡献。在很大程度上，这一结果得益于其先进的国家海洋战略及其完善的资源开发和保护制度。澳大利亚在20世纪80年代初期曾受国际外部环境的影响，经济经历了严重的衰退，1992年其国内的失业率高达12%。经过澳大利亚政府和国民的不懈努力，其经济得以持续好转，政府财政扭亏为盈，随着澳政府财政盈余的出现，澳大利亚自2001年开始每年逐步降低个人所得税，失业率下降到二十年来的最低水平。

---

[1] 资料来源：《澳大利亚一季度GDP环比增1.1%好于市场预期》。
[2] 资料来源：http://finance.ifeng.com/a/20160602/14451051_0.shtml，上网时间：2016-06-16。

二、海洋政治地理

澳大利亚与邻国之间没有陆地边境，这被认为是其国家安全的重要保障。但是，澳大利亚被印度洋、太平洋和南冰洋三个大洋环抱，加之北方的帝汶海、阿拉弗拉海和珊瑚海，因此，澳大利亚需要管理的海域非常辽阔，其海域跨越了多种海洋环境带，从最冷的南极到温带，从温带到北方的热带。澳大利亚沿海地区的人口大约占全国总人口的85%，因此，海洋对澳大利亚而言有着至关重要的地位，随着蓝色经济的不断发展，这种重要性将会更加突出。

由于拥有辽阔的管辖海域和广泛的海上利益，澳大利亚面临着保护海上边界的巨大压力。长期以来，澳大利亚周边海域存在大量的非法入境、非法捕捞珍稀水产资源、非法开采水下矿产等违法行为。同时，与邻国之间的海上和空中安全等问题都是需要澳大利亚认真对待和解决的，而且，这些问题在澳大利亚的外岛领土、南极领土也同样存在，因为这些地区同样也蕴藏着丰富的资源。确保海洋的长久安全对澳大利亚而言不仅是一个极大的挑战，也是一个涉及很多方面利益的复杂问题。

澳大利亚对面临的、来自海上的威胁有着强烈的忧患意识，认为其本国的未来在很大程度上取决于其是否能够扮演好海洋大国的角色。多年来，澳大利亚的整个政府体系一直在不断探索，努力突破传统智慧和传统方法，以期发现最合适及有效的方式处理涉及海洋的各领域问题，保护澳大利亚海洋利益，同时加强区域合作，建立起一个覆盖印度洋和大西洋地区的合作机制。

三、海洋管理机制

澳大利亚与英国具有传统关系，为英联邦国家之一。1901年1

月1日，澳大利亚联邦政府成立，同时通过第一部宪法，原来各自独立的六个英国殖民区成为联邦下属的六个州（State），分别是：新南威尔士、塔斯马尼亚、西澳、南澳、维多利亚和昆士兰。其他没有被当时的殖民区管辖的地方成为联邦政府直接管辖的领地（Territorry）。澳大利亚有两个领地：北领地和首都领地。堪培拉及其附近地区被称为澳大利亚首都领地（Australian Capital Territory）。1927年，澳大利亚首都迁往堪培拉。1931年，英国议会通过《威斯敏斯特法案》，使澳大利亚获得内政外交独立自主权，成为英联邦中的一个独立国家。每个州各有州政府，设有州长（Premier）负责州内事务，同时还有州总督（State Governor）。但领地没有这些职位，领地自组政府的权力源于联邦的授权，领地的最高行政负责人是行政长官（Chief Administrator）。

澳大利亚政府由众议院多数党或党派联盟组成，每届政府任期三年。澳大利亚的立法机构主要是由众议院和参议院组成的国会。内阁是政府的最高决策机关，国家最高的行政领导人是总理。澳大利亚有大小政党几十个，主要政党是工党和自由党。澳大利亚工党（Labour Party of Australia）为澳最大政党，1891年成立，与工会关系密切，主要代表劳工阶层利益，自1904年至2010年曾十二次执政。[1] 自由党（Liberal Party of Australia）于1945年8月31日成立，前身是1931年成立的澳大利亚联合党，主要代表工商业主利益，自1949年至今，自由党曾先后6次执政，[2] 并成功带领澳大利亚从20世纪90年代初的经济衰退走向经济繁荣。澳大利亚总理、自由党－国家党联盟领袖马尔科姆·特恩布尔（Malcolm Turnbull）在2016年7月宣布获胜。

---

[1] 资料来源：https://en.wikipedia.org/wiki/Australian_Labor_Party，上网时间：2016-07-08。

[2] 资料来源：https://en.wikipedia.org/wiki/Liberal_Party_of_Australia，上网时间：2016-07-08。

澳大利亚六个州和两个领地的立法权有很大区别。例如，各州在某些领域可以根据需要自行立法，而联邦政府不得干预。领地也可以自行立法，但领地的立法权来源于联邦政府的授权，领地所订立的法律，联邦政府如有不满即可废止，最典型的例子之一就是北领地曾经在20世纪90年代对"安乐死"进行立法，不久后即被联邦政府宣布废除。澳大利亚的领地实际上归联邦政府直接管辖。

澳大利亚新南威尔士州（New South Wales）为全国第一大州，首府设在悉尼，截至2015年12月底，全州人口约767.06万人。[①]该州位于澳大利亚南部，是英国最早在澳大利亚建立的殖民地，是全澳人口最多的州，也是工商业最发达的地区，农业、畜牧业、制造业和充足的能源原料及高度发展的服务业是其经济基础。新南威尔士拥有近1500千米长的海岸线、美丽的港湾和沙滩，其境内包括中部高原地区和大分界岭山脉。新南威尔士州地处温带，气候温和，作为州首府的悉尼是世界著名的旅游城市，悉尼歌剧院则是其标志性建筑。

位于澳大利亚北部的昆士兰州（Queensland）首府为布里斯班，截至2016年6月23日统计数据显示，全州人口约483.9366万人。[②]该州东濒太平洋，西与北澳大利亚洲及南澳大利亚州相接，南邻新南威尔士州，总面积约为173万平方千米，是澳大利亚面积第二、人口第三的州。由于降雨量少，阳光普照，素有"阳光之州"的美誉。首府布里斯班人口逾100万，是澳大利亚观光游览的胜地。昆士兰州幅员广阔，气候跨热带至亚热带，拥有黄金海岸、阳光海岸和大堡礁等著名旅游地，还拥有较高的卫生、教育和居住水平。

南澳大利亚州（South Australia）被称为节日之州，海岸线长达

[①] 资料来源：http：//www.abs.gov.au/ausstats/abs@.nsf/0/BCDDE4F49C8A3D1ECA257B8F00126F77？Opendocument，上网时间：2016-06-13。

[②] 资料来源：http：//www.qgso.qld.gov.au/products/reports/pop-growth-qld/qld-pop-counter.php，上网时间：2016-06-25。

3700千米。据澳大利亚统计局公布数据显示，截至2015年12月31日全州常驻人口约170.28万人，[①] 面积98万平方千米，占澳大利亚大陆的1/8，是澳大利亚的第三大州。该洲首府阿德雷德，位于游客众多的沙滩和阿德雷德山脉之间，城市规划好，古老和现代的建筑物浑然一体。

维多利亚州（Victoria）是花园之州，位于澳大利亚大陆的东南部，位于新南威尔士的南部，面积约为澳大利亚的3%。截至2015年12月底全州人口为599.64万人，预计2021年将达到659.84万人，2051年时将突破1000万人口。首府墨尔本2014年居住人口约为440万，预计2051年将达到780万人。[②] 墨尔本始建于1835年，是澳大利亚的第二大城市和金融中心，也是澳大利亚的体育盛事之都。墨尔本是主办过夏季奥运会、英联邦运动会、和世界游泳锦标赛的城市，也是每年的澳大利亚网球公开赛和一级方程式赛车澳大利亚分站的主办城市。

西澳大利亚州（Western Australia）被称为野花之州，截至2015年12月底的统计显示全州人口260.39万，[③] 位于澳大利亚大陆的整个西部地区。首府珀斯市，气候宜人，风光美丽，被誉为"阳光之城"。

塔斯马尼亚州（Tasmania）为假日岛屿之州，是澳大利亚所有州中最小的一个，至2015年底，全州人口约51.74万。[④] 该州的经济基本上以农业为支柱，苹果远销世界各地，常被称为"苹果岛"。霍巴特市作为州首府，也是澳大利亚第二古老的城市。

---

① 资料来源：http://www.dpti.sa.gov.au/planning/population#south-australias-current-population，上网时间：2016-06-25。
② 资料来源：http://www.delwp.vic.gov.au/__data/assets/pdf_file/0018/308511/Victoria-in-Future-2015-WEB.pdf, p. 8, 上网时间：2016-06-25。
③ 资料来源：澳大利亚国家统计局，http://www.abs.gov.au/ausstats/abs@.nsf/0/BCDDE4F49C8A3D1ECA257B8F00126F77?Opendocument，上网时间：2016-07-02。
④ 资料来源：http://www.abs.gov.au/ausstats/abs@.nsf/0/BCDDE4F49C8A3D1ECA257B8F00126F77?Opendocument，上网时间：2016-07-02。

北领地（Northern Territory），截至2015年12月底的统计显示该州的人口数量为24.4万[①]，主要的工业是矿业，肉牛饲养也占有重要的地位。达尔文市是北领地的首府，位于该州的最北端，人口10万多。

澳大利亚首都领地（Australian National Territory – ACT）截至2015年12月底的统计显示，该州的人口数量为39.3万，面积为2333平方千米，其中最重要的城市是首都堪培拉。[②] 堪培拉位于悉尼和墨尔本之间，距澳大利亚阿尔卑士山不远，是很多与澳大利亚有外交关系的各国大使馆所在地。市政府办公大楼位于市中心，除了蔚为壮观的澳大利亚国会、政府大楼和工商界大厦外，堪培拉有教育和学术研究中心澳大利亚国立大学。

由于政治体制的影响，澳大利亚的海洋管辖范围需要在联邦和州政府之间进行明确的界定，其海岸线在划分国家间、州及领地间界限方面起着非常重要的作用。

第二节　澳大利亚面临的海洋安全威胁

海洋是维持地区稳定、国家安全及海上共同利益的纽带，管理海洋需要各国的通力合作，当然，国家也会从共同管理和维护的海洋安全的合作中获益。狭义的海洋安全是指不被别国从空中、浅海和水中侵入领海，而现代的海洋安全概念已经发生了变化、变得更加全面和多维化，维持海上秩序、打击海上犯罪、保护海上边界、保护海洋环境和海洋生物资源等方面也被纳入了海洋安全的范围。

---

① 资料来源：http：//www.abs.gov.au/ausstats/abs@.nsf/0/BCDDF4F49C8A3D1ECA257B8F00126F77?Opendocument，上网时间：2016 – 07 – 02。

② 同上。

随着《国际船舶和港口设施安全法》的出台，海洋安全的定义更加倾向于民用化，海上贸易通道的航行安全已经成为海洋安全的重要标志。

澳大利亚认为，从传统意义上看，其国家是安全的，主要原因包括：地理环境的相对孤立；与邻国的友好关系；所处的南太平洋地区国家间发生冲突的可能性较小；强大的武装力量；与美国之间紧密的联盟关系等。另外，随着国际体系结构的改变，武装部队在未来国际事务中的作用趋于减小。除非该地区的安全环境完全改变，否则澳大利亚受到进攻的几率较低。但是，澳大利亚认为核扩散以及一些国家企图获取核武器，甚至部分国家发生政治动乱是澳大利亚以至世界安全所面临的最大威胁。在这种情况下，澳大利亚更加重视保障非传统意义上的安全，如解决生态环境、大规模杀伤性武器（核武器和生化武器）的扩散、毒品、难民及艾滋病等全球性问题带来的安全隐患。此外，实现经济的国际化和全球化、保障经济安全、网络安全等内容也被提上了澳大利亚国家安全的议事日程。

一、直接海洋安全威胁

威胁和风险分为直接与间接两类。由于需要管理的海域面积辽阔，澳大利亚对其海洋面临的各种直接和间接的威胁有着强烈的忧患意识，认为应对好这些威胁和风险显得尤为重要。直接海洋安全威胁是指传统海洋安全威胁，主要包括海上犯罪活动，海上恐怖活动以及"非法、未报告和不受管制捕鱼"（简称IUUfishing，即Illegal，Unregulated and Unreported fishing）。近年来，这类风险明显增多，在一定程度上已经对澳大利亚利用海洋空间及其资源造成了明显的影响甚至危害，因而得到政府较多的重视。

（一）海上国防安全

无论从传统或是现代的视角看待安全问题，海洋安全都是澳大利亚国防战略的重要一环。澳大利亚的海洋利益之一是开发海洋的潜在价值，因为这对澳大利亚未来的国家繁荣和稳定发展至关重要。海洋不仅使澳大利亚与周边一些正在遭受海上安全威胁的国家联系在一起，还使其拥有与周边国家开展合作、维护地区安全和稳定的机会，从而更有利于促进澳大利亚未来的安全和繁荣。然而，随着海洋价值的增长，澳大利亚的海洋利益所面临的威胁和风险也在同步增长。虽然地处南半球的孤岛，特殊的地理位置并没能真正使澳大利亚免受众多国家所面临的挑战，如人口增长压力、恐怖主义威胁、食物短缺、气候变化和能源安全等，而这些问题都包含着一定的海上维度。澳大利亚无法从根源上制止这种趋势的发生，只能尽量控制其对海洋的影响。

在澳大利亚，负责海洋安全的机构分为固定机构和临时机构两类，澳政府认为在当今全球海洋力量普遍增强的时代，这种各司其职的制度有很大的合理性：临时机构负责对突发事件进行处理，包括执行最新的国防和外交政策；负责澳大利亚海洋安全的常设机构是其战略的重点，也是最具有战略价值的因素。澳大利亚依靠这些机构来保证海洋环境不受破坏、周边关系融洽和睦、海上贸易顺利进行、能源开发不受干扰。

在全球化程度越来越高的今天，随着亚洲国家，尤其是印度和中国海上力量的崛起，澳大利亚在周边地区不得不面对更多的竞争，其安全可能会受到全球任何地方发生的相关事件的影响。因此，澳大利亚不以地区分界来作为制定政策的决定性因素，而以正确评估事件的价值和影响为前提，重视亚洲国家崛起的现实，以具体行动作为制定应对之策的主要参考，必要的时候甚至可以派出军队远征以保护国家的利益。

澳大利亚在当代地区海洋安全环境方面所面临的最主要挑战是亚洲国家海上力量的不断崛起，这不仅仅是指中国、印度和日本争夺海洋控制权的问题，还包括韩国、印尼、马来西亚、新加坡、中国台湾，甚至在不久的将来，泰国和越南都会成为新的不可忽视的海上力量。周边国家海上实力的增强固然为澳大利亚带来更多的合作机遇，但是也对本地区的稳定带来一些隐患。

亚洲国家海上实力的增强不仅表现在军事方面，在其他领域也有很多变化标志着他们的迅猛发展，比如庞大的商业运输船队、巨大的海上交易网、完善的造船和维护工业以及日渐提高的捕鱼能力。这些都是与澳大利亚形成激烈竞争的关键领域。地区海洋环境面临的主要挑战是如何继续维持稳定的海洋秩序，从某种程度上说，主权争议、军事演习争议、军备竞赛（防御性的军备竞赛为主）这些所产生的不稳定的因素导致澳大利亚周边良好的海洋秩序正在遭到破坏。各国在合作与竞争并存的海洋政策的选择中往往更偏向于后者，而对重要的国际海洋公约的支持力度变得越来越小。随着鱼类和能源储量的逐渐减少，区域内国家间因争夺资源而爆发战争的可能性越来越大，甚至自然灾害、食物和燃料价格的上涨都有可能成为加剧地区不稳定局势的催化剂。

近年来，澳大利亚针对周边国家的国防支出增长大致保持着与经济增长相同的速率。也就是说，虽然每年针对周边国家的国防支出占国内生产总值的比例基本没有变化，但是实际数量已经大大提高了。从长期的国防规划来看，制定适当的武器限制政策是一个更具可行性的建议。2008 年，斯德哥尔摩国际和平研究所的报告就预测在未来的几年内国际社会将会对在更加严格和有效的裁军和武器限制方面达成更广泛的共识。21 世纪是亚洲崛起的世纪，亚洲国家的影响力正在与日俱增，亚洲国家参与裁军和限制武器方面的国际对话对全球和平具有重要意义，澳大利亚应该努力推动这一进程。[①]

澳大利亚把每年针对周边国家安全防御的绝大部分国防支出都用在了加强海上力量建设方面，尤其注重加强军舰、潜艇和空中力

---

① 资料来源：http://mil.sohu.com/20100611/n272724949.shtml，上网时间：2016 - 07 - 03。

量建设，鉴于大型战舰、潜艇和反舰导弹、航空母舰是亚太地区海上军备竞赛的主要比拼项目，澳大利亚认识到其周边海域，尤其是东南亚地区的潜艇数量不断增加，反潜作战能力也在大幅度提高，因此澳政府不得不在此方面投入更多的关注。澳大利亚关注到目前南海方向南沙群岛和台湾周边海域已成为十分敏感的地带，一旦其本国潜艇被牵涉进该海域的争端中，所造成的战略后果和政治后果均会非常严重。

（二）海上安全问题

在和平时期，对辽阔海域的边界进行保护和管理是澳大利亚面临的最根本、最具挑战性的海洋安全问题。因为其国家管辖海域面积巨大，海洋资源尚未被充分地开发和利用，诱使一些国家的船舶非法进入澳大利亚海域，盗采其丰富的海洋资源，阻止船舶非法入境成为澳大利亚不得不面对的一道难题。2008年11月，就有一队满载着非法移民的船只避开海上监控和巡逻执法船，在澳大利亚的西海岸登陆，而这种情况发生的频率相当高。澳大利亚认为，海军的职责是在特定的海域内完成特定的任务，因此还需要一些能力更加全面的国家船队参与海上安全执法，以完成一些更为特殊的任务，这些国家船队应该具备以下能力：

第一，保护国家安全不受威胁，尤其是不受军事威胁的能力。担任这个角色的船队需要具备海上作战能力（海面战、防空战、潜艇战、海上打击、鱼雷战、保护船舶和沿海城市）和海岸作战能力（两栖作战、海军炮火支援和陆基发射巡航导弹）。目前这项能力主要由皇家海军提供。

第二，充当执行海上边界保护政策的海洋警察或者武装力量的能力。其主要任务包括海上监督、强制管理、海上巡逻、渔业保护、海上搜救、监测海洋污染、打击毒品走私和海盗活动、控制非法移民。就澳大利亚的具体情况而言，要完成这些任务，船队首先需要具备一定的远征能力，能够深入到专属经济区和大陆架海域，包括远离本土的澳大利亚南极领土及其毗邻的公海。澳大利亚皇家海军以及海关和边境保护局都具备这样的能力，南冰洋的巡逻任务主要由海关和边境保护局派遣的特殊船只来负责。

第三，具有开展外交活动的能力。主要是指授权维护海上安全的相关力量去执行一些政府的对外政策，比如民事援助和人道主义援助、维和行动、地区安全合作、海事合作（包括参观港口、人员交流、联合巡逻、局部军事演习等）。这些任务的完成有助于凸显澳大利亚在本地区的重要性，提高澳大利亚的海上影响力。现在这些任务主要由皇家海军负责，海关和边境保护局也正在越来越多地参与进来。

第四，在不同条件海域内开展科学研究的能力。比如水道测量的科研任务，需要船队在专属经济区、大陆架以及岛屿附近海域和南极领土等不同条件的海域进行工作。这是对专属经济区和大陆架进行开发必不可少的工作。澳大利亚目前可以全天候工作的海洋研究船只有"南方测量号"，南极补充船舶、南极光观测站、海军水文测量船等负责为其提供辅助服务。

由于执法范围的扩大，澳大利亚沿岸出现了巡逻船不足的问题，也暴露出国家船队能力的欠缺。造成这种局面的原因：一是国防部没有将沿岸巡逻看成是一项"核心任务"去执行；二是海关和边境保护局也认为巡逻并不是边界保护工作的重点所在。如果有足够的巡逻船，不仅可以巡逻到更远的专属经济区、大陆架甚至包括构成领土的岛屿及其所建立的专属经济区，而且可以克服用于科学研究的船只不足的问题，以增强海洋科研能力。

（三）海上恐怖主义

海事部门似乎比其他涉海领域更容易遭到恐怖分子的袭击，因为其对一个国家的经济影响较大，而且相对来说是一个"软柿子"。为此，澳大利亚引入全面的海洋安全制度来应对海上恐怖活动的威胁，并指派边界保护指挥部和运输安全办公室来全面负责日常海上防卫工作。澳大利亚建立了完善的海洋信息系统，该系统会对入境船只进行身份识别和风险评估，成为其掌握海上信息、监测海上活动的主要方式。这一系统运行过程中存在的问题是对游艇和小型渔船类船只的监管，这些船只由于船体过小容易逃避海洋信息系统的监视。尽管近年来该系统的监测性能有所提高，但是仍然存在一些尚未得到有效解决的问题，比如有些监测手段是针对国际通常航运标准设定的，对某些特别的船只无法适用。

虽然国际社会制定了越来越完善的防范和打击海上恐怖主义活动的措施，但是一些新措施在实施过程中却暴露出问题，比如海员识别和船舶安全警报系统有待改进。海员识别系统在2003年就被引入到修订版的《海员身份文件公约》里，但其实施的难度颇大，因为全球现有国际海员数量逾150多万，单单是防止资料欺诈一项就是一个艰巨的任务。另外，保证海员能够享受应得的上岸假期，享受劳工权利也在很大程度上难以完全落实。将船舶安全警报系统加入到《国际船舶和港口设施安全法》里是为了给靠岸船舶增加一道安全防线，但事实上由于控制中心发回到船舶上的判定信息经常发生超长延迟，而且误判频繁，这套系统的实际贡献效率很低。近年来尽管澳大利亚加强了对入境海员的签证检查，但是船舶警报系统的问题仍旧存在。这类问题不能得到根本解决的主要原因在于联邦政府、相关负责部门和州政府之间的责任不清，相互推诿。如港口安全问题，港口管理部门没有足够的能力来对出入港口的所有人员进行全面安检，而且沿海各州也并没有因此而分配足够的警察力量来加强对滨海地区的安全保障。

（四）海上犯罪活动

海洋有利于大型运输工具的隐蔽，而且从海上入境比从空中或者陆上入境更容易，因此海洋一直被认为是犯罪分子实施犯罪行为的"天堂"。除非法、未报告和不受管制捕鱼以及破坏海洋环境这两大类违法活动外，海上犯罪活动还包括海盗、暴力抢劫、贩卖人口、走私军火和毒品等。

边界保护指挥部是澳大利亚负责对海上事故做出第一时间响应的机构，该指挥部同时还担负着侦察和预防各种海上犯罪活动的责任。近年来，澳大利亚边界保护的打击重点一直在贩毒、贩卖人口和非法捕鱼之间进行周期性地轮转。目前，澳大利亚周边海域发生海盗或者持械抢劫行为的可能性降低，但是前往澳洲大陆北面群岛方向的船舶需保持一定的警惕。除此之外，联邦政府还非常关注生物安全问题，越来越重视严防外来病虫害从海域方向进入澳洲大陆。

澳大利亚政府认为与周边国家开展积极合作是打击海上犯罪活动的重要手段，其边界保护指挥部和邻国的相关部门始终保持联络，并且在某些与安全利益关系重大的地区设立办事处，如澳大利亚曾经与印尼成功地开展了打击走私和贩卖人口的"巴厘岛行动"，并从制度上降低大规模海上危机爆发的可能性。

（五）非法、未报告和不受管制捕鱼活动

非法、未报告和不受管制捕鱼是全球性问题，国际社会已经将其看成是阻碍渔业可持续发展的主要因素之一。这类捕鱼活动对发展中国家带来的损失尤为巨大，对澳大利亚的冲击尤甚，因为其周边许多国家的国民以鱼类为食，政府也依赖渔业获得税收，因此非法捕鱼问题成为澳大利亚海上执法的重要内容。造成这种情况的客观原因：一是人类对海产品需求的不断增加，这种现象在亚洲最为严重；二是捕鱼业规模的逐渐扩大。

随着消费者对海产品的需要与不断衰减的鱼类资源及资源量间的矛盾越来越突出，澳大利亚担心随着鱼类种群资源量的不断减少，可能会导致某些海域的生物稳定性遭到破坏。澳大利亚特别关心金枪鱼的储量，尤其是南方蓝鳍金枪鱼，为维护自身的利益，同时从某种程度上保护南太平洋岛国的利益不受损害，澳大利亚在打击非法捕捞金枪鱼方面作出了巨大的努力。

2007年，一篇发表于《经济学家》杂志的论文总结了澳大利亚与东南亚国家在渔业领域的相互关系，论文提出了捕捞能力过剩的问题，即渔民和捕鱼船过多，导致捕捞量居高不下，而且由于地区性渔业组织的管理职能不够明确，使得各国对包括鱼类资源量等关键的海洋数据掌握不够充分，结果导致当前利益至上的大量短期捕捞行为。[1] 除了东南亚外，该现象在澳大利亚与印度洋和太平洋岛国联合捕鱼的过程中同样也存在。在澳大利亚参与捕鱼的海域中，各国建立了地区协议，但其职能和主体存在相互重叠，澳大利亚加入了其中大部分区域性渔业组织或协议，但是这些组织或协议的议题几乎很少涉及到打击非法、未报告和不受管制捕鱼及管理鱼类资源量等方面。相对而言，太平洋中西部渔业委员会、美洲国家热带金枪鱼委员和南太平洋地区渔业管理组织三大地区性渔业管理组织在对太平洋的渔业管理中却发挥着重要作用。印度洋金枪鱼委员会在各成员国已明显注意到金枪鱼储量减少给捕捞带来的压力，但未能提出相应的解决措施，导致现阶段印度洋的金枪鱼储量不断减少、令人担忧。事实上，面对居高不下的过剩捕捞能力与不断衰退的渔业资源，大多数地区所制定的渔业政策极少能够取得成效。

澳大利亚在其领海内实施的打击非法、未报告和不受管制捕鱼的措施取得了一定的效果，还对日本在南冰洋的捕鲸活动做出了严格的限制。自2007年5月《促进渔业保护责任的区域行动计划》公布以来，澳大利亚在执行中始终扮演着领导者的角色，其目标是在原有限制措施的基础上继续努力，以求彻底杜绝非法、未报告和不受管制捕鱼的行为，但结果无法令人满意。

受海上采油业快速发展的影响，各国对在南冰洋上开展合作、规范各自的各种开发活动的意愿不断增强。虽然，近年来在接近南极大陆的岛屿周围的非法捕鱼活动逐渐减少，但是自2001年始，在

---

[1] 资料来源：http://www.china.com.cn/military/txt/2010-06/11/content_20237393_4.htm，上网时间：2016-07-06。

澳洲大陆北面海域的非法捕鱼活动日益猖獗，为此，澳大利亚政府采取了较为强硬的管理政策，控制非法入境的印尼捕鱼船进入澳洲大陆北面海域活动。由于新管理政策的施行，2010年以来这些捕鱼船的数量开始大幅下降，但仍需投入极大的力量进行管控。

二、间接海洋安全威胁

间接安全威胁也称非传统安全威胁，主要指战争之外的各类安全威胁。例如，环境方面的安全问题包括食品安全保障、能源安全保障、气候变化、海生物种消失、海洋污染、海水酸化、海洋自然灾害以及海洋气候异常所带来的干旱等。间接海洋安全威胁不仅会长期存在，而且具有较长的潜伏期和潜在性，其危害要经过较长时间的发展才会显示出来，因此不容易被注意到，政府的关注也比较欠缺。学术界呼吁各国重视国际社会所面临的严重海洋威胁的专题报告中重点强调了过度捕捞、海水酸化和污染问题，同时呼吁世界各国加强合作，加强对海洋的研究和管理以避免"公共财产的悲剧"。同时，随着时间的推移，这些安全威胁还在不断地增大，澳大利亚认为如果任由其发展，后果将非常严重。因此需要各国政府及国际社会开展合作，改变以往的观念，从政策上加大对间接海洋安全威胁的重视，通过协商制定更有效的政策手段来减少间接安全威胁对海洋造成的危害，其中最主要的就是要关注气候变化与海洋状况之间的相互影响。

(一) 食品安全

充足的食品是保证全球和平和安定的基本要素，食品安全与海洋有直接的关系，首先是食品安全将会直接受到鱼类储量下降、海洋动物栖息地减少的影响，其直接表现就是海洋食物价格的波动。气候变化也会直接影响海产品的产量，进而影响人类对海产品的需求，一旦出现食品短缺，民众必然会发生骚乱、被迫迁徙，将会加重全球人口分布不均的情况。因此，开发渔业资源必须坚持可持续发展的原则，既要满足当前社会的需要，也要为未来保留足够的储量。

澳大利亚采取的保护食品安全的重要手段是加强渔业资源管理。这是澳大利亚最擅长的领域之一，而且在这方面澳大利亚还与其他国家保持着密切的合作。渔业是澳大利亚推动经济发展、维持社会稳定的重要力量，也是其与亚洲和太平洋地区国家保持良好合作关系的纽带。因此，澳大利亚强调不断进行海洋科学研究，增强对渔业的控制能力。

（二）能源安全

世界各国都在寻求通过有限的代价获得更多资源的技术和手段。能源问题为各国带来的竞争比合作多得多，甚至存在由于能源之争爆发战争的可能性。能源安全对海洋环境的重要意义体现在以下三方面：第一，在澳大利亚周边，各国都对油轮和液化天然气运输船的航道越来越关心，这是一个开展地区海洋运输合作的契机。事实上，在马六甲海峡和新加坡海峡，关于运输安全和环境保护的地区合作已经启动；第二，为了得到更多资源，各国对海岸地区的探索和开发程度越来越高，使那些存在专属经济区水域主张争议和岛屿主权之争的境况越发突出，如长期存在于中国东海和南海的紧张局势，孟加拉国和缅甸对孟加拉湾的主权争议等；第三，保护海上油气开采设施已经成为保障地区能源安全的重要工作，这也是澳大利亚擅长处理的领域，亚太安全理事会曾成立一个研究小组，由澳大利亚主持，负责保护海上油气开采设施的安全工作。

（三）气候变化

国际社会对气候变化的关注虽然主要集中在控制和减少温室气体排放，但是气候变化对各国海洋管理和相关战略及政策的制定也带来了全新的挑战。气候变化会影响海洋的物理状态，比如会改变海水的温度、洋流强度、海平面高度和海水的化学构成，这些影响正在变得越来越明显。受气候变化的影响，海水温度将会上升，海洋环流形式可能会改变，海平面会上升。气候变化引起海洋状态变化，而海洋状态变化又会产生复合影响，反过来导致气候变化加剧。气候对某个地区的影响很大程度上是通过海洋环流来产生作用，当海域、海岸、河口和淡水系统发生异常时，人们就会直接或间接地面临鱼类储量和海生动物栖息地减少、洪水和旋风频发的影响。

澳大利亚到底会受到哪些气候变化的影响，需要在对海洋系统及其变化规律做更深入的了解后才能得出结论。现在可以确定的是，如果太平洋和印度洋的气候发生变化，很可能会加速澳大利亚的年际气候变率和干旱与洪水的循环周期。[1]澳大利亚认为，掌握海洋与气候变化的关系有利于从海洋发掘可再生资源，为了抵消全球气候变化的影响，澳大利亚的大堡礁需要在未来的一个世纪里始终保持高效的自我恢复能力，大堡礁作为举世闻名的自然奇观，如果不能保持其现状，澳大利亚不仅经济收入会下降，还会造成国家声望受损。

受气候变化的影响，海平面上升将会改变沿岸洋流的状态，导致海岸侵蚀速度加快，以及海水涌入湿地和淡水系统。对一些低海拔的小型岛国，海平面上升完全就是一场灾难，基里巴斯、图瓦卢和马尔代夫都深受其害。澳大利亚有责任与本地区的发展中国家开展合作，尤其是帮助太平洋上的岛国增强其自主防御气候变化影响的能力。澳大利亚在监测南冰洋受气候变化影响方面有责无旁贷的义务，这项工作不仅有助于澳大利亚更全面地了解气候变化，而且有利于研究澳洲大陆南部的气候特征及干旱等自然灾害的成因。

（四）海洋环境污染及生物多样性的破坏

非法向海洋排放污染物会破坏动植物的生存环境甚至造成物种

---

[1] 资料来源：http://www.china.com.cn/military/txt/2010-06/11/content_20237393_4.htm，上网时间：2016-07-06。

灭绝、导致珊瑚礁褪色、影响正常的海洋经济，而且被污染的海洋会导致民众的社会幸福感下降。全世界有80%的污染来自陆地活动，最近几十年国际社会力图减少来自船舶对海洋的污染，各国都为此做出了巨大的努力，并取得了很好的效果。澳大利亚通过培训高素质的船员，以减少人为因素造成的航海事故给海洋带来的污染。

海洋生物种类的减少已经引起了国际社会的忧虑，越来越多的国际组织不仅开始把关注的重点放到保护和维持海洋生物多样性上，还将公海列入保护范围之内。保护海洋生物多样性具有明显的环境价值、经济价值和社会价值。对澳大利亚来说，维持海洋生物多样性最重要的一项工作是保护珊瑚礁生态系统不受破坏，最值得关注的是陆上污染源和大堡礁在经历气候变化后的自我恢复能力，另外，治理来自船舶的污染也是大堡礁和托雷斯海峡区域需要解决的棘手问题。澳大利亚政府认为，国家维持海洋生物多样性的目标已经非常明确，通过增强对海洋生物的了解、掌握更多的海洋生态学信息，无疑可以帮助政府更加有效地完成这项任务。

澳大利亚根据法律并结合现实需要在不同海域建立了海上保护区。有的海域因为多种原因而需要受到保护，比如大堡礁海洋公园；有的海域因为曾发生过特别的沉船事件而被保护起来；还有一些海上保护区的建立是为了保护海上石油和天然气开采设施及保护海底电缆。这些海域对破坏的敏感性比其他地方更强，除了捕鱼、停船、潜水等活动，有些时候即使仅仅是未经授权的进入，就足以被当成是对保护区的破坏。

（五）海上自然灾害

海洋自然灾害包括气候灾害（旋风、热带风暴、洪水、海平面上升）、地质灾害（地震、火山爆发和海啸）和生物灾害（病虫害蔓延和污染）。这些自然灾害有以下三个突出特点：一是某些灾害，主要是气候灾害，可以通过卫星监测、海洋学研究和天气预报进行预测；二是大多数自然灾害都是由于频繁的火山活动或气候类型变化而引起的，居住在沿海地区的人口越来越多，发生海洋自然灾害导致成千上万人受灾的情况愈发普遍；三是自然灾害可能在任何时间任何地点发生，尤其印度洋是海上自然灾害的高发区。[①]

澳大利亚周围的海域就属于容易遭受海上自然灾害的类型，海上灾害不断发生，比如：1998年7月，一股破坏性潮汐流袭击了北巴布亚新几内亚的海岸地区，造成2150人死亡；2004年12月24日印尼大海啸和2008年5月缅甸纳尔吉斯飓风都给澳大利亚以及周边国家造成了严重影响。

南冰洋也是世界上海水运动最剧烈的海域，防范来自南冰洋的自然灾害对澳大利亚来说是一个重要的课题，因为根据国际公约，其在该地区承担着繁重的海上搜索和营救任务。为了精准预报、减小损失，澳大利亚采取了包括使用海啸浮标在内的各种措施来应对海上自然灾害，预期在印度洋和太平洋上布满海啸前期警报系统。灾后救援也是应对自然灾害的重要工作之一，各国之间相互合作是提高救援效率的重要方式，但是在救援中使用军队力量仍然是一个敏感的话题，出于政治目的的救援并不十分受欢迎。

海水酸化对沿岸生态系统和渔业的潜在影响会非常严重。这些影响最早会在南冰洋显现，然后扩展至澳洲大陆南部沿岸和塔斯马尼亚岛，继而持续向北发展，最终连大堡礁也会受其影响。根据澳大利亚海洋科学所的报告，20世纪90年代以来大堡礁的珊瑚生长速度呈持续减缓状态，而经过科学家的系统分析，证明人类排放过量二氧化碳引起的海水表面温度上升和海水酸化是导致珊瑚生长明显变慢的主要原因。澳大利亚已经意识到海水酸化的速度比以前预测的要快得多，这已经妨害了海洋生物的生存，印度洋和太平洋地区受海水酸化问题影响非常大，因此澳大利亚要承担起监控海水温度

[①] 资料来源：http://www.china.com.cn/military/txt/2010-06/11/content_20237393_4.htm，上网时间：2016-07-06。

和酸度变化的责任，并呼吁国际社会共同关注海水酸化问题。

尽管目前看来海洋与干旱的产生并没有特别明显的联系，在以往的研究中提到的也不多，但是这并不能说明海洋活动与干旱没有关系。比如厄尔尼诺现象就是最明显的由海洋环境变化引起的气候变化，每次厄尔尼诺现象到来都会给澳大利亚东部带来季节性干旱或者周期性洪水。在印度洋也有类似厄尔尼诺的现象，只是国际社会的关注程度较低，该现象会决定澳大利亚南海岸的洋流是温暖的还是寒冷的、季风是干燥的还是湿润的。随着对海洋的了解、观测和建模技术的成熟，预报海洋季节性气候变化已经和平常的天气预报一样成为可能，这对澳大利亚南部的渔业和自然灾害救援（主要是森林大火）工作者来说是一个好消息。①

总体而言，澳大利亚对海洋面临的直接威胁和风险的处理都较为有效，因为这些问题一般而言都非常急迫。自从澳大利亚成立了边界保护指挥部和海洋战略管理委员会以来，其打击海上恐怖主义和其他犯罪活动、保护海上边界的力度得到了很大的加强。但是在应对间接威胁和风险方面还有大量的工作要做，不仅是因为这些间接威胁一旦爆发可能带来的后果非常严重，而且还要注重提高应对和处置风险的效率，如果只靠澳大利亚自己的力量，处理起来一定是事倍功半，与周边国家共同分享海洋带来的利益、开展地区合作，是在未爆发阶段解决间接威胁的有效方式。

---

① 资料来源：http://www.china.com.cn/military/txt/2010-06/11/content_20237393_4.htm，上网时间：2016-07-06。

第二章 澳大利亚海洋战略的内涵演变与目标调整

澳大利亚四周环海，地理位置独特，拥有漫长的海岸线，是典型的海洋国家。澳大利亚是印度洋和太平洋之间的中转站，海洋地缘战略地位十分重要，在亚太地区和印度洋地区占据重要地理位置，海上利益十分突出，因此，澳大利亚一向重视海洋的战略地位及海上力量的发展和建设。

第一节 澳大利亚海洋战略的发展与变迁（1788—1990年）

澳大利亚是英联邦成员国，联邦政府成立后的相当长一段时间内，主要实行海洋"策略"，但由于海洋地缘政治利益和地缘经济利益等相关因素的战略地位提升，澳大利亚逐渐转向海洋战略及其实施，并加强了海上力量的发展。[1] 此后，澳大利亚联邦政府十分重视国家军事防务体系的建设，不断调整对外关系及相关战略，以适应

---

[1] 甘振军：《地缘政治理论视野中的当代澳大利亚海洋战略》，载《徐州师范大学澳大利亚研究中心网》，http://ayzx.xznu.edu.cn/onews.asp? id=135，上网时间：2014年8月10日。

不断变化的国际环境，使海洋战略问题逐渐成为国家战略的重要组成部分。纵观澳大利亚海洋战略的发展历程，可以明显看到其经历了从模糊走向清晰、从单一走向综合、从依附到相对独立自主的历史变迁进程。[1] 这一进程中，澳大利亚的海洋安全战略呈现出较明显的"依附式"模式，即将本土安全特别是海上安全委托于某一大国。具体而言，就是在20世纪前半期主要将自身的海防安全交付给英帝国，二战后又转而采取所谓澳新美同盟的形式交付给美国，同时想方设法筹划地区安全联防。[2]

一、依附于大英帝国的防务策略

1901年，从澳大利亚联邦政府成立，一直到20世纪30年代末期，澳大利亚虽然可以称为一个主权国家，但其外交政策没有任何独立性，英国紧紧操控着澳大利亚的外交以及安全防务。澳大利亚政府认为，"国家制定外交政策的大致方向应该与英国保持一致"，这主要是由于"制定何种外交政策一直以来都不会成为我们政府需要考虑的最首要方面"，"英联邦成员国的外交政策由英国来制定是无可非议的"。[3]

在处理国际事务等外交问题上，澳政府紧紧围绕在英国周围，时刻与英国的外交保持一致，并且理所当然地认为，保证国家安全最有效的途径就是将其与英国的国家安全紧密联系在一起。在第一次世界大战爆发之前，澳大利亚就已经建立了自己的海军，但是因为当时其在外交上对大英帝国的强烈依附，使得其海军的指挥权在

---

[1] 甘振军、李家山：《简析澳大利亚海洋安全战略》，载《世界经济与政治论坛》2011年第4期，第55页。
[2] 同上书，第54页。
[3] 戈登·格林伍德：《澳大利亚政治社会史》，北京：商务印书馆，1960年版，第472—474页。

很大程度上也受制于英国。第一次世界大战发生以后,澳大利亚独立承担本国安全防务的能力不足,在其国家安全受到威胁之际,澳大利亚开始抱怨英国不重视其海上安全利益。即便如此,第一次世界大战结束以后,澳大利亚仍然未能独立承担起国家海上防务方面的建设任务,依然将国家的安全防务问题交给英帝国掌控。

1929—1933年,资本主义世界经济危机爆发之后,为了缓解经济压力,澳大利亚不得已只能减少国防开支,在这段时期内,其国家防务建设几近停滞,国家安全防务能力降低至第一次世界大战之后的最低程度。澳大利亚的海军力量建设建立在英国的帮助之上,海上防务政策也全部捆绑在大英帝国的海军战车之上,受到英国对其的严重制约,其海洋安全战略几乎不存在。

第二次世界大战对澳大利亚的外交来说是一个重要的转折点。澳大利亚的国防安全也随之发生改变,尤其表现在海防方面。在第二次世界大战期间,大英帝国与其各个自治领地之间的"主从"关系受到了巨大的冲击。太平洋战争爆发以后,澳英关系在历史上第一次出现了危机。澳大利亚开始意识到仅凭英国在太平洋海域的海军力量已经难以保证澳大利亚本国的国家安全。因为英国与澳大利亚在太平洋地区的战略利益并不一致,而且大英帝国的海军力量也不像过去那样能够在太平洋海域随心所欲了。[①]

既然英国不能像过去那样保护澳大利亚的国家安全,澳大利亚的国防战略开始进行转变,重心渐渐从大西洋地区转向了太平洋地区,并且不断向美国示好,以求与美国结成同盟,这也成为澳大利亚日后对外关系的基石。太平洋战争的爆发,将英国海军保护澳大利亚的"神话"粉碎,柯廷政府开始领导澳大利亚逐渐从大英帝国的从属地位中摆脱出来,赋予澳英关系新的内涵,即在外交政策上逐步从依附英国转向依附美国。这不仅是澳大利亚外交的一个转折

---

① 吴桢福:《澳大利亚历史1788—1942》,北京:北京出版社,1992年版,第294页。

点，也是澳大利亚从依附走向独立的新起点，在很大程度上影响着澳大利亚日后海洋安全政策的制定。[1] 同时，这也是澳美建立军事联盟关系的一个标志性举动。澳大利亚协助美国作战，不仅保证了其本国的安全，同时也为日后澳美同盟的确立打下了一个很好的基础。澳大利亚在二战期间安全防务和外交策略的改变，决定了其海洋安全防务将依附于美国的战略走向。

二、依附于美国的现实策略

太平洋战争爆发以前，澳方一直与英国保持着密切的关系，以求通过英方的支持确保本国在太平洋海域的安全。日本于1942年2月19日轰炸了达尔文港，将第二次世界大战的战火蔓延到澳大利亚，加之英国在远东战场上损失惨重，澳大利亚开始意识到如果继续将自身安全完全托付于英国恐怕自身安全都难以保证，这次战争第一次让澳大利亚人认清了大英帝国的外强中干特质，也凸显了澳大利亚在保证国家安全方面的薄弱之处。同时，第二次世界大战还使澳大利亚认识到美国对其国家安全乃至整个亚太安全的重要性。因此，加强与美国的关系也就成了澳大利亚外交当时最现实的选择，澳大利亚开始转向并求助于美国。

战争期间，澳大利亚不仅与美军联合抗击日本，还主动充当了美国在西南太平洋部署军队的后方基地。1942年5月的珊瑚海战役中，澳大利亚在美国军事力量的帮助下，有力打击了日本向新几内亚国家南部的大举进军。此次战役的胜利在澳大利亚国民心中占据重要地位，因为在澳大利亚人看来，这次历史性的突破不仅解除了

---

[1] 张天：《澳洲史》，北京：社会科学文献出版社，1996年版，第307页。

日本对其国家的真正威胁，而且澳大利亚还有了一个新的"强而有力"①的朋友。澳大利亚总理柯廷明确表态："我无比坚定地宣布，我们将积极向美国靠拢……并且将加强与美国的关系看成未来澳大利亚国家外交政策的重中之重。"② 在二战期间，美国兑现了其保护澳大利亚国家安全的许诺，在很大程度上增强了澳大利亚打败日本进攻的决心，使澳美之间的军事合作逐渐加深，相互的信任也不断加强。

第二次世界大战结束以后，美国凸显了在国际事务中的重大影响力，在远东地区，法国、英国、荷兰对其殖民地已经失去影响力，美国一跃成为该地区新的主导力量。③ 面对新的国际形势，尽管澳大利亚依然是英联邦的成员国之一，然而因为英国已经不能为其提供保护，澳大利亚与英国之间的关系明显疏远，追求与美国之间的安全防务联系成为澳大利亚政府外交努力的目标和方向。但是美国在此期间仅仅是将澳新地区看作其在全球战略布局中的"边缘地区"，在其对外战略中并不认为有对澳大利亚承担保护义务的必要。

1950年6月朝鲜战争爆发以后，澳大利亚和美国的关系出现了新的转机。澳大利亚试图通过参加朝鲜战争来赢得美国的同情或帮助，这场战争在一定程度上拉近了澳美之间的关系，至此澳美两国由口头上的同盟变为事实上的同盟。1951年7月12日《澳新美同盟条约》正式签订，标志着澳美同盟关系正式形成。

二战结束后，世界进入两极格局。美国、苏联在国际舞台上形成了持久对抗的"冷战"局面，在这种形势之下，澳大利亚依然选择站在美国的阵营之中，不仅从意识形态上与美国保持一致性，并

---

① "强而有力"的朋友一词来源于澳大利亚的知名澳美关系史学家诺曼·哈伯的著作"A Great and Powerful Friend: A Study of Australian American Relations between 1900 and 1975"，此词被澳大利亚国内广为引用。
② 汪诗明：《20世纪澳大利亚外交史》，北京：北京大学出版社，2003年版，第84页。
③ 郑寅达：《澳大利亚史》，上海：华东师范大学出版社，1991年版，第153页。

时刻警惕"亚洲共产主义扩张"的威胁，还在美国的影响下对日本保持"软和平"态度，与日本签订合约，把中国当做是其国家安全的最大挑战。① 从此，与美结盟成为澳大利亚国家安全和对外政策的重要基石。

同时，澳大利亚还将视线逐渐转向东南亚，积极参与了"前沿防御战略"。受"前沿防御"及多米诺骨牌理论的影响，同时，为了抵御"共产主义可能从海上带来的威胁"，澳大利亚大举加强海军部署，尤其加大了海军力量在其领土以北海域的军事存在。自第二次世界大战结束至冷战前期阶段，澳大利亚一直坚持这样的海上防务政策，在这段时期内，澳大利亚积极配合美国在亚太地区的所有军事行动，这样既能达到借助美国力量来抵御中国威胁、抗衡来自东南亚方向可能入侵的目的，又能维护自身海上贸易通道的安全。澳大利亚政府认为，苏联在亚太地区特别是在南太平洋海域的影响力是其最大的安全威胁，站在美国阵营之中就可以有力抗衡苏联在该海域的政治扩张。②

三、相对独立的海洋战略雏形

随着近代以来资本主义生产方式的扩张和新航路的开辟，欧洲资本主义国家角逐的场所由陆地转向海洋，人类对海洋的重要性开始有了基本认识，但由于当时社会生产力水平低下，人类对海洋和海权的认识有很大局限性，各国统治者主要关注陆地上的战略角逐，对制海权的认识只限于近岸海域或世界大洋边缘海的一定范围内。③

---

① 张秋生：《澳大利亚与亚洲关系史 1940—1995》，北京：北京大学出版社，2002 年版，第 82 页。

② 甘振军、李家山：《简析澳大利亚海洋安全战略》，载《世界经济与政治论坛》2011 年第 4 期，第 55 页。

③ 甘振军：《地缘政治理论视野中的当代澳大利亚海洋战略》，载《徐州师范大学澳大利亚研究中心网》，http://ayzx.xznu.edu.cn/onews.asp?id=135，2004 年 8 月 10 日。

西方学者自19世纪末开始从地缘角度来研究和考量国家对外战略，并把地缘政治研究对象置于海洋坐标体系之中。从全球地缘角度进行研究并首先取得重大成就而成为一代地缘政治理论"海权论"奠基人的美国海军军官、历史学家马汉（A. T. Mahan，1840－1914年）在分析和总结英国海上力量扩张的历史发展过程后认为，一个国家若想取得世界大国、强国的地位，就必须控制海洋，海上力量对于国家实力和繁荣至关重要，对于临海国家更是如此，因为海洋意味着疆界。[①] 临海国家对其他国家和地区产生的影响力或态势取决于其在疆域外的活动能力，因此建立一支强大的海军、取得制海权，特别是控制具有战略意义的交通要道、海上通道等狭长地带是成为大国的重要条件。马汉着重指出，海上力量的实现以六个方面的海权要素为前提：地理位置；形态构成，其中包括与此相连的天然生产力与气候；领土范围；人口数量；民众特征；政府特征，其中包括国家机构。[②] 马汉"海权论"的提出，对当时各国政治家产生重要影响，世界列强为谋求霸权都竞相发展海军军备，壮大海上力量。

英国地缘政治学家哈·麦金德（H. Mackinder，1861－1942年）在强调大陆国家成长重要性的同时，还强调海洋大国的作用，弥补了马汉"海权论"的不足之处，更加全面地阐述了陆权和海权两者之间的关系，因而更易受到谋求世界霸权的各列强国家的青睐。[③] 20世纪上半叶，美国著名地缘政治学家斯皮克曼（Nicolas Spykman）强调边缘地带战略价值，但也不排斥海权国家与海域在国际政治中的作用。斯皮克曼的边缘地带理论在一定程度上进一步完善了麦金

---

① 甘振军：《地缘政治理论视野中的当代澳大利亚海洋战略》，载《徐州师范大学澳大利亚研究中心网》，http://ayzx.xznu.edu.cn/onews.asp? id=135，2004年8月10日。

② [美]阿尔弗雷德·塞耶·马汉，范利鸿译：《海权论》，中国言实出版社，1997年版，第29页。

③ [英]哈·麦金德，林尔蔚、陈江译：《历史的地理枢纽》，商务印书馆，1985年版，第60页。

德的陆权论。① 可见，各个理论流派都没有忽视海权及海域在国际关系中所发挥的重要作用。随着地缘政治区域的范围扩展到全球，大国间的地缘争夺重点也开始由大陆转向海洋。战后所提供的历史契机和战略空间使得不少国家，尤其是具有海洋大国潜质的国家，把这种地理机遇的诉求看作是本国崛起的重要因素。对于位于南太平洋亚太地区的区域性大国澳大利亚来说更是如此。

澳大利亚联邦自1901年1月1日成立以来就非常重视国家军事防务体系建设，并在早期马汉"海权论"的影响下建立了第一支属于自己的海军。一个多世纪以来，鉴于国际形势的发展变化及本国自身的安全问题，澳大利亚开始不断调整对外关系战略，以适应不断变化的国际环境，而海洋战略也逐渐成为其国家战略的重要组成部分，澳大利亚联邦政府努力追寻并力争成为南太平洋地区的海洋大国这一目标。为此，澳大利亚以区域安全合作机制为依托，重视澳美军事同盟关系，着力发展海上力量，以发展经济、提升综合国力为后盾，调整并构建起面向新世纪的全新海洋地缘战略，以抓住战后亚太地区快速发展的机遇，成为南太平洋地区特别是亚太地区的重要地缘战略棋手。

就战后美国的全球地缘战略而言，其重点是欧亚大陆，但美国军事力量在此地区曾一度收缩，距离因素在一定程度上削弱了其影响和辐射力，因此美国必须在欧亚大陆附近寻找新的战略基地。澳大利亚地理上临近亚洲，自身具有独特国情，这使得其地缘政治优势关系到海权强国美国和陆权大国苏联在边缘地带对抗的结果，关系到印度洋和太平洋地区的安全与稳定，对于海权强国美国的全球战略尤其是亚太战略意义重大。②

国际政治格局在20世纪60年代末、70年代初发生了新的变化，

---

① ［美］斯皮克曼，刘愈之译：《和平地理学》，商务印书馆，1965年版，第107页。
② 任江：《地缘政治视角下的澳中关系》，上海：华中师范大学学位论文，2009年。

美国为了改善其在亚太地区的困境，开始调整奉行多年的全球战略，从扩张转向收缩，战略势态逐渐由攻转为守，而英国也在更早的时候就开始了加紧撤出亚洲的行动。英美势力相继撤出东南亚意味着冷战时期澳大利亚积极参与的"前沿防御战略"的基础将不复存在，而此时海军实力并不是很强的澳大利亚还继续坚守在美国亚太战略部署的最前线。

国际安全局势发生变化以后，美国的亚太战略也随之进行调整，世界经济的重心也出现向东移动的趋势，在这种情况下，澳大利亚不得不对澳美同盟关系重新进行评估，其在国家安全防务、外交战略上开始主张"自我依赖"的思想。1972年惠特拉姆上台之后，在对外政策上极力主张独立自主的方针，因此，从这一时期开始，澳大利亚进入了外交上"相对独立主义"的新阶段，在这一外交思想的指导下，其海洋安全政策也开始显现出相对独立的特点。[①]

惠特拉姆政府认为，"东南亚地区国家之间已经告别过去军事角逐的时代，澳大利亚是大洋洲的唯一国家，四面环海，这种独特的地理优势，能够将侵犯澳大利亚的国家拒于千里之外"[②]。根据这一观点，澳政府推断未来十到十五年之内，不会有对澳大利亚国家安全构成直接威胁的国家出现，因此，区域内小规模争端的解决是其近期国家安全防务的主要内容，所以澳大利亚政府在此前一直坚持的"前沿防御战略"已经失去价值。[③] 澳大利亚政府放弃了"前沿防御"为核心的国防政策，促使意识形态争斗降温，不再主张以武力解决国家间纠纷，努力改善周边国际关系环境，奉行"睦邻友好"和"地区合作"战略。随后，澳大利亚的对外政策不再采取紧随美

[①] 赵晶晶：《澳大利亚海洋安全战略及其对中国的影响》，青岛：中国海洋大学学位论文，2013年。

[②] 惠特拉姆：《超越越南：澳大利亚的地区责任》，（澳）维多利亚费边社，1968年版，第40—41页。

[③] 同上书，第46—47页。

国的策略，而是增加了一定的独立性。

惠特拉姆认为亚洲地区的各个国家对于澳大利亚的政治、经济等各方面的发展都有着重要的意义，因此主张改变之前对待亚洲的强硬政策，开始缓和同亚洲各国之间的关系，并且同中国建交。另外，1977年《东南亚集体防务条约》的终止，也是澳大利亚从新加坡、越南和马来西亚撤军所致。澳大利亚在1976年发布的国防白皮书中表示，国家防御的重点是维持未来本国在东南亚地区以及西南太平洋海域的绝对安全，提出了本土防御的安全政策，对外界侵犯采取从海上和空中联合阻止的防御手段。这是澳大利亚首次提出"自主防御"的国家安全指导原则，在其国家发展史上具有标志性的意义。

冷战结束后，国际安全格局发生巨大变化，世界格局呈现"一超多强"的基本态势。澳大利亚根据自力更生的防务原则，其国防军确立了未来的纵深防御战略，主要包括三个层面：一是严密监视所在地区、国土北部海洋与空域，防止入侵者袭击；二是快速打击与拦截在接近澳大利亚领海与领空出现的敌对力量；三是加强陆地与沿海防御，建立一支海空军支援下的高度机动的陆军，防止入侵者进入北部边境，实现对国家安全的有效保护。[1] 从20世纪90年代以来，澳大利亚就把其国家利益的最大化放在了外交的首要位置。对任何一个国家来说，经济利益都是国家获得其他方面利益的基石，而安全利益又是国家获得其他利益的最基本保障。在这一前提下，澳大利亚将其防务政策建立在自力更生的基础上，即澳大利亚在参加同盟和地区防务组织的情况下，主要依靠自己的资源，发挥独立自卫的能力。[2]

为了降低来自区域内其他国家的军事威胁，澳大利亚极力维护

---

[1] 赵晶晶：《澳大利亚海洋安全战略及其对中国的影响》，青岛：中国海洋大学学位论文，2013年。

[2] 澳大利亚驻华使馆：《澳大利亚概况》，第94页。

亚太地区尤其是东南亚海域的稳定与安全。澳大利亚政府开始奉行独立自主的安全战略的一个重要表现就是将对外关系的重心逐渐向亚太地区转移，并十分重视与亚太国家的安全与防务合作。澳大利亚与东盟、巴布亚新几内亚和南太平洋诸岛国在防务上开展长期合作，旨在帮助他们发展应变能力并加强安全合作，澳大利亚还长期与新西兰保持紧密的防务合作关系，两国于1991年签订了《密切防务关系协定》。澳大利亚政府认为，亚太地区"各国家之间经济、政治往来日益密切，这种相互关系对于维护本地区的安全和稳定具有重要意义"[1]。

《澳大利亚1994年防务白皮书》指出，冷战时的诸多限制因素在新时期已经不再出现，加上亚洲地区在经济上的迅速发展，使一些国家对外关系发生变化而出现新的国家间关系，所以对澳大利亚来说，在未来的国际关系舞台上将会遇到更多难以确定的挑战。[2] 以往澳大利亚在安全问题上一直依赖英、美两国，但是面对复杂多变的国际安全形势，这种传统的安全防御战略已经不能满足其国防需要。此外，澳大利亚还与英国、新加坡、马来西亚签订了防务协定，在此基础上实施国家间安全防务交流与合作计划。

《澳大利亚1994年防务白皮书》还提到："我们的经济发展离不开亚太地区，同样，要在最大程度上保证我们的国家安全，也必须依托于亚太地区的安全和稳定。澳大利亚对该地区的战略介入是我们致力于在该地区确定位置的要素。"[3] 事实上，澳大利亚对其安全防务政策进行调整以后也并没有忽略对澳美军事同盟关系的加强，而是在维持与美国同盟关系的基础上增强其外交的独立性。澳大利亚转变其防务政策，旨在改善与亚洲各邻国的双边关系，从而达到增加与地区国家间在安全领域合作的目的。此外，在国际安全方面，

---

[1] 澳大利亚驻华使馆：《澳中关系》，第34页。
[2] 《澳大利亚1994年防务白皮书》（Defending Australia, Defence White Paper 1994），第4页。
[3] 同上书，第3页。

澳大利亚积极参与各种维和行动，主张增强联合国在维持国际秩序上发挥的作用，主张不扩散核武器和实施国际军备控制，这些都有利于维护地区与国际的和平与安全。

澳大利亚在1994年《联合国海洋法公约》正式生效后，意识到其国土周围广阔海洋资源的重要性，也开始重点保护其专属经济区及大陆架，保证其来自于海上的政治、经济、交通、安全等方面的国家利益。澳大利亚在审视本国过去海洋政策的基础上，着手制订新的海洋发展战略，于1998年出台《澳大利亚海洋政策》，该政策为规划和管理海洋开发提供了战略依据。澳大利亚政府还调整了海洋管理体制，实施海洋综合管理和统一执法，并于1999年成立统一海岸警备队。此外，澳政府还制定并实施其大陆架勘探计划，着力扩展海洋管理范围，力争占领海洋资源开发的制高点。[①]

四、由海洋"策略"向"战略"的转变

就地理位置而言，澳大利亚是一个孤悬于南半球的岛屿大陆国，其东部是太平洋各岛国；北面紧邻东亚近海的岛屿链和美国在中西太平洋最重要的海空军事基地关岛；西北面越过印度尼西亚群岛在海上可直达马六甲海峡、南海这些重要的交通要道，在陆地可到达欧亚大陆的中南半岛；西接印度洋，是美国在印度洋最重要的海空军事基地迪戈加西亚的最大后勤基地，亦可直航到南非的好望角；南部与南极大陆遥遥相望。[②] 因此，澳大利亚可以说是南太平洋地区典型的海洋国家，占据十分重要的地理位置。

尽管地处一个巨大的岛屿大陆，但是自澳大利亚联邦政府成立至20世纪70年代，澳大利亚虽侧重海上国防安全，但谈不上有真

[①] 肖鹏：《澳大利亚海洋战略》，载《海洋世界》2012年第1期，第74—75页。
[②] 刘新华、秦仪：《略论澳大利亚的地缘战略地位和美澳军事同盟关系》，载《世界经济与政治论坛》2003年第3期，第78页。

正意义的海洋战略，在此期间，澳大利亚把更多的精力都放在处理内陆事务上，尤其是农业和采矿业，对海洋开发关注并不够，国防安全始终缺乏独立性，军事力量相对虚弱，影响着真正意义上的海洋战略的实施。正如一位澳大利亚海军历史学家曾经提到过的一样，"澳洲大陆看起来是如此的辽阔，以至于本地的居民置周围浩瀚的海洋于不顾，一心只想从大陆上攫取他们需要的所有资源，这才是真正狭隘的岛国心理"。①

由于20世纪初亚太地区的地缘政治关系状况和国防需要，澳大利亚政府建造了重型巡洋舰、轻型巡洋舰、驱逐舰、潜水艇等军事装备，形成了澳大利亚历史上，也是大洋洲历史上第一支自己的海军。②澳军在一战中发挥了积极作用，从财力、人力上给予英帝国大力支持。一战后澳大利亚虽然仍是英帝国的从属国，其防务依赖于英国海军对其海洋的控制权，但通过积极参战，澳大利亚的国际地位一定程度得到提升，还曾以独立国家的名义派代表参加巴黎和会及国际联盟，并获得对新几内亚（原德属几内亚）的管理权。

随着自治地位的确认，澳大利亚在本国防务问题上的独立性有所增强，并试图在地区事务中发挥影响力。1936年《华盛顿限制海军协定》签署后，澳大利亚提议签署太平洋无侵略协定，但由于当时国弱言轻，并未成功。1938年，澳大利亚表态支持《慕尼黑协定》，一定程度上反映了其不愿派兵海外以支持英国的孤立主义思想。二战时期，澳大利亚的全部海军舰艇划归英国海军部，分布在地中海、印度洋和太平洋以保护英海军基地，其北部城市遭日机轰炸，英国自顾不暇，无力保澳；相反，美国以澳大利亚为后方基地，逐渐扭转太平洋战场的形势。战后，澳大利亚明确意识到自己的经济利益和安全利益主要集中在南太平洋和东南亚地区，遂逐渐将视

---

① 罗自刚：《海洋公共管理中的政府行为：一种国际化视野》，载《中国软科学》2012年第7期，第1—17页。

② 张天：《澳洲史》，北京：社会科学文献出版社，1996年版，第238页。

线转向东南亚,形成"前沿防御"理论,并于1951签订《澳新美条约》(ANZUS)、1954年加入东南亚条约组织(SEATO)。冷战缓和至结束时期,澳大利亚从越南撤军,同中国建交,特别重视同亚太国家的经济贸易联系,大力发展海运远洋运输贸易,20世纪六七十年代以来,世界各国都充分认识到海洋战略资源的重要性,海洋经济利益和海洋安全利益日益凸显出来,澳大利亚联邦政府的海洋"策略"也由此转向海洋"战略"。

第二节　澳大利亚海洋战略的调整(20世纪末—21世纪初)

1951年,澳大利亚和美国签署了《澳新美安全条约》,至此,澳大利亚在东北亚的朝鲜问题和东亚的台海问题上拥有了重大的战略利益。澳大利亚希望美国能够为其提供国家安全保障,在澳美同盟的共同安全框架下,澳大利亚积极参加美国冷战后在亚洲发动的军事行动,如在1950年的朝鲜战争和1998年的台海危机中,澳大利亚都曾派出其海军参与军事行动,履行与美国达成的盟约。通过探讨澳大利亚新世纪的海洋战略部署,对中澳两国的海上安全合作具有重要的现实指导意义,有利于中国海军战略的建设发展。

一、重新定位海洋战略重心

澳大利亚最终从20世纪50—70年代一味追随美国及70—90年代"摇摆不定"、"自我防卫"的国防政策中走出来,树立了较为清晰的海洋观,并重新调整其海防政策,逐渐将自身的国防安全政策(主要是海防政策)同澳美同盟之间的关系厘清,即这两者是不可偏废、相互依存的。有了这样整体的政策导向，澳大利亚坚定地认为澳美同盟是有效维护其独立国防政策的基础，加强与美国军方的合作对于保证其海上安全至关重要，同时也必须努力发展一支能够在东南亚地区具有攻防能力的海上作战力量，这对于实施本国的海洋安全战略具有重要意义。

冷战结束后，澳大利亚海洋战略的调整深受以下因素的影响：在国际体系层面，国际格局由美苏两极转变为"一超多强"，澳大利亚的安全威胁紧迫感下降，面对经济全球化和区域一体化的加速发展，澳大利亚的海洋战略在外向型、自主性方面有所增强，并力图掌控南太平洋地区安全的地区主导权；在地区层面，随着东亚崛起，特别是中国的崛起，澳大利亚与东亚的经贸关系日益密切，这使得澳大利亚的海洋战略在经济上依赖中国、在安全上借助美国这两者之间作平衡。[1]

在具体实施方向上，澳大利亚的基本判断是在北部海域来自东南亚方向的威胁是最主要的，同时要注意西南太平洋和印度洋两个方向。要加强和扩大同东盟国家及中国等国海军的交流与合作，这不仅有助于维系和加强澳大利亚自身在东南亚地区的军事影响力，还能保证其在亚洲的海上贸易线路的通畅和经贸利益的实现，并确保其周围海上环境的安全。[2]

澳大利亚认为，21世纪是"海洋的世纪"，更是高科技迅猛发展和广泛应用的世纪。新时期，随着海上航线和海洋资源竞争的日趋激烈，澳大利亚逐渐改变了只关注本土和临近地区的防务模式，开始采取积极的海上防御态势，全力打造具备强大攻防能力、能够

---

[1] 王钱柱：《后冷战时期的澳大利亚海洋战略》，南昌：江西师范大学，2013年学位论文，第1页。
[2] 甘振军、李家山：《简析澳大利亚海洋安全战略》，载《世界经济与政治论坛》2011年第4期，第57页。

快速部署的远洋舰队,以期实现其海洋战略规划的目标。① 澳大利亚 2013 年发布的《国防白皮书》中认为,其国家正在形成的印度洋—太平洋战略区域经过东南亚连接印度洋和太平洋,将澳大利亚关注的重点调整到从印度经东南亚到东北亚的弧形地带,包括该地区所依赖的海上通道。② 澳大利亚重视海洋安全,意味着其民族特性的海洋气质将在其海洋安全战略中发挥愈来愈重要的作用。③

澳大利亚将其新世纪的海洋战略定位为:始终坚持以澳美同盟为基石的海洋安全政策,继续加强澳美之间海上防务的交流与合作,以提升海军未来作战实力为战略重点;加强与亚太国家在安全防务等方面的合作,建立密切的双边或多边安全交流关系,以 APEC 和 ARF(东盟地区论坛)为平台,积极推进区域内集体安全防务的发展进程;继续加强澳大利亚在南太平洋海域一直以来的海上军事优势,确保国家国防安全和经济安全,努力打造在南太平洋乃至整个亚太地区有较强影响力的海上军事强国。④

二、继续强调澳美关系

《澳新美同盟条约》一直以来都是澳大利亚实施对外政策的风向标,也是澳美两国保持同盟关系的理论指导。新世纪澳大利亚的对外政策将美国因素看得更重。在 1997 年发布的《外交白皮书》中,澳大利亚政府就提出澳美同盟关系是维护本国国家安全、维持经济进一步发展的重要保证,两国在政治、经济等各个方面的联系与合

---

① 肖鹏:《澳大利亚海洋战略》,载《海洋世界》2012 年第 1 期,第 74—75 页。
② 资料来源:Department of Defense, 2013 Defence White Paper, p. 7, http://www.defence.gov.au/whitepaper2013/.
③ 刘新华:《澳大利亚海洋安全战略研究》,载《国际安全研究》2015 年第 2 期,第 119—138 页。
④ United States Institute of Peace, "The South China Sea Dispute: Prospects for Preventive Diplomacy", http://www.usip.org/files/resources/SR18.pdf.

作都是至关重要的。该文件中还特别强调，世界上任何一个国家都不能像美国一样，能够在国际事务中发挥如此重大的作用。以霍华德为首的澳大利亚政府在对外政策中最大的调整就是从工党的"面向亚洲"转变为"倾向美国"，在澳大利亚政府的日程表上，澳美联盟是被排在第一位的，由此澳美关系大幅提升，也适应和满足了冷战后国际形势的发展和美国的战略需要。①

由于两个国家实力的巨大差距，冷战后的澳美同盟关系中澳大利亚依旧表现出了对美国的"依赖性"和"追随性"。表面上澳美同盟关系是共同的安全防卫，实际上美国方面主要是希望澳大利亚能够分担美国在亚太地区的安全责任，而澳大利亚方面则希望美国能够为其提供国家安全保障。在澳美同盟的共同安全框架下，澳大利亚积极参加美国冷战后在亚洲发动的军事行动，将自己的形象塑造成为"澳大利亚从来不是一个'不负责任的搭便车者'（irresponsible free–rider），而是美国最忠实的朋友和战略伙伴。"② 事实上也确实如此，澳大利亚先后参加了美国在 1990 年发动的第一次海湾战争、2001 年发动的阿富汗战争、2003 年发动的第二次海湾战争（伊拉克战争）。

澳大利亚国防部在 1993 年出版的《战略评论 1993》（Strategic Review 1993）中认为"与美国紧密的防务关系对澳大利亚的国家战略地位依旧十分重要"③。这主要是因为"澳大利亚的防务与美国联系在一起，不仅可以补充澳大利亚与地区国家日益增加的安全合作关系，而且也为澳大利亚增强防务的自主能力提供了支持。"④ 澳大

---

① Firth S, "Australia in International Politics: An Introduction to Australian Foreign Policy", Allen&Unwin, 1999, pp.37–38.

② Hugh White, "Australian Defence Policy and the Possibility of War", Australian Journal of International Affairs, Vol.56, No.2（2002），p.254.

③ Australia Department of Defence, Strategic Review 1993, Canberra: Department of Defence, 1993, p.35.

④ Australia Department of Defence, Strategic Review 1993, pp.35–36.

利亚在1994年出版的国防白皮书《保卫澳大利亚：国防白皮书1994》（Defending Australia: Defence White Paper 1994）中把"澳美同盟关系定义为澳大利亚国防战略的第二大支柱。尽管过去20年里澳大利亚越来越趋向于程度更高的防卫自主化方向发展，但是与美国的同盟关系仍是澳大利亚防务的关键性因素。"[1] 1996年7月，澳大利亚和美国在悉尼举行《澳新美安全条约》会议，会后发表了《澳美21世纪战略伙伴关系》（也称《悉尼宣言》）。这是澳美双方根据亚太形势变化及国家利益的变化，对澳美同盟关系的适度调整以适应亚太地区新的安全现实。澳大利亚2000年的国防白皮书肯定了这些调整，认为"美澳同盟的活力是建立在持久的、共享的价值观、利益、观点和鲜血结成的友谊之上的"[2]，该白皮书还认为"美澳同盟应该在以下方面加强合作：第一，加强双边防御和安全合作……第二，加强在地区层次上的合作……第三，承诺在需要时相互支持"[3]。

此外，澳方还同意美方使用松峡卫星中继站的预警系统，这一举动为美国的国家导弹防御系统（NMD）提供了实质性的支持。这是美国建立导弹防御系统之后在海外设立的核心基地，也是美国再次评估澳在其全球战略中发挥何种作用的主要因素之一。澳美两国还不断加强军事装备方面的合作，双方于2000年达成《在国防装备和工业方面加强合作的原则协议》，这不仅能够大大加强澳大利亚国防装备以及国防工业的发展，澳方还可以据此大幅提高潜艇和军舰战斗系统等方面与美协同作战的能力。此外，新世纪澳大利亚的武器采购计划也进行了调整。在这之前，澳大利亚一直都是从美国、欧洲双方购买武器装备；自2001年开始，澳大利亚决定所有海上核

---

[1] Australia Department of Defence, Defence White Paper 1994, Canberra: Department of Defence, 1994, p. 95.
[2] Australia Department of Defence, Defence 2000: Our Future Defence Force, p. 34.
[3] Ibid., pp. 34–35.

武器装备都从美国购进。这是澳美军事同盟关系不断加强的又一个重大举动。

澳大利亚凭借《澳新美安全条约》"开始优先获得美国的情报、美国的技术"。① 澳大利亚可以不用经过谈判就从美国购买到军事设备，美国也会在危急时刻向澳大利亚提供军需品和设备，以缓解澳大利亚国防军物资储备的需要。"在当今世界除了美国，几乎没有哪个国家能够实现武器装备的完全独立自主，以澳大利亚的规模和人口要实现真正的独立自主是不现实的。"② 因此，在现代化军事技术日新月异的今天，澳大利亚以较低的成本能够获得最新的国防技术，未尝不是明智之举。澳大利亚从美国获得了大量先进的军事装备和技术，"要不是盟友美国提供的技术，澳大利亚国防军就不能达到我们所需要的能力。"③

继续强调澳美关系，还使澳大利亚在提升武器装备等层面得到来自美国更多先进技术的指导。2004 年，澳大利亚力求增强其海军防空驱逐舰艇的作战能力，将在其舰艇上添加"宙斯盾"作战系统，但是仅依靠澳本国的技术力量无法达成该目标，美国立即表示同意给予技术支持。旧设备更新以及新设备的开发整个进程，澳大利亚都是在美方的指导下完成的，从舰型结构到系统配置也基本是美式装备。④ 澳军方认为，弗吉尼亚级核潜艇航速度快，续航能力不受限制，能够以跨大洋的距离先于对手发现目标，可以保证澳海军至少到 2050 年前都能对周边邻国保持压倒性优势。⑤

近年来，澳美防务合作继续加强。2010 年 11 月 8 日美澳两国领

---

① Gary Brown, Laura Rayner, "Upside, Downside: ANZUS after Fifty Years", http://www.aph.gov.au/library/pubs/CIB/2001-02/02cib03.pdf, December 7, 2011, pp. 2-3.
② Gary Brown, Laura Rayner, "Upside, Downside: ANZUS after Fifty Years", p. 8.
③ Department of Defence, Defence White Paper 2000, p. 35.
④ 赵晶晶：《澳大利亚海洋安全战略及其对中国的影响》，青岛：中国海洋大学学位论文，2013 年。
⑤ 张麒麟：《美国为何要驻军澳大利亚？美澳各打小算盘》，载《北京日报》2011-11-23。

导人在澳大利亚墨尔本举行会议,两国在此次年度防务对话中表示,美澳将继续加强国防与军事合作。同时,两国也签署新的军事合作协议,通过该协议美国得以继续提升其在亚太地区的军事存在。

美国一直将澳美同盟定义为一个以亚太为中心的安全关系。凭借与美国的同盟关系,澳大利亚积极支持美国参与亚太事务,因此其在亚太地区所发挥的作用也逐渐凸显,地位不断提升。1997年澳大利亚《外交白皮书》中指出,澳大利亚将会在亚太地区的各种冲突中发挥积极作用,尤其是致力于解决来自朝鲜半岛、台湾海峡以及印度—巴基斯坦等政治敏感地区的冲突争端。在澳大利亚看来,亚太地区潜藏较多不安因素,该地区牵涉到中国、日本、印度、俄罗斯等国家之间在政治、经济等各个层面的战略角逐。此外,澳大利亚还将台湾海峡、朝鲜半岛以及南中国海海域看作西太平洋地区最主要的不安因素。澳大利亚作为美国在亚太地区的战略伙伴,为美国干预该地区的国家事务提供了方便,同时也在美国打压潜在的竞争对手等方面发挥了无可替代的作用。

美国不仅扩大了其在澳大利亚北部军事基地的使用权,还在澳大利亚国土上增加部署了更多后备基地,进一步扩充美军人数和装备设置,同时也许诺将会同澳大利亚定期举行海上军事演习。2011年7月,美国、日本、澳大利亚三国在文莱附近海域举行海上联合军事演习,这也是美、日、澳三国在南中国海海域附近进行的第一次海上军演,意在突出三国在该地区的联合影响力,牵制南中国海问题的解决,试图建立美、日、澳三国在亚太地区特别是南太平洋海域的海上联合防务圈。

从2012年起,澳大利亚的达尔文港又接受了来自美国的更加艰巨的任务,美国预计将把其海军陆战队陆续部署在该港。这次高调的军事行动是美澳同盟在新时期得以继续加强的重要标志,也是两国在安全防务上更深层合作的表现。2012年,约250名美国海军陆战队队员首批派驻澳大利亚北部港口城市达尔文。到2016年,驻军将增加至 2500 人。澳大利亚政府认为，美澳海军合作有利于扩大其海上防御范围。

澳大利亚的普通民众也非常看重澳大利亚与美国的同盟关系和《澳新美安全条约》对其国家的重要性。澳大利亚罗伊研究所（The Lowy Institute for International Policy）2005 年的民调报告显示，"认为《澳新美安全条约》对澳大利亚非常重要和相当重要的人数比例占总民调人数的 72%"，"认为美国和《澳新美同盟条约》对澳大利亚安全非常重要和相当重要的人数比例占总民调人数的 86%"。[①]

澳大利亚认为，从全球战略环境来看，塑造其战略前景和防务政策的外部环境因素是全球权力的分布，特别是澳大利亚与美国和中国的关系。[②] 到 2030 年之前，美国在政治、经济和军事上依然是最有实力和影响力的全球战略行为者，美国的这种优势地位以及良好的澳美关系是澳大利亚海洋安全战略调整的最有利的外部机遇。显然，澳大利亚海洋安全战略调整的基调受制于美国在亚太地区的战略行为。[③] 总之，澳大利亚的主流观点认为，所有的外交政策都必须以澳大利亚与美国的同盟关系作为优先考量，这既是澳大利亚国家安全战略的需要，也是在美国的亚太战略框架之下必须要做的，因此，澳大利亚处理亚太问题时会紧紧追随美国。[④]

三、注重与东亚国家的海上交流与合作

澳大利亚的特殊地理位置决定其不可避免地必须将本国的命运

---

① Lowy Institute for International Policy, The Lowy Institute Poll Date Book 2005, Sydney: Lowy Institute for International Policy 2005, p. 12.
② 资料来源：Department of Defense, 2013 Defence White Paper, pp. 9 – 11, http://www.defence.gov.au/whitepaper2013/docs/WP_ 2013_ web.pdf。
③ 刘新华：《澳大利亚海洋安全战略研究》，载《国际安全研究》2015 年第 2 期，第 119—138 页。
④ 王钱柱：《后冷战时期的澳大利亚海洋战略》，南昌：江西师范大学，2013 年学位论文。

与亚洲特别是东亚联系在一起。在当今全新的国际安全形势中，仅依靠美国单一的军事保护已不能满足澳大利亚在复杂多变的国际局势中对安全保护的需求。澳大利亚在新世纪重新评估本国所处政治环境及综合实力，部分调整了其海上安全战略的内容，面对亚太地区安全形势，制定了有针对性的海上防务政策，力求促进亚太地区的稳定和发展，从而达到维护其国家安全的战略目的。[①]

在安全层面上，澳大利亚努力寻求同中国在内的亚洲国家的多边安全合作，在东盟地区国家论坛的发展进程中表现活跃，试图以该论坛为跳板，提升澳大利亚在处理区域政治事务上的影响力。澳大利亚外交部长埃文斯曾在1990年提出，亚洲需要建立一个"亚洲安全合作会议"，其发挥的作用可以参考"欧洲安全与合作会议"，通过该组织有效处理区域内部一些迫切的防务事务。此后，埃文斯又主张地区国家间的安全合作，在1993年9月召开的联合国会议上具体阐述了"合作安全"理念，该理念是对"亚洲安全合作会议"的更深层发展。按照埃文斯的阐述，"合作安全意味着将对抗用谈判来取代，将震慑用信任来取代，将秘密进行用明晰程度来取代，将事后补救用事前预防来取代，将固步自封用互相依赖来取代"。[②] 此后，澳在推进东盟地区国家论坛的发展中发挥了积极作用，大力支持地区国家间的安全防务合作进程。同时，澳大利亚还将一度无人问津的东南亚五国防务安排重新提上了政治议程，这一集体军事联盟重新建立以后，东南亚五国又开始了每年一度的海上联合军事演习。就目前澳大利亚的国防情况分析，可以说"国家的安全防务"是其"对外政策的基础"[③]，这也是其海洋安全战略的基本指针。

[①] 张秋生：《澳大利亚与亚洲关系史 1940—1995》，北京：北京大学出版社，2002年版，第219页。

[②] Foreign Affairs, Fall, 1994, p.7.

[③] Stewart Firth, "Australia in International Politics: An Introduction to Australian Foreign Policy", Allen & Uwin, Australia, 1999, p.165.

1997年，澳大利亚国防部发表的《澳大利亚战略政策》已经提到，澳大利亚的战略眼光已经不能仅仅局限于国家周围的东南亚地区，新的国际形势提醒我们必须将战略眼光放得更远，东亚、南亚乃至美国等地区和国家对我们的安全防务将产生更加深远的影响。[1]

澳大利亚2000年的《国防白皮书》，对其在21世纪的前十到二十年所面临的国际安全环境分别从传统安全和非传统安全的两个角度进行了全面评估。"9·11"事件发生以后，澳大利亚又于2003年根据国际安全局势的变化对该国防白皮书做出了修改。尽管其国家安全战略还是强调本土防御的重要性，但是澳也开始意识到维护周围地区稳定的重要作用，其在区域内进行的各种国家间军事行动中表现积极，以求有效解决在"比较邻近的国家"之外产生的与澳国家利益相关的危机。[2] 2009年澳大利亚《国防白皮书》强调其战略重心是国土以北的空中和海上区域，其中包括群岛沿线以及国土以北到东南亚的周边海域。

澳大利亚十分重视同中国、日本两国的关系。澳大利亚在1994年发表的《国防白皮书》中出现"支持中国以多种途径参与区域安全对话、维持区域局势稳定"[3]的字眼，这是澳大利亚第一次将加强与中国在国防安全上的互动作为其外交规划的一部分。从1994年开始，中澳两国之间的军事交流逐渐增多，两国组织的海上互动活动日趋频繁。[4]

对澳大利亚来说，保持与日本的密切关系也是十分必要的。在美国的牵线主导下，澳日关系逐渐发展成为澳大利亚与美国同盟之

---

[1] Department of Defence, "Australia's Strategic Policy", Commonwealth of Australia, 1997, p.9.

[2] 王传剑：《澳大利亚与东亚合作：政策演进及发展趋势》，载《世界经济与政治论坛》2007年第1期，第75页。

[3] Defense White Paper, 1994.

[4] 甘振军、李家山：《简析澳大利亚海洋安全战略》，载《世界经济与政治论坛》2011年第4期，第58页。

外的又一重要双边关系。在过去经济关系的基础上，澳大利亚努力将澳日关系推向更广、更深层面的发展。为最大程度维护本国政治利益，澳日两国在诸多国际问题上采取互相支持的态度。日本一直多方努力试图成为联合国安理会常任理事国，引起国际舆论哗然，面对此种形势，澳大利亚公然表明立场站在日本一边；澳大利亚一直致力于参与亚洲事务，对此，日本也慷慨相助。[1]

澳大利亚与日本两国于2007年3月在东京共同签署《防务与安全合作的声明》，这是继澳美签订同盟条约之后，澳大利亚与其他国家在国家安全层面签订的又一个防务协定，这也是日本在二战之后与美国以外的其他国家签署的第一个安全防务协定，这使国际社会普遍认为"美日澳构筑战略铁三角，欲打造亚洲版北约"。[2]

2008年，澳日两国之间的关系提升为"全方位的战略、安全、经济伙伴关系"；2009年，发布双边安全合作行动计划的主要内容；2010年，澳日双方签署《获得与交互支援协议》（Acquisition and Cross – servicing Agreement，ACSA），日本自卫队与澳大利亚军队在行动中可分享食物、水、燃料以及其他供应，[3] 澳大利亚由此成为继美国之后第二个与日本签署类似协议的国家。2012年5月，日本和澳大利亚两国政府在东京签署情报安全协定，该协定将为两国共享军事机密和反恐情报提供法律依据。2013年10月，澳日两国政府首脑会晤期间，澳大利亚总理阿博特（Tony Abbott）称"日本是澳大

---

[1] Neville Meaney, "Towards A New Vision—Australia and Japan through 100 Years", Kangaroo Press, 1999, p.139.

[2] 新华网军事新闻，2007年3月17日，http://news.Xinhuanet.com/mil/2007-03/17/content-5859883.htm。

[3] Ministry of Foreign Affairs of Japan, "The Signing of the Japan – Australia Acquisition and Cross – servicing Agreement (ACSA)," May 19, 2010, http://www.mofa.go.jp/announce/announce/2010/5/0519_02.html, 该协议全文见http://www.mofa.go.jp/region/asia – paci/australia/pdfs/agree1005.pdf。

利亚在亚洲最亲密的朋友"。① 2014年4月，两国就推进共同开发防卫装备事宜达成一致。2014年6月，两国外长和防长在东京举行了第五次"2+2"会谈，以期在技术共享和加强联合军事演习这两方面来深化两国的安全合作关系。②

鉴于印度在环印度洋地区的战略重要性与日俱增，澳大利亚政府在2009年版《国防白皮书》中表示要加强与印度的防务关系，尤其是海洋安全合作，③以弥补澳大利亚过去对印度重视程度不足而导致的"战略盲点"。④ 2009年11月，澳大利亚与印度在新德里签署了安全合作的联合声明，表示两国要在各领域广泛展开防务对话和合作。⑤ 双方已经形成外长对话框架（Australia – India Foreign Ministers' Framework Dialogue）机制；在多边机制之内如环印度洋区域合作联盟（IOR – ARC，2013年澳大利亚是该组织的轮值主席国）、印度洋海军论坛（Indian Ocean Naval Symposium, IONS）以及马拉巴尔（Malabar）系列军事演习和打击海盗等方面积极合作、互相支持。2012年10月，时任澳大利亚总理的吉拉德访问印度时提出，两国需要共同保护印—太地区的重要海上通道，深化双边安全防务关系，包括举行联合军演。澳印两国还就能源安全与合作、印度洋—太平洋地区的战略评估、经济合作、海洋安全、政治外交合作新框架和城际交往等方面达成了共识。⑥ 澳大利亚2013年的《国防白皮书》强调印—太地区对实现澳大利亚长期安全和繁荣的关键作用，

---

① Mark Kenny, "Tony Abbott says Japan is Australia's 'closest friend in Asia'," The Sydney Morning Herald, October 9, 2013.

② 刘新华：《澳大利亚海洋安全战略研究》，载《国际安全研究》2015年第2期，第119—138页。

③ Department of Defense, Defending Australia in the Asia Pacific Century: Force 2030, p.96, http://www.defence.gov.au/whitepaper/docs/defence_white_paper_2009.pdf.

④ John Lee, "The importance of India: Restoring Sight to Australia's Strategic Blind Spot," Foreign Policy Analysis, Sydney: The Centre for Independent Studies, No.2, November 5, 2009.

⑤ Prime Minister of Australia, "India – Australia Joint Declaration on Security Cooperation," November 12, 2009, http://pmrudd.archive.dpmc.gov.au/node/6324.

⑥ "Canberra, Delhi start talks for nuke deal," Deccan Herald, October 17, 2012.

表明澳大利亚未来加强与印度洋沿岸国家尤其是印度合作的趋势。

另外，澳大利亚还同其他国家开展了广泛的双边和多边海上安全合作，力争在南太平洋地区事务中发挥主导作用，提升自己的海上实力以及在亚太地区中的地位，在周边国家中，澳大利亚尤其看重与新西兰的安全合作，两国于2009年组建了"太平洋—焦点快速反应部队"（the Pacific-focused RRF）[1]，2011年两国建立澳新军团（ANZAC）快速反应部队。[2] 从地缘政治的角度来衡量，印度尼西亚对澳大利亚海上安全防务也有着举足轻重的作用。尽管澳、印两国关系的发展并不是一帆风顺，但澳大利亚一直以来依然将印度尼西亚视为隔离来自本国北方威胁的天然屏障。[3]

四、加强东南亚方向的海洋维权力度

在冷战结束后，"澳大利亚一方面希望美国继续保持地区军事存在，以平衡不可预测的大国，尤其是东亚大国综合国力的上升；另一方面又明确其国家利益要以亚洲为中心，尤其是东亚和东南亚。"[4] 此外，东南亚是澳大利亚的直接相邻地区，因此东南亚的安全稳定与澳大利亚的国家安全具有紧密联系。霍华德政府执政期间，虽然极其重视澳美同盟关系，但并没有放弃与东南亚之间的友好往来。霍华德政府非常重视参与东南亚联盟的地区论坛（ASEAN Regional

---

[1] Nick Lee-Frampton, "Australia and NZ Expand Defense Cooperation," Defense News, February 10, 2011.

[2] Department of Defense, "ANZAC Forces Ready to Respond in the Modern Era," June 24, 2011, http://news.defence.gov.au/2011/06/24/anzac-forces-ready-to-respond-in-the-modern-era/.

[3] 王传剑：《澳大利亚与东亚合作：政策演进及发展趋势》，载《世界经济与政治论坛》2007年第1期，第77页。

[4] 李凡：《冷战后的美国和澳大利亚同盟关系》，北京：中国社会科学出版社，2010年版，第77页。

Forum，ARF），积极强化以双边关系为基础的区域安全与经济交流。①

印度尼西亚是澳大利亚最大的邻国，也是东南亚国家中与澳大利亚安全关系最为密切的国家。印尼对于澳大利亚而言具有独一无二的战略重要性——大量的群岛覆盖了澳大利亚的战略通道，其大量的人口和地区地位对东南亚的战略和政治环境具有决然的影响力。② 因此，印尼一直是澳大利亚最大的地缘安全考量，因为澳大利亚政府长期认为印尼的稳定与否会直接地冲击到澳大利亚的国家安全。③ 与印尼接邻的澳大利亚北部的群岛内弧带（the archipelagic "inner arc"）对澳大利亚也具有及其重要的影响，澳大利亚官方对这条弧带的定义是"从印尼西部穿过巴布亚新几内亚、所罗门群岛一直到西南太平洋的岛屿链。"④

东南亚地区国际海上航道密集，这些航道是东亚和东北亚国家获取中东地区的石油和非洲、欧洲物资的海上运输生命线，它对澳大利亚同样至关重要。"澳大利亚42%的对外贸易及80%的石油进口，均需经由马六甲、龙目及巽他海峡进入澳大利亚本土"。⑤ 而海运因其运量大和成本低等优点成为这些运输需求的首要选择，所以保障东南亚的海上通道的畅通无阻，对于澳大利亚而言非常重要。"澳大利亚通过海军出访、联合军事演习、军事人员交流与培训等方式加强同东南亚国家以及中国的军事合作，以保持自己在东南亚地

---

① 王钱柱：《后冷战时期的澳大利亚海洋战略》，南昌：江西师范大学，2013 年学位论文，第 36 页。

② Australia Department of Defence, "Australia's Strategic Policy", Canberra: Department of Denfence, 1997, p. 10.

③ 黄恩浩：《澳洲区域海上安全战略与武力规划：一个中等国家的安全建构》，载《东亚研究》2009 年第 11 期，第 117 页。

④ John Reeve, "Maritime Strategy and Defence of the Archipelagic Inner Arc", Royal Australian Navy —Sea power Centre: Working Paper No. 5, (March 2001), p. 1; Australia Department of Defence, Australia's Strategic Policy, p. 10.

⑤ 许世旭：《澳洲的南太平洋政策研究：新区域主义的观点》，台北：台湾"国立"政治大学，2007 年学位论文，第 89 页。

区的军事影响。"[1] 此外，澳大利亚还积极参与东盟论坛（ASEAN Regional Forum，ARF）、西太平洋海军会议（Western Pacific Naval Symposium，WPNS）和亚太安全会议（Conference on Security and Co-operation in the Asia – Pacific，CSCAP）等多边安全对话，希望加强地区交流、促进地区稳定与安全。

澳大利亚认为未来对本国威胁最大的地区是来自北部海域的东南亚区域，为了防范可能来自北部海域的外来入侵，必须将海军防卫力量重点由东部和南部挪移到北部和西部，并要求海防力量在北部海岸设置警戒雷达体系，还在重要海域和水道布设海底声纳以监控外国潜艇的行动，与此同时，加强了北部海域的海上巡逻力量。海军舰艇按照"三级保卫网"配置，以北部和西部为防御重点。第一级保卫网由导弹驱逐舰和护卫舰组成，在多数情况下可以单独对付来自空中、海上和水下的各种威胁；第二级主要由各种护卫舰组成，其任务是使用自身的反舰和防空武器支援第一级保卫网作战；第三级主要由大型巡逻艇和水雷战舰艇组成，平时主要用于对经济特区的巡逻。[2]

澳大利亚通过调整防御战略，加强了西北沿海的基地建设，由海军和空军组成海空防御屏障，以机动的地面部队配合作战，确保挫败任何来自陆地和海空的威胁。澳大利亚组织海上巡逻艇在北部海域的专属经济区打击非法捕鱼等活动也颇有成效，适应了海上安全形势的需要。[3] 为了积极主动地应对可能来自东南亚方向上的海上威胁，保护海上通道，维护其在亚洲的经贸利益，保障海上周边安全，确保其自身在东南亚一定力量的军事存在，澳大利亚加强了同东盟国家海军的合作和交流，充分发挥海军的外交职能，积极派出

---

[1] 张炜主编：《国家海上安全》，北京：海潮出版社，2008年版，第332—334页。
[2] 同上书，第333页。
[3] 甘振军、李家山：《简析澳大利亚海洋安全战略》，载《世界经济与政治论坛》2011年第4期，第52—65页。

海军舰艇访问有关国家和地区的海军基地。①

五、力图主导南太平洋事务

澳大利亚试图在南太平洋地区建立主导权的战略意图最早可以追溯到二战后期。1944年1月21日在澳大利亚外交部长伊瓦特领导下，澳大利亚和新西兰在堪培拉签署了关于联合抗击日本的《澳新协定》（也称《堪培拉协定》），并于当年2月1日生效。该协定规定太平洋国家有权维护太平洋地区领土的主权和控制权，坚持凡是把太平洋上的敌国的领土移交给其他国家，必须得到澳新两国的同意。同时，该协定还针对美国在巴布亚新几内亚以北的马努斯岛上建立大型军事基地一事，规定任何国家不能对战时占领并建有基地的岛屿提出主权要求。②该地区除了澳大利亚和新西兰有大块国土外，其余都是散布在南太平洋上的岛国，地窄人少、经济水平比较落后，经济活动也主要以农产品和矿产为主，大多数岛国经济困难，往往力争求得国际援助，这些援助主要来自于澳大利亚、新西兰、日本、美国、中国和中国台湾，因此，澳大利亚一直试图在南太平洋地区建立并巩固其安全政策的主导权，排斥其他大国染指南太平洋地区事务。③

澳大利亚在南太平地区的战略目标主要包括：第一，促进南太平洋诸岛国的经济发展，维护其国内政治秩序的稳定；第二，防止区域外大国对南太平地区的渗透；第三，保持澳大利亚在南太平地

---

① 甘振军、李家山：《简析澳大利亚海洋安全战略》，载《世界经济与政治论坛》2011年第4期，第59页。
② 王钱柱：《后冷战时期的澳大利亚海洋战略》，南昌：江西师范大学，2013年学位论文，第36—40页。
③ 同上书，第38页。

区的持续影响力。① 为了巩固南太平洋国家政权的稳定,使之不成为澳大利亚外部威胁的来源,澳大利亚在"9·11"事件后积极加强与南太平洋地区国家的互动合作,同时也确保对这些国家的领导地位,避免区域外大国势力介入南太平洋事务。

澳大利亚强化与巴布亚新几内亚的安全合作关系。1975年以来,澳大利亚已经和巴布亚新几内亚签署了包括《澳大利亚与巴布亚新几内亚安全合作共同声明》(Agreed Statement on Security Cooperation Between Australia and Papua New Guinea)在内的多份安全防务协定。"在2004年12月双方国防部长又签署了一项名为《促进防务伙伴关系》(Enhanced Defence Partnership)的联合声明,为两国双边防务关系奠定了新的基础。澳大利亚根据该声明,持续为巴布亚新几内亚的《国防改革计划》(Defence Reform Programme)提供援助,目的在于建设一支数量少、质量精、效率高、反应快的现代化军队,双方还成立澳大利亚与巴布亚新几内亚国防军联合评估小组,为巴布亚新几内亚的国防重建、军队财政结构及组织架构等提供咨询与援助。"②

长期以来,巴布亚新几内亚大量接受来自澳大利亚的国防援助,巴布亚新几内亚一直是南太平洋地区最大的援助接受国。在21世纪的前十年里,巴布亚新几内亚接受的援助资金屡次超出澳大利亚对整个太平洋地区国家援助资金的一半以上。例如,在2009—2010年度中,澳大利亚的外国防务总计开支8457.3万美元,其中援助巴布亚新几内亚1157万美元,约占澳大利亚该年度外国防务总开支的14%③,巴布亚新几内亚对澳大利亚而言重要性不言而喻。

---

① 王钱柱:《后冷战时期的澳大利亚海洋战略》,南昌:江西师范大学,2013年学位论文,第35—40页。

② Australia Department of Defence, Defence Annual Report 2004 - 2005, Canberra: Department of Defence.

③ 资料来源:根据 Australia Department of Defence, Defence Annual Report 2000 - 2010, Canberra: Department of Defence 2000—2010 整理所得。

澳大利亚还积极通过南太平洋论坛等地区组织强化其对南太平洋诸国的影响力。在新西兰的倡议下，斐济、萨摩亚、汤加、瑙鲁、库克群岛和澳大利亚等国于1971年8月在新西兰首都惠灵顿召开了南太平洋七方会议，正式成立南太平洋论坛（South Pacific Forum, SPF），该组织的宗旨是加强各国在贸易、发展、航空、海运、电讯、能源、旅游、教育等领域的合作与协调。该组织的常设性机构是1972年建立的南太平洋经济合作局（SPEC），于1988年改称为南太平洋论坛秘书处，秘书长由成员国代表投票产生，2001年还任命了驻中国贸易代表，该机构的主要职能就是协调成员国之间的活动，争取逐步建立南太平洋共同市场。

在2000年举办的第31届南太平洋岛国论坛（Pacific Islands Forum, PIF）的高峰会议上通过了《论坛公报》并发表了《比克塔瓦宣言》，宣布将针对成员国未来可能发生的内乱建立起相关安全合作机制。随着经济全球化的快速发展，人口、商品和服务在全球范围内大量流动，南太平洋地区面临日益复杂和多样化的安全挑战。非法移民、非法金融交易、有组织的跨国犯罪和恐怖主义活动都威胁着南太平洋岛国的地区安全与国家稳定。为此，南太平洋岛国论坛成立的地区安全委员会（FRSC）每年按期举行一次地区安全会议，旨在为地区领导人就地区安全问题进行广泛交流与磋商搭建平台，并对地区安全计划提出建议。

南太平洋地区各国认为应在以下方面加强成员国之间的安全合作："发展和实施海洋与航空安全及监管的各种战略和联合立法；在边境安全方面实施太平洋岛屿地区安全技术合作战略（PIRSTCS），包括跨国犯罪、生物安全以及为国家金融情报部门提供指导；加强执法培训（例如地区治安倡议）、协调与配合；完善和实施应对自然灾害的各种政策和计划；发展各种城市化、生物安全和保险计划，增加对政治和人类安全问题的广泛关注"[1]。由此可见，澳大利亚在未来势必会投入更大力量维护自己在南太平洋地区的主导地位，尽可能不使区域外大国势力介入南太平洋地区。

澳大利亚在印度洋地区拥有众多岛屿领土，比如：西北角（Northwest Cape）西北方向的圣诞岛（Christmas Island），其位于印度洋东北部，靠近爪哇岛（Java Island），是一座火山岛，面积大约1565平方千米，海岸线长约80千米，沿岸多是悬崖峭壁，仅有浅滩十余处，最大的一处名为飞鱼湾（Flying Fish Cove），是岛内唯一的港口和人口主要聚居地；科科斯岛（Cocos Islands）面积约为3700平方千米，位于圣诞岛的西南方向900千米处，距离达尔文（Darwin）3700千米，岛上拥有机场和优良的港口；安顺和卡地亚岛（Ashmore and Cartier Islands）位于达尔文以西840千米，拥有优良的码头。此外，还有一些距离澳大利亚大陆海岸线比较近的小岛屿。

六、提升对印度洋相关事务的影响力

直到21世纪初期，澳大利亚才开始关注印度洋，这主要是由于一方面澳大利亚在印度洋地区拥有的国家利益日趋广泛和重要，如战略安全利益、维护海洋领土及海洋权益、确保海上交通线安全等；另一方面，冷战结束后印度洋的战略地位快速上升。[2] 澳大利亚在印度洋地区所拥有岛屿可以帮助其增强对周围海域的监控能力，在战时，澳大利亚可以将其作为国防的前沿基地，也可以作为其在印度洋方向上的战略据点。总之，这些岛屿对澳大利亚加强在印度洋的

---

[1] Pacific Islands Forum Secretariat, "The Pacific Plan: For Strengthening Regional Cooperation and Integration", November 2007, p.3, 转引自徐秀军：《地区主义与南太平洋地区秩序的构建》，华中师范大学，国际政治专业博士论文，2009年版，第73页.

[2] 王钱柱：《寻求体系转型中的战略增长点：澳大利亚的印度洋政策前瞻》，载《国际展望》2013年第2期，第106页.

存在和维护本国的安全及海洋利益具有极大的战略价值。澳大利亚之所以将印度洋地区视为其潜在的战略增长点的另外一个重要考量是确保本国的海上交通线安全。澳大利亚四面环海的地理位置造成了其国内市场狭小的现实,其本国经济的发展主要依赖对外贸易,海运就理所当然地成为其最便捷、最便宜的运输方式,澳大利亚约1/3的出口商品都是从西澳大利亚向外发出的,大量的货物都要通过海运穿越印度洋,[1] 因此,维护良好的海上交通线秩序其重要性对澳大利亚不言而喻。

印度洋战略地位不断提升主要表现在两个方面:

第一,印度洋周边地区的矿产资源十分丰富,该地区拥有世界上储量最为丰富的石油和天然气资源,而且油气资源分布广泛,除了大部分资源集中在波斯湾地区外,在澳大利亚的西澳大利亚州的近海大陆架、阿拉伯海、孟加拉湾、红海和非洲东部海域都陆续发现了相当储量的石油和天然气资源。除此之外,印度洋地区的其他一些重要战略性矿产资源的储量也相当可观,如"印度洋地区开采的黄金占世界黄金开采量的80%、锡的56.6%、锰的28.5%、铝土的25.2%、锌的12.5%和天然橡胶的77.3%。"[2]

第二,印度洋的海上交通线被许多国家称之为"海上生命线",因为它是世界上最繁忙的重要海洋贸易通道之一,连接欧洲、中东、东非、东亚和澳大利亚的几条主要海上航线都穿越印度洋,现今世界大多数的能源物资贸易都途经印度洋的海上通道。目前,在印度洋主要有三条海上石油贸易通道:一是出波斯湾,绕过好望角,运往西欧、北美的海上交通线;二是出波斯湾,途经苏伊士运河、进入地中海,穿越直布罗陀海峡,运往西欧、北美的海上交通线;三

---

[1] Sam Bateman, Anthony Bergin, "Our western front: Australia and the Indian Ocean", Caberra: Australian Strategic Policy Institute, 2009, p.39.

[2] Bansidhar Pradhan, "Changing Dynamics of Indian's West Asia Policy", International Studies, February 2004, p.23.

是出波斯湾，穿越马六甲海峡，进入南中国海，运往中国、日本等东亚国家的海上交通线。① "大约2/3的海湾石油出口额需要穿越印度洋流向亚洲，剩余的大部分绕过好望角或者较小的油轮通过曼德海峡（the Babel Mandeb Strait）流向欧洲和美国，随着经济的发展、需求的增长和东亚自给能力的下降，流向亚洲能源的出口额预期将继续增长。"②

1994年8月，澳大利亚外长伊文斯（Evans）宣布将采取"向西看"（Look West）战略，寻求与印度洋国家和地区的经贸合作。③澳大利亚为了有效地维护和实现自身在印度洋地区的利益势必会采取一系列措施，其政策趋向表现在以下几个方面：第一，强化与印度洋地区主要国家的双边关系，例如，其与中国、印度、印尼、南非和几个小岛国的双边关系对澳大利亚而言有着特殊的重要性；其次，继续重视发展海洋工业和印度洋地区的海洋贸易，提升对印度洋地区的综合开发能力。澳大利亚在印度洋地区的专属经济区内蕴藏着丰富的油气、渔业及海洋矿产资源，其潜力还没有得到充分发掘，澳大利亚会持续加大对印度洋地区海洋经济的关注度，不断为其经济发展注入活力；第三，加强地区间的互助及合作，维护澳大利亚中等强国地位，保障其议题的倡导权。

印度洋地区一直以来都缺乏能有效发挥作用的地区合作组织，究其原因主要有四：第一，印度洋地区的各个国家之间在政治系统、社会的稳定性、经济发展程度和海洋利益及能力方面有较大的差异性，除了海洋和其资源，各国之间不存在共同利益；第二，各国彼此之间的距离遥远，整个区域间的往来会导致高昂的花费；第三，

---

① 王钱柱：《后冷战时期的澳大利亚海洋战略》，南昌：江西师范大学，2013年学位论文。
② Bateman, Bergin, "Our Western Front: Australia and the Indian Ocean", Australian Strategic Policy Institute, 2010, p.12.
③ 甘振军、李家山：《简析澳大利亚海洋安全战略》，载《世界经济与政治论坛》2011年第4期，第62页。

各国之间对于合作的范围缺乏重要的政治敏锐性；第四，大多数的印度洋地区国家缺乏政治、法律和管理等方面的能力去参加合作论坛。[1] 印度洋地区现有的合作组织[2]，难以形成有效的合作机制，发挥像APEC那样促进地区国家经济发展的作用。

因此，澳大利亚为实现增强区域影响力、稳固中等大国地位、在地区合作机制建设中扮演领导者角色等一系列目标，从地区及本国优势入手：继续加强与东盟的合作，并尝试在接近澳大利亚西海岸的东印度洋地区建立一个次地区合作组织，以促成其与东印度洋地区国家达成更多共同利益，进一步开展合作；其次，同印度洋地区各个国家共同拓展如海洋灾害管理、渔业管理、打击海盗等方面更多的共同利益；再次，作为一个海洋强国，澳大利亚拥有技术先进的海洋工业资源、海洋科技资源，可以加大对印度洋地区各沿海国家的技术和资金援助，帮助这些国家提高经济发展水平和海洋开发能力。

第三节 澳大利亚海洋战略的内涵与目标

20世纪末，世界范围内海洋事业迅猛发展，各国以海洋资源为核心，竞相争夺海洋权益的形势日益激烈。在这种现实背景下，

---

[1] Bateman, Bergin, "Our Western Front: Australia and the Indian Ocean", Australian Strategic Policy Institute, 2010, p. 14.

[2] 印度洋地区的合作组织主要有：环印度洋合作联盟（Indian Ocean RimAssociation for Regional Cooperation, IOR - ARC），是印度洋地区唯一一个包括了大多数印度洋地区国家的地区论坛，每年召开外交部长会议；印度洋海军讨论会（Indian Ocean Naval Symposium, IONS），通过对地区海上安全问题的讨论增强印度洋地区沿海国家海军的海上合作；印度洋金枪鱼委员会（Indian OceanTuna Commission, IOTC）；印度洋谅解备忘录（Indian Ocean MOU, IOMOU）；联合国教科文组织政府间海洋科学委员会（UNESCO Intergovernmental Oceanographic Commission, IOC）的一些下设组织。Indian Ocean Regional Forums, http://www.dfat.gov.au/geo/indian_occan/regional_orgs/index.html. September 17, 2012。

1994年11月《联合国海洋法公约》应运而生，这部内容丰富的海洋法典为建立公正合理的国际海洋新秩序发挥了重要作用，各国及各大国际组织纷纷据此调整相关海洋政策。也正是在《联合国海洋法公约》生效之后，澳大利亚为了能够抓住战后亚太地区快速发展的机遇，成为南太平洋地区的海洋型大国，重新审视和调整了国家海洋政策，确立了海洋发展目标，并着手制订新的海洋发展战略。1998年，《澳大利亚海洋政策》出台，该政策为其规划和管理海洋开发提供了战略依据。

为确保国家国防安全和经济安全，澳大利亚重视澳美军事同盟关系，将其海洋安全战略定位为：以美澳军事同盟为基础，加强包括海军在内的海洋实力建设，以区域安全合作机制为依托，以APEC和ARF为平台，积极参与亚太多边或双边安全合作防务机制，保持在南太平洋地区的相对军事优势，使自己成为南太平洋地区特别是亚太地区有影响力的区域性海洋大国。作为以贸易立国的澳大利亚，以经济发展和综合国力为后盾，调整架构起面向新世纪的海洋战略。澳政府大力发展造船和远洋运输事业，加强海运港口建设，确保海上交通战略要地的安全畅通，并且发掘海洋经济的潜力和开发濒海旅游资源。这一战略背后基于更深层次的海洋地缘政治利益和海洋地缘经济利益。为了确保国家的海上安全，维护海洋权益，澳大利亚还调整了海洋管理体制，实施海洋综合管理和统一执法，1999年成立统一海岸警备队。

一、确立发展成海洋超级大国的目标

澳大利亚曾被认为是一个不重视地理战略环境的国家，其呈现出的安全系数甚至不如一些周边的小岛国。为应对区域安全的不确定性，澳大利亚政府在2016年的《国防白皮书》中公布未来十年将增加299亿美元的国防开支。该白皮书中指出，澳大利亚的繁荣与稳定建立在亚太地区的稳定基础上，同时也表示出对持续升温的南海问题及中国在南海以迅猛势头建造人工岛的担忧，表示反对"将这些岛屿用以军事目的"。随着对海洋重要性的认识越来越清晰，澳大利亚有动力也有信心更好地维护海上安全，发展硬实力不容忽视，同时，把更多的注意力放在"软实力"的提升上，加强自身的"软实力"建设，力争成为值得信赖的海洋超级大国。

海洋的实体资源对一个国家的经济发展至关重要，澳大利亚的专属经济区、大陆架甚至公海都为其带来了巨大的经济利益。例如，澳大利亚在热带的大片领海，包含了珊瑚礁和红树林海岸等生态系统，对这些地区进行开发不仅可以为澳大利亚本国带来新的经济增长点，同时还能惠及其他东南亚、南亚、印度洋和太平洋上的一些岛国。因此，如何探寻海洋的潜在价值，利用好海洋这个大舞台来开展相关活动，不过于刻板地去保护海上边界、开发海洋资源、不把岛间海域仅仅看成是保护国家的一条护城河，同时以海洋为载体促进国家间的合作，成为澳大利亚打造良好区域环境的关键战略因素。通过海洋这条纽带，可以把战略利益从澳洲大陆扩展到太平洋、印度洋甚至东南亚，因此，澳大利亚在各种场合都十分强调要加强对海洋的认识和了解，包括加快促进海洋科学技术的发展，不断增强各国政府管理和保护海洋利益的能力。

海洋的开发潜力巨大，但面临的威胁也很多，澳大利亚希望有效地管理和控制周边的海洋，综合处理海上犯罪等传统威胁和气候变化、海水酸化等新威胁，进而从海洋中最大限度地获得战略、经济、科研和政治等方面的利益。为此，澳大利亚提出了具体的工作目标：第一，促进澳大利亚成为地区性的海上领导力量；第二，在国内加强海洋宣传，使国民全面认识和理解海洋对澳大利亚未来繁荣和稳定的重要性；第三，政府要为保护海洋环境和海上利益提供健全的法律保障和政策支持；第四，维护区域海洋环境的稳定并促进其发展；第五，不断增强本国保护海洋环境及捍卫海上利益的能力。

二、保持在国际海洋事务方面的领先地位

自从认识到海洋对其国家未来繁荣和稳定的重要性之后,澳大利亚的海洋管理工作在过去的几十年里取得了很多成就,其中最重要的成绩之一就是依法主张其拥有主权权利的专属经济区和大陆架,并成功地得到国际社会的认可。澳大利亚在海洋管理方面所取得的其他成就还包括:海洋生物计划的实施、海洋安全和间接保护领域的跨部门合作、与邻国海上边界的划定、印度洋海啸报警系统的建立、综合海洋观测系统的建立、新的海洋环境保护公约的提出以及全国性海洋安全规则系统的引入等。[1] 这些成就的取得使澳大利亚在国际上获得了良好的形象,并成为国际海洋事务方面的佼佼者。

澳大利亚希望成为一个具备强大"硬实力",同时拥有全面"软实力"的海洋大国,其很多国家政策都瞄准发展成真正海洋大国的目标。为实现这个目标,澳在不断提高其"硬实力"的同时,还注重加强"软实力"建设,并展开创造性的外交,不断在各种场合展示其成为地区性海上领导力量的愿望和信心。澳大利亚认为,帮助周边国家营造和维护一个相对稳定的海洋环境对本国而言有着重要的战略意义,这是防止和控制那些破坏其国家不稳定因素上升的有力措施,但是澳大利亚在帮助周边国家提高其海洋管理能力的过程中非常谨慎,以防造成适得其反的效果,反而会加剧周边地区的不稳定因素。

一个国家不可能短时期内在各个领域都取得较大的成就和国际领先地位,但是在处理海洋事务方面,澳大利亚的确走在国际前列。澳大利亚以其强大的海上力量作为国家后备资源基础,为其提高实

---

[1] 资料来源:http://mil.sohu.com/20100617/n272864100.shtml,上网时间 2016 - 07 - 06。

施海洋战略的能力奠定重要基础。澳大利亚海军和国有商运船队的规模强大，为应对海洋威胁、发展海洋经济、保证本地区的海洋和平与繁荣也做出了重要贡献。除此之外，澳大利亚坚信，加强与国际社会的合作，尤其是海洋领域的广泛合作能够帮助本国更好地进行海洋管理和处理海洋事务。

三、掌控地区海洋安全事务的领导权

在地理上，澳大利亚紧邻全球经济发展最快、关系复杂、变数最多的地区。无论处于东亚、东南亚、还是南亚地区的国家都高度依赖海洋，从海洋获得食物、能源以及贸易机会，其中很多国家都扩大了海军和商业船队规模，提高了对海上主权的重视程度，加大了对沿海油气资源的探索和开发力度，这些无不显示出海洋对各国战略的重要性。当今各国的经济增长方式都愈发具有国际依赖性，而海上贸易是促进多边经济共同发展最关键的方式之一，因此，海洋问题对地区稳定的重要性在未来会越来越明显。

各国对海洋食物和海洋能源问题的关注程度反映了各国已经认识到海洋的巨大潜力，澳大利亚也不例外。澳大利亚制定了更加高效的制度来管理本国所属海域及地区，凭借技术领先的海洋产业、强大的海军力量和先进的海洋科技，提出了解决印度洋—太平洋地区所面临的日渐严重的环境威胁的方案，从而获得该地区的海上领导权。

澳大利亚非常重视其管辖海域本身的价值，将其作为一种战略资源和管辖范围的一部分，认为其具有与陆上领土同样的价值。这些海域既从地理上使其与邻国隔开，又通过共同利益使其与邻国联合，对维护本地区的海上安全、保证澳大利亚未来的繁荣和稳定具有极其重要的意义。澳大利亚通过积极地与周边国家进行合作来处理一些共同面对的海洋问题，海洋安全是澳大利亚表达这种意愿的关键领域。为实现此目标，澳大利亚采用谨慎而灵活的外交手段，通过大力发展海上"软实力"来扩大澳大利亚在本地区的影响力。

澳大利亚认为，破坏海洋安全的非传统因素也正在本地区逐渐凸显，气候变化、能源紧张和食物短缺都是其中表现比较突出的问题，各国只有加强互通合作，才能更好地应对这些威胁。澳大利亚认为，破坏本地区稳定的潜在因素基本上都和海洋有关，例如，中国与印度的战略竞争可能会影响海洋环境的稳定，中印两国都在扩充自己的海军力量，包括制造航母和更多的潜艇，因此有必要在本地区引入更广泛的海上力量。另外，中国、日本、印度、美国之间错综复杂的军事竞争关系也可能会影响海洋环境的稳定。因此，澳大利亚将维护本地区和平、为整个地区创造一个稳定的发展环境作为国家战略目标，宣称这一战略的实施有利于减少澳大利亚所面临的区域威胁。

成为南太平洋地区的海洋大国一直是澳大利亚政府所努力追寻的目标，为了寻求地区的稳定，成为一个获得其他国家信任的海事合作伙伴，澳大利亚继续扮演积极促进地区海洋稳定的角色，根据局势的变化制定更完善的海洋政策、采取预防外交、公布更加透明的海军军力和预算，以及制定具体方案避免"入侵者"潜艇事件再次发生。在加强地区合作，共同应对长期安全威胁方面，澳大利亚也力争担当领导者的角色。

澳大利亚取得地区海上领导权的有效方式主要包括：第一，派遣海洋事务代表入驻其他国家，帮助澳大利亚参与国际和地区海洋合作，以更有效率地维护海洋安全和维持海上秩序。第二，重视印度洋的开发，利用更加多元化的外交资源来与印度和南非密切合作，开发印度洋的海上资源并制定合理的管理制度。澳大利亚对印度洋地区的了解程度及在该地区开展的国际合作明显少于太平洋地区，比如渔业领域的基本合作仍有待发展，改善印度洋目前这种合作不力的局面，对澳大利亚、南亚、东非以及印度洋上的岛国均有裨益。

第三，推动本地区的海洋组织执行《联合国海洋法公约》，维护良好的地区海上秩序。如，与法国、巴布亚新几内亚、所罗门群岛展开谈判，在《联合国海洋法公约》的框架内商讨珊瑚海的管理责任。

根据《联合国海洋法公约》的规定，帝汶海、阿拉弗拉海和珊瑚海都属于澳大利亚的管辖范围，但是目前澳大利亚施行的海洋部署只覆盖到了帝汶海和阿拉弗拉海，对珊瑚海的关注还远远不够。因此，珊瑚海是另一个值得澳大利亚关注的重要海域。珊瑚海的生态意义非常重要，该海域的珊瑚礁、海底山脉和丰富的深海鱼类资源都是值得探索和研究的财富。遗憾的是，澳大利亚目前对这方面的了解还比较匮乏。保护珊瑚海的环境和生物多样性的最好办法就是与周边国家开展广泛合作。

目前亚太地缘政治格局多元化，中美日俄是无可争议的亚太政治力量。澳大利亚欲发挥得天独厚的海洋地缘政治优势在南太以至整个亚太地区发挥政治作用，成为有影响力的一极，确保南太平洋地区的国际秩序，促进国家地区经济繁荣，谋求发挥中等大国的作用，健全以美国为中心的集体安全机制，呼吁区域性安全对话。澳大利亚的海洋战略是当前和今后一段时期关于拓展和经营海上战略的全局性谋略，通过运用经济、政治及军事手段实现对关系国家利益海域的地缘优势，取得对海洋的实际控制权和有效影响力。澳大利亚通过对附近海域海洋资源的开发利用，担负该海域维持秩序、援助遇险船只、阻止大规模捕鲸等责任，发挥在南太以至亚太地区的政治、经济、军事各方面的作用，成为亚太地区多元政治格局中重要的平衡力量。

第三章 澳大利亚的海洋安全战略

海洋不仅是陆地的战略接替区，而且是陆地利益延伸和发展的重要空间。没有海洋安全，就没有陆地安全；谁控制了海洋，谁就控制了现代市场经济，即国家最重要的安全环境。澳大利亚海洋战略作为国家安全战略的一部分，强调要保障国家安全，首先要重视海上安全。冷战结束后，澳大利亚就开始重新审视其以往的国防安全战略，经过多年调整，澳大利亚初步确立了21世纪的国防安全战略：首先，地缘政治及战略利益是保卫澳大利亚的主权和政治独立；其次，要保持一个自由的国际贸易体系，从出口中增加国民收入，保证其经济利益；第三，在全球环境、维护和平、武器控制及国际健康等问题上促进合作以增进世界和平。[①]

第一节 澳大利亚的海洋安全环境

澳大利亚认为，在当前及未来的十到二十年间影响其国家战略

[①] 资料来源：《新世纪澳大利亚的国防安全战略—军事科学—全球防务》，http://www.defence.org.cn/article-13-31130.html，上网时间：2016-07-01。

决策及军事力量发展的总体方向的战略环境主要为两方面：从全球角度看是全球化以及美国的霸主地位；从地区角度看主要是美中日俄印（度）之间的关系。[1] 澳大利亚在对全球化进程中的发展趋势及其所面临的安全挑战进行充分考量之后，基于本国的自身情况设定了长期的国家安全战略目标，并在明确国家主要的军事战略任务基础上，强调要重视和切实提高军事行动能力，尤其是海上军事行动能力。

一、战略环境的考量及安全战略的目标

澳大利亚认为全球化的趋势，尤其是贸易、投资及信息的全球化加快了世界范围内超越国境的相互融合和相互依存，这种趋势逐渐改变了国家的行为方式，并强烈影响着政府政策制定的方向。因此，全球化看似对国家安全有利，但可能会由于一些抵消作用使全球化带来的安全利益较为有限。民族国家仍然是最重要的战略行为体，各式各样的民族主义仍在发生作用，并在某些领域越来越成为强有力的推动因素。全球化趋势伴随着不断上升的地区主义，特别是在安全领域。冷战结束后人们关注的焦点由全球性大国的权力制衡转向包括亚太地区在内的一系列地区性战略体系；在安全环境恶化的情况下，全球化趋势并不是不可逆转的。澳大利亚认为另一个大的全球化趋势是联合国职责的扩展，由调解国与国之间的争端扩大到调解一国内部的事务和危机，例如，从巴尔干半岛国家到卢旺达，从柬埔寨到东帝汶，这表明国际社会对国际安全的干涉不仅涉及到国家间的问题而且还会涉及一国内部的问题。

在澳大利亚看来，亚太地区安全的中心问题是该地区五大强国，

---

[1] 张文木：《新世纪澳大利亚的国防安全战略》，载山东大学澳大利亚研究中心网，http://asc.wh.sdu.edu.cn/newsInfo.jsp? id = 123，上网时间：2016 - 01 - 05。

即美、中、日、俄、印（度）之间的关系，这些国家都对澳大利亚的安全非常重要，因为它们是具有实际和潜在力量影响该地区发生的各种事件的强国，它们之间的关系决定了整个亚太地区发展形势的基调。美中日三边关系将形成东亚的战略框架，而美日关系则是美国在亚洲战略部署的主要支柱，美中之间因台湾问题形成的紧张关系对澳大利亚的安全也会产生重要影响。俄罗斯对亚太地区特别是北亚地区的巨大兴趣，部分在于其欲抗衡美国在本地区的战略影响，因而俄罗斯重视改善与中国及印度的关系。印度的经济增长加强了其在本地区的潜在战略影响力，其于1998年进行核试验及发展核运载能力，使该地区的核平衡变得更为复杂。澳大利亚担心，中国和印度会因此形成核竞赛，印度和巴基斯坦之间的战争（甚至是核战争）爆发的危险性仍然很大，但澳大利亚政府认为就印度目前的影响来看，尚不至于对澳的安全构成现实威胁。

澳大利亚政府认为西太平洋有三大安全隐患：一是朝鲜半岛；二是台湾海峡；三是南海。此外，亚太地区还存在日本、中国、俄罗斯和印度等地区大国间的战略竞争。澳美联盟使美国介入西太平洋事务，在平衡和抑制潜在敌手方面发挥了重要作用。[1] 因此，澳大利亚在新时期加强与美国的结盟关系，巩固美国在本地区安全结构中的作用，使澳大利亚在地区安全方面更有分量。澳大利亚对亚太地区总的看法是，地区多边机制框架的增长使得该地区内争取和平与稳定的力量很强大，未来几十年内该地区可能形成不断增长的经济一体化和政治合作，但在亚洲主要大国间不可避免地会形成紧张关系，如果这种冲突涉及到美国及澳邻近的地区，那么澳大利亚的利益会深深地卷入其中。

基于上述考量，也为了满足应对国家间发生常规战争的需求，

---

[1] 资料来源：http://www.defence.org.cn/article-13-31130.html，上网时间：2016-07-01。

应付各种非传统安全意义上的挑战，澳大利亚认为需要建设一支强有力的国防力量，同时将更广泛的外交及政治政策融入国防战略之中，为此，澳大利亚确定了国防安全的长期战略目标：

第一，能够保护其国土免遭直接的外来军事攻击，压倒一切的战略利益是防止敌对势力从海上入侵。

第二，在澳大利亚的紧邻地带，即印尼、新西兰、巴布亚新几内亚、东帝汶及南太平洋岛国，营造稳定、完整和联系密切的安全环境。澳大利亚不仅关注这些国家所面临的来自内部的、威胁其国家稳定和团结的主要挑战，还关注这些国家所面临的外部入侵及外来势力利用这些地方进攻澳大利亚所构成的威胁。

第三，促进东南亚地区的稳定与合作，促进形成一个充满活力的地区共同体，以区域间的国家合作来抵御潜在的外来敌对势力入侵，秉承该地区国家间出现的任何问题应坚持和平解决的原则，关注在东南亚地区尤其是该水域出现的任何对澳大利亚国家主权完整构成的内部和外部威胁。

第四，以适当的方式维持亚太地区的整体稳定，并促进各方战略利益的分享。为此，澳大利亚致力于避免亚太地区出现任何由大国主宰的、与澳大利亚战略利益敌对的安全环境，也试图避免地区大国间因竞争而出现的不稳定，致力于形成一个可以不因贸易受到威胁而使地区经济发展受到妨碍的安全环境。

第五，努力促进国际社会特别是联合国的活动，以保持全球安全。澳大利亚将持续支持联合国在维护及加强全球安全秩序行动中的所发挥的主要作用，还将在防止大规模杀伤性武器（核武器及生化武器）的扩散方面发挥其应有的作用。

二、军事战略任务及军事行动能力

为了实现上述战略目标，澳大利亚确定了其国家军事力量的战略任务：第一，保卫澳大利亚，为此要实现国防力量的自力更生，实施海洋战略以及积极开展演习；第二，对澳大利亚邻国的国家安全作出贡献，主要是阻止外部力量的入侵，与这些国家举行低烈度的联合军事演习，随时做好支援装备、联络指挥等安排，如为参与东帝汶多国维和部队以及为布干维尔岛的和平监督团进行的培训等；第三，支援更广泛范围内的行动，澳大利亚要有能力在其紧邻或较近地区以外的地区有效参与国际合作和危机处理等事项；第四，处理和平时期的国内事务，主要包括加强海岸警卫、杜绝非法移民和走私、海洋搜索及救援、自然灾害救助等。

为完成这些军事战略任务，澳大利亚国防力量注重优先发展海、陆、空的综合能力，要求军事行动中必须遵守必要性、适度性、区别性及人性化四大原则，重视提高行动的灵活性、强调能力优势、注重技术和综合能力的培养、与盟友及其他国家在一定程度上的联合行动、低费高效等。此外，澳大利亚还特别注重军事法制化发展，要求在军事行动过程中必须遵循所涉及到的相关法律，在国内法方面主要以《国防法》《宪法》下的行政授权、《海军防卫法》《海战法》《武装冲突法》等为基础，另外，根据每次遂行任务的需要，澳军部队所制定的各种行动规则对部队成员均具有法律约束力和行为指导作用，比如，在遂行海上商船护航任务中就必须遵守《海军航运合作与指导》（Naval Cooperation and Guidance for Shipping）的相关法定规则。在国际法方面，澳大利亚除了重视对《联合国海洋法公约》《联合国宪章》及已经签署生效的相关国际协议中涉及到的涉海国际法条的应用外，还强调加入重要的国际组织、积极成为各种相关条约的缔约国，如《抑制妨碍海上安全航行不法行为的公约》（Convention for the Suppression of Unlawful Acts against the Safety of Maritime Navigation）。当然，在遂行跨国联合作战任务时，还会涉及到对环境法、商法、航行法、通讯法的应用，这一系列相关国际法和国际协议、国际条约对遂行军事任务的部队来说既是法定约束也是法律保障。

　　澳大利亚认为，海军作为国防军队的一部分，其潜艇、军舰及海上航空机必须能够应对发生在本国范围内的任何武装冲突，这并不意味着海军在非战争军事行动中不发挥其作用，而是要在应对将来的明确需求与备战长期面临的未知挑战的需要之间寻求一种平衡，并且要切实注重和提高海军部队应对多种突发海上危机的实战能力。因为海上所处的安全环境并不是一成不变的，海军部队遂行任务的性质就会不同。根据遂行任务的不同性质，澳大利亚将其海军部队的行动分为三类：即和平时期（平时）的行动（Peacetime Operations）、非战争军事行动（Operations Other Than War）及类战争军事行动（Warlike Operations）。鉴于每种行动类型都有其特殊性，澳大利亚强调必须加大实战模拟力度，重视提高每位官兵在不同行动中的应激能力。

　　在平时，澳大利亚的海军力量在相对安全的环境中负责维护和保护国家的永久性利益和价值。比如：2001—2006年，执行拦截海上可疑的非法入境者行动（Operations RELEX Ⅰ and Ⅱ）；1997—2004年，于南冰洋执行拦截可疑非法捕鱼船只任务（Operations Dirk, Stanhope, Mistral, Teebone, Sutton, Gemsbok and Celesta）以及一直在开展的澳大利亚本国海域的巡逻任务（Operation Resolute）。澳大利亚将其所谓的类战争军事行动根据军事任务的危险强度不同分为三个等级，即低强度类战争军事行动、中等强度类战争军事行动、高强度类战争军事行动。所有的类战争军事行动都涉及到武装敌人的存在及利用军队打击军事目标的授权，在类战争军事行动中的人员伤亡是在预料中的。

第二节　澳大利亚的国防安全

除当前的战略环境及对未来传统安全及非传统安全因素的考量，澳大利亚国防安全战略的长期目标及战略制定还受到其他因素或理论依据的影响。澳大利亚在加拿大之后提出并大力倡导合作安全的理念，其20世纪末期的国防安全战略在很大程度上是以该理念为基础制定的，并且其21世纪的国防战略继续受到该理念的引导和影响。

一、合作安全理念与国防安全战略及其新内涵

早在1990年澳大利亚前外长加雷斯·埃文斯就呼吁亚洲应当建立类似欧洲安全与合作会议（CSCE）的机制，即，亚洲安全合作会议（CSCA）来解决当前亚太地区较为棘手的安全问题。[1]"合作安全"理念是加拿大前外长约·克拉克在1990年9月在联合国大会上最早正式提出的。埃文斯正式提出这一理念则是在1993年9月的联合国大会上，根据埃文斯的诠释，"合作安全就是用协商代替对抗，用保证代替威慑，用透明度代替保密，用预防代替惩罚，用相互依存代替单边主义"，合作安全被证明是"富有创造性的、大有发展前途的观念"。[2]

加拿大和澳大利亚先后提出的"合作安全"理念，其形成至少受到两个因素的影响：

---

[1] 郭进：《新世纪澳大利亚对华政策研究》，上海：上海师范大学学位论文，2013年。
[2] 资料来源：http://www.defence.org.cn/article-13-31130.html，查询时间：2016-07-12。

首先,"集体安全"(Collective Security)作用受到限制,或是集体安全制度在一定程度上陷入了困境。如果按照集体安全是使用集体力量慑止潜在的侵略者来定义的话,那么这种安全就需要建立在有明确对手的基础上,只有1991年发生的海湾战争被认为是集体安全思想的唯一一次真正实践。也正是在这次战争中,联合国安理会五个大国在其历史上首次采取了最广泛的经济制裁和禁运行动,并且得到了联合国各会员国的集体遵守。[①] 但这种集体安全制度本身存在许多问题,如集体意志的形成、如何认定侵略、是否需要组建一支国际部队等,因此,在社会发展过程中需要新的、更有创意的概念来替代或补充集体安全的观念。

其次,欧洲"共同安全"观念的影响在一定程度上促进了合作安全理念的产生和发展。与集体安全防范或打击对手为目的不同,这是一种在对手之间谋求共同安全和共同发展的观念,因此是安全观念的一种巨大转变。1975年成立的CSCE以及同时发生的以华约和北约为主的军备控制使得共同安全观念得到加强。20世纪80年代末期,随着两极体制的逐步消解,CACE又取得了更加明显的发展,亚太地区也以类似的方式开始了"共同安全"的进程。尽管所提出的亚洲安全合作会议倡议都以欧安会为模板,并常常由于欧洲和亚洲之间的诸多差异受到怀疑,但支持者仍然认为欧安会的模式可以应用到亚洲,特别是欧安会成功地缓解了欧洲冷战时期的紧张状态,[②] 建立了信任和安全措施等,这些对亚太地区均有启发。

随着安全观念的更新或变化,澳大利亚和加拿大提出的合作安全在观念上已经发生了质的变化,其中最重要的原因是冷战结束后敌人与朋友变得模糊不清,传统的区分敌人与朋友的标准开始失效,又称"敌手缺失综合症"。与前两种安全观相比,合作安全具有明显

---

① 郭进:《新世纪澳大利亚对华政策研究》,上海:上海师范大学学位论文,2013年。
② 王侠:《新世纪澳大利亚国家安全政策及其对中国的影响》,石家庄:河北师范大学学位论文,2009年。

不同的特征。它是以经济安全为核心的综合安全观，军事安全的重要性有所下降，不明确要求创立正式的机构和机制，试图从解决具体存在的问题开始向综合性质过渡，根据各国特点保留各国的行动自由。这就要求对世界安全负有重大责任的大国建立起协调体系，特别是亚太地区加上印度在内的大国体系的平衡，现有的大国战略伙伴关系为建立这种协调提供了基础。

尽管合作安全还需要从很多方面进行完善，但从理论上看，它至少在亚太地区是一种比较理想的安全构想，而且也有实践例证，如1994年成立的东盟地区论坛（ARF），虽然该论坛是由东盟成员国主导的，但在其成立之初澳大利亚就曾进行积极推动，并从一开始就极力尝试以合作安全理念影响该论坛的进程。论坛被公认为是"合作安全"的典型例子，因其在成员国间建立相互信任措施方面取得较好成效，所以成为合作安全在亚太地区最富意义的实践。

虽然，澳大利亚积极推广合作安全的理念，并带头开展东帝汶多国维和等行动，但是其为合作安全理念所付诸实施的行动并没有超过其利用传统的集体安全等途径开展的行动，如澳大利亚参与的海湾战争等。合作安全的理念至多不过是澳大利亚根据冷战后世界形势的变化对世界和地区安全保障进行的一种新思考。[1] 尽管如此，考察澳大利亚冷战结束后至今一段时期在国际事务中的行为，比如对 ARF 的积极态度、加强澳美结盟、1995 年与印尼签订双边防务协定（虽然在 1999 年 9 月澳大利亚支持东帝汶全民公决脱离印尼独立后被取消）等，[2] 可以说澳大利亚这一时期的国防安全战略在很大程度上是以此为基础制定的，并直接影响其 21 世纪的安全和国防战略的制定。

1999 年澳大利亚获得东帝汶维和行动的主导权以后，总理霍华

---

[1] 郭进：《新世纪澳大利亚对华政策研究》，上海：上海师范大学学位论文，2013 年。
[2] 资料来源：http://www.defence.org.cn/article-13-31130.html，上网时间：2016-07-12。

德趁机提出了"霍华德主义",内容包括:主张摒弃前几届政府对亚洲邻国所谓的"特殊关系",不再对亚洲邻国奉行无原则的迁就姑息政策;在全球维和行动中,将自己看成美国的副手,利用同美欧关系密切的优势,在本地区发挥领导作用;在对外政策上澳大利亚没有必要在其历史和地理之间做出选择,而是以国家利益和西方价值观为基础,并按照自己的条件在本地区发挥有影响的和决定性的作用。① "霍华德主义"一经媒体传播,立即在国内外引起了强烈反响,泰国、马来西亚及印尼等东南亚国家认为霍华德政府仍抱有白人殖民者对有色人种的君临态度和倨傲心理。除此之外,霍华德还提出了澳大利亚对外关系的"交叉"理论,即澳大利亚在世界上处在独特的文化、历史和地理的交叉地带,其根基是西方的、英国的和其他欧洲国家的,又与北美有基于共同的价值观和承诺的强大联系,在地理上又处于亚洲,所有这些都是财产而不是不利条件。②

从20世纪70年代工党惠特拉姆政府到90年代基廷政府所谓的"面向亚洲"只不过是澳大利亚开始正视亚洲崛起的事实,其更多重视的是日本的经济地位和一些地区性大国的存在。从历史上的澳大利亚先后与英美结盟,到近年发展出来的"霍华德主义"和"交叉理论"来看,澳大利亚的对外战略和安全战略其实是一脉相承的,并没有发生什么根本转变,其未来的国防安全战略仍将把与欧美结盟、从外部确保其安全作为重中之重。③ 对于联盟党政府上台后制定的对外战略,特别是其中片断地插入一些亚洲重要性之类的词句,澳大利亚前工党总理基廷就认为那只不过是"官样文章"。

---

① 王斌:《冷战后澳大利亚对美政策的演变》,郑州:河南大学学位论文,2010年。
② 周立冰:《论冷战后澳大利亚的对华政策——兼析美国因素的影响》,青岛:中国海洋大学学位论文,2014年。
③ 王侠:《新世纪澳大利亚国家安全政策及其对中国的影响》,石家庄:河北师范大学学位论文,2009年。

二、21世纪国防白皮书与国防安全战略

2000年12月,澳大利亚出台了自由党政府1996年执政以来的第一份国防白皮书《防务2000:我们未来的国防军》。该白皮书是此前历届澳大利亚政府中涉及范围最广的国防政策纲领,其较为全面地显示了21世纪澳大利亚国防政策的走向。下文将在对该国防白皮书的特点进行分析的基础上,概述该白皮书中所论述的澳大利亚国防安全战略的主要内容。

(一) 21世纪国防白皮书的特点

澳大利亚2000年12月颁布的国防白皮书具有比较突出的特点,主要包括:

第一,立足本土防御,强调对邻近国家的安全作出贡献,并宣称将更多地参与亚太地区的多国军事行动。澳大利亚认为其国防安全战略应注重实现三大目标:首先是本土防御,核心是海事防御,侧重点是海空防御,地面部队予以积极协助并在领土遭到入侵时立刻采取行动;其次是与紧邻国家合作,防止和抵抗其受到外来入侵,承诺参与由联合国授权的包括地区维持和平、人道主义救援、撤侨等国际军事行动;再次是有效地参与国际军事联合行动,解决在"比较邻近的国家"以外发生的且与澳大利亚利益相关的危机。这种联合军事行动包括维和、人道主义救援以及应对"高度紧张的冲突"。

第二,较大幅度增加国防开支,促进军事装备的更新与升级。当时澳大利亚的国防开支约占国内生产总值(GDP)的1.9%,该国防白皮书显示未来澳大利亚国防开支将以年均3%的速度递增,费用增加总额将超过100亿美元。如,1999—2000年度澳国防开支为64亿美元,白皮书预计澳2010年的国防开支超过84亿美元,而2016年的国防开支预算约达210亿美元。澳大利亚增加国防开支的

重点是军事装备的更新与升级。

第三，加强国防科研和国防工业建设。为了适应现代战争的高技术趋势，澳大利亚建立了"军事事务革命办公室"，用于发展与其他国家特别是与美国在军事信息方面的伙伴关系。澳大利亚国防工业在21世纪初的重点领域包括：军事作战系统软件；数据管理、信号控制、信息搜集和监视系统；指挥、控制和通讯系统；系统整合；武器和监视平台的维修、维护与升级；和平时期及军事行动期间国防军所需要的服务。为此，澳大利亚军事研究机构及国防科学和技术组织与国防工业建立起了有效的联系；政府将对国防信息的研究和生产以及相关的高技术项目进行投资；加强国防工业的生产能力；改革国防采购体系；促进国防工业出口。

第四，克服以往国家没有给予军事人员足够重视的问题，明确提出人员就是能力，人员的素质是关键问题。2000年的白皮书提出，澳大利亚当年的士兵总数将达5.4万名，但军队仍然需要征召各类军事人员。按照当时的退役率计算，白皮书估计到2010年的军员实际数量比目标数量少1.2万人，所以该白皮书中指出澳大利亚面临的另一个挑战——必须提高行政机构的效率，防务力量须改变其传统做法以确保相关军事人员真正受到重视和重用。据统计，2014—2015年度澳大利亚国防兵力约为8万人左右，其中现役兵约5.7万人，预备役约2.3万人。[①]

（二）21世纪国防安全战略

澳大利亚2000年12月颁布的国防白皮书还指出澳大利亚在防务方面将面临许多新的挑战，既包括军事安全的挑战也包括非军事安全的挑战，如导弹扩散、动乱国家及恐怖活动、电子（网络黑客）攻击、包括非法移民、毒品交易、非法捕鱼、海盗等跨国有组织犯

---

① 资料来源：https：//en.wikipedia.org/wiki/Australian_Defence_Force#Personnel_numbers，上网时间：2016 - 07 - 12。

罪等。为应对这类非军事（传统）安全的威胁，澳大利亚政府在加强海岸监视行动方面给予较大的资金投入，所有这些活动都不能脱离其国防力量抵御外来武装攻击这一核心功能。

该国防白皮书可以说是澳大利亚21世纪国防安全战略的具体外化，澳大利亚国防安全的各种具体政策及措施都是紧紧围绕这一战略制定实施的。自越战以来，澳大利亚的武装部队从未在政治上及公众中受到过如此详细的评估和研究，澳大利亚国内舆论对此白皮书也是赞誉有加。虽然白皮书突出了澳大利亚的安全战略重点，但是却回避讨论亚太地区需要一支联合军队进行干预的问题，如东帝汶。原因是澳大利亚与印尼之间关系如果变僵持将会对澳大利亚造成沉重的压力，类似其做出在东帝汶行动中调遣干预部队的决定时一样承受巨压。对于澳大利亚安全的规划者来说，印度尼西亚的"巴尔干化"既是机遇又是挑战。

澳大利亚公布该白皮书以后，国际上，尤其是东南亚地区非常关注的问题有两个：一是澳大利亚军费大幅增加的问题，各国普遍担心此举会引发东南亚地区的军备竞赛；二是澳美联盟的走向问题。澳大利亚通过澳美联盟已大为提升其在美国全球战略中的地位，此白皮书也强调澳美联盟在澳大利亚的地区战略中占有支配地位。美澳军事合作关系的增强决非美国一厢情愿的结果，随着亚太安全形势的变化和美国在亚太地区利益的调整，美国在这一地区安全事务中的"领头羊"角色有时也会"让贤"于盟友，如在1999年的东帝汶国际维和行动中，美国就有意让澳大利亚挑了大梁。但美国不会就此抽身引退，2001年澳美部长级磋商中抛出的"四国安全机制"（小北约）新构想就是明证。[①]

澳大利亚政府于2016年2月颁布最新的《国防白皮书》，按照

---

① 资料来源：http://www.defence.org.cn/article-13-31130.html，查询时间：2016-07-12。

该白皮书描绘的国防发展蓝图，到2021—2022年澳大利亚国防军力及装备开支将达1950亿澳元，兵力可达6.24万人。根据澳大利亚新版国防白皮书，该国将在今后十年的时间里把年度国防开支提高80%，到2026年，澳大利亚国防开支将增加至590亿澳元，而2016年这一数字为320亿澳元，2016—2026年的总预算为4470亿澳元，其中近一半预算将花在军事装备和国防基础设施上。[1]

澳大利亚国防白皮书是根据地区安全的变化状况而制定的，以特别应对中国经济和军事力量的崛起，以及美国重返亚太的相关情况。澳大利亚表示将建造9艘驱逐舰和12艘巡逻舰，潜艇数量将增至24艘，12艘新潜艇的建造商将在年底决定，到2020年，澳将购买72架联合打击战斗机F-35S，更新装甲运兵车，澳还将首次采购无人机，改善对海洋主权和边境领土的保护能力，并为部队提供支援。尽管此举是澳大利亚在预算承受压力的情况下提出的，但该举动将受到美国欢迎，美国希望其盟国能担负起更多处理国际问题的责任，并为它们自身的防务出钱出力。

在这个最新的国防白皮书中，澳大利亚对中国填海造岛行动的空前速度和规模感到格外担忧并警告称，中国东海和南海的领土争端给整个地区"造成不确定性和紧张"。[2] 澳大利亚国防部长佩恩称，该国欢迎中国在经济上的崛起，但注意到中国试图在亚太区域寻求更大的影响力。

澳大利亚政府在2016年的国防白皮书中表示将对以下国防新能力进行重点投资建设：连续的海军造船计划，包括9艘未来护卫舰、12艘近海巡逻舰、12艘新潜艇的采购项目；加强情报、监视和侦察，空间，电子战和网络战能力；开展高级培训，发展现代化的设备、医疗保健和后勤系统，为部队官兵提供保障；对澳大利亚的国

---

[1] 资料来源："特恩布尔：澳2016年《国防白皮书》特别应对中国经济和军事力量崛起"，http://mil.qianlong.com/2016/0226/397942.shtml，查询时间：2016-07-11。

[2] 同上。

防基础设施进行全面升级,包括重要基地、训练和试验靶场、燃料和爆炸物设施;对信息管理、作战通信和指控系统进行现代化升级。[1]

三、发展壮大海军力量及其战斗力

19世纪50年代中期,英、法和俄之间爆发了克里米亚战争,悉尼殖民当局下令当地船厂建造了"喷火号"炮艇,该艇成为澳大利亚的第一艘军舰。19世纪80年代,随着德、法在南太平洋地区的扩张,澳大利亚意识到加强海上防务的重要性。在1887年第一次殖民地会议上,澳大利亚接受了英国海军部关于澳大利亚和新西兰每年共同提供12.6亿英镑作为英国皇家海军附属澳大利亚舰队军费开支的海军建设方案,1891年新建的7艘舰船从伦敦驶抵杰克逊港。[2]

1901年,澳大利亚成立联邦政府,而此时日本的海外扩张严重威胁到了澳大利亚的国家安全。1907年,澳大利亚在英帝国的殖民地会议上提出建立一支独立的澳大利亚海军的要求,当时英国因为德国对其安全造成挑战,因此无暇顾及澳大利亚,对澳的要求表示同意。1909年,澳、英就建立海军舰队达成了新的协议,英帝国防务会议通过的海防计划同意各自治领建立海军。1910年,澳联邦政府通过了《海军防务法》,此外,《海军借款法案》也在联邦议会上予以通过,至此澳大利亚可以向英贷款来建造自己的海军。1911年澳联邦政府顺利实现了建立一支独立的澳大利亚海军的计划。[3] 澳大利亚联邦政府"耗资369.5万建造了1艘重型巡洋舰、6艘驱逐舰、

---

[1] 资料来源:中国社会科学网、"澳大利亚发布2016年《国防白皮书》等系列国防报告", http://www.cssn.cn/jsx/dtkx_jsx/201602/t20160226_2884974.shtml,上网时间:2016-07-11。
[2] 沈永兴、张秋生、高国荣:《澳大利亚》,北京:社会科学文献出版社,2010年版,第270页。
[3] 甘振军、李家山:《简析澳大利亚海洋安全战略》,载《世界经济与政治论坛》2011年第4期,第53页。

3艘轻型巡洋舰、3艘潜水艇,形成了澳大利亚历史上,也是大洋洲历史上第一支自己的海军",[①]澳大利亚终于迈出了国家海上安全战略的第一步。

在第一次世界大战中,澳海军对英帝国的支持发挥了一定作用。在第二次世界大战中,澳大利亚军队,尤其是其海军部队在欧亚和北非战场发挥了重要作用,为反法西斯战争的最后胜利作出了贡献。二战以后,澳大利亚皇家海军不断扩张并引进多种大型的军事舰船以及多艘航空母舰,包括一艘后备役驱逐舰、五艘海上驱逐舰以及若干单桅帆船等。当然,这个时期澳大利亚海上力量的提升还离不开英国的帮助,这些海上舰船及装备完全都是购买自英国的皇家海军。到了20世纪60—80年代,澳大利亚开始从美国采购舰艇,先后从美方购买了多艘海上导弹护卫舰以及导弹驱逐舰;20世纪80年代末,澳大利亚开始独立打造自身海上力量,先后建造了两艘"阿德莱德"级导弹护卫舰,开辟了澳大利亚历史上独立打造世界先进级别舰船的先河;20世纪90年代中期,澳大利亚"安扎克"号入海服役,这是轻型直升机导弹护卫舰的首舰,至此,澳大利亚已经拥有世界上一流的海上作战力量,作为澳大利亚的主力海上战舰,"安扎克"与"阿德莱德"级导弹护卫舰的入海服役,大大增强了澳大利亚皇家海军的海上作战实力。[②]

在20世纪最后的十年里,澳大利亚根据国际和地区形势的改变,面对持续的不确定因素,适时地调整了国家安全战略和外交政策,国防战略和海军建设的方向也随之进行了调整。在1994年的国防白皮书中,澳大利亚就已经开始调整国防安全战略,越来越突出外向性。澳大利亚认为,"我们国际防务利益的追求要适应盟国的政

[①] 张天:《澳洲史》,北京:社会科学文献出版社,1996年版,第238页。
[②] 谭正平、吴治文:《从舰船中队迈向"增强舰队"——全景扫描澳大利亚皇家海军之三》,载《当代海军》2008年第5期,第23—26页。

策和方式、地区内新的机遇与调整、新的全球进程的变革。"① 面对全球化发展带来的新的海洋安全形势,澳大利亚开始调整其海上防务模式,改变了先前只关注本国临近海域的被动防务策略,逐渐将视野扩展到更远的海域,并在海上采取更为积极主动的防御模式。澳大利亚力图打造一支能够做出迅速反应且具备强大攻防能力的远洋作战舰队,以期成为在太平洋海域具有重大影响力的作战力量。

澳大利亚在2000年国防白皮书中明确了澳军任务,认为"澳大利亚国防军(Australia DefenceeForce,ADF)的优先任务是保卫澳大利亚:第一,我们必须能够在不依赖其他国家作战部队的情况下保卫澳大利亚——自力更生;第二,澳大利亚需要能够控制抵达我们大陆的空中和海上的通道——海洋战略;第三,虽然澳大利亚的战略姿态是自卫性的,但我们将尽可能远离我们海岸地打击敌对势力——积极主动的行动。"②

澳大利亚皇家海军的海权中心在2010年出版了《澳大利亚的海洋教义》(Australian Maritime Doctrine:RAN Doctrine 1-2010)一书,认为要使"海军部队可以在'蓝水'海洋、大陆架海域、群岛和'绿水'海域以及近海岸地区和'棕水'条件下的河口地区等广泛区域内展开行动……通过与海上巡逻、参战和合作安全措施保持一致并参与其中,使澳大利亚的海上力量将冲突预防于萌芽之中。"③

面对20世纪末到21世纪初的战略环境,澳大利亚海军把打造一支适应未来海上作战要求的"远洋海军"作为自己的建军目标,澳大利亚政府决定"在2000年至2010年间,每年投入35亿美元以

---

① Australia Department of Defence,"Defending Australia—Defence White Paper 1994",Canberra:Australian Government Publishing Service,1994,p.17.

② Australia Department of Defence,Defence 2000:Our Future Defence Force,Canberra:Department of Denfence,2000,Executive Summary:XI.

③ Sea Power Centre,Australian Maritime Doctrine:RAN Doctrine 1-2010,Canberra:Royal Australian Navy,2010,p.19.

维持当前海上能力。"① 为此，澳大利亚海军开始实施了一系列的装备发展计划。第一，建设新型潜艇部队。在"奥伯龙"级潜艇的退役时间到来之前，澳大利亚就开始准备建造 6 艘"科林斯"级常规潜艇，该项目是澳大利亚当时实施的规模最大的国防项目，总花费大约 48 亿澳元。②"科林斯"级潜艇是当时全球自动化水平最高的潜艇，也是世界上最先进的常规潜艇之一，其排水量可达到 3300 吨，1996 年首艘潜艇"科林斯"号开始服役，另外 4 艘分别在 1998—2000 年间开始服役，最后一艘"金兰"号于 2001 年 11 月 26 日下水，2003 年 3 月交付澳海军。第二，建造轻型护卫舰。澳大利亚海军当时打算建造 8 艘"安扎克"级轻型护卫舰，以替代 60 年代建造的"佩斯"级驱逐舰。第三，升级"阿德莱德"级护卫舰。"阿德莱德"级护卫舰是以美国海军的"佩里"级护卫舰为基础建造的，它是澳大利亚舰队防空作战的中坚力量，澳大利亚将花费 10 亿澳元对其进行改造以增强其防空能力。第四，建造新型近岸巡逻艇。第五，建造新型海岸扫雷艇。第六，组建两栖作战部队。澳大利亚海军长期以来一直缺乏两栖作战能力，为了改善这种状况，澳大利亚在 1994 年从美国购买了两艘"新港"级二手坦克登陆舰，即"萨吉诺"号和"费尔法克斯郡"号，在接收两舰之后发现其性能并不理想且上层建筑遭受严重的腐蚀，于是澳海军对这两艘二手登陆舰进行改装。

白皮书除了明确澳大利亚海军要有能力察觉并打击任何敌对势力的主要水面舰艇，为澳大利亚在更广阔的地区开展行动提供支持，保卫澳大利亚的海上交通线，还特别提到了"澳大利亚的舰船应该能够与美国进行有效的合作，为地区联合行动做出贡献。"③ 值得注

---

① Australia Department of Defence, Defence 2000: Our Future Defence Force, Canberra: Department of Defence, 2000, p. 91.
② 邱浩兴：《迈向现代化的澳大利亚海军》，载《现代军事》1997 年第 11 期，第 52 页。
③ Australia Department of Defence, Defence 2000: Our Future Defence Force, p. 88.

意的是澳大利亚在国防白皮书中提到要发展澳大利亚的打击能力（strike capability），也就是"先发制人"的能力，"使澳大利亚能够在敌方领土内、前沿行动基地和到达澳大利亚的途中打击敌对势力。"[1] 澳政府认为这样可以使得澳军获得更大的行动自由，在敌人最脆弱的时候进行打击，更有效地保卫澳大利亚的安全。"先发制人"的打击行动，除了可以由澳军现役的 F-111 远途轰炸机执行外，澳政府认为"现有的 P-3C 飞机、舰艇和潜艇如果能够获得适当的武器，也可以执行打击行动。"[2]

在可以预见的将来，澳大利亚必定会大力发展海基远程打击力量。此外，为了配合防务白皮书，澳大利亚海军专门提出了"展望与任务"的目标，即"展望：未来的澳海军将是一支享誉全球的海上力量；一支装备精良、拥有高素质人才的职业化军队；一支国家引以为荣、忠诚服务国家的武装力量。任务：作为联合或特混部队的一支力量，能够投入海上战斗并取得胜利；维护国家的主权及领土完整；对地区安全作出应有的贡献。""展望与任务"高度总结了海军在新战略中的角色，并明确其未来能力的发展方向。[3]

澳大利亚政府在 2009 年 5 月颁布了《在亚太世纪保卫澳大利亚：力量2030》，作为进入 21 世纪以来的第二份国防白皮书，其文中指出"目前不确定和不可预测的威胁日益增多，除邻近地区外，从北亚到东印度洋之间更为广泛的亚太地区的稳定都关系到澳大利亚持久的战略利益。"[4] 这对澳大利亚海军远程投送和作战能力提出新的需求，因此澳大利亚"将在 21 世纪 30 年代中期建设一支更加

---

[1] Australia Department of Defence, Defence 2000: Our Future Defence Force, p. 91.
[2] Ibid., p. 92.
[3] 王钱柱：《后冷战时期的澳大利亚海洋战略》，南昌：江西师范大学，2013 年学位论文，第 33 页。
[4] Australia Department of Defence, Defending Australia In The Asia Pacific Century: Force 2030, Canberra: Department of Defence, 2009, p. 42.

庞大和更加有效的海上力量。"① 为了能够最大程度满足海上防务需求，澳大利亚将其"未来海上作战概念"进一步完善并细化为近期和远期两个作战规划，其将近期作战规划称为"2010 未来海上作战概念"，主要涵盖澳大利亚海军近期的主要任务及作战重点，描述了针对不同任务需求所应采取的具体作战策略，保证海上作战的灵活性；远期作战规划称为"2020 未来海上作战概念"，侧重于分析澳大利亚海军远期的防卫重点，提出加快作战能力提升的要求，保证澳海军能够在海上作战中最大程度地发挥防卫作用。在《在亚太世纪保卫澳大利亚：力量2030》白皮书中，澳大利亚将海上力量建设的目标总结为如下几点：

第一，加强潜艇部队建设。澳大利亚政府决定打造 12 艘"未来潜艇"（Future Submarine），以替代到 2030 年左右将退役的 6 艘"科林斯"级潜艇，该级别的潜艇比"科林斯"潜艇排水量更大、续航能力更强，同时它将具备"反舰和反潜作战、战略打击、情报搜集、支持特种部队和搜集战场信息能力。"② 该潜艇项目从主要设计到建造将耗时三十年，也将可能是澳大利亚花费最大的单项国防工程。"③ "据澳大利亚战略研究所（Australian Strategic Policy Institute，ASPI）作战和能力项目总指导安德鲁·戴维斯估计，项目从开发到完工阶段的总耗资大约会超过 360 亿美元，大约每艘潜艇折合约 30 亿美元。"④ 由于未来的潜艇项目时间周期比较长，为了提升现有潜艇装备的战斗力，澳大利亚政府决定"在未来十年对现有的'科林斯'级潜艇进行升级改造，置换新的声纳以保证其直到退役都

---

① Australia Department of Defence, Defending Australia In The Asia Pacific Century: Force 2030, p. 64.
② Ibid., p. 70.
③ Ibid..
④ 鬼斧：《大洋洲畔大洋舟：2030 年度的澳大利亚海军》，《舰载武器》2010 年第 10 期，第 66 页。

能保持高性能。"[1]

第二，强化水面战斗和防空能力。澳大利亚为了提升海军的防空能力，全力打造新型"防空驱逐舰"（Air Warfare Destroyer），该新型驱逐舰将装备标准6（StandardMissile 6，SM-6）远程防空导弹，"标准6导弹是反舰导弹中最先进的型号，射程超过200海里（370公里），将有效地延伸该驱逐舰的防空半径。"[2] 鉴于该防空驱逐舰的造价昂贵，澳大利亚海军目前暂时打算建造3艘，首舰在2011年开工，2014年服役，2号和3号舰将分别在2016年和2017年建成，该舰采用"宙斯盾"系统，这也使得澳大利亚将成为全球第六个拥有"宙斯盾"系统的国家。此外，澳大利亚政府还决定打造8艘新型"未来护卫舰"（Future Frigate），它比"安扎克"级护卫舰的排水量更大，"它将装备一套综合声纳，包括远程主动声纳以及海上武装直升机和海上无人机（Unmanned Aerial Vehicles）"[3]，同时升级现有装备以确保当前服役的"安扎克"级护卫舰能够有效地开展行动，直到退役。

第三，增强海军的远洋投射及海上作战能力。自1999年的东帝汶维和行动后，澳大利亚下决心发展建造本国的大型两栖登陆舰。东帝汶距离澳大利亚大陆北部地区仅有700多千米，澳大利亚虽然是这场维和行动的主导国，然而由于没有大型的两栖登陆舰，澳海军所发挥的两栖投射能力是相当有限的。鉴于这次维和行动暴露出澳海军在兵力和物资运输方面的能力不足，澳大利亚政府决定再建造"两艘新型的直升机船坞登陆（Landing Helicopter Dock）两栖舰，并在未来十年内服役"[4]。在这些澳大利亚极力打造的先进舰只服役

---

[1] Australia Department of Defence, Defending Australia In The Asia Pacific Century: Force 2030, p.71.
[2] Ibid..
[3] Ibid..
[4] Ibid..

之后,"澳大利亚海军将成为西南太平洋首屈一指的海上强国,其作战范围可以向北延伸至南海,向南覆盖南太平洋深处和南极,向西抵至西印度洋。"①

根据该登陆舰的设计,预计其满载排水量约为28000吨,允许多达6架垂直起飞的AV-8B"鹞"式战机或未来的F-35B型战机的接收与短时间的行动,还可以运送1000—1124名海军陆战队员、包括23辆M1A1主战坦克在内的150辆汽车与装甲技术装备,飞行器机库能容纳多达12架运输和突击直升机。②该两栖登陆舰采取灵活的模块组合和直通甲板设计,因此,只要稍作改装就能充当小型航母使用。首艘登陆舰已经于2009年9月24日在西班牙造船厂开工,于2013年服役,第二艘在2015年列装海军。"该新型两栖登陆舰将为部署军队提供持续保障支持,并在行动区域内为地面部队提供直接援助。"③

冷战结束后,澳大利亚逐渐转变其"大陆防御"的国防安全战略,开始积极地朝向"前沿战略"发展,特别是"9·11"事件后,其战略的外向性越来越强,澳大利亚追随美国步伐采取"先发制人"的国防安全战略,并开始倡导发展"战略打击能力"。澳大利亚还积极促成与各国签署防务协定和组织多种形式的地区联合军事演习,如多国海军联合军演、多国海空联合演习、多国多兵种协同演习、"五国联防"军事演习、澳新海军联合演习等。澳大利亚还十分重视海军军事人员的培训和交流,通过"太平洋巡逻艇"计划向西南太平洋国家提供巡逻艇及相应的海上行动与技术顾问、训练、后勤和修理支援。同时,澳大利亚还积极向东盟国家"出借军事基地",提

---

① 孔光:《澳大利亚:以海洋强国梦为牵引打造战斗力》,参见 http://txjs.chinamil.com.cn/junshity/2011-09/13/content_4752233.htm,访问时间:2016-6-2。
② 舒克编译:《澳大利亚和新西兰海军主要发展方向》,载《亚太防务季刊》2010年第1期,第52页。
③ Australia Department of Defence, Defending Australia In The Asia Pacific Century: Force 2030, p. 73.

供军事人员培训等，这些措施有利于增强澳大利亚与周边国家的军事互信，确保周边海域安全的同时也有利于扩大其地区影响力。①

从 2012 年开始，澳大利亚就赋予了美国海军陆战队在其国内达尔文市进行长期军事驻扎的权利。澳大利亚作为"五国联防"成员国之一，不但加强了与英国、马来西亚、新西兰、新加坡四国的军事往来，而且每年还在南中国海海域进行一次规模空前的军事演习；为了能够有效落实这类区域内协议，澳大利亚还与个别东南亚国家建立了特殊的双边关系，在此基础上保持与东南亚地区国家之间的频繁军事互动。为了能够在南太平洋地区成为有影响力的海上大国，澳大利亚在同新西兰等国保持密切联系外，还在经济上主动援助巴布亚新几内亚，并与其制定军事合作计划，此外澳大利亚还始终保持着对几个小岛国在军事上的技术援助。②

澳大利亚通过参加伊拉克和阿富汗的军事行动，大幅提升了其作战理论，并通过逐步吸收美国网络中心战的先进理念初步建成了网络集成所必需的信息与通讯设施。澳大利亚试图通过加强信息战的建设发展，将各种传感器、指令、控制设备及作战武器平台连成一体，提高未来海上战场的透明度，加快作战信息的传递节奏，真正将海军各种作战力量融合成为一个作战体系，发挥信息系统的战斗力倍增器作用。同时，澳大利亚还不断致力于加强本国的军事科技开发及应用。澳大利亚海军认识到，未来不仅是"海洋的世纪"，更是高科技迅猛发展和广泛应用的世纪，因此，未来海军建设发展的基本方向是进一步发展军事高科技，并重点研制新型的进攻和防御电子战系统。为了提高海洋监视与控制能力，增加水中兵器的打击范围，澳大利亚海军还在大力发展无人驾驶飞机和无人驾驶

---

① 甘振军、李家山：《简析澳大利亚海洋安全战略》，载《世界经济与政治论坛》2011 年第 4 期，第 59 页。
② 苏培荣编译：《今日澳大利亚海军》，载《当代海军》2001 年第 9 期，第 41—42 页。

潜艇。[①]

另外,澳大利亚政府不仅加大力度增强其在国际海洋事务中的"硬实力",而且注重发展其军事"软实力"。2008年12月,澳大利亚前总理陆克文在《国家安全报告》中就指出,"对澳大利亚来说,'软实力'很重要,目前在海洋事务方面,我们的影响力还与我国在国际社会的地位不相称。"[②] 为此,澳大利亚政府非常重视各个涉海单位及相关涉海平台的建设问题,并取得了一定成效。如,澳大利亚海事局的发展不仅在海洋事务方面获得较好的国际声誉,同时还称得上是国际各海事组织的领头人,而且还在一些地区或者国际性的海洋环境保护组织、船运安全组织中扮演着重要角色。

第三节 澳大利亚海洋安全战略的实质与特点

对澳大利亚而言,海洋的重要性显而易见,而且随着时间推移,这种重要性会更加突出。澳大利亚被南太平洋和印度洋环抱,不仅拥有36735千米的海岸线,在本土大陆及所属岛屿的周边海域共拥有815万平方千米的海上专属经济区,这个面积在全世界所有国家中位居第三。如果把澳大利亚宣称拥有主权的南极领土也包括在内,再加上其周边海域,澳大利亚的海上专属经济区面积将达到1019万平方千米。加上澳大利亚北方的帝汶海、阿拉弗拉海和珊瑚海,澳大利亚需要管理的海域非常辽阔。以贸易立国的澳大利亚,加强海运港口建设,大力发展造船和远洋运输业,极力确保海上交通战略要地的安全畅通,不断开发濒海旅游资源,发掘海洋经济的潜力。

---

① 肖鹏:《澳大利亚海洋战略》,载《海洋世界》2012年第1期,第74—75页。
② 知远:《海洋对澳大利亚的重要意义》,中国网,2010-06-17。

一、澳大利亚海洋安全战略的实质

澳大利亚新时期的海洋安全战略虽然旨在实现地区军事大国和海上强国的战略目标，但又有服务并满足于其本国海域管理及海洋贸易的需求。澳大利亚难以摆脱对海洋大国的依附性的本质，从某种程度上而言，限制了其成为海上强国、实现区域军事大国这一战略目标的实现。

（一）强化基于美澳传统联盟的非传统安全行动

澳大利亚进入21世纪以来，国防安全战略更加注重非传统（军事）安全方面的行动，如维和行动，人道主义救援等，但这种战略还是建立在传统安全的基础之上的。自越南战争后，澳大利亚参加的常规战争只有1990—1991年的海湾战争，但在20世纪的最后10年中，尤其是最后两年，澳大利亚军队是自参加越战以来最为繁忙的。澳大利亚认为这反映了世界的一个趋势——除了常规战争以外的各种军事行动更为频繁，如维和任务加重、人道主义救援行动增加等。澳大利亚国防军自20世纪90年代以来参加的维和行动及人道主义救援行动的数量明显增多，表明这种非常规军事行动在新时期的重要性，这无疑构成澳大利亚新世纪国防安全战略的主要部分，不过其基础却是以常规军事行动为蓝本形成的。

澳大利亚21世纪的国防安全战略仍然建立在牢固的美澳传统联盟的基础之上。自1901年建国以来，澳大利亚在防务上先后依赖于世界上最强大的国家，即英国和美国，这种依赖性已经深深根植在其国家的观念中。1951年，澳大利亚和美国订立盟约，此后澳大利亚一直强调与美国保持这种联盟的重大意义。澳大利亚几乎参加了二战以来美国在亚洲发动的所有战争；冷战结束后，澳大利亚积极配合并支持美国的新亚太战略，意在使澳大利亚成为美国在亚太地区的战略立足点；近年来，美国不仅提高了与澳大利亚的防务合作水平，而且加强了在这一地区的军事存在。

（二）以实现地区军事大国和海上强国为目标

澳大利亚不断加强海军的远洋作战能力，其最终目的就是成为在南太平洋海域甚至整个亚太地区有重要影响力的海洋国家。从历史上看，澳大利亚在安全防务问题上一直持保守态度，采取以本土防御为主、兼顾临近地区为辅的安全防务政策，但是面对新的国际安全形势，澳大利亚不得不转变其防务策略。从21世纪以来，在美国的支持下，澳大利亚不断扩充海军力量，大力提高海军的近海防御及远洋作战能力，努力建设成为一支具有迅速反应能力的海上军事舰队。随着澳大利亚海上军事实力以及海上防御能力的不断增强，其成为地区性军事大国和海上强国的愿望也日趋强烈。[1]

澳大利亚追随美国在亚太地区参与了多次重要的军事行动。冷战结束后，其安全环境有了明显改善，在这种情况下，澳大利亚仍然继续维持并不断加强与美国的同盟关系，意在借助美国的力量来提升自身国际地位，争取在地区乃至国际事务中发挥更加重要的作用。就地理位置而言，澳大利亚是南半球的岛状大陆国，处在与北美相反的太平洋南部一隅，"其东面与散布在西南太平洋上的各个岛屿国家相对；向北处在东亚近海由日本出发、经过台湾和菲律宾、直至印度尼西亚的岛屿链的延伸线上；向西濒临印度洋，向南越过大洋直接可达南极大陆"。[2] 澳大利亚孤悬于西南太平洋海域，"其地理位置决定了其不会直接卷入到东西方文明的冲突之中，也意味着澳大利亚与各种国际纠纷之间有一道天然屏障，这是世界上任何一个其他国家都不会享有的优势。"[3]

---

[1] 孔光：《澳大利亚：以海洋强国梦为牵引打造海军战斗力》，载《解放军报》2011-09-12。

[2] 刘新华、秦仪：《略论澳大利亚的地缘战略地位和美澳军事同盟关系》，载《世界经济与政治论坛》2003年第3期，第78页。

[3] Werner Levi, Australians Outlook on Asia, Sydney: Greenwood Press, 1979, p. 13.

澳大利亚不仅重视本国海上力量的建设，其在继续巩固与美同盟关系的同时，还积极采取行动加强与东南亚等国家的安全对话，频繁举行各种形式的联合军事演习，不断向各国出售武器。澳大利亚分别于1995年和1996年与印尼和新加坡签订安全协议，并主张将"五国联防"（澳大利亚、英国、马来西亚、新西兰、新加坡）扩大至整个东盟地区。2007年3月澳大利亚和日本签订《防务与安全声明》，为澳、日两国防务合作及其他方面关系的发展开辟了道路。澳大利亚还与韩国建立高层次军事政治对话，并于2012年5月28日在济州东北方海上进行联合军演，这也是澳、韩两国首次进行海军联合演练。为了进一步联合美国，澳大利亚还准备购买或租借美国弗吉尼亚级核潜艇。澳大利亚军方认为，弗吉尼亚级核潜艇不仅航速快，续航能力不受限制，而且能够以跨大洋的距离先于对手发现目标，这就可以保证澳海军至少到2050年前都能对周边邻国保持压倒性优势。事实上，澳大利亚海洋安全战略的目标不仅仅是保证国家周边海域的安全，其更深层的意图在于扩大本国的海上影响力，建设一支在东南亚具有"无与伦比"攻防力量的海上作战力量。

当然，反观澳大利亚21世纪的国防安全战略，除了表现出对海洋大国的严重依附性之外，仍存在一定的不足之处，澳大利亚的国防安全战略仍没有摆脱以往的旧思维，即还有明确的敌手观念，这与澳大利亚在地区及全球安全上所采取的多边合作安全战略发生矛盾。例如，新版国防白皮书强调的是澳国防军要保持对敌手的能力优势，这与澳大利亚近年来追求的合作安全理念是自相矛盾的。

（三）难以摆脱"依附性"的安全战略

澳大利亚曾经一度将国家安全完全托付给英国，甚至到二战前期，仍然暂缓考虑国家防御的需要，将全部的现役海军舰艇交由英国海军部指挥。二战中，在与法西斯国家的对抗中英国损失较大，无暇顾及澳大利亚的国家安全，正是这场战争让澳大利亚认识到英国的力不从心，也因此对英国失去信任，于是转而求助美国，从

"依附于英国"转为"依附于美国"。

澳大利亚前总理柯廷曾指出:"我十分确定澳大利亚的未来应该寄托在美国身上,并且美国对我们与英国之间一直以来的联邦关系也不会产生任何消极影响。可以确定的是,英联邦这个大团体正在经历着前所未有的挑战,各成员国的力量较为分散,当安全受到威胁时很难较快集结,但事实上我们将面临的考验会越来越多且更加不确定。同时我们还应该清楚地认识到,即使澳大利亚有一天会崩溃,英国也依然能够较好地继续生存。所以澳大利亚需要更加坚强,需要寻求更有力的保障,美国的出现就是我们的希望,我们只有制定一个以澳美关系为基础的内政外交计划才能帮助我们渡过难关。"[1]

1947年2月,澳大利亚政府开始寻求对外政策的全新定位,即在远东太平洋海域保持与英国继续进行合作的基础上,逐渐转移安全防务重心到东南亚地区,寻求在西南太平洋海域获得集体安全防务保证,并且对美国在该区域所有防务战略的实施都予以积极配合。[2]

澳美联盟的开展主要表现在三个密切相关的层面上:一是在实际防务及安全事务上进行合作,如演习、情报合作及分享,澳大利亚获取美国包括关键及高度敏感的军事技术等;二是在地区进行合作,澳美联盟是美国在亚太地区一系列联盟链条(美日、美韩、美泰、美菲)中的关键部分之一,因此,符合澳大利亚的关键利益和目标;三是在必要时互相提供包括武装力量在内的各种支持,澳美联盟最重要的是建立和加强共同防务,为此双方作出一系列加强军事和防务合作的决定,包括增加美澳军事演习的规模和次数等,如1997年的美澳联合军事演习,是美军自二战以来在澳集结人数最多

---

[1] 赵昌、甘振军:《国内关于二战时期澳大利亚外交研究综述》,载《东南亚纵横》2008年第10期,第90页。
[2] 崔丕:《冷战时期美国对外政策史探微》,北京:中华书局,2002年版,第64—66页。

的一次。①

澳大利亚忠于美澳联盟的态度始终优先于其在东亚的声誉，澳大利亚主要政党从来就没有在这个问题上质疑过，这种目标的一致性不论是1990年的工党霍克政府（决定参加1991年的海湾战争）还是1998年的联盟党霍华德政府（决定参与多国联盟对伊拉克实施打击）都没有变化。一直到近年澳大利亚对美国发展国家导弹持积极响应的态度，无不表明澳美关系在澳大利亚政府的日程表上始终是排在第一位的，不管其在对外政策的措辞上如何强调关注东亚地区。②

二、澳大利亚海洋安全战略的特点

通过对澳大利亚海洋安全战略实质的初步评估，可以归纳其海洋安全战略的特点主要体现在以下四个方面。

（一）注重海洋基础能力建设

澳大利亚海洋安全战略的背后是基于更深层次的海洋经济和政治权益的争夺。澳大利亚四面环海，在海洋利用方面拥有得天独厚的地理优势，从可持续发展的角度来说，对海洋资源的开发利用情况直接关乎国家未来的发展。澳大利亚专属经济区以及海底石油天然气的开发利用具有较大发展潜力，这会为其带来巨大的经济利益。澳大利亚政府清晰地认识到了海洋的这一战略价值，在国家周围海域鼓励国民充分利用和发挥国家地理优势，大力发展海洋经济、增强国家经济实力，从而为更好发展建设海上军事力量提供物质基础，这一战略举措可以看作澳大利亚海洋安全战略的一项基础性内容。

对澳大利亚来说，海上的航行自由和飞越自由非常重要。海运

---

① 郭进：《新世纪澳大利亚对华安全政策研究》，上海：上海师范大学，2013年学位论文。
② 王侠：《新世纪澳大利亚国家安全政策及其对中国的影响》，石家庄：河北师范大学，2009年学位论文。

是澳大利亚发展对外经济的重要支撑，在世界贸易中也占有重要地位，澳大利亚除了利用本国货轮发展海上远洋运输之外，同时还与英国、新加坡、日本、巴拿马等国合作发展海上运输事务。从澳大利亚国民经济总体来看，其国内市场所占份额相对较小，主要还是依靠外贸收入带动整个国家的经济发展，所以，澳大利亚海洋运输业的发展情况会对其国家的外贸开展甚至整个国民经济的发展产生直接的影响。澳大利亚始终遵照《联合国海洋法公约》以及其他国际惯例反对任何形式的限制航海自由的行为，在这一点上，澳大利亚和其他海洋大国的看法是一致的。

散落于大陆领土之外的岛屿的存在关乎澳大利亚更多的海上利益。澳大利亚在太平洋、印度洋和南冰洋上还有很多遥远的岛屿领土，虽然这些岛屿的占地面积、经济地位和战略意义迥异，但是澳大利亚对这些岛屿所拥有的主权基本上都得到了国际社会的承认。印度尼西亚在与澳大利亚完成关于帝汶海边界的谈判之后也承认了澳大利亚对阿斯摩尔群岛和卡迪尔群岛所拥有的主权。大面积的专属经济区和距离海岸200海里以内的大陆架，为澳大利亚带来巨大的经济利益，还有一些岛屿拥有极高的战略价值，它们离澳洲大陆的海岸线比较近，可以在其上建立小型机场和港口，从而增强对海域的监控能力。比如，科科斯群岛和圣诞群岛，一旦爆发战争冲突，这些岛屿可以为澳大利亚提供给养，因此澳大利亚主张先实现对当地的有效占领。澳大利亚虽然没有从立法上将南极领土正式划入自己的疆域，其南极领土也没有得到广泛的承认，但是目前为止也没有国家对其在南极的主张明确提出过质疑。澳大利亚在南极洲有凯西、戴维斯和莫森三个永久性基地，还在凯西站建立了一个可以直飞澳大利亚本土的机场。

（二）对海域管辖权的扩张态势明显

澳大利亚拥有广阔的大陆架和专属经济区，并且通过国内立法、向联合国申请及与邻国进行谈判等方式来维护和扩展自己的海洋国土及利益。澳大利亚宣称在本土大陆以及所属岛屿的周边海域一共拥有815万平方千米的海上专属经济区，这个面积在全世界所有国家中位居第三。"如果把澳大利亚宣称拥有主权的南极领土也包括在内，再加上其周边海域的话，澳大利亚的海上专属经济区面积将会达1019万平方千米。澳大利亚的大陆架总面积为1071万平方千米（如果包括南极领土大陆架的话，总面积就是1275万平方千米）。"[1] 2008年4月9日，大陆架边界委员会采纳了一组确认澳大利亚大陆架的外沿界限的建议，对9个地区的大陆架边界进行了明确的界定。"这项决议使得澳大利亚从海基线算起200海里内的大陆架管辖权增加了256万平方千米（其中包括南极领土周边68万平方千米的大陆架）。"[2] 从这些数据可以看出，澳大利亚拥有管辖权的海洋面积比澳洲大陆的面积几乎大了一倍。

如果把澳大利亚宣称拥有主权的南极领土也计算在内的话，那么澳大利亚就是对地球表面管辖权最大的国家，其领土和领海的面积加起来大约有2720万平方千米。换句话说，澳大利亚对地球表面5%的面积拥有管辖权，即使仅计算海洋面积的话也达到大约4%的比例。澳大利亚的南极领土面积几乎相当于本土大陆面积的一半，但是即使不算南极领土，从国家管辖权的角度来看，澳大利亚拥有管辖权的领土和海洋总面积也高居世界第二，仅次于俄罗斯。

近年来，由于美国在亚太地区的影响力受到挑战，在"受到中国的挑战时"澳大利亚则大举出资，以支持其二战以来最大的军事扩张计划，该计划的主旨是为"制衡"中国，因为中国在亚太地区的军事发展"影响地区安全"。为此，澳大利亚大力增加国防支出，用于升级军事装备，其中包括战斗机、潜艇和快速军舰，以及组建一批F-35战斗机群。对中国不断增强的技术能力和远距离军事投

---

[1] Sam Bateman, Anthony Bergin, "Sea change: Advancing Australia's ocean interests", Australian Strategic Policy Institute, 2009, p. 10.

[2] Ibid. .

放力量，澳大利亚军方也表示担忧，认为中国的"航母杀手"弹道导弹、先进的舰船及潜艇是澳大利亚安全的"最大挑战"，因而表现出"制衡中国"的军事姿态。同时，澳大利亚还十分重视保护其海上贸易路线，因为这是其经济发展的核心利益。[①]

当前在亚太地区，中国、美国、俄罗斯和日本是最主要的政治影响力量。在复杂的地区安全形势下，澳大利亚欲借助与美国的同盟关系，加之其得天独厚的海洋地缘政治优势，在西南太平洋以至整个亚太地区成为有影响力的一极，发挥其政治作用。此外，澳大利亚还力求健全以美为中心的集体安全机制，并呼吁区域性的国家安全对话。

对澳大利亚来说，其海洋安全战略的重点区域无疑是西南太平洋海域，但从其海上交流与互动的范围来看，其已经将战略眼光扩展到了印度洋海域。在印度洋方向，澳大利亚主要通过增加国家间政治互信、加强经济与贸易合作、共同维护地区安全稳定等手段来保证其战略利益。除西南太平洋海域外，澳大利亚同时也是印度洋上的海洋型大国。印度洋直接关系到整个澳大利亚国家的安全与稳定，并且澳大利亚在印度洋上比其他任何一个国家的海洋管辖权都大。澳大利亚在印度洋海域面临的最大的挑战是如何有效保护其在印度洋附近的主权权利，包括领土和海上主权等。随着印度海洋安全战略的实施，澳大利亚自然也将目光转向了这一地区。早在1994年，澳大利亚政府就开始谋划"向西看"的海洋安全战略，以加强同印度洋地区各个国家的军事、经济等方面的互动与交流。随着海上力量的不断发展，其"向西看"战略也成为了澳大利亚海洋安全战略中的重要组成部分。

澳大利亚主张采取"向西看"的战略，主要出于以下三方面考

---

① 资料来源："澳大利亚军力大举扩张意在制衡中国威胁"，西陆网，http://junshi.xilu.com/2011/0215/news_343_140885.html，上网时间：2011-02-15。

虑：首先，对澳大利亚来说，其西部海域不仅蕴藏丰富的海洋资源，而且有多条关键的海上通道，所以，澳大利亚政府一直致力于建设覆盖太平洋和印度洋的双向海上力量；其次，澳大利亚每年都有不低于四分之一的贸易需要从印度洋通过，加强在印度洋方向的海上力量，也就占有了保护该海域贸易通道的主动权；第三，澳大利亚对核扩散特别是南亚地区的核扩散问题尤为忧虑，所以尤为重视在印度洋海域的安全防务。随着澳大利亚海洋安全战略的不断发展，其"向西看"战略将继续涵盖更多实质性内容。由此，澳大利亚海洋安全战略总体表现出在西南太平洋和印度洋双向的扩张态势。

（三）强化皇家海军的作用

澳大利亚拥有一支百年历史的海军，其执行的任务和行动几乎涵盖了当今海上作战的所有领域。皇家海军是其国防部队的海军分支，主要任务是作为合成本国海陆空三军或联合国际联合部队的重要力量参加海战并取得胜利，维护澳大利亚主权和领土的完整，为地区安全作出贡献。澳大利亚是如此定位皇家海军职责的：确保国家安全，保证澳大利亚领土、领海、领空的绝对安全，维护国家利益，尤其是在东南亚地区的政治、经济等利益不受侵犯；有效打击非法移民和走私等不法行为，对非法捕鱼等行为做到有力阻止；维护地区乃至全球的安全与稳定，能够成为世界维和行动中的中坚力量，严厉打击海盗等有极大破坏力的海上不法行为。[①] 为了能够更加有效地履行职责，澳大利亚皇家海军从部署到装备都努力向国际一流水平靠拢，以便能够在维护地区安全乃至世界和平中发挥重要作用，在最大程度上保证国家战略目标的实现。

长期以来，澳大利亚对西太平洋地区的南中国海主权之争、台海局势及朝鲜半岛等问题十分关注，对这些来自亚洲国家之间的矛

---

① 谭正平：《打造走向蓝水的两洋舰队——全面扫描澳大利亚皇家海军之一》，载《当代海军》2008年第3期，第27页。

盾可能对其安全造成的威胁一直保持警惕，因此，注重通过大力发展海上军事力量来保障自身安全。陆克文总理2007年上任后即刻宣布将增强本国海上军事实力作为国防安全的重点战略，他提出"澳大利亚政府将会出资600亿澳元来完善海军装备，在最短的时间内将海上力量推向一个全新的水平"。此外，陆克文还指出："远洋贸易是我们发展经济的重要支撑，而海上航线的畅通又直接关系到远洋贸易的进程，所以我们必须要有强大的海上力量作为保障"，"我们要为海上安全防务做一个长远的计划，目前，澳大利亚军方制定了未来十年海军的发展计划，在完善军事装备的前提下，将扩大海军规模、增强作战能力为战略重点。"①

澳大利亚政府颁布的《防务2000：我们未来的国防军》白皮书为皇家海军勾画了美好的发展蓝图，包含了其未来的发展战略计划及满足维护国家主权的要求，该白皮书为澳皇家海军未来的发展提供了一个坚实的基础。澳大利亚在2001年公布的《21世纪的澳大利亚海军》发展规划中充分体现了其重点发展海军的思想。澳大利亚在2009年指出，政府将在未来20年内不断加强海军军备力量建设，国防开支将主要用于购置新型潜艇、护卫舰、驱逐舰等舰艇，以加强对本国主权海域的控制能力。

澳大利亚皇家海军正发挥着突出的作用，肩负着前所未有的历史使命，参与了从保卫国家周边尤其是执行北部水域的边境保护任务，到支援海外反恐作战行动等一系列从本土到海外的军事行动。今后皇家海军将继续致力于发展保卫澳大利亚、促进邻国及地区盟友安全的能力，以求更好地保障本国战略利益。澳大利亚海军正在经历转型期，到2020年后澳海军的战斗能力必将有很大提升，届时澳海军将是一支具备区域兵力投射，掌握区域制海、制空权能力的

---

① New Chinese Marketing Weekly, 12.9 - 18.9 2008,（澳大利亚）《新市场报》，2008 - 09 - 12。

综合性海上力量。随着澳大利亚海洋安全战略的不断调整，澳大利亚海军的军事思想也会推陈出新，以实现其成为地区军事大国和海上强国的目标。

（四）强调学术研究的作用

澳大利亚在制订海洋战略相关的各类规划及政策的过程中，特别强调学术研究的作用，为此，澳大利亚拥有许多专门研究海洋问题的研究机构，这些机构及其专家学者的著述对其海洋战略的走向往往产生至关重要的影响。

澳大利亚战略政策研究所（Australian Strategic Policy Institute，ASPI）的山姆·贝特曼（Sam Bateman）博士和安东尼·铂金（Anthony Berhin）博士在2009年3月出版了《前进中的澳大利亚海洋利益》（Sea Change：Advancing Australia's Ocean Interests）的研究报告，探讨了"海洋资源对澳大利亚的价值以及目前面临的来自海上的威胁，并对如何保护澳大利亚的海洋利益提出了建议，认为澳大利亚的未来发展在很大程度上取决于其能否扮演好海洋大国的角色。"[①]

山姆·贝特曼博士在《保卫澳大利亚的海上通道》（Securing Australia's Maritime Approaches）中评论了澳大利亚保卫海洋通道的政策、理念和能力，并做出以下论断："尽管已经取得了巨大的进步，特别是设立了边防指挥部（Border Protection Command），但是，在建成一个能够有效保卫澳大利亚海洋通道的系统之前，仍然有一些路要走"，建议"在该系统内设立澳大利亚海洋监管和执法机构"。[②]

澳大利亚海军部也非常注重对相关问题的学术研究，出版了大

[①] Sam Bateman, Anthony Bergin, "Sea change：Advancing Australia's ocean interests", Australian Strategic Policy Institute, 2009, p. 3.

[②] Sam Bateman, "Securing Australia's Maritime Approaches", Security Challenges, Vol. 3, No. 3, August 2007, pp. 109 – 129.

量关于本国海洋战略的研究论文和报告。如2010年再版的《澳大利亚的海洋教义》（Australian Maritime Doctrine）"全方位地论述了澳大利亚海军的建军思想、海洋战略、海洋政策的实施等内容。"[1] 这些研究报告的相关内容可以直接被政策制定者采纳，从而转化为实质性的行动。

澳大利亚著名战略研究学者保罗·迪普（Paul Dibb）在2007年2月22日澳大利亚防务杂志会议上发表了《澳大利亚在2017—2027年的战略观点》（Australia's Strategic Outlook 2017 - 2027）的演讲，认为"澳大利亚在2017—2027年首先应该关注'不稳定的弧'（the arc of instability），将其直接相关地区纳入国家军事规划；其次要关注东南亚地区，特别是要应对印度尼西亚未来可能出现的治理失败和伊斯兰极端民族主义势力获得政权；第三，要关注未来东北亚可能出现的严重事件，重点区域是朝鲜半岛和台湾海峡可能出现的军事冲突，澳大利亚要做好应对准备。"[2]

澳大利亚国立大学战略研究中心（Strategic and Defence Studies Centre—Australian National University）教授戴斯蒙德·柏尔（Desmond Ball）在《二十一世纪澳大利亚战略与国防政策》（Australia's Strategic and Defence Policy into The 21st Century）一文中概述了亚太地区安全环境凸显出来的主要特征，如区域的不确定性、区域冲突、海事问题、大规模毁灭性武器等，提出澳大利亚必须大幅提升战略指导的质量、扩大战略评估的领域和范围，同时还指出澳大利亚国防计划的重点应更为清晰地界定，而且必须强化澳大利亚国家安全协调的机制。[3]

---

[1] Australia Department of Defence, Australian Maritime Doctrine, Canberra: Department of Defence, 2010, p. 4.

[2] Paul Dibb, "Australia's Strategic Outlook", November 17, 2011, pp. 3 - 4, http://rspas.anu.edu.au/papers/sdsc/analysis/Dibb_Australia_Strategic_Outlook_220207.pdf.

[3] Desmond Ball, "Australia's Strategic and Defence Policy into The 21st Century", Taiwanese Journal of Australian Studies, No. 2, 2001, pp. 1 - 38.

约翰·米尔斯海默（John J. Mearsheimer）在《形成中的动荡：中国对美国在亚洲实力的挑战》（The Gathering Storm: China's Challenge to US Power in Asia）中论述了中国的崛起对澳大利亚在战略选择上的影响，其推断如果中国继续保持快速崛起，澳大利亚将选择加入美国领导的遏制中国崛起的联盟。米尔斯海默的逻辑为："一旦中国和美国发生冲突，为了摆脱'马六甲困局'，中国将寻求印度尼西亚的通道，在这种情况下，中国将继续在澳大利亚北部水域部署强大的军事力量，甚至部署在印度尼西亚领土上。"所以，"如果中国继续保持它的快速崛起，最终会对澳大利亚构成足够的威胁，这样的话，澳大利亚别无选择只能加入美国领导的遏制中国崛起的联盟"。①

澳大利亚加强海军建设是维护国家安全和海洋权利的重要措施之一。西班牙卡尔诺皇家研究所（Elcano Royal Institute）的罗杰·卡布瑞拉（Roger Cabrera）在其论文《新安全环境下的军事力量调整：以三个中等强国澳大利亚、荷兰和挪威为例》（Adjusting Military Forces to the New Security Environment, the Case of Three 'Middle Power' Australian, The Netherlands and Norway）中论述了澳大利亚在新安全环境下的军事力量调整，并认为澳大利亚正在转变对安全威胁的认知，将加强远程力量投射能力以应对人道主义救援和潜在的高科技战争。② 澳大利亚国防部海洋研究项目的前主管杰克·麦格卡夫里上校（Captain Jack McCaffrie）在1996年发表了题为《21世纪的海洋战略：地区海军问题》（Maritime strategy into the twenty – first century: issues for regional navies）的论文，作者认为"亚太地区国家的海洋战略在下个世纪将会改变，随着海洋战略作为军事战略的

---

① John J. Mearsheimer, "The Gathering Storm: China's Challenge to US Power in Asia", The Chinese Journal of International Politics, Vol. 3, (Winter 2010), pp. 381 – 396.

② Roger Cabrera, "Adjusting Military Forces to the New Security Environment, the Case of Three 'Middle Power': Australian, The Netherlands and Norway", February 22, 2012, p. 1.

广泛定义得到了认可,和平时期的工作和运营将成为海洋战略一个更重要的部分,海军可能被越来越多地用于支持海岸警卫、资源保护或者外交工作。"[1]

---

[1] Jack McCaffrie, "Maritime strategy into the twenty – first century: issues for regional navies", May 12, 2012.

第四章　澳大利亚的海洋权益战略

澳大利亚作为南太平洋最大的岛屿国家独占一块大陆，四周环海，拥有庞大的海洋国土面积，而成为南太平洋地区的海洋大国一直是澳大利亚政府所努力追寻的目标。为了实现这一目标，澳大利亚联邦政府及各州政府在海洋主权纠纷解决、海洋权益扩展、海洋资源开发管理、海洋生态环境保护、国际海洋事务参与方面做了许多有益的尝试。本章从澳大利亚实施《联合国海洋法公约》的国家实践入手，分析其涉海法律法规的制定背景、程序、内容、制定原则及实施效果等，探讨澳大利亚通过海洋立法与执法实践及政策调整最大化其海洋权益的成功经验。

第一节　澳大利亚实施《联合国海洋法公约》的国家实践

澳大利亚作为一个被大洋环绕的国家拥有全世界最大的管辖海域，是一个潜在的海洋超级大国。因其特殊的海洋地理位置，澳大利亚将海洋作为关乎国家生存和发展命脉的重要战略要地，在《联合国海洋法公约》的框架下进行了一系列卓有成效的实践。

一、全面享有各项法定的海洋权益

《联合国海洋法公约》明确了海洋空间划分的原则，制定了各个海域的法律地位和法律制度。[①]《联合国海洋法公约》规定，内水和领海是国家领土的组成部分，国家对内水享有完全的主权，外国船舶非经许可不得驶入内水，也不得进行捕鱼和其他作业活动，否则将构成对沿岸国领土主权的侵犯。有关内水的法律制度由沿海国的国内法予以规定。领海的宽度从领海基线量起不超过12海里。国家主权及于领海的上空及其海床和底土，但根据长期形成的国际习惯，外国船舶在他国领海可享受"无害通过权"。沿海国对毗连其领海（从测算领海宽度的基线量起不得超过24海里）的毗连区享有对若干事项行使必要管制的权利，以防止在其领土或领海内违犯其海关、财政、移民或卫生的法律和规章。作为海洋自然和政治地理条件得天独厚的国家，澳大利亚全面享有《联合国海洋法公约》赋予的各项权益，建立了12海里的领海和24海里的毗连区及一系列符合《联合国海洋法公约》规定的基本法律制度。

《联合国海洋法公约》规定了群岛国群岛基线的具体划法，并规定"群岛水域"的法律地位，船舶在群岛水域的通过分为无害通过权和群岛海道通过权，同时明确了用于国际航行海峡的通行制度分为：适用无害通过制度的海峡、适用过境通行制度的海峡、适用自由航行制度的海峡和适用专门条约的海峡四种通行制度。澳大利亚对此非常重视，对相关国家实施《联合国海洋法公约》的实践也格外关注，并采取措施使有关国家在履行相关的义务方面为其作出相应的安排，如印尼作为拥有世界最大群岛水域的国家，在涉及群岛海道通行方面专门为澳大利亚海军的通行便利预留了额外的通道。

---

① 薛桂芳、胡增祥：《海洋法理论与实践》，北京：海洋出版社，2009年第2版，第143页。

专属经济区是《联合国海洋法公约》所确立的新概念，也是一项重要的法律制度。根据《联合国海洋法公约》的规定，专属经济区是领海以外并邻接领海的一个区域，其宽度从领海基线量起不超过200海里，在这个区域内实行特定的法律制度，即以沿海国的权利和管辖权为主，也包含有其他国家的权利与自由，并受《联合国海洋法公约》有关规定的限制与支配。专属经济区既不是领海，也不是公海，而是"自成一类"的国家管辖海域。沿海国对其专属经济区拥有相当广泛的主权权利和重要的管辖权。沿海国在专属经济区内享有以勘探和开发、养护和管理海床、底土及其上覆水域的自然资源（生物或非生物资源）以及有关在该区域内从事经济性开发和勘探，如利用海水、海流和风力生产能源等其他活动的主权权利。沿海国对专属经济区内的人工岛屿、设施和结构的建造和使用、海洋科学研究、海洋环境的保护和保全及公约规定的其他权利享有管辖权。依照《联合国海洋法公约》的规定，在专属经济区内，所有国家，不论为沿海国或内陆国，在《联合国海洋法公约》有关规定的限制下，均享有航行和飞越的自由，铺设海底电缆和管道的自由，以及诸如船舶和飞机的操作及海底电缆和管道的适用等与这些自由有关的海洋其他国际合法用途。沿海国在专属经济区内行使其权利时，要同时履行规定的义务，适当顾及其他国家在专属经济区内的权利和义务，并应以本《联合国海洋法公约》规定的方式行事。对于《联合国海洋法公约》的这些规定和要求，澳大利亚出台了一系列相关的政策和法规以示积极遵守和认真实施，树立其在国际海洋事务方面的良好形象。

《联合国海洋法公约》将起源于地质学、地理学和海洋学的"大陆架"概念定义为："沿海国的大陆架包括其领海以外依其陆地领土的全部自然延伸，扩展到大陆边外缘的海底区域的海床和底土。"如果从测算领海宽度的基线量起到大陆边的外缘的距离不到200海里，则扩展到200海里的距离。若超过200海里的可延长到

350海里或2500公尺等深线的100海里。这些法律定义对于科学意义并不是很大，但它们对于世界经济和海洋管理实践的意义则显而易见。沿海国对其大陆架的资源具有主权权利及相应的管辖权，而且无须通过传统国际法上所谓有效或象征占领而取得领土或权利的方式，也不取决于国家颁布法律或命令一类的单方面宣告。作为宽大陆架国家与窄大陆架国家的一项妥协，同时为了照顾内陆国和其他发展中国家的利益，《联合国海洋法公约》对200海里以外的大陆架上非生物资源的开发和收益提成作出具体规定。澳大利亚通过深入研究《联合国海洋法公约》的有关条款，并充分利用技术和科学手段，使其大陆架得到最为成功地拓展。

公海是指各国内水、领海、群岛水域和专属经济区以外不受任何国家主权管辖和支配的海洋区域。公海是海洋的主体，对所有国家开放，各国均有平等行使各种公海自由的权利，侵犯公海自由原则被认为是违反国际法的行为。但是，公海自由原则并不是绝对的，《联合国海洋法公约》对各国行使公海自由做出原则性的限制性规定，并且强调公海应只用于和平目的。同时，公海上仍然存在针对不同管辖对象的船旗国管辖和普遍性管辖两种管辖权，行使管辖权的方式主要有按照国际习惯和国际公约规定的登临权和紧追权。澳大利亚对于公海的权利和义务高度重视，尤其在公海生物资源保护方面，积极联络志同道合的国家建立海洋保护区，如在南太平洋水域建立的鲸鱼保护区等，得到国际社会的广泛关注。

国际海底区域是指国家管辖范围以外约占全部海洋面积65%的海床、洋底及其底土。《联合国海洋法公约》规定，国际海底区域及其资源是人类的共同继承财产。任何国家不应对"区域"的任何部分或其资源主张或行使主权或主权权利，任何国家或自然人或法人，都不应将"区域"或其资源的任何部分据为己有，这种资源不得让渡。《联合国海洋法公约》建立了国际海底管理局，由管理局代表全人类行使对"区域"内资源的所有权力，并作为区域活动的管理机构负责组织和控制国际海底区域内的活动。另外,《联合国海洋法公约》还规定了区域内活动的八项原则和区域资源的"平行开发制度"。澳大利亚是一个非常倚重矿产经济的国家,但是却又对海上采矿缺乏足够的认识和研究,采矿业的代表们因为害怕面对来自海上采矿的不公平竞争而反对澳大利亚政府签署《联合国海洋法公约》,结果澳大利亚未能获得《联合国海洋法公约》涉及的海上采矿先驱投资者的资格。

《联合国海洋法公约》不仅划分了各种具有不同法律地位的海域,还规定了沿海国在不同海域开发利用海洋资源的过程中所要遵守的关于资源开发、船舶航行、科学研究、海洋环境保护和保全的义务等方面的权益与原则,并对海洋争端的和平解决等事项作出了专门的规定。《联合国海洋法公约》的产生是当代国际法发展的里程碑,得到了国际社会的普遍接受而成为"海洋宪章",对世界范围内与海洋有关的一切活动产生影响。在《联合国海洋法公约》生效的前后几年,澳大利亚与世界其他海洋大国,如美国、日本、韩国和俄罗斯等一样加快了本国的海洋立法步伐,重新审查自己的海洋法律制度,调整国家海洋发展战略,使其国家海洋管理实践产生了许多新的变化。

二、依法推进海洋管理实践

澳大利亚代表团出席了第三次联合国海洋法会议,并对海洋法的发展和各项法律制度的确立付出了较大的努力。[①] 在《联合国海洋法公约》生效之前,包括澳大利亚在内的许多国家实际已承认其习惯国际法的许多条款。澳大利亚还执行了与生效后的《联合国海洋法公约》规定基本一致的政策和法规。例如,澳大利亚早在1979年

---

① 资料可参见《联合国海洋法文件汇编》1982年卷,澳大利亚代表团提交的相关文件。

已提出了领海和邻接领海以外一带海域的主张，并于同年宣布了专属捕鱼区，该区域与《联合国海洋法公约》生效后澳大利亚宣布的专属经济区边界大致相同。澳大利亚在1990年将其领海扩大到与《联合国海洋法公约》一致的12海里，使沿海和沿海附近地区成为澳最重要的海区之一，这一地区交通便利，支撑着港口和旅游等重要的经济活动，澳大利亚人口大部分也集中在这一地区。

1994年10月5日，澳大利亚正式批准加入《联合国海洋法公约》及《联合国海洋法公约》第十一部分的《执行协定》，成为缔约国。《联合国海洋法公约》生效的当日，澳大利亚海洋资源的利益相关者在堪培拉召开了一次"海洋前景大会"，会议探讨了根据《联合国海洋法公约》的相关条款赋予澳大利亚的权力和义务。会议之后的1995年成为澳大利亚开启新的海洋时代的一年。在这次海洋大调整中，澳大利亚也和那些海岸线漫长和岛屿众多的国家一样，如美国、法国、印度尼西亚、新西兰、俄罗斯和日本等国，得到了较大的实惠。[①] 据此，澳大利亚按照《联合国海洋法公约》的规定建立了12海里的领海、24海里的毗连区、200海里的专属经济区和大陆架。同时，由于拥有广阔的大陆架，澳大利亚成功获得面积约为250万平方千米的外大陆架。

《联合国海洋法公约》对澳大利亚的生效，为澳大利亚海洋事业的发展带来了新的机遇，主要体现在如下方面：

第一，《联合国海洋法公约》奠定了澳大利亚管理海洋的法律确定性。《联合国海洋法公约》不仅从国际法层面确认了澳大利亚开发、利用和管理专属经济区和大陆架等海域资源的权利，而且还赋予其对海洋实行可持续管理的责任。《联合国海洋法公约》关于海洋资源开发利用等法律制度的确立对澳大利亚合理开发利用海洋资源、

[①] 美国获益最大，可获得970万平方千米的管辖区域。参见倪健中：《海洋中国》，北京：中国国际广播出版社，1997年版，第1526页。

保护海洋环境等方面发挥了积极的影响。澳大利亚是最早制定区域性海洋发展规划的、为数不多的几个国家之一。澳大利亚将其发展海洋科技的目标逐渐转变为以经济利益为主，开发海洋、发展海洋经济成为澳大利亚新的国家战略规划。澳大利亚制定了具有长期性、系统性和约束性的海洋综合管理行动计划，并针对其实施出台了强制性措施。

第二，澳大利亚审视了自己过去的海洋政策，着手制订新的海洋发展战略，调整了海洋管理体制，1999年成立统一海岸警备队，实施海洋综合管理和统一执法。澳大利亚提升海洋管理机构层次，海洋事务呈现出由分散管理趋向集中管理的特点，组织成立了国家海洋办公室作为国家海洋部长委员会的办事机构，负责实施海洋规划，协调各涉海部门的矛盾，以加强对海洋的统一领导。

第三，《联合国海洋法公约》成为澳大利亚处理复杂海洋问题的法律依据和行动参考。作为一部充满生机和活力的综合性法律文件，《联合国海洋法公约》得到国际社会的广泛接受和认可，成为最具权威性的法律文件，也成为澳大利亚处理复杂海洋问题的法律依据和行动参考。澳大利亚不断调整和完善其国内海洋法律，一方面通过国家立法履行《联合国海洋法公约》的义务，另一方面通过确立海洋战略及法律政策来最大化自己的海洋权益。澳大利亚更加关注有战略意义的海区和通道、岛屿主权、海域管辖权和海洋资源开采权，还通过和平协商的方式处理海域划界等一系列争端。为确定海洋管辖范围，澳大利亚先后与巴布亚新几内亚、印尼、所罗门群岛等邻国缔结了海域划界的双边条约。

第四，《联合国海洋法公约》的生效使澳大利亚的蓝色版图大大扩展。澳大利亚十分重视依据《联合国海洋法公约》的法律制度维护本国海洋权益，诸如领海、大陆架、专属经济区等海洋基本法律均已完备，而且随着新情况和新问题的出现而不断调整。1994年澳大利亚按照《联合国海洋法公约》的规定，宣布了本国的领海、毗连区及实施200海里专属经济区制度,划定了大陆架的外部界限,确立了海洋管辖范围,还在2006年明确了领海基线和基点。

第五,借助外大陆架划界提案,澳大利亚抢占了南极资源开发的制高点。根据《联合国海洋法公约》附件二中第四条的规定,外大陆架的划界提案应提交至委员会。委员会审议后就有关划定大陆架外部界限的事项向沿海国提出建议,沿海国在这些建议的基础上划定的大陆架界限具有确定性和约束力。2008年4月9日,大陆架界限委员会采纳了一组确认澳大利亚大陆架的外部界限的建议,对9个地区的大陆架边界进行了明确的界定。这项决议使得澳大利亚从领海基线量起的200海里内的大陆架管辖权增加了256万平方千米,其中包括南极领土周边68万平方千米的大陆架。澳大利亚的南极领土面积几乎相当于本土大陆面积的一半,这意味着澳大利亚因此获得大量的天然资源,甚至抢占了开发南极洲周边资源的先机。

三、关注重点领域的海洋权益问题

澳大利亚开发海洋所带来的利益可以分为四个方面:战略、政治、经济和环境。战略利益是指开发海洋能够在一定程度上提高澳大利亚以及周边国家的安全度;政治利益可以分为国内利益和国际利益,它既包括对本国管辖海域的有效管理,也包括与邻国共同进行相关区域海域的管理;经济利益指在现在及未来海洋所能为澳大利亚带来的商业价值;环境利益反应了澳大利亚对辽阔管辖海域的管理能力,以及保护海洋环境、保全生物资源的责任。在此基础上,澳大利亚特别关注重点领域的海洋权益问题,对这些问题的处理堪称"巧用心机",取得了卓尔不群的实效和巨大的收益。

(一)确认对海外岛屿的领土主权

澳大利亚在太平洋、印度洋和南冰洋上有很多遥远的岛屿领土,澳大利亚对这些岛屿的主权基本上都得到了国际社会的承认。关于阿斯摩尔群岛和卡迪尔群岛，印度尼西亚在与澳大利亚完成关于帝汶海边界的谈判之后，也承认了澳大利亚对这两个岛屿的主权。

这些岛屿领土的存在具有不同的经济地位和战略意义，对澳大利亚而言，这些岛屿虽然增加了管理成本，但也会产生更多的利益。如大面积的专属经济区和距离海岸200英里以内的大陆架，为澳大利亚带来了巨大的经济利益。还有一些岛屿拥有极高的战略价值，它们离澳洲大陆的海岸线比较近，可以在其上建立小型机场和港口，从而增强对海域的监控能力。如果爆发战争冲突的话，诸如科科斯群岛和圣诞岛会发挥较大的战略意义，但为其提供给养的难度也会较大。

（二）注重岛屿间海域的划界与安全管控

澳大利亚与邻国之间的海域为其国家安全带来了极大的保障，加强对这些岛屿间海域的控制始终是其战略重点。经过不懈的努力，澳大利亚较早地与印尼、巴布亚新几内亚、所罗门群岛、法国（珊瑚海和南冰洋）、新西兰等国就双方的海上边界和岛屿的领土主权等问题达成了共识，通过划定海域边界解决了潜在的争端。澳大利亚还与东帝汶在帝汶海划定了联合石油开采区，据此，澳大利亚可以在该海域获得丰富的油气资源。此外，澳大利亚与印尼在1997年共同签署了双边协定，虽然存在执行不力的问题，但基本保持相对稳定的海域安全局面。在南冰洋范围内，澳大利亚与法国、新西兰和挪威之间对一些海域的归属存在争议，虽然目前没有任何一方发起解决该问题的尝试，但整体上澳大利亚周边海域的形势平稳安定。[①]

岛屿间海域也是防止外来病和外来害虫进入澳大利亚本土的天然屏障。澳大利亚与邻国没有陆上边界使得其入境管理相对轻松，

---

① 资料来源：http://mil.sohu.com/20100617/n272864029.shtml，上网时间：2016 – 07 – 23。

但是超长的海岸线也使澳的海域及边界防御变得任务繁重且艰巨。[①]长期以来,澳大利亚在其北海岸的海上监督和巡逻力度很大,管理比较成功,但是南海岸的非法入境仍然时有发生,对其近陆岛屿的管控还需要加强。

(三) 对南极领土的主张

澳大利亚主张南极大陆42%的土地是"澳大利亚南极领土",这大致相当于一个昆士兰州的面积,但是该主张并没有得到国际社会的广泛认同,大多数国家对此保持沉默的态度。[②] 南极领土对澳大利亚的战略和科学价值都非常高。澳大利亚在南极洲有凯西、戴维斯和莫森三个永久性基地,近年还在凯西站建立了一个可以直飞澳大利亚本土的机场。1994年,澳大利亚以南极领土为基准,宣称在该地区周围拥有一块专属经济区,并向联合国大陆架界限委员会提交了一份申请扩展本国所属大陆架范围的报告,但是因涉及对南极洲土地的申请而被暂时搁置。澳大利亚宣称拥有南极领土,其主要依据是认为这是本国南极科考和研究活动的应得回报,但是其随后的行动并没有继续实现对当地的有效占领,尤其是随着其他国家开始在南极建立科考站,澳大利亚没有从立法上将南极领土正式划入自己的疆域,这或许是澳大利亚对南极的领土主张没有得到广泛的承认的原因之一。虽然到目前为止,尚未有国家对其主张明确提出过质疑,对学者的议论和关注,澳也从未进行反驳或应对。

目前,各国在南极大陆上的活动都是遵循《南极条约》进行的。澳大利亚是1961年加入该条约的最初12个成员国之一,也是该条约的7个提出国之一。该条约在澳大利亚的海上邻国里并没有得到很好的支持:新西兰是提出国之一、日本是最初成员国之一,中国、

---

① 资料来源:http://mil.sohu.com/20100617/n272864029.shtml,上网时间:2016 – 07 – 23。

② 资料来源:http://mil.sohu.com/20100617/n272864029.shtml,上网时间:2016 – 07 – 23。

印度、韩国和巴布亚新几内亚只是协商伙伴。在《南极条约》的框架内，涉及南极洲的军事活动是被完全禁止的，除非是由军人参与的救援行动。近年来《南极条约》的内容有过一些修订，并加入了一些新的公约，比如《保护南极原始生态公约》《保护南极海洋生物资源公约》和《马德里协定》。《马德里协定》承认南极洲是地球上最后一个未开发的大洲。在澳大利亚的地区伙伴中，只有中国、印度、日本、韩国和瓦努阿图群岛签署了《保护南极海洋生物资源公约》，这几个国家除瓦努阿图群岛之外，都签署了《马德里协定》。[①]

南极大陆和南冰洋蕴藏着丰富的资源，澳大利亚正在考虑投入巨资对其进行商业开发，并已经采取一系列行动保护南极大陆附近小岛上的生物资源，但是距离真正开发其潜在的经济价值的路还很遥远。在很多人看来，南极洲只是有大片的土地，对蕴藏在南冰洋大陆架里的矿产资源知之甚少。但澳大利亚却从2007年开始每年投入1亿澳元，不遗余力地考察南极，探测其所蕴藏的丰富资源。

（四）支持海上航行自由制度

对澳大利亚来说，海上的航行自由和空中的飞越自由都非常重要，其依照《联合国海洋法公约》以及其他国际惯例，反对任何形式的限制海上航行自由的行为，在这一点上，澳大利亚和其他海洋大国的观点是一致的。但是随着国际社会对海洋环境保护愈加看重，很多国际条约从传统的支持航海自由渐渐偏向了支持限航。

澳大利亚的西北部到东北部均被群岛所环绕，其中最主要的是印尼群岛和巴布亚新几内亚群岛，进出澳大利亚的大多数重要航线都从此经过。澳大利亚每年都有不低于四分之一的贸易需要从印度洋通过，加强在印度洋方向的海上力量，维护其海上航行自由，也

---

① 资料来源："海洋的政治利益和经济利益"，http://mil.sohu.com/20100617/n272864029.shtml，上网时间：2016-07-23。

就占有了保护其国家在该海域贸易通道的主动权。《联合国海洋法公约》的群岛海道制度保证了各国在群岛水域内的通行和空中飞越自由,这对澳大利亚的军事调动和自由贸易都非常重要。

(五) 提高海道数据测量水平

海道测量图最主要的用途无疑是为船只提供安全的导航依据,但在制定海洋探索计划、执行海域限制和划分海上边界时,它的作用同样无可替代,根据相关国际公约的规定,有相当大面积的海道测量图需要由澳大利亚完成,其面积与澳大利亚的公海搜救责任范围大致相当。近年来各方面对海道测量数据的需求都在不断提高,然而从打造新型测量船、对保护海洋环境的认知、新的海上贸易形势、对海底资源的重视、开发沿岸油气资源、主权海域划分和海上边界的防御等方面来看,都暴露出澳大利亚对海道数据掌握的不足。[①]

不仅如此,全面了解海底地貌有助于在潜艇战、反潜战、水雷战、反雷战以及两栖作战中占据优势,如反潜战斗系统,需要探测器、武器及整合手段与所在海域特殊的水文条件完美地结合,才能发挥出最大的威力。在不同的海域必须采取不同的做法,例如能够在北大西洋寒冷、缓慢的洋流中使用的防御性修理和拖载设备到了水文条件完全不同的澳大利亚北部海域就不是那么适用了。随着澳大利亚周边海域潜艇数量的增加和声纳等水下探测系统的发展,海军在作战时对海洋学研究成果的依赖越来越重。打击海上恐怖主义威胁也需要以了解并控制海下环境为基础,探测鱼雷、港口水下监视、港口声纳和水下摄像防御等活动是除军事威慑以外非常有效的额外防御手段,这些都需要全面的海洋学数据的支持。这种情况下,澳大利亚加大投入,提高对海道数据的测量能力和水平。

---

① 资料来源:"海洋的政治利益和经济利益", http://mil.sohu.com/20100617/n272864029.shtml,上网时间:2016 - 07 - 25。

第二节　国内海洋法律政策的调整与完善

澳大利亚在享有周边海域带来的巨大利益的同时，仍然被一些问题所困扰，如开发海洋潜在财富的步子迈得太小，多年的发展一直被一种认为澳大利亚人口稀少、资源匮乏、缺乏开发海洋所必须的技术基础的岛国心理所抑制。为了改变这种不利局面，更好地管理其周边海域，澳大利亚积极推行国内的海洋立法。

一、依法强化海洋管辖权

1982 年通过的《联合国海洋法公约》就主权国家行使海洋管辖权的基本原则和相关程序进行了明确的规定。从其本土大陆的领海基线为起算线，构成了澳大利亚领海等各种具有不同法律地位的管辖海域的界线。澳大利亚拥有主权的海域包括：按照《联合国海洋法公约》规定对其拥有完全主权的内海，以及从领海基线量起不超过 12 海里的领海。据此，澳大利亚对以下地区的群岛水域拥有全部主权或部分主权：斐济群岛、印度尼西亚群岛、马尔代夫群岛、巴布亚新几内亚群岛、菲律宾群岛、所罗门群岛和瓦努阿图群岛。[①]

《联合国海洋法公约》颁布后，澳大利亚沿海各州在近海的权力大增，所需要履行的义务也相应增加，如：《联合国海洋法公约》的第 192 条详细规定了缔约国在保护海洋环境方面所应承担的基本义

[①] 资料来源：http://www.china.com.cn/military/txt/2010-06/11/content_20237393_2.htm，上网时间：2016-07-27。

务，还有专门条款对各国在特定海域的管理职责做出了规定；《联合国海洋法公约》还就通过全球和区域合作进行海洋管理的事项做出了规定；根据《联合国海洋法公约》第四章的规定，对于帝汶海、阿拉弗拉海、珊瑚海等半封闭海，周边国家有义务在资源管理、环境保护和海上科研等方面进行合作。

澳大利亚的毗连区为与领海毗邻，但不超过从领海基线量起24海里的海域，澳大利亚对毗连区内违反其海关、财政、移民和卫生等相关法律的事项行使管辖权；澳大利亚的托雷斯海峡和巴斯海峡属于用于国际航行的海峡，即这些海峡在地理位置上完全或者部分属于其领海，但根据《联合国海洋法公约》实行海峡过境通行制度，各国的船只和飞机在这些海峡都拥有通行权；澳大利亚的专属经济区为200海里，其当然拥有开发该区域的矿产资源和生物资源的权利、建造人工岛屿、结构和设施并对其进行管理的权利、对海洋科学研究进行管辖的权利以及保护海洋环境的权利；澳大利亚拥有宽阔的大陆架，尤其在某些具有狭长的大陆边缘的地区，可以根据实际情况延伸到距离领海基线350海里甚至更远的区域。

澳大利亚联邦制的政府构成使其海洋管理机制较为复杂。20世纪70年代，澳联邦政府的高级法院就主张将本国拥有主权的领海定义为从海岸线向外延伸3千米之内的海域，但当时该主张与各州政府的意见相冲突。直到1982年，澳联邦政府和各州之间关于海上问题的解决方案最终达成了一系列的共识，如：在协议框架内，各州沿岸以及北领地的海域被定义为"边海"，具体范围是所有从海岸线向外延伸3海里之内的海域。虽然《联合国海洋法公约》将领海的界限规定为12海里，但是澳大利亚仍然将其"边海"保持为原来的3海里。当初的海上问题解决方案还包括了各州在管理海洋资源和海洋环境保护方面的合作准则，这些准则对解决油轮泄漏等事件具有明显的作用。[1] 近年来，澳大利亚先后出台了一些关于海事安全的政策，表明联邦政府已经逐渐认识到对整个管辖海域内的涉海活动加强管理的必要性。

（一）与时俱进的海洋法制

澳大利亚十分重视海洋立法工作的开展，强调依法维护本国海洋权益。诸如领海、大陆架、专属经济区等海洋基本法律均已完备，而且随着新情况和新问题的出现而不断进行调整。《联合国海洋法公约》生效之前，澳大利亚实际已经承认国际习惯法的许多条款。例如，澳大利亚在1979年宣布了捕鱼区，这一区域与《联合国海洋法公约》生效后澳大利亚宣布的专属经济区边界大致相同，澳大利亚几乎执行了与生效后的《联合国海洋法公约》规定基本一致的政策和法规。

澳大利亚于1994年10月5日正式批准加入《联合国海洋法公约》及其第十一部分的《执行协定》成为缔约国，并于同年宣布实施200海里专属经济区制度及其他海域的权利主张。澳大利亚联邦政府及州政府针对国内现有的海洋开发利用活动，也都制定了相应的法律法规，如：海岸保护管理法、渔业法、国家公园和野生动物保护法、海洋公园法、环境保护（海洋倾倒）法和沿岸水域法等。澳大利亚颁布的调整海域使用活动的法规主要有《海洋与水下土地法》和《大陆架生物自然资源法》，这两部法律都明确提出实行许可证制度和收取资源费制度。[2] 如果在近海区域适用的州法与联邦法发生矛盾，则依据《宪法》第109条的规定，以联邦法为准。2005年联邦政府发布了《海洋与水下土地法》关于塔斯曼海和南太平洋

---

[1] 资料来源：http://www.china.com.cn/military/txt/2010-06/11/content_20237393_2.htm，上网时间：2016-07-27。

[2] 王冠钰：《澳大利亚海洋法实践研究及其对我国的启示》，青岛：中国海洋大学，2010年学位论文，第14页。

的大陆架界限。[①] 2006年，联邦政府又发布了的领海基线声明[②]、历史性海湾声明[③]。澳大利亚对其海域、入海口的潮间带及与其相邻水域的动植物，部分或全部依法进行保护。

(二) 不断调整完善的涉海法规

20世纪60—70年代以来，海洋战略资源的重要性为各国所认识，澳大利亚联邦和各州先后制定了《石油（水下土地）法》（1967年）、《海洋和水下土地法》（1973年）、《大陆架（生物自然资源）法》（1968—1973年，1978年修订）等法律及配套法规，此外，澳大利亚还颁布了《海洋法》《海岸带管理法》《海洋保护法》等三十余部专门的海洋法律和法规。这些法律内容涵盖海洋生物多样性保护、渔业水产、近岸石油和矿产、海洋环境污染，海洋旅游、海洋建设工程和其他工业、海洋运输、药业、生物技术和遗传资源、能源利用、土著人和托雷斯群岛居民的责任和利益、自然和文化遗传等各个方面。[④]

自20世纪90年代以来，《联合国海洋法公约》这部新的国际海洋法律制度对世界产生了深刻影响。1992年联合国环境与发展大会通过《21世纪议程》后，世界各海洋国家都开始根据本国的基本情况因地制宜地重新制定或调整本国的海洋发展战略、政策、法规，并逐渐扩大本国管辖海域的范围，加强国家海洋综合管理的协调力度，保障本国海洋事业的可持续发展。为了更好地统筹全国海洋事

---

① 资料来源：澳大利亚政府总检察署网站，http://www.comlaw.gov.au/comlaw/legislation/legislativeinstrumentl.nsf/asmade/bytitle/10EBgA6A42E19l1DCA25703D0009E4D7? OpenDoeulnent, 2009 - 11 - 12。

② 资料来源：澳大利亚政府总检察署网站，http://www.comlaw.gov.au/comlaw/legislation/legislativeinstrumentl.nsf/0/3075COCCC553EF84CA2571140O120045? OpenDocument, 2009 - 11 - 12。

③ 资料来源：澳大利亚政府总检察署网站，http://www.comlaw.gov.au/comlaw/legislation/legislativeinstrumentl.nsf/0/396BDE2DCAE27550CA2571l40013B812? OpenDocument, 2009 - 11 - 12。

④ 谢子远、闫国庆："澳大利亚发展海洋经济的经验及我国的战略选择"，载《中国软科学》2011年第9期，第18—29页。

业的协调发展，澳大利亚审视了自己过去的海洋政策，着手制订新的海洋发展战略。自1990年至今，澳大利亚在海洋领域已建立了比较健全的法律制度，为保证海洋的可持续利用提供了较为全面地法律框架，为规划和管理海洋资源及其产业的海洋利用提供了战略依据。

《联合国海洋法公约》不仅奠定了海洋法制在各个国家内的更大确定性，而且提高了政治家及社会团体对海洋财富及其利用机会的认识；不仅为澳大利亚提供了利用专属经济区和大陆架资源的国际法权利，而且还赋予了澳大利亚对海洋实行可持续管理的责任。另外，国际上其他方面的法制发展还对澳大利亚海洋资源的开发产生重要影响。例如，有关对《生物多样性公约》的执行，为保护一切环境下的生物多样性，尤其是数量特别巨大的海洋生物的多样性，澳大利亚联邦政府、州政府和领地政府还签署了保持生物多样性的国家战略。

除此之外，澳大利亚还做出过许多海洋管理法规方面的尝试。1998年3月出台的《澳大利亚海洋政策》对可持续利用海洋的原则、海洋综合规划与管理、海洋产业、科学与技术、主要行动等五个部分作了详尽的规定，为规划和管理海洋开发利用提供了法律依据。该法最初被寄予厚望，但其在现实中的实施效果却不尽人意，目前该文件主要成为关注海洋生物区域性系统发展的一部环境法案。澳大利亚政府还调整了海洋管理体制，实施海洋综合管理和统一执法，1999年成立统一海岸警备队。此外，政府还制定和实施了大陆架勘探计划，着力扩展海洋管理范围，占领海洋资源开发的制高点。1999年12月22日，澳大利亚组建了国家海洋办公室（National Oceans Office）以支持国家部委间海洋委员会（National Oceans Ministerial Board）实施和进一步发展其海洋政策（Oceans Policy）。2003年初，澳大利亚成立了海洋管理委员会，由该海洋管理委员会牵头还成立了国家海洋顾问组（National Ocean Advisory Group），其成员主要来自代表非政府利益的群体，如企业、科技和保护组织，这些组织均对海洋问题具有深刻的了解。

二、广泛听取有关海洋政策的建议

澳大利亚学界曾就其国家海洋政策的制定提出了诸多建议，涉及到地区领导权、国际援助、对海洋的认识和了解、海洋科学技术、海洋环境数据监测、跨学科研究、地区海洋安全、国家海洋基础设施、船运、国家舰队和人力资源等方面，具有代表性的政策建议有：

第一，澳大利亚应对印度洋地区予以特别的关注，因为该地区尚未形成一个有影响力的国际论坛或组织来协调海洋管理和海洋资源开发等问题，并加强与印度和南非的合作；应根据《联合国海洋法公约》的规定，尽快着手与法国、巴布亚新几内亚和所罗门群岛讨论共同管理珊瑚海的相关事宜；为建立和平的海洋新秩序，应积极推动本地区的所有国家对重要的国际公约的执行力度；在国际合作方面，应任命一位海洋事务大使来主管澳大利亚参与国际和地区海事合作的事务。[①]

第二，在海洋管理组织机构方面，应建立一个隶属于总理和内阁部的海洋事务办公室来统筹所有海洋政策的实施；海洋事务办公室应该在国家海洋委员会的支持下，审查国家现行的海洋政策，对影响澳大利亚国家利益的海洋问题进行评估，为海洋产业和海洋事务的发展提供高级的解决方案或建议。另外，澳大利亚议会中应设立一个由各方面代表参加的海洋工作小组，这个小组应该包括国会议员和企业的代表，以便在政治上帮助澳大利亚提高对海洋的认识、

---

① 资料来源：http://mil.sohu.com/20100617/n272863563.shtml，上网时间：2016 - 07 - 28。

推动海洋文化的传播。

第三，目前澳大利亚政府基本能够做到对海洋基础设施的工作情况的充分掌握，但应该在识别重大漏洞、把握新兴商业机会和加强海洋研究能方面付出更多的努力，进一步促进海洋科技及科学研究的发展。应建立一个全国性的海洋科学研究框架，加强政府与私人企业之间的合作；成立一个隶属于工业科技研究和革新部的海洋科技研究和革新指导委员会；加大力度探究海洋所蕴含的经济价值，包括加大对现有的新兴海洋产业的投入，比如风能和潮汐能项目、海水淡化工程、深海采矿、碳捕获与储存以及海洋生物技术；在现有的综合海洋观测系统的基础上建立一个澳大利亚国家海洋观测站，该观测站应该能够为研究人员、企业和民众提供实时的数据追踪，以更加高效率地了解海洋的自然状况和海洋资源；鼓励海洋研究的跨学科合作，政府的年度《国家研究报告》应加入专门讨论海洋领域研究的内容。

第四，在维护地区稳定及国家利益方面，澳大利亚应当通过对安全问题的关注和预防性外交来保证周围海域的稳定。建立一个独立的研究机构来评估澳大利亚进行海上管辖、巡逻和研究的需求和能力，该评估可以不包括海军的作战能力，但是需要评估国防部队在民事海洋事务中所能起到的作用；应使海军预算更加透明化、海上军事实力更加强大，保证潜艇入侵之类的事件不会再次发生；澳大利亚在处理气候变化、海平面上升、海洋污染和海水酸化等间接性海洋威胁的时候应该承担起地区领袖的责任，有关处理这类事务的相关援助工作应纳入国家援助计划的重点项目；澳大利亚对周边国家的援助项目必须首先考虑是否有助于获得本地区海洋事务管理方面的战略利益；制定一套涉及整个政府体系的制度来加强本地区的渔业管理和监督，并通过这些制度解决现有的区域渔业管理组织职权上存在限制等问题，同时政府应该加大对这些组织的资金投入。①

三、实施《澳大利亚海洋政策》

澳大利亚政府认识到辽阔海域的价值及特点,已经采取了多种措施和诸多重大新步骤来确保对海洋产业和资源进行有效的管理,其中影响较大的包括:1997年颁布了《澳大利亚海洋产业发展战略》、1998年颁布了《澳大利亚海洋政策》和《澳大利亚海洋科技计划》,并提出了澳大利亚21世纪海洋战略、保持生物多样性的国家战略及发展海洋经济的一系列战略和政策措施,为本国海域生态可持续发展提供了基本的法律框架。从澳大利亚政府所公布的以上三个文件不难看出其对海洋问题的重视,尤其是《澳大利亚海洋政策》的出台更是对澳大利亚海洋法实践的一次全面的检验和提升。澳大利亚希望通过综合性海洋政策的指引,凭借海洋科技的力量获得海洋产业可持续发展所带来的经济效益、社会效益和生态效益,并逐步实现其较大幅度提高国际竞争能力的战略目标。

(一)海洋政策的产生及其主要内容

澳大利亚从20世纪80年代中期开始就尝试采用整体处理的方式进行海洋综合管理,其在1988年发布的《海洋财富报告》对国内的海事研究活动及海洋经济状况进行了一次全面审查,并对海洋科技的工业和商业发展前景做出预估。该报告指出澳大利亚的未来发展会与海洋的开发息息相关,政府有必要制定一套国家层面的开发战略以调节海洋科学研究与工业开发之间相互影响的关系,并且加强各相关政府部门之间处理问题时的协调度。1993年,澳大利亚科学与小型商务部部长授权成立了海事研究组织督导团

---

① 资料来源:http://mil.sohu.com/20100617/n272863563.shtml,上网时间:2016 - 07 - 28。

和海洋产业与科学理事会，并委托这两个机构负责拟定澳大利亚的海洋管理政策。

澳大利亚政府要求海洋政策范围的界定应包括有关海洋管理的最广泛问题，以促使即将制定的海洋政策更好地对澳大利亚的管辖海域进行有效管理。为此，澳政府还加大了对该项目的投入，成立了专门的独立工作组为总理授权的海洋产业与科学理事会做出规划。在这套规划中，最关键的一点建议就是重新审查澳大利亚的海洋政策框架，制定全面的海洋政策。时任澳大利亚总理保罗·基廷随后宣布，根据海洋协调部门的建议，联邦政府将建立一套更利于各政府机构之间协调与合作的新政策以管理本国的海洋资源，并由总理和内阁部负责监督管理该项工作的进展情况。但是，1996年3月的内阁更替以后，新上任的霍华德政府又将联邦政府负责制定全国海洋政策的这项工作移交给了当时的环境、体育和领土部，并从担负主要海洋职责的联邦政府部门，如环境、体育和领土部抽调人员成立了一个起草小组以生态可持续发展为主题，负责海洋政策的拟订。

丰富的海洋资源和广泛的海上利益需要更多整体性的政策关注，这是澳大利亚的公共政策所面临的一次挑战。海洋政策制定的过程中，澳联邦政府与各州及相关利益集团进行了广泛的磋商。澳联邦政府认为海洋政策首先要拥有解决所有问题的巨大潜能，而且选择方案和解决方案必须是通过与受影响各方磋商的方式而制定的；其次，海洋政策有解决其他海洋管理问题的行动措施；第三，海洋政策要明确各级政府需要承担的责任和义务。经过广泛的讨论和公开征求意见后，1998年3月，环境部长、参议员罗伯特·希尔在向全国宣布《澳大利亚海洋政策》的颁布实施，这次行动被作为响应联合国"国际海洋年"的国家行动。

《澳大利亚海洋政策》首次对澳大利亚的管辖海域提出了基于生态系统的综合管理框架，这是从整个政府体系的战略层面进行海洋管理的大胆尝试。① 该政策规定了综合性的、以生态系统为基础的和对所有澳大利亚海洋管辖权限范围内的规划与管理框架，它包含一个远景规划、一系列的目标和原则以及对国家海洋政策的指导。该政策的核心是对专属经济区的管理，强调维护生物多样性和环境生态，并对可持续利用海洋的原则、海洋综合规划与管理、海洋产业、科学与技术、主要行动等五个部分做了详尽的规定，为规划和管理海洋的开发利用提供了法律依据。② 另外对澳大利亚在公海的利益以及处理与海上领国的相关事务方面也都有所涉及。

澳大利亚制定海洋政策的目的是加强不同海洋使用者之间的协调性，这套政策力求通过整合基于海洋生态系统的政府部门和管辖权及利益的方式来形成新的海洋管理制度与政策实施方式，并强调该政策对所有联邦政府部门都具有约束力，该政策将不同特性的海洋区域划分为十二个基本海洋生态系统区，其中七个系统区环绕着澳洲大陆，包括塔斯马尼亚州；四个分布在太平洋、印度洋和南冰洋的澳大利亚籍海岛上；一个位于澳大利亚的南极领土上。

澳大利亚制定的海洋政策的另外一个目的是解决海洋污染损害带来的一系列问题。澳大利亚认为如果不对海洋进行有效的管理，将会对其现在及将来的经济、社会、文化事业带来很大的负面影响，因为过渡捕捞、不科学的海岸带功能区划以及污染都对海洋环境造成严重的损害。从这个角度来看，澳大利亚制定综合性的海洋管理政策是一项预防性的举措。该政策集中体现了澳大利亚对海洋及其资源与空间发展的核心理念，即"改进公众意识和对海洋的认知"树立"关心海洋、了解海洋、明智地利用海洋、有利于澳大利亚海洋和国民利益"的海洋意识，帮助促进联邦政府颁布实施的海洋政

---

① Commonwealth of Australia, Australia's Ocean Policy (Environmental Australia, 1998, online: http://www.oceans.gov.au/publications_policy.jsp>, Accessed 1st November, 2010.
② 王冠钰：《澳大利亚海洋法实践研究及其对我国的启示》，青岛：中国海洋大学，2010年学位论文，第15—16页。

策及相关制度能够被公众广泛接受。

（二）海洋政策的实施效果

澳大利亚自认为是世界上第一个制定综合性海洋政策的国家。[1] 该政策基于分散的部门管辖体制，包含了国家海洋发展的目标、方向、原则和政策纲要等内容，确立了对管辖海域实施综合的、基于生态系统的海洋规划和管理。罗伯特·希尔认为该政策具有如下特征："……既不是一个仅仅保护环境的政策，也不是经济发展的政策，而是合二为一的政策。为了海洋生态的可持续发展，该政策建立了广泛的原则和为实现这一目标所应该采取的规划和管理途径及措施。"[2] 该政策最重要的部分也是其核心部分，就是为了实现海洋综合规划与管理目的所确立的、基于大海洋生态系的区域海洋计划。区域海洋计划的实施为部门间基于生态系统的资源分配和开发建立了一个结构清晰、秩序井然的管理进程。[3]

为了更好地实施该政策，澳大利亚采用了一系列措施对联邦涉海机构进行重组。一方面，加强联邦涉海机构的职责、合并各联邦机构的同类海洋计划以减少重复、形成合力；另一方面组建统一的海洋管理部门，建立了实施该海洋政策的领导机构和运行机构，例如国家部委间海洋委员会、国家海洋办公室等，以加强对海洋的统一管理。

澳大利亚的海洋政策最初被寄予很高的期望，被赞为是澳大利亚海洋管理前进道路上的里程碑。遗憾的是人们的种种期待最终没有成为现实，该政策的实际实施效果不尽如人意。从实施情况来看，由于该海洋政策在生物物理学、社会学和经济学方面的知识积累不够充分，与其说这套政策是对海洋综合管理的尝试，不如说是一套

---

[1] Bateman S, "Australia's Oceans Policy and the maritime community", Maritime Studies, 1999 (108), p. 10.

[2] Commonwealth of Australia, Australia's Ocean Policy (Environmental Australia, 1998).

[3] Ibid..

着力于保持海洋生态平衡的环境政策,因为除了环境保护,如果还要在社会、经济方面达到预期的效果,就必须在实施过程中与环境、水、自然遗产与艺术部合作来共同推进政策的落实,但是事实上并未能实现多个相关部门对该政策的共同推进和落实。

澳大利亚政府机构与行业部门的协调管理因行业壁垒的存在受到了很大的阻碍,结果导致实施这套政策所需的一些关键措施遭到废弃。尽管目前这套海洋政策只能起到指导海洋环境管理方面的作用,但是其中涉及到的预期目标仍然有效。从这套政策的首要目标"履行和保护澳大利亚在管辖海域内的权利,保证澳大利亚利用海上资源的权利"可以看出,要维护澳大利亚的海上主权,保证海上环境的安全是非常重要的。2004年5月21日,澳大利亚颁布了东南海域计划,这是首个在其国家海洋政策指导下执行的区域性海洋计划。该计划的实施说明,虽然横跨部门和权限的充分综合化尚未出现,然而在东南地区,国家海洋政策在管理的主动性、机构和管理方法方面已经大大增强了部门和管辖权的协调。

1998年澳大利亚第一次制定的、专门的综合海洋政策之所以未能取得良好成效,原因包括:第一,从国家层面来说该套政策制定得过于理想化,甚至超过了政府的政治意愿;第二,这套政策客观上在澳大利亚各政府部门之间制造了制度上的壁垒,相关部门被要求对新海洋政策提供支持,但是却得不到比以前更多的资源,同时他们的一部分与海洋相关的职责被新成立的国家海洋办公室接管,导致其原有的利益受到损失;第三,这套政策并未得到澳大利亚北领地行政区政府的支持;第四,包括渔业、港口和船运业、油气运输业在内的工业部门对新政也持反对态度,因为在他们看来这套新政在一定程度上忽视了商业经营的实际情况;第五,建立国家海洋办公室的决定也遭到反对,澳大利亚国民质疑该办公室在处理海洋环境问题时是否有独立的决策权;第六,随着政策的执行,人们越来越明显地看到澳大利亚政府没有能力去搜集和分析相关的生物、社会和经济方面的数据来保证新海洋政策能收到预期的成效。

通过对澳大利亚海洋政策的形成及实施情况的观察和研究，可以得到如下经验和教训：海洋政策的确立应该尽可能准确地界定目标、实现目标的具体途径、需要调动的资源、在该进程中不同机构和人员各自承担的责任，同时必须建立对运行机制的评估、监控和指导机制。[1] 此外，财政支持和政治意愿也是政策得以成功实施的关键。

第三节 海上力量的发展与执法队伍的建设

进入海洋世纪之后，澳大利亚对海洋的重视程度达到前所未有的高度，其加深了对海洋战略重要性的理解，不断提高对海洋战略地位的认识，不断审视诸如在国家层面上能够从海洋获得哪些利益、参与周边地区海洋管理应采取的主张等问题。澳大利亚还十分重视海洋安全问题，把海上安全作为国家政策的优先领域，加强海上军事力量的建设和海上执法能力建设。[2]

澳大利亚认为，经济基础是海洋政策在制定过程中应当确立何种目标的首要影响因素。澳大利亚重新审视其关于协调和部署海洋政策时需要斟酌的内容不仅包括海洋安全的现状、海洋科技和海洋产业的发展情况、海洋科考数据的应用、对内和对外政策的关系以及联邦政府的种种问题，还包括对当初是否从整个政府体系的高度

---

[1] Report of the Commissioner of the Environment and Sustainable Development, Appedinx A – Lessons learned from international experiences. See National's Oceans Office, Ocean Policy: Principles and Processes, 2003, online: http://www.oceans.gov.au/pdf/5061_Oceans Policy.pdf. Accessed 3th November, 2009.

[2] 杨金森：《外国在制定海洋政策上值得借鉴的理念》，载《中国海洋报》（理论探讨版）2005年4月19日，第1401期。

来管理海洋的设想落到了实处这一重要问题的审查。由此,澳大利亚重新定位其海上力量的发展及执法队伍的整合。

一、注重海上实力建设

澳大利亚是一个被三个大洋环绕的国家,担负着管理印度洋、太平洋和南极洲安全的重要责任,同时,北方的帝汶海、阿拉弗拉海和珊瑚海也是对澳大利亚安全影响比较大的海域。在大范围内实施海洋战略需要相应的海上实力做后盾保障,因此澳大利亚一向强调海上实力的发展。

海上实力是指一个国家通过海洋来使其自身获得利益的能力,这种利益包括经济、政治、战略、环境等各个方面,也可以把这种能力分为"硬实力"和"软实力"。衡量一个国家是否是海洋大国,需要考虑该国海运贸易的繁荣程度、国有舰队的规模、国内造船数量、海洋产业在国民经济中所占比重、海军力量、海上资源开采规模、海事管辖权的大小和海岸线的长度等参数,从更深层次上来说,还应当包括对海洋环境的必要了解和足够的专业技术,以及为本地区管理海洋所能作出的贡献,除了以上所述的具体的硬实力外,一个国家对其所在地区的影响力也是判断其是否称得上是海洋大国的重要因素。从社会效应的角度看,"大国"意味着采取行动时的魄力和对他国所产生的足够的影响力,因此海上实力应该包括对发生在周边海域内重大事件的过程控制力和结果影响力,在这方面,澳大利亚做得非常积极,其并未满足于停留在"被认为"是海洋大国的程度上,而是注重其名副其实的表现。[1]

澳大利亚政府一向注重"硬实力"的建设,近年来正在加大投

---

[1] 资料来源:http://www.china.com.cn/military/txt/2010 - 06/11/content_ 20237393_2.htm,上网时间:2016 - 06 - 20。

入发展本国在海洋方面的"硬实力",同时关注"软实力"。2008年12月,澳大利亚发布的《国家安全报告》指出,对澳大利亚来说"软实力"非常重要,在海洋事务方面,澳大利亚认为目前其影响力与其在国际社会的地位不相称,如,大多数澳大利亚人只是把海洋当作一个消遣和娱乐的场所,从来没有真正把自己当作以海为生的人。狭隘的岛国心理抑制了他们了解海洋、开发海洋的欲望,澳大利亚人没有远航的传统。为此,澳大利亚政府从法律法规、人文社科、人才培养等多个方面着手提高国家海洋"软实力"建设,例如强调深入研究国际海洋法的重要意义、推动健全国内涉海法律法规、重视涉海人才的培养、大力发展海洋科技、推进海洋科学研究等。

二、不断壮大海上执法力量

20世纪时,澳大利亚的海上执法任务主要由军队行使,期间虽有微小调整,但执法力量的主体未变。20世纪60年代后期,澳大利亚开始使用皇家空军和海军飞机在12海里捕捞区进行民用监管,同时将皇家海军巡逻艇作为支援力量协助监管。20世纪70年代初期到中期,澳大利亚的近海海域发生了一系列威胁其国家安全的事件,开始引起政府对海洋管理的重视,比如:1973—1974年间,大量的外国渔船涌入澳大利亚水域进行偷渔,印度尼西亚的传统渔民们还私自定期登上澳大利亚西北地区的金伯利海岸;1976年4月,第一艘越南"难民船"驶抵澳大利亚西北处的达尔文港。70年代后期,澳大利亚政府决定将海岸管理的任务交由交通部负责,这标志着澳大利亚的海洋管理朝着综合型民用管理迈进了一大步。每年政府出动的空军、海军以及包租的民用飞机对海上渔区的监管时间累积会达到27000小时。1983年,在国防部长助理俾斯麦的主张下,海洋民用监管工作开始归属于联邦警察局。20世纪八九十年代以来,澳大利亚再次调整防御政策,其海军开始加强西北沿海基地的建设,由海军、空军联合防御，地面机动部队配合，确保"挫败未来任何来自陆地和海空的威胁"[①]，极大地提高了海防能力。

《联合国海洋法公约》正式生效后，澳大利亚的管辖海域范围进一步扩大，国家海洋权益内容有所增加。为了维护本国的海洋权益，澳大利亚不断加强海上执法力量建设，强化海洋行政执法管理，提高海上执法效能。澳大利亚积极加强与东南亚国家的安全对话，频繁举行各种形式的军事演习，向各国出售武器。1995年和1996年，澳大利亚分别与印尼和新加坡签订安全协议。1996年，澳美双边军事同盟关系进一步提升，加强了在军事技术、情报分享和后勤支持方面的紧密合作。2000年澳美双方签署《在国防装备和工业方面加强合作的原则协议》，使澳大利亚获得分享美国国防高科技的特殊地位，澳在军舰和潜艇的战斗系统等方面极大提高了与美军协同作战的能力。从2001年起，澳大利亚决定全部从美国购买潜艇用武器。[②]

澳大利亚政府宣布将斥资3.5亿澳元用以更新已经于2002年服役到期的太平洋巡逻艇设备，此计划预计将执行到2027年。澳大利亚海军从20世纪90年代中期就开始逐步起用新的"柯林斯"潜艇，总计耗资约为50.1亿澳元，极大地提高了澳大利亚的海防能力。[③] 澳大利亚与日本于2007年3月签订《安全合作的共同声明》（Joint Declaration on Security Cooperation）[④]，随后还与韩国建立高层次军事政治对话，其国家的军费开支开始大幅增加。按照新的国防白皮书

[①] 资料来源：http://mil.eastday.com/epublish/gb/paper2/20001023/class000200001/hwz130792.html，上网时间：2016-06-20。

[②] 刘新华、秦仪：《略论澳大利亚的地缘战略地位和美澳军事同盟关系》，载《世界经济与政治论坛》2003年第3期，第80页。

[③] 沈永兴、张秋生、高国荣：《澳大利亚—列国志》，北京：社会科学文献出版社，2003年版，第245页。

[④] 资料来源：http://www.singtaonet.com/pol_op/200703/t20070319_493034.html，上网时间：2016-03-20。

计划，澳大利亚"从2001年到2010年每年增加军费开支3%"[1]，虽然开支所占GDP比例为1.9%，但随着GDP总量的增长，军费开支绝对量会继续大幅度提高。到2030年中期，澳大利亚的海上力量将得到进一步强化，届时其军舰数量将提高到47艘，潜艇数量增至12艘，以11艘升级的"未来号"护卫舰取代目前正在服役的"安扎克"护卫舰，还将增设20艘近海战舰、2艘特大型两栖战斗舰以及若干战略海运船及海上补给舰，意在全面提升其海上一体战、边境保护和反水雷能力。[2]

三、统一海上执法：澳大利亚海岸警备队的建立

海洋问题客观上是沿海国家的战略问题，但在美国提出国家海洋政策的概念之后，许多沿海国家逐步开始从整体上考虑海洋政策问题。目前，已经有几十个沿海国家研究和制定了国家海洋政策以及海洋综合管理法规，如：法国、加拿大、澳大利亚、韩国、越南、葡萄牙等。近年来，澳大利亚致力于提升海洋管理机构层次，呈现出由分散管理趋向集中管理的特点，并朝着综合型民用管理方式转变。澳大利亚对海上执法部门的整合突出体现在隶属于海关的海岸警备队及其相关职能的设定上。

澳大利亚对海上执法部门的整合比较特别，其海关总署的主要任务之一是为本国进出口商务活动和人员出入境提供便利，制止和预防违法行为，维护边境地区良好秩序，阶段性地汇总和处理收集到的治安动态也是海关总署边境管理职能的重要组成部分。澳大利

---

[1] 王传剑：《澳大利亚与东亚合作：政策演进及发展趋势》，载《世界经济与政治论坛》2007年第1期，第86页。
[2] 资料来源：http://www.globalsecurity.org/military/world/australia/ran.htm，上网时间：2016-06-20。

亚海岸警备队成立于1999年[①]，是海关总署内设的、政府授权专门进行民用海事管理和提供对口服务的部门，主要职责包括随时监管、掌握并向上级汇报边境地区发生和潜在的违法行为，对保证国家边境完整和安全至关重要。利用签约飞机、国防部所属的巡逻艇和飞机以及海关舰队的船艇，澳大利亚海岸警备队进行着沿岸和近海的民用海事管理与协调工作。

海岸警备队作为海关总署的行动部门，共有60个下设机构。所有机构都由海岸警备队司令领导，司令的主要职责为：对全国民用海事行为提供有效、及时的监管与快速机动反应；确定全国范围内管理措施的总体规划和管理经费的优先使用权。为形成强有力的联合指挥能力，海岸警备队在堪培拉建立了中央机构司令部和海事管理中心，这两个机构都对海岸警备队司令负责，其中海事管理中心提供24小时全天候联络、协调和指挥服务。海岸警备队辖区覆盖了澳洲整个海岸线、沿海地区、捕捞区和经济专属区，海岸警备队还在凯恩斯港、达尔文港、布鲁姆港和星期四岛设有地区性基地，每个基地由一名领队负责管理。其中布鲁姆基地领队还兼任了金伯利区海关分署领导，凯恩斯基地领队同时管理星期四岛基地。

海岸警备队的所有行动都遵从和服务于以下十个政府部门的需要：澳大利亚渔业管理委员会，澳大利亚检疫局，澳大利亚自然保护部，澳大利亚环境部，澳大利亚移民和多元文化事务部、澳大利亚海洋安全部，澳大利亚环境、体育和国土局，大堡礁国家海洋公园管理局，澳大利亚联邦警察局及海关总署等。海岸警备队的这种监管机制来自于1988年4月由胡德森先生提交政府的一份名为《向北进军》的专题报告，胡德森论文中认为由一个专门的政府部门独立承担海洋管理可带来更大国家利益的观点得到大多数人认可，政

[①] 资料来源："比较特别的澳大利亚对海上执法部门的整合"，http://bbs.cjdby.net/viewthread.php?tid=473786，上网时间：2016-05-26。

府也予以认同,该报告奠定了澳大利亚民用海事行为的监管模式。

从1988年开始,为海洋管理设立的经费基金直接进入国家财政预算,并分配给海岸警备队由其管理使用,这些经费主要包括三部分:包租民用飞机所需费用;其他海上和空中装备的租用费用;行政费用和职员薪金。

1993年底,澳大利亚政府批准了关于包租民用飞机的九年合约。1994年9月,关于海岸警备队1995—1996年度到2003—2004年度的九年期租用合约的竞标结果正式宣布,其中包括13架固定翼飞机和2架直升机。合约规定,签约方提供飞机、飞行员、机械维修和发动机部件,海岸警备队负责飞行任务的执行并提供完整的勤务作业制度,包括人员培训和监测操演等。

澳大利亚海岸警备队的装备自建立之初就比较强大。例如:续航能力可达5小时、可搭载3名机组人员的NORMAN – ISLANDER型固定翼飞机分别被配备在布鲁姆基地、达尔文基地、凯恩斯基地、托雷斯海峡霍恩岛进行空中目视监控;续航能力可达7小时的AROE COMMANDER AC500SHRIKE型固定翼飞机被配备在布鲁姆基地进行白天的空中视觉监控;BOMBADIER DE HAVILLAND DASH8 – SERIES200型固定翼飞机的续航能力也是7小时,其可利用目视、雷达、红外装置等实施昼夜监控,分别被配备在布鲁姆、达尔文和凯恩斯基地;REIMS F406型固定翼飞机的续航能力为五小时,通过雷达、红外装置等可实施昼夜监控,被配备在布鲁姆、达尔文和凯恩斯基地;BELL LONGRANGER IV型直升机的巡视范围达200海里,被部署于托雷斯海峡星期四岛基地;BELL412型直升机的巡视范围为360海里,装备有夜视仪、红外设备等,可搭载乘客,部署在托雷斯海峡星期四岛基地。

澳大利亚海岸警备队的管理效果十分显著,不但有效阻止了大量外国渔船的非法入境,还帮助抓捕破获数千起海上诉讼案件,大大提高了联邦政府对海上安全的管控能力,帮助减少了国家所面临的非传统安全威胁,缓解了皇家海军遂行海上执法任务的压力。此外,澳大利亚还从2004年开始实施海事识别制度,这代表了澳大利亚海上执法的进一步强化。

四、实施海事识别制度

为应对日益凸显的海上安全(Maritime Secirty)问题,澳大利亚采取了一系列新的措施,进一步强化对其海域的管理和控制能力,使非法或具有潜在威胁性的船舶无法通过其管辖海域,在这些措施中影响较大的是澳大利亚建立的海事识别制度(Maritime Identification System)。[1]

该制度确立之初被称为"海事识别区"(Maritime Identification Zone),建立于2004年12月15日。[2] 由于该识别区覆盖从澳大利亚周边海岸向外延伸1000海里的海域,遭到印尼等周边国家的强烈反对,被指责称在该区域的设立违反国际法、扩大了国家管辖海域的范围。[3] 为减少使用"区"这个字眼所引发的敏感性,澳大利亚于2005年2月发布新的声明,将"海事识别区"改称为"海事识别制度",并做出更具有操作性的详细规定。[4] 新声明规定,依据国际法和国内法,包括与邻国之间的国际合作安排,澳大利亚政府计划建立海事识别制度,作为获取、分析和管理有关船籍、船员、船舶位置等信息的框架,以满足澳大利亚的海上安全需求,特别是针对那些需要进入澳大利亚港口的船舶,有限场合下可以获得非澳大利亚

---

[1] 薛桂芳、张珊:《澳大利亚海事识别制度初探》,载《中国海洋大学学报(社科版)》2007年第5期,第24—26页。

[2] Boost for maritime counter - terrorism protection, http://www.defence.gov.au/minister/Hilltpl.cfm? CurrentId = 4745. 2005 - 03 - 30/2006 - 05 - 28.

[3] Australia sets up 1000 mile Marine Identification Zone, http://www.marinelog.com/DOCS/NEWSMMIV/M MIVDec15.html. 2004 - 12 - 15/2006 - 04 - 19.

[4] Boost for maritime counter - terrorism protection, http://www.defence.gov.au/minister/Hilltpl.cfm? CurrentId = 4745. 2005 - 03 - 30/2006 - 05 - 28.

籍船舶的位置信息。

澳大利亚政府建立该海事识别制度旨在集中协调和综合处理澳大利亚政府或地方机构已经收集到的船舶移动预报和其他诸多已知信息，以帮助在澳大利亚专属经济区和领海范围内更有效地进行民事和军事海上监视，从而支持边境和渔业保护、反恐和拦截等重要任务的开展。澳大利亚计划在此之后4年内再增加400万澳元的投入，由联合海上保护司令部负责管理该区域。[①]

新的海事识别制度实行三级递进式的管理方式：第一，对于下一停靠港为澳大利亚港口的、符合"国际船舶与港口保安规则"的船舶，在进入距离澳方海岸1000海里水域后的48小时内要预先提供有关船籍、船员、装载物资、位置、航程、航速及到达目的港等全部信息；第二，需要通过澳大利亚专属经济区或领海的船舶，在进入其周围500海里水域后的24小时内要主动提供有关船籍、航线和航速等信息以备查验；第三，在澳大利亚200海里专属经济区内，除昼间娱乐船舶、休闲船只以外的所有船舶需要接受识别并确认相关信息。

澳大利亚在这样大的海域范围内建立海事识别制度，对过往船舶进行反复的识别和查验对其国家安全及权益维护而言有着重要的作用：首先，建立海事识别制度是维护国家海洋权益的需要，独特的地理位置和绵长的海岸线决定了澳大利亚必须重视海上安全，不遗余力地抵御一切可能来自海上的威胁；其次，建立海事识别制度是保证海上通道畅通无阻的需要，澳大利亚对海上贸易高度依赖，为此必须在尊重船舶自由航行制度的同时，强调对于进入其海域船舶的管理和监控，以保证对海上通道的有效控制；第三，建立海事识别制度是加强对海上油气设备保护的需要，海上油气田及其设施

---

① Australia sets up 1000 mile Marine Identification Zone, http://www.marinelog.com/DOCS/NEWSMMIV/M MIVDec15.html, 2004-12-15/2006-04-19.

对澳大利亚而言具有巨大的经济价值,为此澳联邦政府派遣海上安全特遣队(Taskforce on Offshore Maritime Security)加强对海上油气设备的保护;第四,建立海事识别制度是提高海上反恐保障能力的需要,面对日益严峻的海上安全问题,澳大利亚联邦政府、州政府、海关以及国防卫队、民事部门联手参与海上反恐活动,拦截可疑船舶,充分提高海上反恐的应急保障能力。

为了充分运用海事识别制度,加强对相关水域的有效管理和控制,澳大利亚利用现有资源,充分发挥国防卫队和海关的实力,通过一系列具有内在联系的计划,建立了一套完整的管理和监控体系。2005年3月,澳大利亚整合其各有关方面力量组建了海上保护联合指挥部(Joint Offshore Protection Command,JOPC)[1],并于2006年更名为边境保护指挥部(Border Protection Command,BPC),该指挥部由澳大利亚海关、边境保护局、国防部的相关力量共同组建,总部设在堪培拉,主要任务领域包括海关、渔业、检疫、移民、环境和海上执法等立法所涵盖的范围。[2] 该指挥部作为国家海上安全计划的重要组成部分,其通过综合利用海关、国防飞机及船舶对海上的违法行为进行检测和拦截,主要使命包括:大量搜集、整理和处理来自各方面的信息、情报和详细资料,做出最适当的反应和安排;利用飞机和巡逻艇对澳大利亚3.7万多千米的海岸线进行监控巡逻,以禁止毒品走私、非法移民和非法捕鱼,提高海上油气设备的安全保障;直接负责海上恐怖活动的预防、制止和反击,对国家管辖海域内发生的反恐警报做出迅速反应;在需要做出军事反应的情况下,发布必要的指令并控制应急行动。[3] BPC的组建充分利用了澳大利亚

---

[1] 资料来源:New border protection contracts sought to bolster maritime surveillance, http://www.ag.gov.au/agd/www/Justiceministerhome.nsf, 2004-07-30/2006-04-16。

[2] 资料来源:https://en.wikipedia.org/wiki/Border_Protection_Command_(Australia),上网时间:2016-06-15。

[3] 资料来源:New border protection contracts sought to bolster maritime surveillance, http://www.ag.gov.au/agd/www/Justiceministerhome.nsf, 2004-07-30/2006-04-16。

现有的人力和物力资源，并简化了海上反恐应急的计划、指挥和控制程序，从而增强了对海事识别制度的管理和控制。

新的海事识别制度建立后，澳大利亚不得不借助民间机构的力量加强对海岸线和部分海域的监控。司法部和海关邀请私人公司对一系列重大海上安保监控合约进行投标。投标者需具备先进的技术和设备，能够对专属经济区及更远的海域进行全程监控，并对托雷斯海峡实施直升机监控及反馈。合约人进驻海关部门，一旦发现入侵者，可以向预先安排的民事机构、皇家海军和皇家空军请求援助。2006年3月1日，澳大利亚皇家监控有限公司（Cobham Services Division）被核准为海监合约的首选投标人，期限为十二年，为此，Cobham签订十亿澳元的海监合约订购新型飞机。①

海事识别制度明确要求船舶接近和通过相关水域时提供相关信息，以确定是否对澳大利亚的海上安全构成威胁，使澳大利亚的防御能力大大提高。但是，由于这一水域范围远远超出了澳大利亚专属经济区水域的范围，引起周边国家的不安。一些国家甚至认为澳大利亚建立了一个新的海洋区域，纷纷对此表示关切。由于该水域覆盖了印度尼西亚的部分水域，印尼对此表示强烈不满。也有国际舆论认为澳大利亚建立的海事识别制度是对国际法的挑战。② 澳大利亚1000海里的海事识别制度远远超出了《联合国海洋法公约》所规定的允许国家主张的200海里的专属经济区和最远不超过350海里的大陆架的管辖海域范围。

事实上，澳大利亚实行海事识别制度这一举措与许多国家建立空防识别区有异曲同工之妙。近年来，随着恐怖主义活动威胁的加

---

① A $1.0 Bn Coastwatch Contract Finalized, New Aircraft Ordered, http://www.defenseindustrydaily.com/a-10-bn-coastwatch-contract-finalized-new-aircraft-ordered-01684, 2006-03-08/2006-06-02.

② "应对恐怖主义威胁，澳大利亚增强国防军兵力"，http://military.people.com.cn/GB/1077/52988/3947852.html. 2005-12-16/2006-05-10, 2010年11月10日浏览。

大，越来越多的国家除加强对专属经济区水域的控制外，还强化了对专属经济区上空空域的控制，已经建立或考虑建立空防识别区。空防识别区是指一国基于空中防御的需要，在其领空以外一定范围的国际空域所建立的对进入该区的航空器进行鉴别的特定空域。鉴于此，澳大利亚建立海事识别制度的合理性和合法性只能说是仁者见仁、智者见智。澳大利亚独特的地理位置使其比较容易实现对通过其水域外国船舶的识别和控制，该海事识别制度自建立以来，其管理制度基本得到外国船舶的配合，执行情况良好。虽然考虑到一些国家对"区"的敏感反应，澳将海事识别区改为"海事识别制度"，但其实质内容未作变更。

澳大利亚的海事识别制度和建立空防识别区国家的实践会使一些持观望态度的国家相信，虽然二者均没有国际法依据，但现实中一些国家特别是大国的实践逐渐被其他国家所接受，并极有可能由一种被默许的习惯而成为一种国际惯例并逐渐取得法理基础，因此，越来越多的国家认为建立空中或海事识别区是明智之举。而且从国际法发展和完善的角度来看，建立空防识别区也可以作为处理海洋法中剩余权利的国家实践，从而成为国家海洋权益新的"生长点"。[①]

[①] 剩余权利是指法律未加明文规定或禁止的权利。海洋法中的剩余权利是《公约》中没有明确规定或明令禁止的那部分权利。源于三种情况：《公约》有规定但解释不一致，实践中有争议；《公约》的规定不明确或不具体（当时有争议，为了折中和调和而不得不含糊其词）；法律本身缺失（当时认识的局限性满足不了现实需要；科技和社会发展产生新情况，《公约》没有涉及或没有确立）。剩余权利问题在专属经济区这一特定的区域内尤其突出。作为一个新确立的、源于公海的海域，专属经济区是沿海国与其他国家利益分配、权利交叉和剩余权利最集中的海域。专属经济区既不是领海也不同于公海，而是一种特定法律支配下的新的国家管辖区域和新的海洋制度。《公约》对沿海国的主权权利和专属管辖权与公海自由及其他国家的权利划分不够清楚明确。尤其是对专属经济区上空空域的法律地位，沿海国与其他国家因对分享权利的理解不同而产生分歧。国际社会对剩余权利问题的处理和部分解决对海洋法的发展和完善及国家实践产生重要影响。

五、联邦海事国库管理制度

澳大利亚是一个联邦制国家，采用三级国库管理制度，即联邦、州、地方政府。三级政府各有自己的财政政策、管理体制及法律。三级国库管理制度采用分权制，即收入与支出的分离管理，但三级收支均采取单一账户制度。澳大利亚国库管理采用"方法统一、分级执行"模式，各部门做法不一，却体现了"原则性下的多样性"这一特点。

澳大利亚海事局按照联邦体制，分为联邦海事、州海事两级行政管理。联邦海事主要负责与 IMO 的联系与立法，协调各州海事局关系。联邦海事的行政支出来源：一是财政拨款；二是依赖自己的不动产和出让各种权利获得收益，财政拨款金额很少，不足全年行政事业费用的百分之一。[1] 州海事局的职责与联邦海事局的职责基本相似，也是负责立法、投资、监督三项工作。新南威尔士州海事局是澳大利亚最大的海事局，总部设在悉尼，其直接支出占联邦直接支出的 1/2，间接支出约占 1/2，是联邦海事中国库自收自支数额最高、影响力最大的州海事局。

澳大利亚新南威尔士州海事局具有澳洲海事的鲜明特点，了解新南威尔士州海事局有助于了解整个澳大利亚海事国库管理制度。新南威尔士州海事局每年主要的行政事业经费来源于出租费、船舶登记费、船员证费、航道费、锚地停靠费等；主要的经费支出包括工资和办公支出、办公楼租赁费、服务合同外包、折旧费、管理费等。新南威尔士州海事局每年的行政支出费用要远远大于财政拨款，如果仅依靠联邦财政拨款将入不敷出，其 99% 的行政事业经费是依

---

[1] 资料来源：http://port.shippingchina.com/expertarticles/index/detail/id/13.html，查询时间：2016-07-28。

靠"三产"来"补贴"的。综合其总资产、负债与权益状况,该局以保守的投资形式来经营其资产,由于其精良的资产多数以存在于联邦储备银行并以购买政府债券为投资方式,因此其偿债能力很强、资产结构保守,具有相当的抗风险能力和稳定性,这对于行政事业单位是必需的,新南威尔士州海事局几乎将执法、巡航、航标维护、设标、航道、法案、环保、搜寻、救助、会计等全部内容以招标形式授权给相应的公司,并根据上述项目的经济利益性收取相应的报酬。[①]

由于历史原因,新南威尔士州海事局拥有悉尼港和附近海域的土地和码头的所有权,如悉尼港的海事贸易大厦,该局通过收取租金的方式将大厦委托给物业公司;另一种出租形式是将土地折价后出租给开发商或货主,每年收取土地出租费,五十年后地上不动产归海事局所有,在悉尼情人港码头上,该局将其土地出租给开发商建旅店,就是很好的例证;第三种是特许权的出租,如悉尼港的巡航交给港口公司,对违反港口安全的船主进行罚款,像船舶登记、船员培训和证书发放、航道费和锚地停泊费收取都授权给具体的公司来执行。[②] 该局只负责立法、合同监督、投资等工作。新南威尔士州的国库支付账户只有一个,设在联邦储备银行。在收入来源中,收入一般来自商业银行通过国库部划付到该局在联邦储备的账户上;在需要支付时,由联邦银行通过财政部的银行,划拨到收益人的账上,不管收入和支出都要体现在该局在联邦储备的账上,做到统一、规范、安全和高效。

澳大利亚财政国库管理制度建设虽然有其各自特点,但在适应市场经济发展、建立健全现代公共财政这一基本点上,二者是一致

---

① 资料来源:http://port.shippingchina.com/expertarticles/index/detail/id/13.html,查询时间:2016-07-28。
② 刘斌:《澳大利亚联邦海事国库管理制度》,载《世界海运》2006年第1期,第55—56页。

的。特别是在资产的折旧方面,澳大利亚顺应世界经济发展潮流,大胆改革其资产报废方式,采用企业化运作方式改革国库管理方法,起到了明显的效果。通过折旧使海事局资产始终处于精良状态,发挥其应有的作用。此外,澳大利亚海事理财的方式也是值得借鉴的,这种市场化的投资方式让行政事业单位甩掉了沉重的包袱,使海事部门轻装上阵。[①]

[①] 刘斌:《澳大利亚联邦海事国库管理制度》,载《世界海运》2006年第1期,第55—56页。

第五章　澳大利亚的海洋管理战略

近年来，随着海洋经济活动的进一步繁荣，人们对全球海洋环境、过度捕捞、可持续发展、海岸带利用（例如造船、建港、水产、观光）等问题的重视程度越来越高，关于海洋管理方面的法律机制发展也受到了越来越多的关注。海洋经济本质上是资源型经济，一旦其所依托的资源基础被破坏，海洋经济不仅得不到发展，反而会从经济上和生态环境上对陆域经济乃至整个国家的生存环境造成巨大的损失，利用审慎方法和生态方法改善海洋及其资源的管理理念得到世界各国的广泛认同。美国、加拿大等海洋大国在吸取海洋环境及其生态系统遭到破坏的教训之后都开始强调以生态系统为基础对海洋和海岸带资源环境进行综合科学管理。作为海洋事务的领先国家，澳大利亚更是积极推动并全面实施海洋的综合规划与管理，不断更新国家海洋政策与规划，健全国家海洋管理法规，统一海洋资源与生态环境管理，强化执法力量，使国家的海洋经济和海洋生态环境水平得到较大幅度的提升，而其中最具成效的是海岸带综合管理。

第一节　推进海洋管理模式的转变

澳大利亚的行政体系对海洋综合管理具有严重的限制作用，不同部门管辖职能的重叠并没有提高对海洋的管理效率，而在某种程度上降低了某些区域的海洋管理效率。为解决海洋管理中存在的问题，澳大利亚采取联邦政府和州政府之间既有分工又有协作的海洋管理机制，积极落实海岸带综合管理及规划，并致力于推进海洋管理模式的转变。

一、妥善解决海洋管理模式中存在的问题

虽然在澳大利亚的政府体系中，州政府和地方政府有权对其辖区内的海岸和海域进行有效的管理，但当涉及到类似于造船坞、拓宽航道、挖沙等事宜的时候，往往会发生争议，因为这些事情对于发展商来说是有益的，但往往会违背居民的愿望，损害野生生物的栖息环境。尽管现在进行类似的作业之前要提供环境影响报告书，并征求公众的意见，但是，通常在州政府干预的情况下，该类事项可以不征求或很少征求公众的意见就能作出决定。

由于联邦、州和领地政府有着类似的部门，并且对各自管辖的领域实施着类似的法律，它们的责任设定存在着较多的重复性，各部门的涉海责任机构之间缺乏统一性，对于有关海洋事务的处理也缺乏统一性，存在立法交叉，涉海行政机关重复设置以及有关环境保全和保护事宜的收费、罚金、征收、处罚规定不同等突出问题。

澳大利亚所有的州都有环境规划立法，尽管立法的最初目的是保护环境，而不是使不同的使用者可以共存，但在实际的资源综合

管理中这一目的体现的并不是很明确。每个州对自然资源综合管理的水平和方式并不相同，有些州试图降低部门管理作用，如维多利亚州和新南威尔士州，而其他州则缺少这种作用。有些州还存在区域性海洋规划的问题，如西澳大利亚州大部分地区干燥，水对该地区而言举足轻重，具有重要的政治意义，因此，西澳大利亚以不同于一般海洋发展的观点对海洋自然资源进行管理。在塔斯马尼亚州，森林和采矿立法不包括在主要自然资源综合管理的体系内，这给综合管理带来了问题，同时也存在着谁利用海洋的问题：州政府管辖水域主要是被个人所用，而联邦政府管辖水域主要由联邦政府，如澳大利亚皇家海军，或者公司使用。

澳大利亚联邦政府和州政府为了达到对海洋实行综合管理的目的，在1979年颁布了海岸和解书，其中规定，州和领地的控制范围是从海岸向海延伸3海里。鉴于该协议达成之时，正值第三次联合国海洋法会议（UNCLOS Ⅲ）讨论将国家的领海宽度由原来的3海里扩大到12海里的相关事宜，因此该海岸和解书中明确指出，如果联合国规定将领海的宽度扩大为12海里，澳大利亚各州的管辖范围仍维持3海里不变。联邦政府的管辖权也因此受到了限制。

澳大利亚认为，联邦政府与州政府之间良好的关系是对海洋进行有效管理的先决条件。为实现这一目标，澳大利亚按照本国宪法的规定，采取联邦政府和州政府之间既有分工又有协作的海洋管理机制：在管理内容上，凡是与外交、国防、移民、海关相关的海洋事务均由联邦政府统一管理，除此之外的海洋事务则由州政府和地方政府负责；在管理范围上，联邦政府主要负责3海里之外的领海、毗连区、专属经济区及大陆架的管理，各州政府负责3海里之内的近岸海域管理；从管理方式上看，联邦政府主要负责全国海洋管理立法和制定有关海洋政策等宏观行政行为，而州政府则拥有管辖海域内的立法权和对海岸带及近岸海域的管理权。

对于在执法管理中，出现的联邦政府和州政府之间发生管理职责相互交叉和重叠的问题,比如,虽然3海里之内的一般渔业资源由州政府管理,但金枪鱼资源则统一由联邦政府管理。一旦联邦政府和州政府在海洋管理工作中出现矛盾,则由联邦政府总理领导的、各州州长、各有关部部长和专家参加的理事会出面负责协调平衡,最后做出裁决。

二、实施海岸带综合管理规划

在海岸带综合管理方面澳大利亚紧随美国之后,成为该领域的先行者。从1990年开始,澳大利亚就采取了一系列的海岸带综合管理措施,并加强了区域行动计划的制定。澳大利亚沿海地区的管理权限被联邦、州、区域和地方四级政府分割,并没有协调一致的沿海立法或沿海政策。联邦和州政府间根据《宪法》所作的安排是以海洋资源的管理来确定的,包括石油、天然气和其他海底矿产、渔业资源、大堡礁海洋公园及其他海洋保护区、历史沉船、来自船舶的海洋污染等,这些安排在一定程度上促进了一些行业的综合管理,但其效果并不是十分理想。

1995年,澳大利亚实施了《联邦海岸带行动计划》,对海岸带进行功能区划管理,强调从战略高度重视海洋、强化海洋管理,该计划中有关海岸带综合管理的措施都是针对诸如气候变化的影响、过度开发与条带开发、影响沿海水域的陆源污染、河口的水质与水量、需要长期持续的对沿海地区的管理进行能力建设、不能对海岸带管理进行长期支持等具体的沿海问题而设立的,并由联邦政府、州政府、地方政府分别负责。[①]

1999年,澳大利亚塔斯马尼亚州建立了海洋产业研究所,2001

---

① 资料来源:http://www.wzhy.org.cn/hygl/hygl/200901/hygl_20090111161716_28663.html,上网时间:2016-05-09。

年颁布了塔斯马尼亚海洋保护区政策，并对渔民进行调查，了解渔民对该政策的观点、看法和态度以及影响渔民支持或反对海洋保护区政策的关键因素。渔民表示，如果海洋保护区政策可以提高鱼产量并且在海洋保护区中设立小部分可以捕鱼的区域，他们就愿意予以支持。但是渔民们觉得政府可能拿不出足够的资金来管理海洋保护区，因此澳大利亚认为，政府与公民的协商对于该政策的顺利实施非常关键，如果实行不利，该政策有可能会产生负面影响。

虽然联邦政府有权管理从最低点起向海一侧的海洋，但州、地方政府则有权管理沿海的集水区、沿海开发、近岸海岛以及许多商业的、休闲的和本地的渔业，因此，海岸带陆地区域的规划和管理的立法基础主要来自于州政府。为了发现问题并寻找更好的管理方式，多数的州政府已经或正在进行海岸管理系统的评估。地方政府则在海岸带管理中的基础设施管理和维护、土地使用规划决定等日常事务方面大显身手。

澳大利亚联邦政府在执行国家海岸带综合管理政策过程中发挥了重要的保障和支撑作用，原因可以概括为以下几点：第一，没有单一的管理权力能够单独规划和管理澳大利亚的海岸带；第二，对于那些金融资源有限的地区而言，需要获得联邦政府提供的有效的资金渠道；第三，如果缺少清晰的公众责任、缺少国家对沿海地区的最新安排，都将无法使管理产生应有的效果，而这些工作需要由联邦政府来完成；第四，需要有效收集和储存全国各地的科学信息；第五，联邦政府承担着澳大利亚在海岸带管理方面的国际责任。

三、提升海洋管理模式

澳大利亚在1994年批准加入《联合国海洋法公约》后的第二年11月份就加入了"全球行动计划"（GPA），将本国的海洋经济生产方式、海洋环境和资源的涵养与保护朝以生态系统为基础的海洋综合管理的科学方式逐渐过渡。澳大利亚政府于 1997 年向联合国可持续发展委员会第五次会议（the 5th session of the United Nations Commission on Sustainable Development）提交了澳大利亚 21 世纪议程（Australia Agenda 21），[①] 其中强调实行以生态系统为基础的综合方法来管理人们在沿海及海洋中的活动，这标志着海洋综合管理在澳大利亚的全面展开。此后，澳大利亚一直积极致力于实现海洋管理模式的转变，健全国内海洋基本法，并于 2006 年发布领海基线声明[②]、历史性海湾声明[③]，在此之后，澳大利亚还陆续与其周围各国签署了若干国际协定，大体可分为：野生动物保护、海洋资源管理、防止海洋污染和海洋倾废三类。

与此同时，澳大利亚强调要充分发挥实施海洋综合管理过程中的法律保障作用，在制定相关法律法规的过程中第一要确保联邦政府所制定的实施标准与州和领地的立法相协调，第二要确保相关法律法规与澳大利亚所承担的在渔业捕捞、海洋运输、污染控制、倾倒废弃物、打击海盗和贩毒等方面的国际责任相协调。澳大利亚调整海域使用活动的法规主要有《海洋和水下土地法》《大陆架生物自然资源法》《海岸保护管理法》《渔业法》《国家公园和野生动物保护法》《海洋公园法》《环境保护（海洋倾倒）法》和《沿岸水域法》等，其中《海洋和水下土地法》和《大陆架生物自然资源法》两部法中都明确提出实行许可证制度和收取资源费制度。这些法律有些是联邦政府制定的，有些则是由州政府制定的，其中联邦政府的立法数量最大，其次是昆士兰州。这主要是由于联邦具有签订条约的责任和权利，并且控制着澳大利亚 97% 的海域。联邦参与

---

① 全文见 http://www.un.org/esa/agenda21/natlinfo/countr/austral/natur.htm#oceans。
② 资料来源：http://www.comlaw.gov.au/comlaw/legislation/LegislativeInstrument1.nsf/0/3075C0CCC553EF84CA25711400120045?OpenDocument。
③ 资料来源：http://www.comlaw.gov.au/comlaw/legislation/LegislativeInstrument1.nsf/0/396BDE2DCAE27550CA2571140013B812?OpenDocument。

立法使得澳大利亚的法律与其承担的海洋方面的国际责任相协调，如渔业捕捞、海洋运输、污染控制、倾倒废弃物、打击海盗和贩毒等方面，并且联邦为州和领地确定了标准。当在近海区域适用的州法与联邦法发生矛盾时，则依据《宪法》第109条的规定，以联邦法为准。

为实现海洋管理模式的转变，澳大利亚各个州政府也都以联邦政府的法律法规为依托，先后根据本管辖区域的实际情况颁布了有关海岸带及海洋管理的政策法规。

昆士兰州的海岸线长达13300千米，大堡礁公园位于其境内，为此该州不仅颁布了《海岸带保护与管理法》，而且制订了《海洋公园法》，重点加强对大堡礁的规划与管理，大堡礁不但被划为国家海洋资源保护区，而且已经被列入世界双遗产行列；维多利亚州1995年颁布了《海岸带管理法》，对菲利普海港和西港环境保护、水产养殖区的划定以及海洋公园管理做出了明确规定；南澳大利亚州对1972年颁布的《海岸保护法》进行修订，旨在通过政府加强对开发性活动准入的管理，最大限度地减少海洋资源保护与开发之间的矛盾。

新南威尔士州根据生态可持续发展和海岸带综合管理原则确定海岸带规划与管理方向，并将该政策适用于该州所有的沿岸水域以及向陆延伸的陆上海岸带；塔斯马尼亚州的海岸带政策是通过州海岸带资源管理和规划系统来确定资源可持续发展目标，提出海岸带资源开发利用活动的指导原则，解决海岸和海洋环境中的问题，在此基础上还制定了野生渔业资源管理和区域性海洋养殖规划以及海洋保护区战略。

四、海洋综合管理模式的借鉴价值

目前各国已经普遍意识到在海洋管理中以部门为基本单位的组

织制度，即每个产业部门和海洋利用者"各自为战"，并不是最好的方案，而且这种体系下容易出现专制问题。《联合国海洋法公约》的前言部分就该问题给予了方向性的阐述，认为海洋管理的每个环节都是密切相关的，因此需要将其作为一个整体来对待。以部门为基本单位的管理方式忽略了这种相互联系，容易导致部门间的利益冲突，尤其是日益突出的创造经济财富和保护海洋环境间的冲突，因此要从根本上解决这个问题，需要引入综合管理机制。

澳大利亚经过调整其海洋政策，较好地解决了联邦政府与州和领地政府之间由于海域管辖分工而产生的问题，并全面推行了海岸带综合管理，目前其海岸带综合管理模式成为各国制定相关海洋法律政策时的重要参考，在很多方面具有借鉴价值。

第一，促进提高海域使用的科学化管理水平。采用科学依据确定各个海域最适合的用途，这在一定程度上就相当于海洋功能区划。作为沿海国家的澳大利亚，实现从资源大国转型为产业强国，实现资源的可持续发展，必然依赖海洋科学技术的提高，因此科学技术的研究与发展在澳大利亚海洋管理实践中发挥着举足轻重的作用。海洋捕捞、深海矿物开发、海洋观测等技术的提高不仅能够加强在深海大洋的作业能力，有效地实现海洋科技、海洋资源与环境管理之间的互动，还能够提高当局者开展海洋资源及生态可持续利用的决策能力。

第二，帮助海域使用规范化管理不断取得新成效。综合管理模式是澳大利亚海洋产业发展的"护航舰"。[①] 澳大利亚运用的综合管理模式有助于实现不同涉海（管理）组织间的协作，避免造成因多部门、多层次齐抓共管而导致的管理结构混乱分散、管理权威丧失、管理效率低下、权责不清的现象。因此，实践中澳大利亚

---

① 文艳、倪国江：《澳大利亚海洋产业发展战略及对中国的启示》，载《中国渔业经济》2008年第1期，第26卷，第79—82页。

不仅非常重视提高涉海管理人员的管理知识与业务素质，鼓励公众参与，提高公众对海洋管理重要性的认识，还强调以海洋管理法律法规为基础，建立统一的执法队伍，从根本上实现综合协调的管理体制。

第三，有助于处理好发展海洋经济与实现环境可持续发展的关系。澳大利亚《海洋产业发展战略》中重点论述了可持续发展的战略目标，提出了环境综合管理的具体方法，认为良好的海洋生态环境对海洋产业的健康发展至关重要，也是全面实现经济与环境一体化战略的关键。

第四，增强社会公众的海洋环境保护意识。澳大利亚的沿海生态系统拥有异乎寻常的自然多样性，大部分澳大利亚的沿海居住人口把更多的经济、社会和文化意义寄托于海洋环境及其可持续发展之上，而保持海洋清洁最重要的方式之一就是公众的参与。澳大利亚海洋综合管理模式的实施在一定程度上增强了公众的理解和参与，不仅提高了日常环保意识，还积极对污染和损害海洋环境的活动进行监督，进而也促进了澳大利亚海洋政策得以很好地实施。[1]

第五，海洋综合管理对海事安全具有重要意义。在处理对海洋环境带来威胁的问题的过程中可能会影响到其他海洋利用者的利益，甚至会带来其他方面的威胁。比如海洋环境保护活动在一定程度上会影响到海事经济的发展，尤其会影响到航海自由。印尼在澳大利亚西北边境传统的捕鱼作业是既属于经济问题又属于边境问题，澳大利亚十分重视对该海域捕鱼活动的有效管理，防止其产生负面影响。

---

[1] 马英杰、胡增祥、解新颖：《澳大利亚海洋综合规划与管理——情况介绍》，载《海洋开发与管理》2002年第1期，第51—53页。

第二节 澳大利亚海洋管理机构的整合与优化

澳大利亚联邦制的政府构成使其海洋管理的体制和机制较为复杂，既有其针对不同海域管理的地方特色，同时也存在管理机构职能的交叉与重叠，对其海洋综合管理的实施造成一定难度。本节探讨澳大利亚海洋管理机构设置的优势与弊端，及其根据海洋管理的新形势对涉海管理部门及海上执法力量的整合与优化。

一、涉海管理机构繁多

1990年澳大利亚将其领海扩大到与《联合国海洋法公约》规定一致的12海里后，沿海地区和沿海附近海域受到了联邦政府的重点关注，由此澳大利亚政府开始着手处理海洋管辖权过于分散的问题，积极调整海洋管理体制，实施海洋综合管理和统一执法。海洋管理需要各部门的协作，在现有制度下，澳大利亚共有二十余个政府部门共同承担海洋管理的责任，而联邦政府在管理海上活动的过程中所发挥的作用也越来越大，其中参与处理海洋事务的主要国家机构包括：

总理和内阁部，主要负责海洋行政事务管理，其职责包括指导海洋战略管理委员会的工作，以及负责与国土管理部沟通。

司法部，负责协调部署应对海洋安全危机的措施，并为海事问题提供法律和政策上的处理建议。

国防部，是澳大利亚政府可以依靠的、保证海洋安全的主要力量。2006年7月，澳大利亚曾对国防力量的分配进行过一次调整，对几个职责分散的机构进行了一定程度的整合，使其在打击未经批准的进港、走私和非法捕鱼方面变得更有效率。隶属于国防部的边境保护指挥中心负责在澳大利亚南部海域以及海上设施周边进行巡逻。

海关和边境保护局，主要负责海洋边境保护工作。近年来该局的组织结构和职责范围都有所扩大，沿海监视部门也是属于海关和环境保护局的一个分支机构，其最高领导是澳大利亚皇家海军两星军官沿海监视总督，他同时也是边境保护指挥部的最高领导。

边境保护指挥部，即联合海上保护指挥部，成立于2005年，由国防部、海关和边境保护局共同负责。边境保护指挥部主要负责协调空中监管项目及向其委托机构发送海面状况报告。该指挥部还负责促进澳大利亚现有海上识别系统的强制执行，并着力研发新的、用于海上监管的智能系统。

运输安全办公室，隶属于基础设施、运输、地区发展和本地管理部，是海上工业主要的安全监控者。其职责是落实《国际船舶和港口设施安全法规则》在澳大利亚港口、船运和海上油气工业中的执行，以及对进入澳大利亚港口的船只进行安全评估。

联邦警察局，主要负责联邦法律的施行，通常会和各州的警察力量进行协作。联邦警察局有权对所有触犯与海事管辖权有关的联邦法律的罪行进行检控，最主要的打击领域包括渔业、导航、海洋环境和走私。

农业、渔业和林业部，为澳大利亚在本地区和公海内的渔业管理提供支持服务。

渔业管理局，负责遵照农业、渔业和林业部制定的相关法规，对本国和获得捕捞资格的邻国在澳大利亚渔场的生产活动进行管理，并对发生在本国渔场的非法捕捞行为进行打击。

检疫检验局，是农业、渔业和林业部的下属机构，负责对船舶的压舱水和引入的海洋害虫进行统一的处理，以防止外来病通过带病菌的昆虫、动物和蔬菜种子进入澳大利亚。

海事安全局，负责船运安全，通过贯彻港口管制措施来防止澳大利亚近海海域遭到来自船舶的污染。其职责范围除了本国海域，还包括国际法律规定的属于澳大利亚的搜索与营救区域，在相关区域遇到事故的船只和飞机可以获得海事安全局的帮助。

外交贸易部：负责处理与国际海洋法律、地区海洋安全合作条约、海事边界协定相关的事务，隶属于外交贸易部的地区海事安全跨部门合作委员会，负责为参与海洋事务的各部门提供澳大利亚在本地区与海洋安全相关活动的详细报告。

资源、能源和旅游部：负责海上油气开采设施的安全，其下属机构海上采油安全局负责制定海上采油的相关法规以及处理海上油气泄漏事故。

环境、水、自然遗产与艺术部：负责澳大利亚的海洋管理和海上生态系统保护，其具体职责包括建立海洋公园和海洋保护区，监督《环境保护与生物多样性保护法》在领海内的实施，这项任务需要得到大堡礁海洋公园的投资方以及澳大利亚南极司的支持。

基础设施、运输、地区发展和本地管理部：通过制定政策来提高船运服务和港口管理的效率，以及对发生在公海上的事故进行赔偿。

移民与国籍部：管理个人入境及移民问题，打击贩卖人口和非法移民，同时还负责对入境人员进行消费和居住情况调查。

工业科技研究和革新部：与联邦海洋研究所和合作研究中心共同为增强澳大利亚海洋产业的可持续发展和国际竞争力而努力。

澳大利亚南极司：隶属于环境、水、自然遗产与艺术部，负责保护澳大利亚在南极洲的利益，包括应对可能出现的威胁。

气象局：隶属于环境、水、自然遗产与艺术部的一个执行机构，为澳大利亚政府和相关国际组织提供气象和海洋学方面的数据。

气候变化部：负责评估气候变化对澳大利亚工业、环境、居民和基础设施的影响，以及弥补这些影响所需的成本。

教育、就业和劳资关系部：负责为海洋管理、海洋产业和海洋科学培养后备人才。

以上这些机构都是有限度的参与相关涉海管理活动，除此之外，在政府内部设有专门负责海洋活动监管的核心协调机构，如，海洋产业组、沿海和海洋组、联邦海洋机构总部。在联邦和各级政府之间还有各种委员会和论坛，具有代表性的有：澳大利亚政府理事会及其专门委员会、林业、渔业和水产养殖业部级理事会、澳大利亚和新西兰环境与养护理事会等。

澳大利亚还有最大的民用海洋研究机构海洋学部、海洋资料中心、海洋科学联合会、东海岸金枪鱼管理咨询委员会、北部渔业研究委员会、东南拖网船管理咨询委员会、北部对虾管理委员会研究学会、悉尼大学海洋研究中心及塔斯马尼亚海洋研究中心。

各州政府和澳大利亚北部行政区同样也需要参与到海洋安全和海洋管理的事务中，他们需要在管理各自的沿海区域时进行适当的整体统筹，尽管每个州政府在海洋管理方面的职责不尽相同，但是他们的工作都包括海洋环境保护、海上运输、渔业管理以及海上警戒等基本任务，其中一些州政府还承担着提供海洋科研设备的责任。

二、改善海洋管理机构的设置

对澳大利亚而言，管理辽阔的管辖海域并保证未来的海洋安全是一个巨大的挑战，澳大利亚未来的命运与其能否管理好海洋、利用好海洋资源密不可分，因此，对海洋问题的重视是其最重要的国策之一。澳大利亚正视所面临的海洋及其安全问题，关注传统威胁和非传统威胁之间的相互联系，并采取综合手段处理和应对这些威胁。但是由于澳大利亚政府定义的"海洋安全"概念非常宽泛，导致很多部门都不可避免地与之发生联系，因此产生了很多跨部门的合作，而这种政府体系的机构设置及管理机制不能很好地适应海洋综合管理的要求，许多方面存在问题，在这套多部门合作的海洋管理政策中没有一个明确的部门来负责宏观的协调工作。如果按照这种模式执行海洋政策，联邦政府和州政府的关系会是阻碍海洋管理有效实施的绊脚石。因此，澳大利亚发布的《国家安全陈述》指出，政府在海洋边境管理方面缺乏统一的控制和明确的职能分工，这种情况与海洋边境管理有关，也与整个海洋管理有关。

澳大利亚需要采用突破传统思维和传统做法的新方式来处理涉及整个政府体系的海洋管理政策。海洋综合管理牵涉到多个部门的权力和利益，尤其是产业部门对海洋资源最为看重，管理和保护资源任务也最大。在这种情况下，最需要解决的问题是如何进行有效的跨机构合作，如何避免各个部门职责的交叉。在民用海事范畴内，海洋战略管理委员会已经做了大量的工作，但要真正达到综合管理的目标还需要从多方面进行部署。

此外，先进的科技对高效的海洋管理而言是必不可少的保障，但是澳大利亚政府没有为这方面的研究与开发做出过优先部署，发展海洋科学的任务同样被分摊到几个部门。澳大利亚政府建立了三个发展海洋科技的大型科研单位：联邦科学与产业研究组织、澳大利亚地球科学局和澳大利亚海洋科学所。但这三个机构的科研人员并不能够承担所有的海洋科学技术的研究任务，他们还需要与澳大利亚南极司、防御科学与技术组织和农业科学局等部门进行合作，这些合作主要由服务于澳大利亚政府的高级顾问团海洋政策科学与顾问小组主持。该小组不仅负责促进各政府机构间关于海洋科技研究的合作，其服务对象已经延伸到广泛的海洋科学界。海洋政策科学与顾问小组还可以为国家海洋顾问小组提供科学技术上的支持，帮助国家海洋顾问小组向政府提出制定和实施海洋政策的建议。但是，随着海洋政策研究经费的相应缩减，这两个顾问小组的发展前景都陷入了某种程度的迷茫之中。如今每一个研究机构都被指定了各自的工作目标，而真正迫切需要做的一是建立起合适的、机构间的合作制度,二是能够得到广泛接受的研究、基建和培训框架。

三、优化涉海管理机构的职能

为了更好地推进海洋政策的实施,澳大利亚采用了一系列措施对联邦涉海机构及其管理职能进行重组和调整,一方面,加强联邦涉海机构的职责,合并各联邦机构的同类海洋计划以减少重复,形成合力,另一方面,组建统一的海洋管理部门,建立实施该海洋政策的领导机构和运行机构,加强对海洋的统一管理。主要包括:

国家部委间海洋委员会(National Oceans Ministerial Board;NOMB):由澳大利亚联邦政府主要部门的部长组成,是实施其海洋政策的决策机构,其中的部委包括环境部(主席)、渔业、资源、海事、旅游、科学技术以及其他代表特别事项的相关机构,如国防部和外交部等。[1]

国家海洋办公室(National Oceans Office;NOO):该办公室于1999年12月22日组建,其作为国家海洋部长委员会的办事机构,负责实施海洋规划,协调各涉海部门的矛盾,以加强对海洋管理的统一领导、支持国家部委间海洋委员会实施和进一步发展其海洋政策。[2]

区域海洋规划促进委员会(Regional Marine Plan Steering Committees;RMPSC):该委员会于2003年组建,也是为了支持国家部委间海洋委员会实施和进一步发展其海洋政策而成立的,主要职责包括监督海洋区域计划的形成,协调国家海洋办公室的工作开展,并向

---

[1] 资料来源:The National Oceans Ministerial Board (NOMB) was dissolved in 2004. See online: http://www.oceans.gov.au/the_ oceans_ policy_ overview.jsp. Accessed 1st November, 2010。

[2] 同上。

国家部委间海洋委员会提供报告。[①]

2002年10月，澳大利亚对其海洋政策的执行情况进行了一次独立审查，并提出了一系列结论性的调研意见和建议，旨在改善该政策的实施。这些建议包括建立一个由来自具有涉海职责和利益的机构和部门的高级政府官员组成的新机构，为讨论联邦政府内部复杂的海洋管理问题提供一个平台，以利于提高海洋政策的实施效果。政府同意接受这一建议，并于2003年初成立了海洋管理委员会（Oceans Board of Management；OBOM），该委员会的具体职责包括：监督海洋政策活动，审查有关实施海洋政策的各项安排并向政府报告，并为政府提供咨询意见；为环境、水、遗产和艺术部海洋司提供与其他机构的协调机制；确保问责制的实施，并负责维持一个全面的、政府重点审批与海洋政策发展相一致的项目经费。

海洋管理委员会包括以下部门和机构的代表：环境与遗产部（Environment and Heritage）；工业、旅游业和资源部（Department of Industry, Tourism and Resources）；农业、渔业和林业部（Department of Agriculture, Fisheries and Forestry）；教育、科学与培训部（Department of Education, Science and Training）；交通运输与地区服务部（Department of Transport and Regional Services）；国防部（Department of Defence）；财政部（Department of Finance and Administration）；总理与内阁部（Department of Prime Minister and Cabinet）；澳大利亚渔业管理局（Australian Fisheries Management Authority）。当出现相关问题时，该委员会的现任委员可以从相关机构中选出新委员，国家海洋顾问组的代表可在该委员会主席的邀请下参加相关会议。

海洋管理委员会为更好地实施澳大利亚联邦政府的海洋政策还成立了咨询机构，即国家海洋顾问（咨询）组（National Ocean Ad-

---

[①] 资料来源：The National Oceans Ministerial Board (NOMB) was dissolved in 2004. See online: http://www.oceans.gov.au/the_oceans_policy_overview.jsp. Accessed 1st November, 2010。

visory Group；NOAG)。国家海洋顾问组成员均具有对海洋问题的深刻了解，而且除七位来自澳大利亚涉及海洋管理的政府部门外，其他成员主要来自代表非政府利益的群体，如企业、科技和保护组织。该咨询小组的主要职责是提供有关澳大利亚海洋政策的执行情况，就跨部门和跨辖区海洋问题、区域海洋规划过程的有效性、有关海洋规划和管理等问题向政府提供意见，审查和确定海洋规划和管理出现的问题，促进澳大利亚海洋政策的非政府和其他利益相关者之间的认识等，[①] 同时该咨询小组也被作为一个交流各种海洋部门之间信息及意见的论坛。

除以上机构外，澳大利亚还组建了海洋政策科学顾问组（Oceans Policy Science Advisory Group；OPSAG)，其成员由三部分群体代表组成：来自与海洋科学相关的政府部门的代表；国家涉海科研机构；关注海洋利益的非政府群众团体。该顾问组主要关注包括社会经济学等各海洋科学领域的问题，其主要职责在于提高政府海洋科学机构与澳大利亚海洋科学界的合作机制，促进信息和知识的共享，并根据需要向政府部门提供建议和支持。[②]

澳大利亚联邦政府在2004年对这些管理机构进行了调整和重组。具体机构性变化如下：国家部委间海洋委员会被解散，国家海洋办公室并入环境、水、遗产和艺术部，成为其新的海洋司（Marine Division)，仍主要负责区域海洋规划工作，该海洋司成为该部有关环境政策各方面信息的汇合中心。

2006年，澳大利亚组建了海洋战略管理委员会，该委员会是澳大利亚那几年来频繁调整国家海洋管理机构进程中建立的最高级别的一个领导机构，是专门负责为国内民用海洋安全政策进行宏观调

[①] 资料来源：The National Advisory Group now provides advice to the Minister for the Environment and Heritage, rather than the board. See online: http://www.oceans.gov.au/the_oceans_policy_overview.jsp. Accessed 1 November, 2010。

[②] 同上。

控的机构，直接接受总理和内阁部的领导，其下还可以细分为几个与海上安全利益有关的小部门，该委员的职责包括：为澳大利亚的民用海上警戒指明战略方向；监督和指导打击海上犯罪活动，尤其是非法捕鱼、贩卖人口和恐怖主义活动；掌握澳大利亚民用海事领域的安全动态，定期对专属经济区的安全情况进行评估。

海洋战略管理委员会可以促进各相关政府部门的合作，但是它只对与边界保卫和人为活动有关的行为负责，而不关心因而自然现象对海洋安全造成的影响，即便如此，很多时候海洋战略管理委员会所处理的问题要比预计的多，例如海上搜索与营救、缓解海洋自然灾害的影响也经常出现在该委员会的工作日程中。由于海洋战略管理委员会强调只负责民用范围内的问题，所以其与国防部的最大的区别表现在其对海域内的情报处理、监督和巡逻的重视程度上。

第三节 推进海洋综合管理的范例

澳大利亚是世界上最先尝试实施全面的海洋综合规划和管理的少数几个国家之一。澳大利亚的宪法并没有禁止联邦与州之间的合作，加之各党派的政治家们都意识到联合与合作对于保护海洋环境的重要性，在实施区域性海洋规划时，如果有人发现他们的利益受到了影响，这时各个部门、各级政府和公众之间就进行广泛的协调，也正是在这个过程中人们真正理解着实施海洋政策的意义，由此，也产生了澳大利亚海洋综合管理的成功范例，如大堡礁海洋公园以保护海洋生物多样性为核心的管理体制、维多利亚州国家海洋公园及其海洋保护区的建设。

一、保护海洋生物的多样性——大堡礁海洋公园的管理

大堡礁（The Great Barrier Reef）位于澳大利亚东北部昆士兰州海岸外，自然景观十分优美、从北部的约克角（Cape York）向东南延伸到埃利奥特夫人岛（Lady Elliot Island），绵延约两千多公里，总面积约达34.78万平方千米，相当于英国和爱尔兰的面积之和。大堡礁是地球上最为广泛的生态系，是世界动物多样性最丰富的地区之一，也是世界上最大、最集中的珊瑚礁群，因其具有突出的生物学意义和普遍价值的自然景观于1981年被列入《世界遗产名录》。它是澳大利亚的第一个世界遗产，也是世界上面积最大的世界遗产；它是全球最大、最知名的海洋保护区，被称作世界七大自然奇观之一。

大堡礁拥有旅游、渔业、科研和土著文化等多种资源，其中，对旅游资源的利用最为突出。大堡礁是澳大利亚发展旅游业的重要吸引物，并成为重要的经济来源，每年吸引了大量的旅游者前来观光、度假。澳大利亚联邦政府于1975年成立大堡礁海洋公园管理局负责该地区资源开发和保护的协调管理工作，目的是保护这一区域突出的生物多样性及合理利用。管理局通过分区管理来实现这一目标，在分区计划和管理计划的控制下，允许开展合理的旅游、钓鱼、划船、潜水和研究活动，以最大限度地减少对环境的影响和冲突。

与当今世界上其他地区的珊瑚礁系统相比，大堡礁海洋公园大部分保持了良好的状态。《2004年世界珊瑚礁状况报告》指出，全球三分之二以上的珊瑚礁遭到严重破坏或处于进一步恶化的险境，在数次年度全球珊瑚礁破坏状况排名中，澳大利亚和太平洋岛屿的珊瑚礁被列为破坏程度最轻的地区。世界自然基金会指出，如果全世界不采取严厉的措施保护珊瑚礁，全球百分之六十的珊瑚礁将会在2030年以前死亡，世界各国应该像澳大利亚保护大堡礁那样保护

珊瑚。[①] 澳大利亚对世界最大自然遗产的保护和开发并重,取得了令人瞩目的成效,被世界旅游业引为范例,其成功经验值得总结和借鉴。

为了保护大堡礁自身的美丽和动、植物的多样性,澳大利亚于1975年制定了《大堡礁海洋公园法》,该法规定将大堡礁划为国家海洋公园,成立大堡礁海洋公园局,制定相应的管理条例,进行监视和执法,从事科研和监测以及在公园内的各个部分进行区划工作,大堡礁海洋公园的管理主要由大堡礁海洋公园管理局(以下简称公园局)负责。公园局下设两个办公室和六个处,即:计划管理处、科研监测处、环境影响管理处、教育情报处、管理处和水族馆处,为了协调国家和地方对海洋公园的政策,以及广泛听取各方面的意见,还成立了两个委员会:大堡礁部长委员会和大堡礁顾问委员会。[②]

大堡礁海洋公园管理机构的职责及任务分别介绍如下:

公园管理局办公室:该局有两个办公室,一个在接近珊瑚礁的汤斯维尔市,一个在首都堪培拉,这种安排是因为该局在接近珊瑚礁的汤斯维尔主要有一些技术业务,而在堪培拉要履行一些主要公务。汤斯维尔办公室拥有工作人员近百人,主要从事公园局的经营管理活动。堪培拉办公室负责对公园局主席和大堡礁部长委员会秘书提供管理支持,并向部长提供建议,负责与艺术、体育、环境、旅游和国土部、国会额联系,以及与在堪培拉的其他部门和对海洋公园有兴趣的组织进行联络,协助制定和宣传有关的政策。

大堡礁部长委员会:为了在部一级协调联邦和昆士兰州政府之间就大堡礁建设发展的联络沟通,1979年6月建立了大堡礁部长委

[①] 郭晓军:《全球珊瑚礁遭严重破坏、海底之花濒临灭绝》,载《新华网》,2004年12月10日,http://www.china.com.cn/chinese/huanjing/725350.htm,浏览时间:2016-07-24。

[②] 料立公:《澳大利亚:生态旅游管理有"诀窍"》,载《新华网》,2003年10月3日,http://news.sina.com.cn/w/2003-10-03/1604860001s.shtml,浏览时间:2016-07-24。

员会，该委员会由四位部长组成，联邦和州政府各出两名人选，大堡礁公园管理局的堪培拉办公室也是部长委员会的秘书处。

大堡礁顾问委员会：该委员会是独立于部长和公园局的顾问机构。这个委员会代表了大堡礁公众和私人部门的最广大利益，包括旅游、渔业、科研和保护。该委员会由部长委任的若干成员（任期3年）和由公园局任命的一个成员（任期不定）组成。其主要职责是主动或根据请求向部长提出有关大堡礁海洋公园法执行事务的建议；[①] 向公园局提出有关海洋公园建设的意见。

计划管理处：公园局的计划管理处是由原计划处和公园管理处合并而来的，该处有两个主要任务：一是通过海洋公园方面的声明来制定和评审区划计划、管理条例和其他管理战略，确保大堡礁的永久性保护、理性利用、了解和欣赏，使公众参与这一过程是整个计划方法的组成部分；另一个任务是与昆士兰州政府和其他机构一起低费用地完成区计划、管理和其他计划。

环境影响管理处：该处的职责是对大堡礁的环境影响进行低成本评价和管理。与昆士兰州政府和其他部门一起发放许可证、回收有关费用，该处与计划管理处的区别在于，计划管理处负责计划、区划和日常管理，而环境管理处则负责环境影响评价和对许可证的管理，研究成本回收和用户支付政策。

科研监测处：该处的职责是获得并解释有关大堡礁的情报，执行海洋公园局的规划，以使海洋公园的管理和开发更为恰当。该处的工作人员主要负责管理和协调委托的研究课题。大部分科研课题是根据海洋公园的计划和管理需求来确定的，并与外面的机构，如大学、政府团体和私人顾问签定合同。科研监测处所从事的其他研究包括：评价科研许可证的申请、公众环境报告和环境影响报告书；为海洋公园中已批准的开发活动制定环境监测规划，扩充进展中的

---

① 资料来源：http://www.docin.com/p-263696966.html，浏览时间：2016-07-30。

澳大利亚海洋研究数据库；向公园局的教育情报提供技术建议；与科学团体联系，为澳大利亚科学委员会基金组织评审有关海洋公园管理的建议；根据油溢应急计划提供科学建议。[1]

教育情报处：该处主要负责向公众提供教育情报材料以及服务，通过多种方式提高公众对大堡礁、海洋公园和公园局的了解，增加公众对公园局的政策、规划和服务意识的了解和支持，鼓励公众欣赏大堡礁海洋公园以及对它的责任心。

水族馆处：1987年6月2日大堡礁水族馆开放。作为"大堡礁胜境二百周年纪会"工程的一部分，该处致力于提高公众对大堡礁、海洋公园和公园局的了解、欣赏和支持，并由公园局以完全回收成本的原则进行经营管理。这个水族馆以珊瑚礁系统为特征，通过透明隧道向公众提供一个容易接近的珊瑚礁环境，景观十分迷人，十分真实。可以激励旅游者进一步参观大堡礁。

管理处：管理处是公园局行政管理和服务规划的一部分，其职责是通过对部长、公园局及其工作人员进行行政管理，如，人员管理，财政管理，财产、保管和登记的一般服务[2]，支持他们的工作、提高工作效率，使公园局的各种规划能够顺利执行。

澳大利亚对大堡礁海洋公园的管理体制主要包括以下方面：一是建立严密完整的行动计划，二是重视合作管理及建立伙伴项目；建立十分完善的遗产保护和旅游管理的法律法规体系；对游客的行为进行引导和管理。

第一，建立严密完整的行动计划。澳大利亚对大堡礁的旅游管理工具包括一系列完整严密的计划，主要有分区计划、地点计划、管理计划和25年战略计划，这些计划从空间上覆盖了整个遗产区

---

[1] 资料来源：http://wenku.baidu.com/view/ca7bc5f77c1cfad6195fa790.html，浏览时间：2016-07-31。

[2] 方悟：《澳大利亚大堡礁海洋公园的管理体制》，载《海洋信息》1991年第2期，第4—5页。

域，并对敏感地带和关键地点给予了细致的管理；在时间上，除重视日常管理外，还非常注重战略管理，使大堡礁的保护和资源利用具有可持续性，而非看重眼前利益，大堡礁旅游管理以这一系列的计划为指导，保证了整个旅游管理过程都贯穿了对世界遗产进行保护的宗旨。[1]

分区计划：《大堡礁海洋公园法》中要求通过建立分区制来规定游客可以到哪里、可以做什么以及其他进入限制，规定在海洋公园内开展的经营活动必须持有旅游经营者许可证。大堡礁分区计划为公园局提供了一个灵活快捷的方法，便于对海洋公园不同地点实施有针对性的适当管理策略。

地点计划：该计划是适用于大堡礁特殊地点的局部性计划，关注特殊的利用问题和累积影响，该计划的制定需要经过与当地使用者的密切协商。地点计划确定某个地点的重要价值，并对私人和公众进入该区域的机会进行平衡。地点计划一旦被认可，该地点就要按照相应的规则来进行管理和利用。

管理计划：管理计划是对分区计划的补充，并用于解决关键问题，主要作用是提高对所有利用累积影响管理的能力。管理计划要鉴别这些区域自然、科学、文化、遗产的使用价值，根据它们的价值，规定进入该区域的参数。如大堡礁内的大部分地区都规定了可进入团队的规模和交通工具的规格。

25年战略计划："大堡礁世界遗产25年战略计划"于1994年产生，提供了对大堡礁未来25年的管理和保护战略以及永久性明智利用大堡礁的基础。该战略计划使每个与大堡礁相关的人都知道大堡礁未来25年内将怎样实施管理。这一计划的顺利实施可以确保大堡礁能够持续保持健康状态，并能完好的交付给后代。

第二，合作管理和伙伴项目。利益相关者的参与是大堡礁旅游

---

[1] 郭珊：《澳大利亚滨海休闲旅游区生态利用研究》，天津：天津大学，2008年学位论文

和游憩管理的重要组成部分。所谓合作管理，指所有相关资源的使用者都参与到公园的管理中，管理不再只是政府的事情。大堡礁海洋公园管理局认为，大堡礁面积大、资源多、用途广，只有通过各方合作，才能解决环保与资源使用的问题，而由此产生的管理措施也才能落实到位，管理才能取得成效。

大堡礁公园所采用的合作管理机制包括：第一，管理局的协调、管理和维护经营者利益，让经营者都有参与的动力。例如，法律禁止船只在当地胡乱停泊，以避免抛锚损害海底的珊瑚。因此当地曾有一个时期出现许多游船不敢来经营的现象，使船运和旅游业受到了影响。为此，该管理局同船运业的代表共同商定了一些可以安全下锚的地区，很好地解决了旅游资源保护和发展的矛盾；第二，构建大堡礁旅游休闲咨询委员会这一重要合作平台。该委员会的会员分别是来自政府、旅游业、当地土著人和渔业等利益相关者，会员通过这个平台共同评估大堡礁环保状况，提出各自对资源的使用要求，并向管理局提出政策建议；第三，利益相关者承担政策实施和监督的责任。例如，旅行社按照管理局提出的环保要求和各自的经营特点需制定"最佳环保操作"细则，并照此执行，管理局对环保操作达不到要求的旅行社停发许可证，对表现好的旅行社则在分配旅游资源时予以优先考虑，管理局还鼓励旅行社之间相互监督、相互举报，另外，旅行社的导游同时也是当地的环境监测员。海洋公园旅游经营者通过自愿参与的伙伴项目真正加入到公园的管理中来。第三，建立完善的法律法规体系。澳大利亚非常重视立法的地位和作用，已经在遗产保护和旅游管理方面建立起十分完善的法律法规体系。1975年颁布的《大堡礁海洋公园法》是关于海洋公园的基本法，其法规为海洋公园的建立、看护和管理提供了框架；1990年昆士兰州政府制定的《昆士兰海洋公园法》对邻近海域的保护提出了补充规定；此外，还有一系列关于大堡礁的专项立法，如《大堡礁海洋公园法（环境管理消费税）》、《大堡礁海洋公园法（一般环境管理费）》、《大堡礁地区（禁止采矿）条例》、《大堡礁海洋公园（水产业）条例》、《环境保护和生物多样性保护法》等。

澳大利亚已有的关于大堡礁法律法规的条款都十分具体，可操作性强，避免了执法中的随意性，减少了执法过程中的不必要摩擦，如，环境管理费收缴规则规定了向旅游者收缴全费、半费和免费的细则，还有不同旅游经营企业的收费细则以及详细的罚款细则等。不仅如此，澳大利亚对待执法也十分严格，游客在大堡礁公园不许带走任何自然物体，甚至贝壳，违者将被处以高额罚款。第四，对游客旅游行为的管理和引导。旅游是大堡礁地区最大的商业活动。为了减少旅游的负面影响，大堡礁海洋公园管理局与海洋旅游业合作，通过采用行动守则和遵从"最佳环保操作"、鼓励和推动产业发展的高标准来保护海洋公园。旅游经营者雇佣有一定技能的员工，向游客告知旅游活动的要求及"最佳环保操作"的方式，如，进入鸟岛要限制速度，接近鸟时要安静，避免迅速、突然地移动，把噪声减到最小，不要高声说话，规定敏感时间等。[1]

二、建立海洋保护区体系——澳大利亚维多利亚州国家级海洋公园

澳大利亚地处大洋洲，因其四面临海，且其大部分的城市都分布在沿海地区，所以无论是联邦政府还是州政府都很非常重视对海岸带地区的规划和管理，现已逐步形成一套综合性海岸带管理体系，包括建立完善的海洋保护区体系。其中，维多利亚州的国家级海洋公园及海洋保护区体系是其中具有代表性的、一个较大的系统。

澳大利亚维多利亚州国家级海洋公园及海洋保护区体系是依据

---

[1] 邓明艳：《国外世界遗产保护与旅游管理方法的启示——以澳大利亚大堡礁为例》，载于《生态经济》2005年第12期，第76—79页。

1975年的《大堡礁海洋公园法》建立的，整个体系包括十三个新成立的国家级海洋公园和十一个小型的海洋保护区，该体系将维多利亚州整个海岸带范围内的一般地域与重点地域相结合，其中，所有海洋公园和海洋保护区的面积大约占维多利亚州海岸水生面积的百分之五以上。建立这些海洋公园和海洋保护区的目标是确保维多利亚州生物的多样性、保持良好的海洋环境，其中，海洋公园主要用于保护维多利亚州内具有代表性的海洋生物及其生存环境和生物链；海洋保护区主要是对具有显著自然价值和文化价值的小型海洋区域进行保护。

在《国家海洋公园和海洋保护区发展战略（2003—2010）》中设定了五个战略目标：一是保护有价值的自然环境；二是保护并认证文化遗产；三是加强保护区与当地社区的融合；四是加强保护区内娱乐业、旅游业和参观访问的管理；五是加强对保护区环境的研究和监控。[1] 同时，每一个战略目标都有其具体的实施细节，涉及到的主要方针政策包括：保护和丰富保护区内的自然价值和文化价值；确保海洋保护区管理的优秀性和创新性；加强社区交流，培养社区居民的主人翁精神；对外提供高质量的信息服务和管理；从长远的眼光看待保护区的规划和发展；鼓励和发展个人及组织参与到保护区体系中；认知和尊重当地土著居民的文化习俗；加强保护区管理决策在环境、文化和经济发展方面的可持续性；确保管理建立在科学的、充分考虑各方面意见的基础之上；充分体现规划和管理过程中的透明度，建立责任制度；保持对量化产出的关注。[2]

综观维多利亚州的国家级海洋公园和海洋保护区体系可以发现，其整个系统是把沿海区域的资源保护与海洋管理结合起来的，而在沿海区域的资源保护方面，又将自然资源和人文资源相结合，例如，

---

[1] 陈飞、王灵舒：《综合性海岸带规划与管理探讨》，载于《规划师》2005年第11期，第69—71页。

[2] 同上。

在环境保护体制方面，通过确认和定义自然资源的价值、基本状况和面临的潜在威胁来分析未来对自然资源进行价值保护可能产生的主要威胁是什么并制定相应的管理目标；根据不同保护区的基本情况制定相应的行动措施并实时评估这些措施的有效性，为保护海洋资源提供充足的决策信息；其他保护措施，如颁布濒危生物及其生存环境保护条例、研究海洋有害生物的防治措施、跟踪海岸及流域活动的影响、做好海洋事务应对和规划工作等，都对自然资源的保护起到了一定作用。在海洋文化资源的保护方面，保护航海历史文物等政策起到了一定的作用；通过举办社区交流和咨询会等活动来帮助当地居民增强环保意识、充分了解沿海区域资源的保护体系的价值所在。这些经验都是值得我们借鉴的。

虽然维多利亚州国家级海洋公园和海洋保护区体系是依据澳大利亚《大堡礁海洋公园法》和1998的《澳大利亚海洋政策》而建立的，尤其海洋保护区体系的建立被视为澳大利亚迈向海洋环境综合生态规划和管理的里程碑，遗憾的是该体系并不是全国性的，它与其他州的海洋保护体系并没有形成相互的协调。因此，从这一点上来说，维多利亚州国家级海洋公园和海洋保护区体系规划并不完全是综合性的，因为它没有真正实现从澳大利亚联邦政府到地方州政府的垂直整合与协调。

第六章 澳大利亚的海洋经济战略

《联合国海洋法公约》的生效对世界的海洋开发利用和海洋活动秩序的维护起到了巨大的推动作用。世界性的海洋开发热潮使海洋经济发展一日千里,海洋经济在世界经济中所占的比重也越来越高,逐渐成为国际经济的一大支柱,海洋经济的发展水平也成为衡量国家国际地位的一大标准。[1] 澳大利亚也利用地缘优势,顺应时代发展的潮流,加大了对海洋资源的开发力度,并致力于建立科学合理的海洋开发体系及海洋经济发展战略。

"澳大利亚幅员辽阔,资源丰富、种类多、储量大,目前已探明的铝矾土、铁矿砂、镍、锌、锰的储量和产量都居世界前列,"[2]。根据中国商务部提供的资料显示,中澳双边贸易额近年来呈现持续增长态势,中国成为澳大利亚第一大贸易伙伴、第一大出口目的地和第一大进口来源地。[3] 同时,据澳大利亚外交贸易部统计数据显示,中国位居澳大利亚第一大贸易伙伴。[4] 澳大利亚和中国在多个经济领域存在互补关系,包括农业、优质食品生产、矿产资源、新兴技术

---

[1] 李尚志等:《迎接海洋世纪的挑战》,载《中国海洋报》第2期,1998年2月13日。
[2] 李常磊:《澳大利亚文化博览》,上海:世界图书出版公司,2004年版,第21页。
[3] 中华人民共和国商务部:《2011年澳大利亚货物贸易及中澳双边贸易概况》,http://countryreport.mofcom.gov.cn/new/view110209.asp? news_id=27950,2013年4月3日。
[4] Department of Foreign Affairs and Trade, Trade at a Glance 2012, Canberra: Department of Foreign Affairs and Trade, 2012, p. 5.

和科学研发以及医疗健康和老年护理、金融等蓬勃发展的服务业。据中国商务部提供的资料显示，2014年至2015年中澳双边贸易额逾1386亿澳元，而中国直接在澳大利亚的投资额也高达约300亿澳元。[①] 2015年12月20日，中澳自由贸易协定（ChAFTA）开始正式实施，在这样的契机下，第三届"澳大利亚周·中国"经贸推广主题活动于2016年4月11日至15日在中国10城市同时顺利举行，促进了两国双边贸易的进一步发展，不仅展现了双方互补的经济发展环境，更迎合了中国未来发展的政策及相关战略计划，为两国提供大量潜在发展机遇。[②] 澳大利亚四面环海，其对外贸易主要以海洋运输为主，通过对澳大利亚海洋经济战略的研究，能够为促进中国与澳大利亚的贸易往来提供一定的借鉴。

第一节　澳大利亚海洋产业的现状与主要问题

在全球化浪潮中，世界上的主要经济体可以分成三类国家：以美国、欧盟和日本为代表的资本和消费型国家，以中国和印度为代表的生产型国家，以中东、俄罗斯、巴西、澳大利亚为代表的资源型国家。澳大利亚东临太平洋，西临印度洋，是世界上海岸线最长的国家之一。澳大利亚不仅海域广阔、海洋资源丰富，而且海洋科学研究力量雄厚，资源管理的模式世界领先，依靠其自然资源的输出创造了大量的"商品美元"。

以英、美为代表的发达国家建立的结构庞大的海洋产业群，突破了以海洋渔业、盐业、运输业为主的三大海洋传统产业，建立了

---

① 资料来源：http://www.vsharing.com/k/vertical/2016-3/716623.html，查询时间：2016-06-10。
② 同上。

海洋油气开采，海水养殖和海洋娱乐业为主的新兴海洋产业以及海水资源利用、海洋能利用、海底矿物开采和海洋生物资源开发为主要内容的海洋高科技产业。[①] 澳大利综合国力虽不如西方大国明显，但其排名常居世界前列，不论是富克斯（Fucks）的强国公式还是克莱因的国土方程计算公式亦或学者黄硕风的评估，澳大利亚的综合国力包括科技力在世界上都占有重要地位。[②]

随着世界经济和科技的高度发展，开发利用海洋的条件不断成熟，国际海洋法律不断健全，各国开发利用海洋过程中也陆续形成了其基本的法律保障。自20世纪90年代以来，澳大利亚制定了一系列的海洋产业发展战略，目的是统一产业部门和政府管辖区内的海洋管理政策，为保证海洋的可持续利用提供法律框架，为规划和管理海洋资源及其产业的利用提供战略依据。

一、海洋产业的地位

海洋中蕴藏着大量的生物资源、矿产资源、海洋能资源以及化学资源，这些资源的开发利用对澳大利亚具有重要的战略意义。澳大利亚专属经济区和大陆架面积相当于本国陆地面积的两倍，其区域内海底石油天然气等重要资源的开发利用能够为本国带来巨大的经济利益和发展潜力，海洋产业在澳大利亚经济社会中占据举足轻重的地位，一方面是海洋产业存在巨大的产能输出，另一方面海洋产业还极大地刺激了其他部门的生产和就业。澳大利亚政府依托四面环海的地缘优势，视周边海域为发展基地，把发展海洋经济作为增强综合国力的一项重要措施和国家海洋战略的重要内容。

澳大利亚的海洋产业可以分为四类：第一类是海洋资源型产业，

---

① 张登义：《海洋——人类未来的希望》，载《中国海洋报》第1期，1998年1月20日。
② 文艳、倪国江："澳大利亚海洋产业发展战略及对中国的启示"，载《中国渔业经济》2008年第26卷第1期，第79—82页。

指那些与海洋资源利用直接有关的产业以及相关的下游加工业，包括海洋油气业、渔业、海洋药物、海水养殖和海底采矿业；第二类是海洋系统设计与建造业，包括船舶设计、建造和维修，近海工程和海岸工程；第三类是海上作业与航运业，包括海上运输系统、漂浮和固定海洋结构物的安装、潜水作业、疏浚和倾废等；第四类是海洋有关设备和服务业，包括制造业、海洋电子和仪器仪表工程和咨询公司、机械、通信、导航系统、专用软件、决策支持工具、海洋研究、海洋勘探和环境监测等。[1]

据保守估计，目前海洋产业每年为澳大利亚经济做出大约440亿美元的贡献，在现有工业不断发展扩张、新的可再生能源如海浪、潮汐、风能等效益与日俱增的情况下，海洋产业的贡献值将不断增加。[2] 现阶段最具发展潜力的海洋产业是人工水产品养殖，现在澳大利亚的渔业产值有超过1/3皆来源于此。澳大利亚海运在世界贸易中也占有重要地位，远洋运输除依靠自有货轮外，还使用日本、英国、巴拿马、新加坡等外国轮船。由于澳大利亚国内市场狭小，对外贸易收入在GDP中比值巨大，海运是否畅通直接关系到澳大利亚的贸易进出口、外贸的开展和国民经济的发展。

2015年8月10日，澳大利亚发布战略规划报告《国家海洋科学计划2015—2025：驱动澳大利亚蓝色经济发展》（National Marine Science Plan: Driving the development of Australia's blue economy），该报告介绍了澳大利亚蓝色海洋的愿景、未来的重要挑战和未来的行动等，并指出，到2025年澳大利亚海洋工业每年对澳大利亚的经济贡献值将达到1000亿美元，生态系统服务如吸收二氧化碳、营养循环和海岸带保护等，还将贡献大约250亿美元的价值。在下一个十年，澳大利亚海洋经济预期增速将比澳大利亚整体GDP增长速度快

---

[1] 资料来源：http://www.doc88.com/p-4915451158528.html，上网时间：2016-06-13。
[2] 资料来源：http://www.docin.com/p-1076809306.html，上网时间：2016-06-20。

三倍。① 该报告认为在澳大利亚实现海洋经济增长潜力过程中将面临七个方面的重要挑战，分别是：维护海洋主权和安全；实现能源安全；确保食品安全；保护生物多样性和生态系统健康；建立可持续的沿海城市开发；理解和适应气候变化；建立公平和平衡的资源分配机制。为了应对以上挑战，澳大利亚需要利用和加强"海洋科学"这一重要的经济和环境驱动力。②

二、海洋产业的现状

欧洲殖民者在澳大利亚定居时期建立起了第一产业。从那时开始，澳大利亚的经济发展主要依靠第一产业的推动，其经济支柱主要是采矿业等工业。其后，随着其海洋产业呈现强劲的、持续增长的发展势头，成为世界海洋产业产值对国民经济贡献率最高的国家。如今，澳大利亚在海洋产业的许多方面已处于世界领先地位，并且颇具世界竞争力，例如：澳大利亚的船舶工业、海洋环境和海洋工程居于世界领先水平，特别是造船和海洋工程服务，包括造船和船舶设计、制造（如铝合金快船、缉私船、巡逻船、游艇、捕鱼船）、海洋工程、码头及港口设计和建设、海洋环境保护、渔业管理等。③澳大利亚适应地区需求的海洋产业有海洋旅游、海洋油气、航运、船舶制造等，其主要的海洋产业是海洋油气业和海洋旅游业。

澳大利亚海洋产业的巨大潜力，对其经济增长和就业持续产生巨大的影响。在很大程度上，这种影响将大于其他的经济部门，因此，海洋产业在未来国民经济中的地位将更加重要。除现有产业的增长外，新兴海洋产业的发展还存在巨大的潜力，例如由海洋生物

---

① 资料来源：http://www.oceangrapher.com/chinese/kjjz/uk/12.html，查询时间：2016-06-23。
② 同上。
③ 韩锋、刘樊德：《当代澳大利亚》，北京：世界知识出版社，2004年版，第251页。

中提取药物和精细化学物质就属于新兴海洋产业。[1] 无论是在澳大利亚还是在海外，某些产业增长所依靠的海洋资源基地还没有得到充分地开发利用，这既预示着新的增长前景，也势必会引起海洋国家之间的激烈竞争，以取得海洋资源开发和管理所需技术和产业的领先地位。澳大利亚已经掌握了一些海域的资源信息，如某些地区的渔业资源和石油与天然气储量情况等，但目前对包括海岸带、专属经济区和大陆架在内的海洋国土的潜力所知仍少，仅对这些辽阔海域的很小一部分进行了系统勘探。因此，有理由假设，澳大利亚海洋资源和产业的发展前景还是非常广阔的。据澳大利亚海洋产业发展战略家分析，澳大利亚海洋产业呈现强劲的增长势头，前景看好，海洋产业产值实际的年增长率将近8%，大大超过一般经济的增长，个别海洋产业部门发展速度更快。[2] 海洋产业对澳大利亚出口业作出了很大的贡献，据估计，到2020年其海洋产业的产值将达到500亿—850亿澳元。[3]

澳大利亚在海洋产业管理、研究、教育和培训等方面也具有很强的技术基础，其联邦政府特别重视海洋产业的可持续发展，提出根据现有产业的优势和技术基础，一定要在有效、持续性以及最佳化发展方面使本国的海洋产业成为具有国际竞争力的大产业，保持海洋开发技术和产业的地区或国际领先地位。另外，澳大利亚将通过海洋产业扩大劳动就业机会作为其国家经济政策的一项重要目标。在一系列政策推动下，澳大利亚海洋产业容纳了大量就业者，且具有创造地区高附加值及新型就业机会的巨大潜力。

（一）保持较强竞争力的造船业

澳大利亚造船业分为军用舰船制造业、民用船舶制造业和游艇

---

[1] 张德山：《澳大利亚海洋产业的现状和发展前景》，载《海洋开发与管理》1999年第16卷第3期，第51—53页。
[2] 荆公：《澳大利亚海洋产业发展战略》，载《海洋信息》1998年第6期，第5—7页。
[3] 文艳、倪国江：《澳大利亚海洋产业发展战略及对中国的启示》，载《中国渔业经济》2008年第1期，第79—82页。

制造业，年产约 15 亿澳元以上，从业人员约 6 万人。军用舰船制造业业务范围包括大型装备，如护卫舰和潜艇等的制造，也包括舰船的改装和修理。澳大利亚建造军用舰船对本国宝贵的战略能力和技术发展具有重要意义。澳联邦政府认为，民用船和军用船两个产业部门加强联系与合作也将会创造可观的效益，目前澳大利亚转包公司已掌握了高比例的现行军用舰船的制造技术基础。

自 1789 年以来，澳大利亚就有了民间造船业，这一产业经历了显著的巨大变革后，现在正以迅猛势头获得新生。该产业现在基本上分化为若干专业化小产业，且已停止了钢质集装箱船和散装船的制造，仅建造少量渔船、海上油气业的服务船等特殊钢质船，现在集中力量建造大型高速铝质船舶，如汽车与旅客渡轮、大型豪华摩托艇等，即便如此，该产业已成为高度集中的出口型产业，前景仍旧看好。澳大利亚造船业拥有建造铝质船的相当大的优势，其制造的高速铝质渡轮已占领近世界市场的 1/3。

澳大利亚建造的民用船舶的产量高，而建造的军用船舶的产值高，这些军用船大部分是钢质船，现已被出口的有监视船、拦截船和登陆艇等小型专用船舶。澳大利亚造船业目前已成为高度外向型产业，80% 以上的民用船产量供出口，出口量占世界高速轮渡市场的 1/4 至 1/3，该产业已处于强有力的市场地位。一批新生的国际竞争者正力争占有澳大利亚的市场份额，澳大利亚造船者协会已制定一项战略计划，在 20 世纪末出口量增长到 10 亿澳元的基础上，进一步提高年平均增长率 20%—25%。

澳大利亚为了使造船业在国际市场上保持较强的竞争力，重点关注的问题包括：改进船舶的设计和质量；扩大产品的范围；加大政府对造船业的支持，如获得财政支持和造船补贴；改善科研向产业的技术转让；维持和发展军用舰船设计和系统集成能力；加强民用造船业和军用造船业之间的合作。

(二) 船运和海上贸易催生的海洋运输业

作为一个岛国，澳大利亚与海洋运输业，特别是与散装初级商品的出口休戚相关，是世界上海洋运输业最大的用户之一。船舶运输和海上贸易是澳大利亚的所有海洋利益中最主要的组成部分，海上贸易的交易值和交易量在其对外贸易中所占的比例逐步上升，按照目前飞机制造业发展缓慢、船运工具得到显著改进的情况估计，这种趋势将变得更加明显。澳大利亚进出口在很大程度上依赖于海洋运输业，海上运输在国内运输业中占主导地位，海洋运输业年产值约20余亿澳元，海洋运输业还带动了一系列服务行业的发展，如船舶维修、造船、海洋保险、船舶经纪业及航运机构等。[①]

澳大利亚的海上贸易虽然是与世界海运的发展同步繁荣起来的，但是，澳大利亚的绝大多数海运贸易都是由外国船队完成的，这其中有些船队虽然是在外国注册，但是其所有权属于澳大利亚，在外国注册只是出于便于交易或者便于第三方管理的考虑，这种跨国性质的船队在海运领域比较普遍。关于澳大利亚是否应通过增加本国船运舰队数量来保证本国的安全和维护本国利益的讨论一直未有定论，这种方案的拥护者认为拥有更多本国船队有利于在未来发生海上冲突时保护本国的利益不受损害，而反对者认为盲目增加本国船队数量的做法并不符合澳大利亚目前的经济现实，这样做只能变相提高船运的成本，反对者还认为由外国船队来完成澳大利亚的海运贸易可以转移一部分贸易风险给别的国家。

随着人们保护环境和节约能源的意识变得越来越强烈，无论在国际还是国内贸易中，都逐渐有一些交易更倾向于选择海上运输的形式。近年来世界海上贸易发展迅速，预计到2020年，全球集装箱运输量会是2000年的3倍。尽管船运也会带来二氧化碳排放，导致

---

① 资料来源：http://mil.sohu.com/20100617/n272864029.shtml，上网时间：2016 - 08 - 01。

空气污染，但是相对而言，船运的能源利用率比陆上运输高很多，据统计，用于国内运输的轮船的能源利用率是大型卡车的6倍。因此，在跨州运输中多使用船运，既能减少道路堵塞，又能减少温室气体排放。但是船运最大的缺点是不能够实现户到户的直达运输，货物到达港口之后必须依靠陆上运输工具才能被运送到客户那里，而那些存放在远离港口的仓库里的货物也只能从陆上运到港口。澳大利亚的港口建设最初主要是为了便于装卸货物，因此其附属设施建设已经落后于经济发展的步伐，尤其是跟不上采矿工业的发展速度了。

澳大利亚每年的海上进出口货物价值大致相当，但是二者的重量却有明显差别，出口货物的重量几乎达到了进口货物重量的9倍。出口产品主要是煤、铁等矿物原料，负责运输这些货物的船只在进入澳大利亚时船舱里基本都只装有压舱物和压舱水，所以这也是澳大利亚特别注重防止外来病虫害通过压舱水进入本国的原因之一。

出于环保和节约能源的考虑，澳大利亚在国内运输中，尤其是长途运输中更多地使用船运，如从东南部到北昆士兰州、达尔文州和西澳大利亚。普及船运有利于交通安全和人力资源的开发，但是这对现在港口设施的吞吐能力是一个挑战。澳大利亚政府会适时对沿海航运工业进行一次大检查，以确定沿海航运、海陆联合运输的发展能够满足国家的发展需求，而且需要将其与未来的基础设施建设计划统一起来。

（三）海洋油气开发牵引下的能源产业

澳大利亚历来就被认为是一个在能源上可以实现自给自足的国家，尤其是煤、石油、天然气和铀矿资源非常丰富。前总理约翰·霍华德就曾描述澳大利亚是一个"能源超级大国"。海洋油气生产是澳大利亚最大的海洋产业之一，每年产值约80亿澳元，出口约25亿澳元。石油是澳大利亚价值最高的资源产业，是其技术转让的重要渠道，目前澳大利亚石油和天然气产量的90%产自近海海域。澳大利亚从20世纪60年代初就开始进行海上石油勘探，目前已探明蕴含丰富资源的大陆架区域包括：埃克斯茅斯深海高原——澳大利亚的陆上气体燃料主产区卡那封盆地的深海延续；沃勒贝深海高原——位于埃克斯茅斯深海高原南部；内特鲁利斯特深海高原——距澳洲大陆西南端约1700—4000米的海底高原；大澳大利亚湾地区的扩展大陆架有可能成为新的石油主产区，索雷尔盆地以北500—800千米的塔斯马尼亚岛、南塔斯曼海都是蕴藏大量矿产资源的地区。①

澳大利亚不仅是原油和精炼石油产品的净进口国，同时也是天然气净出口国。澳大利亚石油工业的前景十分看好，其可采天然气储备有90%集中在西部和西北海岸，为油气业的发展提供了巨大潜力，包括帝汶角地区在内的波拿巴海盆，石油储量颇大，但是至今基本未予勘探。因为资源分布靠近海洋，所以钻机、浮式储油装置、管道和岸上终端等开采设施对澳大利亚而言都异常重要，保证这些设施的安全是充分利用自然资源的必要前提，为此澳大利亚不断致力于发展新的海底钻探技术以攫取已探测到的深海底天然气储备。

目前澳大利亚已探明的沿海大陆架未开发石油储备还很丰富，按照目前的开发条件及标准，这些石油储备中能够开采的约占1/5，虽然如此澳大利亚仍担心会出现能源短缺问题，十分重视可再生资源。近年来，澳大利亚使用的石油产品中自给部分所占的比例由以往的60%降低至20%，也就是说其对进口原油和精炼石油的依赖程度会越来越明显，而这些石油都只有通过海上运输才能进入澳大利亚，因此海洋安全对能源安全具有重要意义。

如果油气资源最终耗尽时，环绕在澳大利亚四周的海洋提供了多种候选的可替代能源，如风能、波浪能源、潮汐能以及基于海藻

---

① 资料来源：http://mil.sohu.com/20100617/n272864029.shtml，查询时间：2016 - 08 - 01。

的生物燃料所产生的能源。澳大利亚最新的研究方向是通过开发海底的甲烷水合物来提供能源，海洋是一个巨大的太阳能搜集器，几乎所有的海岸上都可以安装太阳能电池列阵；利用海洋热能技术可以从温暖的海洋表层水和较冷的深层水的温差中提取能量；潮汐能的开发潜力非常大，尤其是在澳大利亚北部海域，那里拥有强劲的潮汐流和巨大的潮汐潮差；波浪能源的利用还处于初级阶段，用于商业应用还需要待以时日。目前澳大利亚的能源消耗中可再生能源只占到5%左右，地理环境和气候条件是限制可再生能源普及的主要因素。如何加大可再生能源的消耗而降低对不可再生资源的利用，不仅是澳大利亚面临的一项重要研究课题，也是世界各国所普遍关注的，尤其是资源短缺的国家，而澳大利亚凭借其得天独厚的地缘优势，加之不断的科技攻关，势必会在海洋能源的应用领域取得一系列重大突破。

（四）方兴未艾的海洋旅游业

澳大利亚不仅海域呈现多样性，而且拥有漫长的海岸线，其海洋环境保护较好，绝大部分的海域未遭到人类活动的破坏，加之诸如大堡礁之类的世界旅游胜地，使得海洋旅游业成为澳大利亚海洋产业的最大业主，直接就业人口达50余万人，占总就业率的35%左右，其经营活动范围十分广泛，包括带潜具的潜水消遣性游钓渔业、冲浪、游艇和划船、海滩度假、向本国游客和海外游客提供商品和服务等。澳大利亚旅游娱乐业正呈现出普遍迅速增长的趋势，方兴未艾的前景十分诱人，海外游客数量迅速增长，极大地推动了游艇和码头的开发与建设，并带来了丰厚的回报。

澳大利亚的大堡礁海洋公园近些年的游客年增长率达百分之五十，大堡礁海洋管理局和州政府共同管理大堡礁旅游和其他活动，并邀请相关产业、科研人员、政府和社会团体共同参与大堡礁的管理工作，另外，还成立了大堡礁生态可持续发展合作研究中心。除加强在大堡礁海洋公园的开发和管理外，澳联邦政府正考虑开辟国际海上游览项目。这些措施对推动澳大利亚海洋旅游产业的进一步发展必将产生积极的作用。

另外,澳大利亚的游艇和生态旅游也正呈现出特别好的增长趋势,澳大利亚正在努力开拓游艇业迅速增长的国际市场。例如,联邦政府已公布了一份详尽的《游艇战略》报告,澳大利亚旅游委员会也表示支持游艇业的发展。旅游委员会还指出,澳大利亚必须在岸线基础设施、检疫和移民手续办理、产业法规、港口废弃物处理设备、燃料和其他成本等方面提高其竞争力,才能取得成功的机会。随着亚太地区人口的不断增多,生活水平日益提升,其已经成为澳大利亚入境游客的重要来源。为此,澳大利亚也逐渐加强了与亚太地区在经济、贸易、旅游等行业的合作。

(五) 前景良好的水产养殖业

澳大利亚的海洋捕捞业并不发达,由于环境特殊,澳大利亚的水域生产能力比其他国家要低,野生资源过度捕捞和资源衰退现象比较严重。近年来,澳大利亚政府对海水养殖非常重视,正在投入资金和研究力量,准备大力发展水产养殖业。澳联邦政府投入了大量资金建立起多个规模较大、设备先进的生产、科研及试验基地,对十多个水产品种的人工育苗技术进行攻关研究。1991年澳大利亚创办了金枪鱼牧场并扩大了鱼、虾、贝类的养殖规模,产殖量、出口产值和新的就业机会均有大幅提高。[①] 澳大利亚主要的水产养殖品种有珠母贝、鲑鱼、金枪鱼和食用牡蛎等,近年来,新物种养殖也已开始,尤其加大了对包括对虾、鲍鱼、贻贝、鲈科和其他鱼类的养殖规模,这些产品大部分供出口,对虾和某些鱼类出口前景看好,如海龙虾、鲍鱼等。此外,以渔业水产品加工、保鲜和销售为主的海洋食品产业也已初具规模,从业人员达到两万余人。由于饮食结构的差异,澳大利亚水产养殖成为一个以出口为主的重要产业,而

---

① 国家海洋信息中心:《澳大利亚海洋开发发展战略》2003年1月版,第13—14页。

且不存在自然资源和产量的限制问题。可以预见，随着海产食品的国际需求不断增长，捕捞业日益不能满足这一需求时，具有广泛空间和巨大潜力的澳大利亚水产养殖业必将得到更大规模的发展。

（六）潜力巨大的海洋新兴产业

澳大利亚拥有世界上最大的专属经济区，是世界上海洋生物多样性的"热点"地区之一。不仅如此，澳大利亚还具有一些发展潜力巨大但尚未被充分发展的新兴海洋产业，主要有海洋生物技术和化学品开发、海底矿产开发、海洋可再生能源开发、海水淡化等产业。海洋生物技术和化学品开发产业，包括利用自然的或经加工处理的海洋生物作为特殊精细化学品或其他批量生产化学品原材料的任何商业活动，还包括利用生物技术改造海洋生物，或为某种目的改变海洋生物特性的活动。澳大利亚只有少量机构从事海洋生物技术的开发研究，目前正在筛选和分离可制成人类医药或兽药的生物活性化合物。澳大利亚利用养殖海藻作食品色素用的 β – 胡萝卜素和维生素已实现商品化生产，成为世界上天然 β – 胡萝卜的最大生产国，几乎全部供出口。

澳大利亚海洋生物技术和化学品之所以具有较强的竞争优势，原因在于本国丰富的生物多样性，其生物多样性不仅存在于热带珊瑚礁海区，还存在于深海海底的生物群落。海洋生物多样性是开发各种新材料、新化合物和新有机物的巨大源泉，也是药物的新化学品来源，以及食品加工业和制造业的化学品来源，利用海洋生物和其他生物吞食或分解海洋环境中的污染物和毒素这一特性可以对生物防治领域进行研究，因此以海洋生物为基础的新兴产业的发展前景十分广阔。在海洋生物技术和化学品领域，澳大利亚已处于世界领先地位，澳大利亚不仅重视有效利用生物多样性的能力，还将生物多样性的养护、新化学品知识产权保护等密切相关的工作放在同等重要的议事日程上。

目前，海底采矿是一个未得到充分发展的产业，如果技术、海岸侵蚀、对沉积物动力的影响等问题都能够得到解决，该产业的发展潜力是很大的。现在已经在进行一些诸如砂砾、石灰石等低价值材料的开采活动，当将来陆地上这类资源贫乏时，还将进一步开采砂石等建筑材料，像金属、宝石之类的高价值矿藏，尽管开采难度较大，但也可能成为开采目标。澳大利亚已将金和金刚石开采许可证授予给了具有开采资质的单位。深海锰结核矿和金属矿的开采也引起人们极大的关注。有研究分析表明，对某些海区这类矿物的开采现在在经济上是可行的。海洋可替代能源是另一个基本未被开发的领域，当前仅存在一些有限的实验性开发。北澳大利亚存在潮汐能开发的巨大潜力，但该产业的发展受到许多因素的制约，如技术可行性、价格以及其他形式的能源充足与否。

（七）野生资源保护模式下的捕捞渔业

澳大利亚四面环海，东面和东北濒太平洋的塔斯曼海和珊瑚海，北、西、南临印度洋及其边缘海，其陆地和海洋领土横跨热带、亚热带和温带，海岸线长，岸形曲折，港湾众多，具有天然优越的海产品养殖和捕捞条件，并且拥有世界上第三大专属经济区和多种海洋渔业资源。在澳大利亚专属经济区内大约栖息有三千多种鱼类、两百多种甲壳类和软体动物，仅沿岸水域的鱼类就有两百多种，甲壳类六十余种，软体动物三十余种。虽然澳大利亚水域生产力比其他国家低，按捕捞数量计算，澳大利亚仅列于世界第五十位左右，但其海产品的经济价值却比较高，如龙虾、鲍鱼和金枪鱼等。澳大利亚商业捕鱼的规模是仅次于牛肉、小麦、牛奶的食品产业，野生海洋生物的捕捞是澳大利亚一个主要的初级产业。

由于澳大利亚规模开发利用渔业资源的时间较短，目前其渔业资源状况良好，且优质品种占较大比例。20世纪末期，由于澳大利亚经济力量薄弱，渔业技术落后，致使边远海域及深海渔业开发受到限制，为此联邦政府支持本国渔业公司同外国渔业企业建立长期的国际合作，试图利用国外的先进捕捞技术和设备来开发本国的渔业资源，该政策在一定程度上帮助改善了澳大利亚渔业发展的状况。

作为世界渔业大国之一，澳大利亚对渔业的管理方法与中国相比有着明显的不同，强调严格保护和管理模式下对野生资源的开发和利用，而且使用一种更趋向于市场化的管理模式，以政府协调、民间参与、多部门分工的原则，进行科研、生产、贸易、资源管理、环境保护等方面的工作。澳政府非常重视利用科学技术手段强化渔业管理职能，建立船舶监控系统、海洋环境与资源信息系统及互动式语音报告系统等，这大大提高了联邦政府的渔业管理效率，确保渔业资源的可持续利用。

（八）不断细化的高技术产业及支持产业

澳大利亚重视发展海洋高技术产业，而且不断细化相关支持产业，使许多支持产业和服务业均属于"高技术"海洋产业范畴。美国伍兹霍尔海洋研究所 H. Kitepowell 在 1985 年发表的一篇论文中认为这些产业包括如下：海洋仪器仪表，如温度计、海流计、水听器和测量服务；机器人和遥控潜水器，包括模拟器及设计服务；水下检修系统，如摄影和录像设备以及服务；数据处理，包括广泛的分析设备及服务；工程与设计、服务与管理，如沿海和海洋服务、制造、校准、测试等；通信与导航，包括通信设备、定位和跟踪设备、导航服务等；防污技术；先进的军事技术，如声学及电子对抗，军备等。如果将该产业做扩大解释，那么它还包括一系列服务业，如海洋管理、科学研究、教育与培训、社会与经济研究、与海洋产业和开发有关的法律服务等。这些海洋产业的价值远远高于第一、二产业，而且许多这类产业特别重要，其深入发展具有为其他海洋企业及时提供有效产品和服务的巨大潜力。大多数海洋产业都依赖于仪器、通信及导航设备和服务，而澳大利亚是以上设备和服务的主要出口国，面对巨大的世界市场，澳大利亚要经常性地对本国以上产业的发展情况进行深入调查，确保大多数企业是外向型的，以便达到必要的规模经济。

工程服务和制造业也是许多海洋产业的关键组成部分，被看作是海洋产业的重要支持产业，例如海洋油气业，特别依赖于先进的工程技术，即使是鱼网设计和作业也要求有流体力学模拟和分析等复杂的工程技术。近年来，沿岸工程涉及到对沿海动力学的认识和结构物的设计，因此迅速发展成为一个重要的技术门类。

生物污损或结构物上海洋生物的附着生长是一个重大的问题，海运、水产养殖、离岸和沿岸工程等产业都可能会因此受到广泛影响，因此防污技术对于许多海洋产业都具有相当重要的地位。由于政界和社团对环境问题的关注，在澳大利亚还形成了一种能力强大、领域充分细化且多样化的环境管理与咨询产业，政府海洋开发政策和决策的改善可以为已建立这种能力的民间咨询者及政府部门提供进入国际市场的机会，例如澳大利亚海洋保护区的开发和管理享有国际声誉，一些澳大利亚咨询者已经开始出口这类服务。经过一段时间的发展，澳大利亚在这些领域已取得了一定的竞争优势，在溢油回收设备、模拟海上行动和管理等领域的环境服务和技术方面也存在着较大的发展空间。

教育和培训对于海洋产业的进一步发展是必不可少的。高质量的研究、教育和培训对于未来海洋产业的发展和管理将至关重要，这类服务是所有海洋产业及其支持行业得以发展的基础。澳大利亚拥有世界一流的海洋基础研究，尤其在热带珊瑚礁系统研究方面积累了广泛的技能，这一专门技术已出口到亚太地区。澳大利亚的海事培训也享有国际声誉，在海事培训公司网络的帮助下，培训服务已正在向外输出。在关于海洋问题所采用的大图景方式激励下，有关澳大利亚海洋产业跨部门的教育和培训日趋得到更广泛的传播。

海洋和海事法律服务也是一个重要的、专业化的领域，这类服务为海洋产业的发展提供了有力的支持。研究对于支持现有产业和新产业的发展及监测并管理产业对环境的影响是必不可少的，这里研究包括两方面的含义：一是自然科学研究；二是对海洋开发和管理的许多方面都具有重要意义的社会科学研究。

三、海洋产业发展面临的主要问题

毋庸置疑，澳大利亚海洋产业的发展成就是显著的，但海洋产业的迅速发展也为联邦政府的海洋管理带来一些亟需解决的问题，如海洋污染、渔业资源衰退、产业部门之间的矛盾冲突加剧、联邦政府海洋产业管理分散、缺乏透明度等。所有这些问题如不能得到及时的解决，必然极大地妨碍海洋产业的发展。为了达到增强国际竞争力和生态可持续发展的目标，澳大利亚海洋产业和科学理事会（AMISC）从为海洋产业顺利发展创造良好的环境、促进海洋经济新的生长点的成熟和壮大这一基本点出发，直面海洋产业发展中面临的一些重要问题。

（一）需要提高设计能力的造船业

商业造船的前景十分看好，已成为发展迅速的外向型出口业。军用造船需求的增长具有很大的不确定性，其发展不仅取决于出口情况的好坏，也取决于造船的多样性机会，军用造船业所面临的关键问题有三个：一是澳大利亚维持现有军事造船能力及有关服务的支持能力；二是对支持商业造船的有效研究引导；三是澳大利亚及国际上的造船补贴利用程度。像澳大利亚造船者协会、主要的国防造船承包商这样的政府和产业集团之间的协商会谈中均涉及到造船业发展的许多问题，因此澳大利亚需要强调协商，增强共同投资的研究机构与产业部门之间的联系，改善国防造船规划、合同签订和采购的惯例，以保持造船业的活力并使之得到进一步发展，同时要解决澳大利亚造船补贴的前景问题。

造船业的产业增长将与该产业能否在创新设计与制造方面取得领先地位、能否持续保持高质量标准以及能否确保成本竞争力密切相关。造船业还需要定期开展应用调查来确定新的研发目标，包括将高速客轮的设计应用于货轮设计，或者开展如"飞艇"或"地面带翼艇"等新发展。新产品开发除了提供训练有素、技术熟练的技术监督人员和管理人员外，还要求进一步鼓励创新、研究与开发。产业和研究机构之间增强联系也能提高创新水平，科研机构包括海事工程合作研究中心和接受政府支持的高等教育研究院、研究所。在技术方面，造船技术、海洋工程和其他专门技术都十分重要，一旦失去，很难恢复。因此，一流的研发团队和顶尖的制造技术是造船业取得恒久发展的重要因素。

民用造船业和军事造船业两者之间界线比较分明，可以一分为二，但也要鼓励两个行业之间加强联系、紧密联合以保持和发展船舶设计和制造的专门技术和关键材料，在军用船舶制造、战舰保养和修理方面广泛采取商业技术。从历史上来看，澳大利亚联邦政府合同一直是军用船造船厂的商业主要来源。从买主综合分析来看，军用船舶制造在未来仅占国际造船市场很小的份额。

为了成为成功的出口市场竞争者，澳大利亚造船业必须大力开发国内的设计能力。由于提供持续支持的困难，维持或进一步开发这种设计能力目前正面临着挑战。设计和研究能力的重要性还体现在开发出适合在澳大利亚北部大部分沿岸特殊的、温暖的浅海水域使用的船形和仪器仪表上。虽然要加大国内自主设计，但澳大利亚应在多大程度上依靠国外设计能力是一个有争议的问题。澳国造船业需要得到政府的大量投资，如果不开发自己的设计能力，在极有限的国际竞争领域就不会取得成功，毕竟国外大部分设计师直接受聘于国外竞争的船厂。

当前，澳大利亚许多造船所需物品都是进口的，在造船业的供应环节存在着较大的节约成本的机会和潜力。如果通过有效的信息网络及国内供应环节提高流通能力，澳大利亚本土就能够提供更多商品，那么造船产业和国民经济都将有更大收益。这方面的发展前景已经显露，进口的客轮座椅被高质量的本地产品所取代就是一个例子。

（二）需要面对行业竞争的海洋运输业

海洋运输业的发展趋势对澳大利亚的经济有着突出的影响。从全球来看，海运需求量的增长，尤其在地区市场上的增长，前景极为看好。然而，澳大利亚目前还不是主要的海运国家。澳大利亚在世界范围及其本国航运需求的增长很大程度上依赖于国外的海运服务业，这一事实表明澳大利亚的海运服务业存在着巨大的发展空间，这种增长与悬挂澳大利亚国旗船队现行高价结构的调整密切相关。在政府承担义务继续扩大的情况下，有必要由海运业和劳动力工会解决成本竞争力问题，进而改善国际贸易和沿海贸易的增长前景。

当前，澳大利亚的海运业在竞争国内海运需求量方面遇到很大困难，国内大部分的海运需要都是由外国船东满足的，其中一个重要因素是澳大利亚投入海运的船舶在国际上的较高成本，其中劳动力成本是造成较高成本的最主要因素；澳大利亚的燃料、养护与修理等辅助费用也较高，因此削弱了澳大利亚海运业的竞争地位，但在国际贸易中，由于可以得到海外燃料和修理设备，上述辅助费用对成本的影响因素有所减弱。在修理业方面，澳大利亚港口在高技术含量修理业中具有明显的竞争性，如其在主要航线沿途的许多亚洲港口则具有显著的优势，而在需要非熟练技能劳动力的地方则不具备这种竞争性。另一方面，澳大利亚的某些成本费用又是比较低的，例如政府收费的净成本，然而海运业则认为，从1997年7月1日起，当向购买新船的澳大利亚船东提供的资本补助金停止时，这种低净成本不再存在。

对海上运输服务的需求可能存在实质性的增长。澳大利亚满足此需求的能力将关系到澳大利亚船东在国际上的竞争力能否得到提高，因此需要重点关注的问题有：澳大利亚运输服务业的成本结构和效率，包括联合运输航线；新型高速货运系统的发展前景；入港费价格的进一步下调；仅适用于沿海贸易的燃料消费税；与船只营运有关的营业税；工资税和所得税预扣税——联邦议会已就后者通过法规，终止国际海员补助金方案，该方案向从事国际贸易的访问海员提供所得税预扣税回扣。与此同时，还应该对新式海洋运输服务业进行深入调查和开发，这是开发新型高速货运服务的重要基础。船东和造船厂等利益相关者之间的合作是寻找新的海上运输机会所必需的，政府应当对这种合作给予适当的帮助。

海外水手和船舶的质量标准不同，使澳大利亚海运与海外经营者竞争力之间的比较复杂化，澳大利亚为了提高本国在世界海运业中的份额及成本竞争力，做了大量的工作。像其他许多国家那样，澳大利亚也制定了沿海贸易政策，并予以相关修订。实际上，沿海贸易限制了澳大利亚沿海贸易航线上外国船只的营运（只是州际间贸易受限制，州内贸易不受限制）。因此，澳大利亚当前的沿海运输与国外贸易并不存在竞争关系，而与之竞争的是如公路运输、铁路运输等国内运输方式。

国外船舶介入澳大利亚沿海贸易也有些渠道。其中，一个有争议的方面是"单程航运许可证"的使用。顾名思义，这些许可证的颁布是以单航程为依据的。按许可证发布条例的要求，联邦政府运输部要做到，在向海外经营者发布许可证之前，在预定的航线上没有在澳大利亚注册的、由澳籍船员驾驶的船舶。近些年，这类许可证的使用呈增长势头，已引起澳大利亚海事联合会的关注。澳大利亚船东认为许可证制度不可滥用，因为此制度可抢走他们手中的生意。然而，澳大利亚船东和其他用户都认为，这类许可有时也是必要的，因为它可以满足当地运输业不能提供的需求。

沿海运输燃料成本低，运输的每吨货物温室气体排放量低，是一种可替代公路运输和铁路运输、能量利用效率很高的运输手段。当考虑到与公路和铁路建设与养护有关的基础设施成本时，沿海运输业予以增强的理由显得更充分。在世界上一些地方，船舶是替代公路和铁路沿用已久的交通工具。与公路运输相比，沿海运输需要有复杂的装卸设施,这是一大缺点。沿海运输的货物必须经由公路或铁路运输到港口,经港口装卸系统的转运、装船运送到目的港,然后,经过上述逆过程,将货物送到另一地点。因此,货物运输的可靠性和成本必然要受影响。可靠性是客户关心的一个重要问题,市场调查显示,它也是客户选择运输方式所考虑的一个重要因素。

因此,沿海运输的不断增长要求运输和装卸各个环节保持最佳的绩效。岸线改造和效率提高非常重要,政府微观经济改革应将此摆在最优先的地位:一是对散装货物保持高效率的运输和装卸;二是对集装箱货物而言,有必要提高起吊设备的速度和利用率;三是对那些难以集装箱运输又不能散装于船舱的货物而言,装卸成本过高,这是高港口收费、高劳力成本和较低生产率的结果,产业经济局认为,这一方面的问题需引起高度的重视。如前所述,集装箱装卸效率部分问题与港口设备有关,按国际标准衡量,澳大利亚大部分港口的吞吐量都很低,因此改善港口设施的基本建设成本应落到实处,加大港口基础设施建设。

另一个不十分突出的问题是,澳大利亚各州船舶管理管辖权限要求的不一致性,例如对于测量和领航的管辖。管辖权一致性的增强可以提高成本效率比,澳大利亚在这方面正在取得一些进展,部级的澳大利亚运输委员会海洋与港口组致力于解决此方面的一系列问题,联邦政府、州和领地政府还采取了增强海事安全的措施,还专门成立了常设委员会和全日制办公室以解决海事安全管理不一致问题。

(三)需要加大风险管控的海洋能源产业

综合考虑已探明的天然气储量的新市场机会以及油气新发现的极好远景,这一产业的前景非常被看好。目前影响澳大利亚海上油气业发展的因素是国际石油供需的动向及新技术的开发应用水平。因此,澳大利亚海上油气业今后发展所关注的主要问题:一是建立与完善海域多样化利用的综合的、协调的海洋管理及控制体系;二是发展深水区油气开发的高新技术；三是提供充分的海洋物理和海洋生物系统的基础数据，并加强有关海洋环境信息的搜集、处理和共享方面的工作；四是加大在设计和工程材料开发等方面的资金投入。

澳大利亚认为，尽管从海洋中获取能源的方式较多，但是真正要做到这些仍有许多问题需要引起高度注意：第一，多个国家共同利用海洋能源很有可能发生冲突；第二，建造相关设施会对海洋生态平衡造成影响，可能造成海洋环境污染；第三，需要制定相关的政策来加强海上作业的安全防护；第四，海洋能源在生产、运输和使用的过程中发生泄漏的可能性比传统能源要大，预防措施的建立至关重要。澳大利亚认为，海洋石油和天然气产业有两个广泛战略应予以实施：一是建立海洋和沿海环境多样化利用的协商管理程序；二是扩大海域数据搜集的范围并提高效率，搜集的数据包括海洋、气象和环境等方面。

持久的勘探对利用非可再生资源的产业而言是必不可少的，澳大利亚地质测量机构已开展了大比例尺的基线研究，并在近海区开展了广泛的地震及其他手段的测量以确定具有开发远景的海域，该地质测量机构为认识大陆边缘的基本构造和特征作出了重要的贡献，同时也履行了按照《联合国海洋法公约》确定澳大利亚法定大陆架边界的义务。即便如此，澳大利亚的地质测量机构与一些商业性地震测量作业者存在着商业竞争，油气业担心，除非该机构的服务收费具有充分的商业依据，否则它的服务效率可能下降。

油气业的发展前景是毋庸置疑的，而且回报也是巨大的。然而，澳大利亚认为以下一系列因素将最终影响该产业的全面发展：国际上石油供需的动向，毕竟现阶段澳大利亚石油和天然气的出口量并不大；勘探和开发方面的经常性高风险投资的资本可利用率；广泛的税制问题，以及税制是否反映出高风险工程的商业现实和风险回报的有关原则；决策者的失误，特别是决策者未认识到海洋油气业与陆上传统的硬岩采矿业的不同特点，例如，服务于海上石油装置的支援船基本上不计算柴油燃料回扣；政策及科学的多样化利用为相关决策者提供信息所起到的重要作用；新技术的开发，包括为进入新的开拓地和海域提供便利，以及对僻远深海区石油勘探和开发的新持术。

（四）需要加强管理的海洋旅游业

无论是澳大利亚还是全世界，旅游娱乐业正呈现普遍迅速增长的趋势。在澳大利亚国内，向本国游客和海外游客提供商品和服务存在许多商业机会，例如澳大利亚游乐划船和游艇码头开发就拥有很强的出口能力。澳大利亚海洋旅游业的前景虽然十分看好，海外游客数量的增长也特别快，但是，旅游娱乐业也有一系列的问题需要引起重视，比如重视开发改进海洋和沿海管理系统，使可持续、多样化利用原则在海洋旅游业中得到有效的应用，再如改进相关海洋资料的搜集工作，包括确定资料搜集的优先领域、指导原则和标准，地理和时间覆盖范围，搜集的资料类型，还要注意加强协调，避免与私营企业的工作产生重复等。

海洋旅游业的全面发展与进出陆地和海上旅游场所的交通条件以及旅游场所的吸引力和"健康"状态保持十分密切的关系。这与以下有关生态可持续发展的两方面管理问题密切相关：第一，改善海洋环境基础信息，包括生物和物理特性，支持产业规划和管理决策，加大有关生物系统及其动力特征的数据分析工作；第二，通过透明度更大、协商式和"用户友善"管理系统的开发来解决包括多样化利用在内的利用问题。在多样化利用管理中，旅游业者和其他业主的利益往往是间接相关的，例如，他们的利益可能与沿海区或珊瑚礁区土生的野生动植物价值有关，而与在限定水域采取特定行动的必要性无关。任何管理系统都必须具有考虑间接的、无形价值的充分灵活性。

政府的政策和决策在很多情况下给海洋旅游产业带来困难。这主要是因为有许多部门经常性地介入到海洋旅游的管理、决策和规划工作中，造成前后矛盾、责任界限不明确、审批过程繁琐冗长等问题。管理系统应鼓励所有的利益相关者之间的责任行为，例如，产业利益相关者应采纳并发展保持海洋环境可持续的最佳做法。有关旅游业特殊利益的另一个管理问题是实行"用户"收费制度时应遵循以下原则：第一，确定所有的用户和受益者，同时进行适当的磋商；第二，收费要公平合理；第三，任何税收要直接返回到纳税区的管理中。

由于海洋旅游业属于劳力密集型产业，熟练的技术人员将是该产业获得进一步发展的关键。为此，在澳大利亚工会、联邦政府和产业协会的共同合作下，成立了国家旅游业培训委员会公司，该公司的商业名称为"澳大利亚旅游培训公司"，从而促进开展适应海洋旅游产业发展的人员培养及培训工作。除此以外还有一些更具体的问题也将影响到海洋旅游业的发展前途，如，制定与发展海洋旅游产业所配套的柴油燃料优惠方案问题，通过船舶压舱水和其他途径引入的外来物种引起的海洋病害给海洋旅游业造成的不良影响等，因此在实施海洋旅游产业的管理过程中也需要对这类具体的问题给予重视，并提出有效的解决方案。

（五）需要降低风险的水产养殖业

澳大利亚对水产养殖业的发展一直比较重视，不仅制定了水产养殖研究计划，加大了经费投入，还加强了养殖新技术的开发运用，大力发展快速货运等辅助性服务行业，同时积极推动以海区为基础的海洋管理系统的开发和使用，尽量减少水产养殖业发展过程中的不稳定因素，不仅强调吸引企业投资，还要求政府、科研部门和产业部门加强合作，共同支持水产养殖业的发展。水产养殖这一新兴产业虽然发展潜力巨大，但该产业发展过程中面临着严峻的环境问题，因此澳大利亚对陆源海洋污染、化学品和溢油的威胁比较关切，对其他潜在的危害活动、海上安全问题、严重病害的传播等也十分关注。

影响澳大利亚水产养殖产业发展的关键因素有：海洋管理与控制体系的建立能够为养殖场以生态可持续方式的合理开发和利用提供保障；支持养殖业发展的相关科研活动，确保提高水产养殖的产量、减少养殖风险；综合的或协调的、以海区为基础的沿海和海洋管理系统的开发和使用，这不仅影响着海水养殖业的发展，而且也影响到所有其他产业以及对沿海和海洋环境的利用。

澳大利亚政府各部门现在的管理方式总的来讲是分散式，许多方面都不尽如人意。而将所有主要的管理者和用户联系起来的综合性、以海区为基础的管理系统对于解决多样化利用冲突是非常重要的。它也提供了一种更加便利的、透明的、一致性管理框架，在这个框架内，产业能得到发展，并与其他所有用户共存。从产业的观点来看，这种管理的主要好处就是降低了水产养殖业发展的不确定性，有助于提高产业吸引投资的能力。此管理方式的必然结果将是对更加明确的科学数据的需要。

与野生鱼类捕捞业相比，水产养殖业存在许多共同的问题。例如，对附加值和市场需求信息的详尽了解对于产业的增长和出口非常重要。澳大利亚水产养殖的技术基地和培训水平较高，尤其是在小生境领域，与此相关的服务业正是促进水产养殖产业增长的良好衍生产业。水产养殖业在产品自然极限方面并没有面临着如同野生鱼类捕捞业的问题，然而水产养殖合适场地的选择余地有限问题则限制着产业的增长：一是有水供给以及排放水中营养盐含量对陆地上相对集中的池塘养殖而言是非常有限的；二是在自然水道和开阔水域进行的网箱养殖与娱乐者、旅游业和其他产业发生激烈的竞争，这是包括塔斯马尼亚在内的许多州都存在的一个重大问题，这些州也都先后针对该问题对有关法规进行了修订以寻求先进的管理办法。

在池塘养殖情况下，水处理或水再循环技术需要付出较高的成本。根据自然水域租借地的实际情况，现有养殖场的改善也有几种方案：一是向距岸更远的、多样化利用冲突较少的水域转移，这类养殖的基建投资比较高；二是通过周详的规划及更有效地处理其他用户和受影响各方相关的管理系统来改善近岸水域现有的养殖场，从而有助于纠正关于水产养殖影响的误解，增加潜在冲突用户之间的相互信任。

水产养殖产业的增长还与技术的进步密切相关，例如畜牧业实践和病害的管理技术；废料管理和水的再循环技术；对可替代鱼肉类的共计品的研发；对未进行生长周期缩短的养殖品种缩短生长周期；通过育种、基因转移等技术改善资源量等。怀卵种鱼的利用与野生鱼类捕捞业密切合作是至关重要的问题之一，澳大利亚州一级政府在解决该问题上的密切关系、澳大利亚水产养殖论坛的开辟、澳大利亚海食产业理事会的成立都是朝向实现这一目标所采取的重要的步骤。澳大利亚海岸资源研究委员会水产养殖分会和水产品研究与开发公司等科研部门或主要投资者的继续支持是水产养殖业获得继续增长的关键。

（六）需要探索未知海洋空间的新兴产业

新兴产业包括以海洋生物技术、替代能源和海底矿产为基础的商业贸易。如果存在支持新企业发展的商业环境和能有经济回报的开发或可获得的必要技术，这类新兴产业的潜力是巨大的，经济可行性和可持续性也是影响该产业增长的关键因素。当前，澳大利亚仍存在一些具有很大发展潜力的小型或未得到充分发展的海洋产业，如规模较小的海洋生物技术和化学品，实际未得到充分发展的海底矿产，海洋石油和天然气，海水淡化，海洋替代能源（波能、热梯度能）等。

澳大利亚为在海洋产业发展领域领先于其他国家，加大了对海洋经济的关注。发展新型海洋产业是大势所趋，澳大利亚已经开始着手开发一些有潜力的项目，例如风能和潮汐能、海水淡化、深层海底采矿、碳捕获与储存和海洋生物技术。随着海洋工程学和海上采油技术的进步，澳大利亚将会拥有更多的增加出口的机会，而且技术和经验输出将会占据越来越重要的地位。但澳大利亚认为其面临的最大困难是对海洋的了解还是不够充分，仍有很多有潜力的项目无法真正展开。

许多新兴的海洋产业从长远来看可能具有重要意义。新兴产业需要适度的产业支持，也需要政府提供发展导向和法规环境。当前，要预测产业的具体需要是困难的，政府和其他支持应与产业同步发展。一般而言，产业的成功诞生和成长与以下因素密切相关：创造支持新兴产业生长的商业环境，如继续微经济改革、初始投入有效地增长、科研的适当支持，产品开发、市场确立及开拓、商业规划等；进行澳大利亚和海外新兴产业的经常性跟踪，确定产业的发展方向和前景，并确保政策和法规环境尽可能支持产业的增长；搜集有关澳大利亚主张的管辖海域资料以确定新的机会领域，指导产业的发展；开展为新产业奠定基础的基础研究和应用研究，在合适的情况下应最大限度地引进和利用其他国家开展的研究成果，并根据本国情况予以适当调整和修改。

（七）需要正视捕捞极限的海洋渔业

澳大利亚的渔业是整个海洋经济中的短板，其鱼类年产量排在世界五十余位，而仅靠捕捞野生鱼类已经不能满足其全国的市场需求。如今人类所需的海洋食品有将近一半来自于人工养殖，按目前的增长速度来看，预计到2030年之时，全球人工水产养殖年产量至少要比现在增加四千万吨才能满足市场的需要。而澳大利亚是全世界领海面积最大的国家之一，相比之下，其人工水产养殖产量简直是微不足道。

在陆地上，澳大利亚已经培育出了很多高产量的农作物品种，现阶段澳大利亚迫切需要将海洋开发成为食物的主要供应来源。澳大利亚认为，如果能解决好环境和生产的关系问题，其海产品单位面积的产出完全有可能大大超过陆上农场。此外，海洋对自然破坏的抵抗能力和自我修复能力比陆上农场更强，虽然海产品养殖也会面临外来病虫害和外来生物带来的负面影响，但至少不用担心水土流失、土地盐度上升、表层土腐蚀、肥料不足等问题。

澳大利亚政府曾一度对海产品养殖的关心过于集中在保护海洋环境上，因此导致每年的海产品产量增幅几乎为零，在其国内的产业界也都因此呼吁开放更多的海域，采用租赁的形式进行海水养殖，同时优化水产管理部门的结构和工作流程，以促进水产养殖业的发展。另外，业界还要求用合理的方式整合全国各个分散的水产养殖技术研究机构，以求实现在养殖方式、培养手段等方面的重大突破。

澳大利亚捕捞业所面临的主要问题是野生资源已达到了可持续捕捞的极限。渔业深入发展的前景在于附加值加工业的改善，包括近岸、远洋和国际水域等区域的新渔场的开辟。科研机构和管理机构还要通过现行的机制来促进渔业的进一步发展，并做好以下方面的工作：一是增加科研投资，密切联邦政府和各个州的科研机构之间的合作关系，渔业研究与开发公司和其他部门对此持鼓励态度；二是渔业管理系统，包括整个生态系的管理需要有一定的灵活性，鼓励对新物种的投资，与水产养殖的附加值产业保持协调一致；三是解决包装和空运所造成的扩大出口的障碍；四是解决环境问题，如陆源海洋污染和引入的海洋动植物病害的影响；五是保证渔业发展的可持续性，如加强研究解决底拖网影响问题、减少副渔获物及副渔获物的最佳利用等问题。

在附加值产业方面，澳大利亚以专门的技术、清洁的海洋环境以及"清洁食品"形象在鲜活的海产食品市场取得成功，但澳大利亚渔业产业在精加工海食品方面所取得的成果有限，需要进行深入地研究与开发。由于收入的迅速增长和对海食品特别是新鲜食品的偏爱，据预测在不太长的时期内亚洲的需求将急剧增长。为了满足亚洲的需求，澳大利亚产业正面临着空运业的有效性和可靠性等问题。

澳大利亚联邦科学与工业研究组织的一份报告显示在未来的数十年里，澳大利亚的渔业会极大地受到气候变化的影响，这种影响可能会涉及到生态、经济和社会的各个方面。气候变化可能同时带来有利和有害的影响，而且随着环境的变化，这种利和害的关系甚至可能相互转化。该报告还提到澳大利亚有必要在渔业管理政策中增加专门针对气候变化或气候异常的处理办法，以能保证渔业收入不会突然出现大幅下降的情况，也有利于渔业的可持续发展。

渔业管理是复杂的，管理过程中的不确定性是由于科研不充分造成的。跨国界或州界资源和洄游物种的管理难度更大。渔业管理还越来越强调生态系管理方式，这就涉及争议更大的领域，例如沿岸开发、生态环境的破坏、对其他物种的影响、污染和废弃物处理等。新型渔业的潜力是巨大的，但是在远海的捕捞需要扩大基本投资。澳大利亚捕捞专属经济区以外海区金枪鱼和深海物种的数量日益增加。国际水域捕捞兴趣的增强也意味着澳大利亚产业受国际管理机制和论坛的影响也日益增强。因此，澳大利亚渔业管理中所涉及到的诸如管理与管理控制系统、资源评估、环境保护、水产加工与包装、渔具和渔船技术等一系列问题的都亟待解决，澳大利亚政府在加强相关领域的研究工作方面也不断面临新的挑战。

（八）需要保持有效增长的高技术和支持产业

许多关键"横向"技术或中间性输入对于海洋产业的发展起着重要作用，其中许多都属于"高技术"海洋产业的范畴，包括：仪器仪表；工程服务与管理；防污技术；水产养殖技术和受控条件下的海洋生物加工技术；环境管理和咨询；基础研究与应用研究；法律服务；教育与培训。

这些产业的深入发展具有为其他海洋企业及时提供有效产品和服务的巨大潜力，此类发展还可能诞生进口替代产业和新的出口业。供应链和支持产业的成功发展需要作为买主的政府和私营企业保持已有的承诺，阐明各自的需要，并与现在的或潜在的供应商保持密切合作。深入发展具有显著影响的许多关键服务、产品和支持将是支撑专属经济区资源开发的重要基础，这些领域的竞争力和效率将提高整个海洋产业的竞争力和效率。从长远来看，新兴海洋产业对于经济增长具有重要意义，它既需要适度的产业支持，也需要导向性发展和法规环境。在这方面，需要澳大利亚政府协助解决以下问题：一是创造支持新兴产业生长的商业环境，例如，确保初始投入的有效增长，对科学研究在产品开发、市场确立及开拓、商业规划等方面给予适当支持；二是进行澳大利亚和海外新兴产业的经常性跟踪，确定产业的方向和前景，并确保政策和法规环境尽可能支持产业的增长；三是搜集有关澳大利亚海洋主张的资料，以便确定新的机遇和领域，并指导产业的发展；四是开展为新兴产业奠定基础的基础研究和应用研究，提供与产业发展相关的、改变成本效率比的新技术。澳大利亚海洋产业和科学委员会建议，联邦政府应在海洋产业发展战略的基础上，进一步制订国家海洋政策和全国海洋科学技术计划。

第二节 澳大利亚海洋产业发展的目标与模式

澳大利亚拥有相当于本国陆地面积两倍的专属经济区和大陆架，这为其发展海洋经济提供了充分而有利的条件。澳大利亚政府特别重视海洋产业的可持续发展，提出海洋产业的最佳发展是以海洋环境保护为前提并具有可持续性，其核心是根据地区特点在环境承受力允许的范围内对海洋环境的综合、多用途和合理使用。为此，澳大利亚政府成立了澳大利亚海洋产业和科学理事会（AMISC），提出要使澳大利亚的海洋产业成为具有国际竞争力的大产业，并对海洋产业的发展进行战略规划。[1]

一、海洋产业发展的目标

AMISC作为澳大利亚的国家海洋产业战略研究机构其任务是为政府提供建议以实现海洋产业的生态化，它所制定的海洋发展战略具有国际竞争优势、生态可持续性、公司运营的整体商业环境等特点，对澳大利亚海洋产业的发展具有战略指导意义。[2]

为了加强海洋管理，充分利用开发海洋资源，澳大利亚联邦政府产业、科学和旅游部经过2年的调查，在征求政府部门和海洋产业意见的基础上，于1997年以澳大利亚联邦政府的名义公布了由澳大利亚海洋产业和科学理事会负责编制的《澳大利亚海洋产业发展战略》（以下简称《战略》）。该《战略》对推动该国海洋产业的发展发挥了重要作用，使澳大利亚海洋产业的许多方面处于世界领先地位，具有世界竞争力。

该《战略》提出了澳大利亚21世纪初经略海洋、发展海洋经济的一系列政策措施，提出了海洋产业的最佳化发展是以海洋环境保护为前提并具有有效性和可持续性。该战略"由四部分和两个附件组成，包括战略目标、总原则和具体实施措施，明确了综合管理机构各层次之间的关系以及推进海洋产业发展的根本模式。"[3] 该《战略》将海洋产业划分为四种类别：以海洋资源为依托的产业；海洋的系统设计和建设；海洋作业和航运；以及与海洋相关的设备和服务的提供商等。

澳大利亚政府认为，"海洋产业的最佳化发展是以海洋环境保护

---

[1] 文艳、倪国江：《澳大利亚海洋产业发展战略及对中国的启示》，载《中国渔业经济》2008年第26卷第1期，第79—82页。
[2] 同上。
[3] 同上书，第79页。

为前提，并具有有效的可持续性"，同时认为澳大利亚的海洋产业要取得更大的发展，"必须做到一下两点：国际竞争力和生态可持续发展。"① 该《战略》明确了综合管理作为协调海洋产业之间关系、管理机构和层次之间关系以及推进海洋产业发展的根本管理模式，其目的是：统一产业部门和政府管辖区内的海洋管理政策；为保证海洋的可持续利用提供一个框架；为规划和管理海洋资源及其产业的海洋利用提供战略依据。该发展战略强调提高澳大利亚海洋产业国际竞争能力，坚持生态可持续发展的基本原则，目标是实现海洋产业对澳大利亚经济的促进和发展。

该《战略》的实施措施包括：现有海洋产业部门的长期发展；新兴海洋产业部门的形成和发展；海洋产业实现日益增长的出口；为海洋产业提供服务和供应的各个经济部门的发展和壮大；通过维持或恢复海洋产业正常运转的健康的海洋环境来实现海洋产业发展的持续性。其中涉及到的具体措施主要有：一套管理结果而不是描述过程的产业法规体系；产业法规体系相对简单易行，持续、快速、协调并明确界定和分配政府内部和各级政府之间的职责；发展管理海洋区域及其有效、公平实施的多用途体制；海洋研究和数据系统，从公共和个人的角度出发，为海洋管理和产业发展提供有效及时的支持，包括监督和反应系统。

二、海洋产业发展的综合管理模式

澳大利亚在1998年公布了《澳大利亚海洋科技计划》，该计划的有效期为10至15年，② 该计划为"澳大利亚领海、毗邻区的环

---

① 国家海洋信息中心：《澳大利亚海洋产业发展战略》，第6页。
② 吴闻：《英国、欧洲和澳大利亚的海洋科技计划》，载《海洋信息》2002年第2期，第16页。

境、资源保护和可持续使用研究制定了基本的科学行动计划。"[1]《澳大利亚海洋科技计划》的主要内容包括认识海洋环境、海洋环境的利用和管理、认识和利用海洋环境的基础设施三方面的内容,旨在满足澳大利亚所承担的国际协议和条约义务、响应全球变化、对自然资源需求的增长及环境资源所承受的压力、环境恢复和保持环境整体性、维护国家安全、承认和保护土著居民合法财产权等方面的需要。

澳大利亚为了解决因海洋产业快速发展而给本国带来的诸多矛盾与问题,如海洋环境受到污染、渔业资源滥用而导致的渔业衰退、各产业部门之间日益加剧的冲突、联邦政府在管理过程中的不到位等,于2003年成立了海洋管理委员会,该委员会的成立使得这些负面问题得到一定程度的扭转,为澳大利亚海洋产业的发展注入了新的活力,有助于保持其在世界上的领先地位。[2]

澳大利亚从行政与功能方面对海洋资源实施综合管理,加强涉海部门之间的合作与协调,防止因部门利益造成海洋资源的分散、分割,并且从行政上明确联邦政府与各州、领地之间的海洋管辖权限。澳大利亚是联邦制国家,如何在联邦政府与各州、领地之间合理划分海域管理权,从而实现海洋资源的合理、有序利用,防止发生责权纠纷,是发展海洋经济中首先要解决的问题。澳大利亚曾在1979年颁布海岸和解书,规定州和领地的控制范围是从海岸向海延伸3海里,在《联合国海洋法公约》把国家的领海宽度由3海里延伸到12海里后,澳大利亚州、领地的海域管理范围并没有因之而调整,因此海岸和解书清晰地划分了联邦政府与各州、领地之间的海域管理权,奠定了联邦政府在海洋管理中的绝

---

[1] 谢子远、闫国庆:《澳大利亚发展海洋经济的经验及我国的战略选择》,载《中国软科学》2011年第9期,第20页。
[2] 王钱柱:《后冷战时期的澳大利亚海洋战略》,南昌:江西师范大学,2013年学位论文,第53—54页。

对优势控制地位,有利于加强不同海洋使用者之间的协调性并实现海洋制度的统一性。①

为实现海洋产业的发展目标,澳大利亚政府还积极整合各部门职能,促进各产业和部门间的协作。澳大利亚1997年开始实施的《海洋产业发展战略》明确提出了综合管理的方法,以改变以往由各部门分别管理海洋产业的状况,明确各政府部门及管理层次间的管理幅度和管理职责。综合管理的宗旨是对海洋产业进行全面"控制"使其协调发展,要求国家和地区采用一系列相互联系的管理措施,合理保护、利用海洋环境和资源,实现海洋产业的可持续发展。综合管理模式有利于有效识别出现的机会,尤其是当这种机会跨越了传统的产业界限时,其优越性就更加明显②;有利于协调涉及多个海洋产业的政府政策,比如协调造船业、运输业、旅游业之间的关系;有利于有效利用研究开发基础设施,多数情况下,海洋产业所需技术可以被视为一体,因为这些技术的50%以上可以跨行业共享。澳大利亚成立了"国家海洋办公室"作为国家海洋部长委员会的办事机构,负责实施海洋规划,协调各涉海部门的矛盾,以加强对海洋的统一领导。③

另外,澳大利亚非常重视从法律上对海洋管理机制进行规范。澳大利亚按照本国宪法的规定,采取联邦政府和州政府之间既有分工又有协作的海洋管理机制。在管理内容上,凡涉及外交、国防、移民、海关的海洋事务均由联邦政府统一管理,除此之外的海洋事务则由州政府和地方政府负责;在管理范围上,联邦政府主要负责3海里以外领海与专属经济区的管理,各州政府负责3海里领海之内

---

① 谢子远、闫国庆:《澳大利亚发展海洋经济的经验及我国的战略选择》,载《中国软科学》2011年第9期,第18—20页。
② 文艳、倪国江:《澳大利亚海洋产业发展战略及对中国的启示》,载《中国渔业经济》2008年第1期,第79—82页。
③ 谢子远、闫国庆:《澳大利亚发展海洋经济的经验及我国的战略选择》,载《中国软科学》2011年第9期,第18—29页。

近岸海域的管理；在管理方式上，联邦政府主要负责全国海洋管理立法和制定有关海洋政策等宏观行政行为，而州政府则拥有管辖海域内的立法权和海岸带及近岸海域的管理权。在执法管理中，联邦政府和州政府之间也常会出现相互交叉和重叠的问题，比如，3海里之内的一般渔业资源由州政府管理，但金枪鱼资源则统一由联邦政府管理，一旦联邦政府和州政府在海洋管理工作中出现矛盾，由联邦政府总理领导的、各州州长、各有关部部长和专家参加的理事会负责协调平衡，最后做出裁决。[1]

最后，澳大利亚主张根据海洋特性划分海洋生态系统区，以实现海洋资源的分类管理。澳大利亚将不同特征的海洋区域划分为12个基本海洋生态系统区，其中7个系统区环绕着澳洲大陆，包括塔斯马尼亚州，4个分布在太平洋、印度洋和南冰洋的澳大利亚籍海岛上，1个位于澳大利亚的南极领土。[2] 这种根据海洋的区位特性进行的功能区的划分有利于明确各海洋生态区之间的特性与差异，从而利于对海洋资源进行有针对性的开发和管理。

综上所述，综合管理模式是澳大利亚海洋产业发展的"护航舰"[3]。澳大利亚运用的综合管理模式有助于实现不同涉海组织间、管理组织间的协作，避免造成多部门、多层次齐抓共管而导致管理结构混乱分散、管理权威丧失、管理效率低下、权责不清的现象，为海洋产业的发展奠定了良好的基础。[4]

---

[1] 王冠钰：《澳大利亚海洋法实践研究及其对我国的启示》，青岛：中国海洋大学，2010年学位论文。
[2] 马英杰等："澳大利亚的海洋综合规划与管理——情况介绍"，载《海洋开发与管理》2002年第1期，第52—53页。
[3] 文艳、倪国江："澳大利亚海洋产业发展战略及对中国的启示"，载《中国渔业经济》2008第1期，第79—82页。
[4] 王冠钰：《澳大利亚海洋法实践研究及其对我国的启示》，青岛：中国海洋大学，2010年学位论文。

三、强调发展海洋产业应遵循的原则

即便实施了海洋产业的综合管理模式,澳大利亚海洋产业的发展仍然面临一些关键问题,如海洋产业的控制和管理、对结果的管理、基础数据、多样化利用等。这些问题对许多甚至几乎所有的海洋产业而言都是普遍存在的,尤其是对于具有渗透性的产业间的管理,需要政府采取全产业的综合管理方式,以产生较好和具有较大的附加值的效果。

为了实现海洋产业发展的战略目标,澳大利亚海洋产业和科学理事会(AMISC)就如何最大限度地从海洋产业中获得可持续的财富向政府提供建议,认为海洋产业的可持续发展必须实现国际竞争力和生态可持续发展。其中竞争力是以各公司营运的整个商业环境,包括法制环境为基础的。由于海洋属于公众所有,海洋的管理是政府的责任,所以法规和政府的控制对于海洋产业的发展具有特别重要的意义。可持续发展必须包括有效的可持续性以及最佳化发展两个方面,海洋环境的多样化利用在许多情况下将是取得最佳发展的重要因素,有效的可持续性需要按影响的可允许程度予以确定,而"可允许程度"各地都不相同。[①]

(一) 应用结果管理模式

任何政策的实施都应注重其实施的效果。对海洋产业的法规性控制,尤其是环境法规,重点应放在企业行为是否达到了政策要求的结果,这样不仅可以提高行政效率,还可以增强企业执行政策的自主性。海洋环境和资源的管理者有责任保证海洋产业的发展达到政府和社会所要求的目标,然而澳大利亚现行的海洋产业的控制管理和决策系统存在着明显的缺点,如过分强调详细的管理过程而忽

---

① 资料来源:http://www.docin.com/p-8701885.html,上网时间:2016-08-01。

视环境调控管理所取得的结果和成绩。海洋经济的可持续发展必须遵循结果管理的模式，各个海洋产业要按照政府的要求达到一定的结果，如果一些产业达不到政府所要求的标准就会对海洋环境造成影响。这种将重点放在产业应遵循的过程上，只注重管理的过程和手段而不注重最终结果监督的管理制度使利益相关者之间缺乏信任和相互尊敬，并不利于海洋经济的可持续发展，而且对受到污染的环境进行再治理会投入更大的人力物力，效果也很难保证。

为此，澳大利亚政府认为必须改革管理制度，提高管理力度，根据实际需要、依据结果进行管理，而不是依据描述性的过程予以调制。新的管理制度要求海洋产业的所有利益相关者之间要实现有效合作，倡导在管理中注重结果，各个部门必须对具体的结果进行有力监督，按照管理的业绩来评价。例如，对于企业的排污以及废料处理等问题，不仅要告诉企业如何处理废料、如何减轻污染，还要监督它们是否最大限度地减轻了对海洋环境的影响，是否达到了政府规定的环保水平，表现出了哪些业绩等。企业应获得如何达到这一结果的极大自由，政府在该过程中的监督对于保证结果的取得是十分必要的。

在实施该战略的过程中，还要努力达到以下结果，这些结果会对主要结果产生影响，而且在适当时候，这些次要结果也可以视为是产业绩效水平的标志，例如：按结果、而不是按过程描述进行管理的产业调控系统；使用比较简便、协调迅速一致的产业调控系统和各级政府内部和相互之间责任的明确界定和分配；海域管理多样化利用机制的发展及其有效的、合理的应用；海洋研究和数据系统，从这类系统的公众用户和民间用户考虑，为海洋管理和产业发展提供有效而及时的支持，包括监测与响应系统；通过产业协会和网络的创建来促进产业发展，如海洋产业促进会的出现；政治领袖和社团越来越深刻认识到海洋产业的重要意义及其潜力和技术的需要。①

（二）推进海洋资源的多样化利用战略

越来越多的国家开始重视对本国主张海域内资源的勘探和可持续开发利用。澳大利亚依靠本国现有的产业优势和技术基础，拥有保持海洋产业国际领先地位的巨大潜力。在发达国家中，澳大利亚所拥有的极强的热带海洋系统科研能力和管理能力是罕见的，为此，澳大利亚大力发展海洋资源的多样化利用战略，了解和探求海洋资源关系，支持并鼓励对海域的多样化利用，加强养殖和生产加工系统的研究开发，发展海洋生物工程技术产业、替代能源的开发以及海底矿物资源的开发、海上油气田的开发等。然而在澳大利亚看来，开展海洋资源多样化利用所必需的管理结构、政策和数据在许多情况下都是不充分的，需要海洋政策与管理部门共同解决这一问题并支持和鼓励对海域的多样化利用。多样化利用海洋战略的基本点是倡导海洋开发充分容纳多样化利用的协调方式，环境保护和产业平衡发展经常被视为是相互排斥的，因此有必要不仅进行海洋环境的规划，而且还要考虑海洋产业如何在与其他用户一致的环境中共同发展。

另外，澳大利亚非常重视加强对海洋药物的研制技术，大量搜集海洋和沿岸海域具有社会和经济价值的情报和信息，普及海洋科学知识，加强海洋旅游。海洋资源的多样化利用要具有协调性，要建立开展多样化利用所必需的管理结构、政策和数据，要使政府和各级部门的决策合理科学，要根据不同地区的海洋特性进行不同的利用。澳大利亚海域是公众财富，所以其管理必须为所有潜在用户最大限度地创造效益，而不能盲目追求一致和短期效益。

（三）依据海洋产业的独特性推行综合化管理

海洋经济与其他经济形态相比具有其独特性，这些独特性要求

---

① 资料来源：http://www.docin.com/p-8701885.html，上网时间：2016-08-01。

必须对海洋经济进行综合化管理。政府作为海洋环境和资源的管理者有责任保证产业的发展达到政府和社会所要求的目标,这意味着海洋产业的发展必须在生态上是可持续的。因此,政府要对一些方面进行重点监督和管理,例如:制定海岸带的综合管理战略以协调各个部门的海洋政策;加强部门的责任心和运营能力管理;各部门建立横向科学研究计划,加强海洋各领域的基础研究和应用研究;保障海洋科研和技术开发所使用的基础设施被最大程度利用;加强政府与民间企业之间的协作,促进行政管理部门与各个团体之间的协调与交流;对新出现问题有效把握并及时回应;改善通信设施、建立海洋自然数据库的档案以及管理措施等。

在实行海洋产业的综合化管理之前,澳大利亚海洋产业的控制与管理系统极为分散,管理制度和计划体制存在明显的缺陷,影响着海洋项目及其运行操作的审批,管理缺乏透明度不但极大地妨碍了海洋产业的发展,也妨碍了生态可持续性目标的实现。这些问题带来一系列的不良后果,包括:众多管理部门之间和各级政府之间有关海洋产业发展的政策、决策及处理问题的方式不一致;追究相关政府或部门的责任时出现困难;审批或决策过程繁琐、效率低下;有效地应用海域多样化利用原则时出现困难;海洋环境综合影响评价困难,特别是在涉及到若干用户时;由于各部门之间联系不畅造成建议的前后矛盾和管理上的混乱;缺乏协调和分散管理等也造成了不必要的时间浪费。

为了促成海洋产业开发的成功,澳大利亚政府要求海洋产业的各相关部门了解与其相关的政策和职责,加强管理力度;要求各政府部门之间互相协调和合作;要求提高不同部门建议和决策的透明度;要求政策的制订和执行应是协商式、平等、公开的,包括风险评估和分摊。为此,要逐步发展具有更大透明度、更大凝聚力并以最终结果为核心的综合管理方式,有关责任部门应遵循这个方向改变海洋环境管理方式。澳大利亚各级政府应致力于定期审查影响海洋产业发展的政策和决策过程,并与产业和其他利益集团共同协商。

澳大利亚政府认为,对海洋产业的管理应由一个经济部门进行,而且应依照更强的、综合性的海洋政策和决策方式进行。在产业内部,不同海洋产业之间应具有较大的凝聚力,特别在向政府提供一致性输入方面要存在更大优势。这类凝聚力有助于达到改善出口的目标。就环境而言,之所以采用海洋产业的综合化管理方式原因如下:所有的海洋产业都是海洋环境的普遍用户,可持续发展必须采取协商一致的方式;由于海水是运动的,环境影响极易扩散,所以规划和开发的协调对海洋环境保护至关重要;按照《联合国海洋法公约》的要求,沿海国家应最大限度地做到海洋资源可持续利用,因此为了做到可持续利用,海洋产业的发展必须予以整体考虑。

澳大利亚政府认为实行海洋产业的综合化管理能够促进多方面效益的提升包括:有利于提升对新机会的有效把握和响应能力,特别是对跨越传统产业的机会的把握;有利于政府海洋政策更好地协调,例如,确保交通运输和造船政策与影响航运公司和旅游业的政策保持一致;促进用于科研和技术开发的昂贵的基础设施被最大程度地利用。

(四) 贯彻生态可持续发展的原则及战略

《联合国海洋法公约》的生效使澳大利亚海洋管辖范围和管理职能突破领海而延伸到国家享有主权权利和管辖权的新海域。随着国家管辖海域的扩大,海洋管理范围和职能的增加,海洋地位的不断上升,海洋研究、开发和保护事业的不断发展,澳大利亚对其海洋战略的地位及其价值的认识也不断深化和具体。澳大利亚海洋战略提出海洋"生态可持续发展"的核心目标,即遵循保障后代福利的经济发展道路,提高个人和社团的福利;为现代人和后代人提供平等的权利;认识和保护澳大利亚海洋生物多样性、海洋环境和资源,维护重要的生态过程和生命支持系统,确保海洋使用和生态可持续发展。为此,澳大利亚政府建立了新的海洋法律制度,此外,其还着力扩展海洋管辖范围，制定并实施了大陆架勘探计划，力争占领海洋资源开发的制高点。

1992年，澳大利亚政府提出国家生态可持续发展策略，并将生态可持续发展（ESD）定义为：使用、保护和提高社会资源，使生命所依赖的生态进程得以维持，现在及未来生活的全部质量能得以提高。这一生态可持续发展的原则得到了澳大利亚联邦和各州政府的一致认同。但是，澳大利亚海洋产业在发展过程中发现，政府所定义的生态可持续发展原则并不明确，在澳大利亚法律法规中也没有作出与之相关的详细规定，导致在管理实践中这一原则并未得到应有的重视和反映。

澳大利亚各级政府强调应将生态可持续发展的原则作为最大优先事项引入全部的海洋产业之中，并与利益相关者磋商制定生态可持续发展原则的明确表述，使用适用于这一原则的一致性法规。为此，澳大利亚采取行动规定坚持生态可持续发展的原则，为产业的增长和发展提供框架，消除关于生态可持续发展原则解释和应用方面的混乱，尤其是其不确定性和不一致性。澳大利亚政府为了实现对生态可持续发展的明晰定义和清楚表达，除了与利益相关者进行磋商外，还大量开展研究工作，提出可操作的、清楚的技术条件，并将澳大利亚现行的相关法规、战略和协议纳入考量范围。

澳大利亚海洋产业和科学理事会审查了联邦政府有关海洋生态可持续发展的协调机制，强调该机制的实施应该以海洋开发管理方式为基础，以相关拥护者或领头人对新型伙伴关系的发展为推动。在某种情况下，根据现行海洋产业的管理系统还可以发展新的管理方式，例如，塔斯马尼亚州政府颁布实施《海洋农牧规划条例》这一新的水产养殖新法规，该条例倡导在充分磋商过程中制订区域计划，目的在于就适合水产养殖作业的场地和保证养殖场得到中期利用达成协议。协商的、适当的综合管理方式不仅更有效，而且还有助于确认和区分研究的必要性，从而使这些必要性得到充分阐述。

（五）审查海洋产业的政策和决策过程

在多数情况下，政府推行的政策和决策系统是经历了相当长的一段时间才形成的，频繁地予以废止并重新开始是不可取的，也是不实际的。然而，发展具有更大透明度、更大凝聚力并以最终结果为核心的综合管理方式确实存在着很大优点，也是一种更适合于海洋产业发展的管理方式。澳大利亚政府认为有关责任部门应遵循这个方向改变海洋环境管理方式，确保整体质量的同时把握好风险评估、分摊和管理工作。澳大利亚各级政府经常定期审查影响海洋产业的政策和决策过程，并与产业和其他有关团体协调共同完成这一任务。许多海洋产业和海洋活动在沿海岸线或海岸附近展开，并接近陆地和私人土地所有者，这些土地所有者关心其财产附近的海洋活动是可以理解的，然而陆地利用规划的复杂性也会对海区造成影响，因此，澳大利亚各级政府的决策还要遵循环境原则，当然这些问题的复杂性意味着工程环境审批过程会存在一定的延误和不确定性。

管理制度的改革要求政府与产业建立彼此合作的伙伴关系，与主要的利益相关者共同解决问题，共同进行决策。这样的管理方式将发展相互信任和相互尊敬，同时，也有利于决策所有制的发展。政策实施可能要求现有各部门之间更好地协调，开展信息交流，还要求部门之间临时性或永久性的职责交接，或建立新的机构实体作为产业单一的联系点，此方式有必要应用于任何工程或活动的整个过程，而不是仅仅在开始时应用。为了实现可持续性，政策及决策者需要采取"整体生态系"这种以区域为基础的管理方式，在一些管辖区，"整体生态系"综合方式的实行已取得可喜的进展。例如，由于卡那封海盆蕴藏着大量的油气资源及热带珊瑚礁，该海盆能够给澳大利亚带来巨大的经济利益，因此西部澳大利亚政府积极支持在卡那封海盆开展的综合海洋环境研究。澳大利亚认为对于需要管理的区域或地区的范围划定是十分重要的，必须搜集大量的基础资料才能有充分的依据划定边界，要以切实可行的方式、根据引起争议海区的生物和物理相互作用的特性来进行划定，把发生相互作用最少的地带作为海洋区域管理的边界，相关海洋区域管理边界的划定计划要上报澳大利亚政府进行审查通过后才能在相关海域进行实施。

第三节　澳大利亚海洋产业发展的前景

随着《联合国海洋法公约》的生效，许多国家正式拥有了大面积的管辖海域。许多国家把海域视为一种未被充分开发利用的资源和产业，以此为契机积极发展新的领域。因此，海洋产业或技术发展领先的国家便具备了满足广泛国际需求的潜力。澳大利亚除了具有这种潜力外，其所处的地理位置也具有满足亚太地区海洋商品和服务迅速增长的需求的能力。为适应地区需求和未来产业的更好发展，澳大利亚着重发展的优势领域产业包括：海洋食品、海洋科学技术、旅游娱乐、海洋石油和天然气以及航运服务等。

一、明确发展目标

在澳大利亚，海洋属于公共财产，所以由政府对其实施管理，这与陆地基本属于私人所有并由私人管理是不同的。因此，海洋管理和产业发展与陆上的发展相比要简单一些，但是海洋开发的复杂程度并不比陆地开发低，甚至要比陆地开发更复杂。为了充分做好海洋开发和利用工作，澳大利亚制定了一系列的发展前景，明确各阶段的海洋发展目标，并大力提升海洋战略对海洋产业发展的促进作用。澳大利亚海洋产业战略的主要目标包括：促进现行海洋产业的长期增长及新兴海洋产业的诞生和成长；推动海洋产业出口的增长；促进为海洋产业提供服务和供给的经济部分的增长和发展；通过产业所处的海洋环境的健康维护或恢复来保持其可持续发展。

（一）加强对海洋基础资料的管理和运用

海洋的开发和利用不能凭借主观意志，应该以科学客观的数据为依据，无论是海运、造船、石油开发、观光旅游等都要考虑海洋的特点和属性。澳大利亚海洋产业发展战略中提出："对于资源和发展机会的评价，以及进行有效的管理和监测需要大量的基础数据，因此需要广泛的、协调一致的国家行动来搜集有关澳大利亚海洋环境的基础数据"。澳大利亚为此加强了沿海基础资料的收集和管理工作，认为这项工作既需要广泛的、协调一致的国家行动来支持，也需要各个部门的有效配合，各个部门要认识到充分的基础数据对于产业可持续发展和环境保护的重要性。[①]

根据《联合国海洋法公约》的规定，澳大利亚不仅有责任加强对专属经济区资源的管理、确保资源的可持续利用，还有责任保护本国海区的海洋环境。该公约赋予各国利用本国海域资源的主权权利，但是，如果澳大利亚本国不利用这些资源，那么他国则会提出要求与其谈判允许他国利用这些资源。因此，澳大利亚的行动面临着外在的压力，不能仅仅在时间适合时才进行海洋资源的调查和管理工作。澳大利亚重视加强基础性海洋资料的收集和管理工作，还有两个更直接的原因：一是如果数据不足，将不被允许进行项目风险性或可行性的充分评估，导致失去较大的机会代价；二是如果不确定性太大，项目的支持者和金融商不会贸然地进行海洋资源开发。

澳大利亚海洋产业评估过程中，许多产业并没有进行经济数据的系统搜集，如海洋研究一类的支持性基础产业，虽然此类海洋产

---

① 李巧稚：《国外海洋政策发展趋势及对我国的启示》，载《海洋开发与管理》2008年第12期，第36—41页。

业活动和基础数据的调查是一项繁重的任务,但是该调查活动将有助于确认海洋产业的经济意义和就业意义。这对于政府管理和决策系统的改善也是十分重要的,因为在缺少有关管理对象的准确数据情况下,政府要实现有效管理是很困难的。

产业的可持续增长需要对其相关基本信息进行收集和管理。这类信息对于确定许多部门产业发展的类型和程度是极其重要的,例如,环境问题需要继续予以重视,其中的关键问题是海洋污染,尤其是来自陆地的污染源造成的污染,因此需要对与该类型海洋污染相关的数据及信息进行统计分析。海洋物理和生物系统的基础资料在开展新资源及进行资源管理时都是不可缺少的。对业务活动来说,需要为诸如溢油应急响应队、海运交通航线指挥员和天气预报员等实时资料用户提供实时数据资料。然而,由于澳大利亚海洋经济区辽阔,研究工作成本高,虽然已进行了大量的工作,但是,资料缺口情况仍大量存在。

澳大利亚政府在认识到充分的基础数据对于产业可持续发展和环境保护的重要性后,在海洋资料组(MDG)已有工作和网络的基础上根据全国海洋科学技术计划考虑制订全国海洋资料计划,在开展沿海基础资料的收集和管理工作中注重做好以下方面的工作:重视搜集资料的覆盖广泛性以及资料搜集组的网络化;当前不可利用的数据应将已有数据清单包括在内;现行的资料搜集和管理策略应包括标准、质量控制、覆盖范围、显示、存取等;从广泛定义上来看应满足终端用户的需要,将诸如 AMISC 等机构参与的领域优先列为重点。

由不同部门和机构进行的现行研究和资料搜集要适当予以协调以避免重复,最大限度地提高所搜集到信息的一致性和利用率,不同类型资料搜集的标准、如何搜集、如何提供均属于被协调的内容。现在已搜集到大量的资料中很大一部分并没有被公开或是按可存取的格式存档,这种现象也反映出一定的政策问题,例如,谁应该支付资料搜集费用，公开提供搜集到的资料应如何收费等。联邦空间资料委员会（CSDC）已经制定一项有关资料收费的政策，称之为"联邦公益性空间数据资料转让办法"，它覆盖了为公益性目的搜集的资料，并规定资料收费应以提供资料和复制资料的边际成本为依据，资料搜集和更新的成本不计算在内。联邦空间资料委员会还制定了资料"保管"部门的权利和责任一览表。

资料收费是一个复杂而带有主观性的问题，要求政策的制定者既要考虑到鼓励资料的使用，又要考虑到将国库所承担的费用保持在最低的水平。鼓励资料的使用是很重要的，因为最佳的质量管理或商业决定必然要考虑到最广泛的资料运用。拥有一定资料的政府部门科研人员和私营公司应当鼓励这类资料的建档和存取利用，因为随着时间的推移或其他因素的影响，这类资料的商业敏感性会逐渐降低，也不会带来明显的竞争优势，因此有必要对这类资料进行审查，以提供更加便利的使用方式，向更大的范围提供使用以充分发挥其效用。澳大利亚认为现有的重要资料机构应实现联网，这些机构包括联邦政府、州和地方当局、科研院所、产业和咨询机构，甚至将海洋资料组纳入其中，并努力扩大海洋资料组现有的资源来源。

澳大利亚实施国家海洋资料计划的目的就是为了将许多部门、委员会和计划的能量集中起来。其中，居于核心作用地位的机构是海洋资料组（MDG），海洋资料组是受联邦海洋机构总部共同支持的一个联合机构，由联邦主要海洋机构和联邦空间资料委员会（CSDC）组成，与许多机构合作制定国家海洋资料技术条件、建设数据库。当前，海洋资料组下设三个技术咨询组（TAG），所有三个技术咨询组均在资料计划中担当角色，其中之一的海洋资料管理技术咨询组（TAGODM）迄今已发挥了突出作用，另外两个技术咨询组分别负责生物与渔业资料、地球物理和地球化学资料。除此之外，澳大利亚还在致力于筹建关于社会与经济、海洋化学方面的两个咨询组。

尽管联邦部门在海洋资料组工作中已建立了很好的代表性，但是州部门、高等教育、咨询机构和产业部门在其中的代表性则没有得到充分的体现。当前，海洋资料组完全由支持者的资源支撑，然而，更可靠而独立的资源支撑才将更有助于海洋资料组能力的扩大并取得更广泛的代表性。对此，澳大利亚各个州协调组之间的兴趣很强，参与程度正在扩大，AMISC鼓励这种最广泛地参与，这将使各方利益得到保证，同时数据库的建设将得到更好地协调和集成，以避免工作的重复和稀有资源的浪费。

任何资料计划都不可缺少充足的资源，保证资源在时间尺度上的一致性也是非常重要的，政府、资料搜集者和处理者应高度重视这一问题。对现有资料在空间上和参数方面的不足做到心中有数，制定扩大的全国综合资料计划时应提供充分的资源、时间以及资金，对规定计划所需的经费以及工作要讲究轻重缓急的次序。联邦政府现有的工作采用的是澳大利亚海洋和沿海资料指南（称为"蓝皮书"）的形式，它包含联邦政府以外机构所搜集的信息。

澳大利亚政府认为，相关海洋产业基础数据资料的收集要以科研及与终端用户的广泛磋商为基础，并明确有关覆盖参数的重点，比如，新仪器或现有仪器所应用的技术、卫星、存储、格式、资料提交等方面。其他重要问题包括避免重复、搜集场所的确定、基本建设经费和作业经费的支持。在初期要为资料搜集工作的开展制定适当的标准，这包括资料质量控制和资料标准化"附加值"，以利于提高决策者的资料利用率。例如：资料附加值的增加可能涉及一定的资料解释；需要按时间序列和空间序列搜集关键参数，并需在各海洋产业得到广泛地应用；这些参数的搜集是可持续发展的战略目标所带来的结果，以避免"为资料而资料"的现象；关键参数的定义各地都不同，适当时机可增加"地方的"或"产业的"特别参数。

对关键参数的搜集必须保持连续性。然而由于预算削减，资料搜集和管理工作有时会被迫停止。真正符合国家利益的资料应不受干扰，并适当予以保持。政府和政府的资料搜集部门之间形成保持连续性的正式协议可能是提供保护的有效途径，还可以通过协商为扩大参数范围部门的资料搜集活动提供经费支持。资料管理必须有一个有效的策略。如果资料管理不当，管理系统不到位，用户得不到资料，就会造成对资料搜集高成本的巨大浪费。资料管理理论和实践应是当前高等院校对将来可能从事海洋资料搜集工作的人员进行教育和培训的一个不可分割的部分，当然，资料搜集计划的科研经费必须为数据管理提供少量的追加经费。

在加强保护和明智地管理澳大利亚海岸带和专属经济区资源的框架下，实施国家海洋资料计划可以提供可持续的经济发展机会。澳大利亚专属经济区内有待搜集的资料是大量的，有关渔业、大洋海域、海床、地质结构、矿产、邻近河口和气象等资料的搜集就是具有很强说服力的例子，但仍有必要慎重地区分轻重缓急，选择适当的地理区域以保证搜集费用不会过高，确保取得实在的回报。资料搜集的优先领域应予以优先考虑，一些利益相关者已提出如下优先的领域：风暴潮、海啸等一类海洋动力灾害的实时警报系统；改善水文数据与图件；澳大利亚沿海生境的测绘；病害感染的测绘和区划；改善天气和气候预报资料等。

澳大利亚各个州和领地的许多组织都在积极开展海洋基础信息的搜集工作，国家验潮机构负责管理澳大利亚沿海验潮工作，搜集潮汐及有关信息。公共工程部、水地保持部服务局、曼利水动力实验室和其他部门也致力于相关资料的搜集。在对海洋资料抱有兴趣的各机构之间，网络、联系或成员的交叉关系已经存在。澳大利亚政府还在继续为实现一个有效的、协调良好的海洋资料计划作出努力，以保证各机构相互之间和与资料用户之间增强联系，增强协调机制。

海军的澳大利亚海洋资料中心（AODC）是许多国家海洋资料的中心库和管理者，它是许多国际海洋资料管理和交换计划的国家联络点，还利用来自"海洋营救 2000 计划"的经费与环境资源信息网合作编制了海洋和沿海资料指南。在海洋营救 2000 计划经费结束之后，AODC 继续编制和管理海洋和沿海资料指南及环境资源信息网（ERIN），该网为联邦政府环境、体育和领地部的组成部分，它与海军的澳大利亚海洋资料中心、海洋资料组和其他机构合作开发国家海洋数据库。

澳大利亚全球海洋观测系统（GOOS）专家小组（ESG）代表澳大利亚为国际海洋资料重大活动做出了重要贡献，同时促使大型国际数据库向澳大利亚开放，该小组成员广泛，包括研究部门、海洋管理者、AODC 和其他一些相关重要部门的成员构成。澳大利亚积极参与 GOOS 的国际活动，在 GOOS 计划中已发挥领导作用。该专家小组在沿海监测计划中还与联邦环境部门保持合作。

（二）重视海洋科学技术的研究与教育训练

在澳大利亚，海洋产业的开发涉及到很多方面，如：海洋资源型产业、海洋系统设计与建造业、海上作业与航运业、海洋有关设备和服务业等。澳大利亚在海洋产业的许多方面已处于世界领先地位或是具有世界竞争力，而且继续发挥这一优势的潜力还很大，其当前的优势领域有：高速铝壳船和渡轮的设计和建造、海洋石油与天然气、海洋研究、旅游、环境管理、海藻养殖、农牧渔业及渔业管理等。以上方面的专门技术并不完全局限于民间部门，政府或半官方部门在海洋管理、研究、教育和培训等方面也拥有很强的技术基础。

目前，澳大利亚对海洋资源的认识程度以及对有关项目研究人员的培养还不能满足上述各种产业的需求。海洋技术的开发、政府政策透明度和法规环境、广泛的商业环境等因素都会对海洋经济的发展及产业增长产生一定影响。在产业的开发方面，高质量的研究和教育培训对于产业的发展至关重要，而这些都需要基于成熟的管理人员、科研人员和劳动者的有效供应上。在许多情况下，这些问题必须由个别产业与政府基于具体的需要进行合作并予以解决，特别是技术人才的供给问题。在提高海洋科学技术水平方面，澳大利亚政府重视制订全国海洋科学技术计划，加强人才的教育和培训，建立不同层次的人才培养计划，对于高级研究人员主要依托大学进行培养，对于技术熟练工人除了依托职业院校或者相关企业进行培养外还依托于社会机构进行培训，各级政府在政策和资金上予以支持。澳大利亚认为如果没有强有力的技术基础，没有高水平的海洋研究能力，海洋产业的繁荣是不可能实现的，技术熟练的专门人才，高水平的科研和创新能力对于海洋产业的进一步发展至关重要，必须继续将其作为政府管理和产业发展的关键性问题予以重视。

海洋研究对于海洋产业的长期发展是必不可少的，在直接提供与产业发展相关的技术、预测并持续管理产业对海洋环境的影响等方面起着重要作用，还在天气和气候预报，全球变暖研究以及法制、经济、人力资源和公共政策等类型的研究方面发挥着重要作用。对于受政府部门充分支持的产业研究而言，它不仅需要获得必要的基础设施和资源，还必须有宏观和微观水平的研究过程，才能保证该产业和其他研究的用户得到充分的服务。

一些报告对澳大利亚的海洋研究进行过评述，并得出研究与开发对经济发展有着重要意义的结论。1993年发表的一份有关澳大利亚海洋研究机构的报告中认为，各政府研究机构之间缺乏协调，总的研究方向不明确。该报告建议成立澳大利亚海洋产业和科学理事会（AMISC），负责解决上述的及其他的海洋协调问题。1995年12月，澳大利亚科学与工程委员会提交了一份由澳大利亚海洋产业和科学理事会两名成员参与起草的《澳大利亚的海洋时代：管理海洋国土的科学技术》报告。1995年5月，工业委员会发表了该委员会有关研究与开发的最终报告。该报告调查了澳大利亚政府投资的研究和民间赞助的研究的基本情况，重点了解其开发计划及对这些研究的支持计划并阐述了政府支持的依据。该委员会的结论是，研究与开发对经济发展有着重要的意义。其他报告列举了与海洋开发有关的优先研究领域，例如：《海洋展望》报告略述了各海洋产业的研究需要；资源评价委员会的《海岸带调查》报告指出了海岸带管理的研究需要。

澳大利亚联邦政府认为国家海洋科学技术计划是一项对阐述和实施研究优先项目具有重要意义的国家计划，一定要对其中涉及到的优先研究及开发项目予以重视。澳大利亚认为，海洋研究工作的良好协调也是十分重要的，各研究部门和机构增强交流和联系才能实现这一点。在国家这一级，许多主要的研究机构，如联邦科学与工业研究组织（CSIRO）所属的澳大利亚海洋科学研究所和有关合作研究中心之间现已存在一定的合作，这些联系应进一步增强，其他相关研究赞助者也应该参与进来。当然，研究成果的用户或潜在用户与科研发展的联系也是十分必要的。

（三）培育海洋新兴产业及经济生长点

澳大利亚有一些规模小、未充分发展的新兴海洋产业，如：目前规模很小的海洋生物技术和化学品，尚未得到充分发展海底矿产，海洋替代能源、波能、热梯度能等，海水淡化。如果有支持新企业发展的商业环境并获得必要的技术，这类产业的发展潜力将是非常巨大的。根据海洋各产业的发展现状及存在的主要问题，澳大利亚政府提出各海洋产业的相关对策，如为了达到可持续发展的海洋养殖技术，澳政府认为应建立将主要的管理者和用户联系起来的综合性管理系统，还要对化学品的使用、标签和空运等进行管理，以减少对海洋养殖的负面环境影响。

在海洋油气开发方面，澳大利亚亟待解决的关键问题是：建立能够支持海域多样化利用的、综合的海洋管理与控制体系；开发深水区生产的新技术；收集有关海洋物理和海洋生物系统的基础数据。

澳大利亚在这方面制定的发展战略是继续发现新油气，进一步开发海上油气田，开拓新市场，在海洋管理法的规定范围内进行更加有效的协调。

在海洋运输方面，澳大利亚对海上运输服务的需求存在实质性的增长，需要解决的关键性问题有：分析包括联合运输航线在内的澳大利亚运输服务业的成本结构和效率，其中较突出的是劳动力成本高，燃料、养护与修理等辅助费用偏高，从而削弱了澳大利亚的国际竞争力；促进新型高速货运系统的发展。为了提高海洋运输的竞争力，澳大利亚制定的发展战略强调两点：一是加强澳大利亚的陆海空协作运输以提高效率、降低成本；二是开发新的高速运输系统。

对于旅游观光这一新兴产业，澳大利亚充分利用其自身的地域和环境优势，大力发展旅游娱乐产业。澳大利亚的海洋旅游和游艇码头开发拥有很强的出口能力。联邦政府公布的《游艇战略》报告指出，澳大利亚必须在海岸线基础设施、检疫和移民手续办理、产业法规、港口废弃物处理设备、燃料等方面提高竞争力，取得成功的机会。为了促进海洋产业的多功能发展，澳大利亚加强海面管理，研究相关法律法规并根据社会发展需要进行必要的修改。

（四）处理好政府与产业的伙伴关系

在澳大利亚，政府与产业以密切的伙伴关系方式来制订政策并开展决策，通过政府的购买行动为产业的发展带来重大的利益。当然这一方式也被运用于其他的产业，但由于政府的高水平购买力，例如在国防和科研方面，这一方式对于海洋产业具有特别重要的意义。在像军用舰船一类的政府购买中，政府与产业之间初期的约定有助于明确项目的要求，这也为当地产业、技术和海外技术的结合，以及形成计划和产品留下了较长的时间，这样国内产业生产就能取代进口。像军舰一类的大型设备需要长期养护，提供服务，如果国内产业能够做到，那么成本就可能会下降，联系周转的次数会减少，而且进口费用会进一步减少。政府购买小型设备通过伙伴关系方式也同样能够取代进口，而且还有利于外向型产业的发展。在政府订货的必要性没有明确之前，产业不会为满足政府的需要而冒然地生产产品或提供服务。

政府购买力问题及其对产业发展的影响一直是一些报告探讨的议题。澳大利亚政府对《澳大利亚政府的购买政策：购买未来》报告（也称之为"贝维斯报告"）作出响应，采纳了包括成立国家采购局在内的大多数建议，同时还宣布了一些有关措施，例如，产业供应办公室网（ISONET）有限公司宣告成立，它通过产业供应办公室（ISO）网络帮助澳大利亚供应商更好地了解政府的购买需求。

二、提升战略对海洋产业发展的促进作用

《澳大利亚海洋产业发展战略》实施后，对澳大利亚海洋产业的管理及其良性发展取得明显效果，主要表现在海洋产业管理水平、海洋教育和科技水平的提高，以及海洋产业的快速发展。

首先，《澳大利亚海洋产业发展战略》的实施有效提高了澳大利亚海洋产业的管理水平。《战略》实施后，综合管理模式在澳大利亚海洋产业管理中开始发挥重要作用。综合管理模式要求海洋产业相关部门了解相关政策和职责，各政府部门要互相协调和合作，不同部门的建议和决策要有透明度，政策的制订和执行包括风险评估和分摊都是协商式的、平等的、公开的。基于此，澳大利亚政府通过制定相应的管理制度和管理系统解决了管理体系不顺畅的问题，加大了管理力度，提高了管理效率。可以说，综合管理模式是澳大利亚海洋产业发展的"护航舰"。

其次，《澳大利亚海洋产业发展战略》帮助提升了澳大利亚国内的海洋教育和科技水平。海洋教育和科技是发展海洋产业的基础。海洋经济的发展需要以海洋科技力量为支撑，海洋产业尤其是新兴

海洋产业的发展离不开海洋科学技术的进步。因此，在海洋产业的开发上，科学研究和教育十分重要。该《战略》重视海洋基础研究和技术开发，强调海洋人才教育和培训的重要性，对澳大利亚海洋科学技术水平的提高起到了重要的推动作用，使其在海洋产业诸多科研领域，如设计制造高速铝合金船及渡轮、海上石油天然气、海洋调查、海藻养殖、渔业养殖等领域都具有世界竞争力。

再次，《澳大利亚海洋产业发展战略》的实施在很大程度上推动了海洋产业的快速发展。随着《战略》的逐步实施，使得澳大利亚海洋产业持续增长，为国家经济和社会发展作出了重大贡献，并使其成为世界上海洋产业的产值对国民经济贡献率最高的国家。这主要表现在两个方面：

第一，海洋产业成为国家经济支柱产业。澳大利亚海洋产业增加值增幅最大的是海洋旅游，紧随其后的是海上油气业的迅速发展，两者使海洋产业增加值达到峰值。目前，澳大利亚海洋产业在许多领域已经是世界领袖或具有世界竞争力，海洋产业在澳大利亚国家经济结构中占据越来越重要的地位，是名副其实的国家经济支柱产业。

第二，海洋产业发展前景更为广阔。《战略》为澳大利亚海洋产业提供了广阔的发展空间，海洋产业也在国民经济中发挥重要的作用。通过对澳大利亚海洋产业的增长评估，预计到2020年其海洋产业发展总值将达到500—850亿美元。除了现有的海洋产业外，一些新兴的以海洋为基础的产业也将有相当大的发展潜力，例如，从海洋生物中分离出药物和精细化学物质。澳大利亚海洋生物领域的技术和专业技能与富有生物多样性的巨大海域相结合，使这一新兴产业的发展和利用日益活跃，从而在海洋产业中处于重要的地位。

第七章 澳大利亚海洋环境保护战略

作为拥有全球最大管辖海域的海洋超级大国，海洋对澳大利亚而言是蕴藏着巨大资源和财富的聚宝盆，海洋中丰富而未充分开发利用的资源是实现其可持续发展的宝贵财富。澳大利亚宽广的大陆架和专属经济区蕴藏着丰富的资源，代表着巨大的经济潜力和利益，因此澳大利亚非常重视海洋资源的开发。同时，澳大利亚有大约85%的人口居住在离海岸线50千米以内的地区，这对沿海地区的资源开发和环境保护与管理提出了很高的要求。为此，澳大利亚全面实施海洋环境保护战略，加大海上资源开发的安全监管和环境保护力度，力争尽可能地缓解海洋资源开发与环境保护之间存在的矛盾。

第一节 缓解海洋资源开发与环境保护的矛盾

冷战后期，随着世界人口急剧增长和陆地资源的日益减少，海洋资源的战略价值受到海洋国家的高度重视，海洋的战略地位日益突出。除了海水本身可淡化，在一定程度上能够缓解水资源危机外，海洋中蕴藏着大量的生物资源、矿产资源、海洋能资源以及化学资源。对澳大利亚而言，从长远来看，开发利用这些资源具有重要战略意义。因此，澳大利亚政府充分利用四面环海的地缘优势，视周边海域为发展的基地，把发展海洋经济作为增强国力的一项重要措施，也是国家海洋战略的重要内容。

一、海洋产业发展与环境问题的产生

澳大利亚的海洋环境总体而言是比较好的，但海洋产业的快速发展给澳大利亚带来了一系列亟待解决的矛盾与问题，包括：海洋环境受到污染；渔业资源滥用衰退；各产业部门之间的冲突加剧；联邦政府在海洋产业管理过程中管理缺失与分散等。例如，澳大利亚曾因一场风暴和巨浪摧毁了北部地区的一个水产养殖场，造成数千条澳洲肺鱼逃脱并直接游入大海，从而引起了公众对海洋环境的恐慌。[1] 据澳大利亚北部环境研究中心的专家透露，人工养殖的澳洲肺鱼会对一些野生鱼类的生存造成威胁，尤其当澳洲肺鱼以如此巨大的数量结队出游时，对某些野生鱼群来说意味着毁灭性的灾难，这些澳洲肺鱼可以在短时间内吃掉大量的小鱼，甚至也会吃掉其他品种的野生澳洲肺鱼。

从"海洋牧场"逃脱的数千条澳洲肺鱼使澳大利亚产生了严重担忧，开始反思海洋产业发展过程中所面临的问题：一是发展水产养殖业确实可能对周围的海洋生态系统造成一定负面影响；二是该事件暴露出"海洋牧场"没有采取充分的海洋环境保护措施；三是澳大利亚还不具有完备的环境影响评估系统；四是关于发展水产养殖项目的相关立法还不完善。在这种情况下，澳大利亚认为允许在开放海域建设大型水产养殖工程的决定是不明智的，虽然澳大利亚支持生态可持续发展的原则，但包括"预防性原则"在内的系列可

---

[1] "出逃：澳大利亚肺鱼出逃引起海洋环境恐慌"，载《海洋世界》2006年第3期，第5页。

持续发展原则并没有得到明确规定，也没有法律方面的依据，结果造成有关生态可持续发展的含义和应用的混乱。

近年来，澳大利亚国家海洋设施的建设和升级速度明显放缓，已经无法跟上经济发展和海洋开发的速度。尤其是在海上贸易、沿海油气开发和海上旅游等领域，相关设备的服务性能已经成了制约这些行业发展的瓶颈，也形成巨大的环境隐患。澳洲基建公司开展了一项关于澳大利亚给水、运输、能源和通信基础设施的性能和状态的调查，被调查的对象包括公路、铁路、港口、机场、管道、电网、电缆和通信网络等直接关系到澳大利亚未来发展和繁荣的设施。虽然海洋产业对澳大利亚的重要性日渐增加，沿海地区的经济潜力越来越受重视，但这次调查没有包括对海洋设施的专项调查方案，如港口设施、沿海支持服务、海上观光平台、搜救设施等，导致无法对澳大利亚的海洋投资环境进行评估，也不能增强民众对海洋重要性的认识。[1]

同时，航运业的发展过程中难以避免会伴随海上灾难的发生，一旦船只在海上发生意外事故总会带来巨大且不可逆转的损失，尤其是集装箱货运船。如2000年的马来西亚货船"Bunga Teratai Satu"号触礁搁浅和2007年巨型货轮"Pasha Bulker"在纽卡斯尔附近的诺比斯海滩搁浅的事故等都引起了公众的很大关注[2]，也为澳大利亚海洋环境和生态资源的保护工作敲响了警钟。

二、确保海洋环境健康的措施

与其他国家相比，澳大利亚的海洋环境相对更清洁，即便如此，

---

[1] 资料来源：http://mil.sohu.com/20100617/n272864100.shtml，上网时间：2016-07-29。

[2] 资料来源：http://mil.sohu.com/20100617/n272864029.shtml，上网时间：2016-07-29。

澳大利亚政府对于海洋环境保护工作仍然非常重视。在充分认识到海洋资源所蕴涵的潜在利益以及海洋资源对澳大利亚的巨大价值的背景下，澳大利亚政府通过提升海洋战略高度、调整政策、制定行动方案等措施扭转了对环境及生态不利的局面，使该国海洋产业的发展成为具有国际竞争力的产业，并处于世界领先地位，也使澳大利亚通过保护海洋环境、海洋生物多样性和维护海岸生活舒适度而获益匪浅。

（一）设立生态保护区保护海洋生物多样性

海洋动植物生存离不开海洋生态环境，海洋捕捞及其他人类生产活动势必对海洋动植物及海洋环境造成一定的影响。作为西方发达国家的成员，澳大利亚联邦及各州政府都很重视海洋环境的建设及保护工作，注重保护海洋生物多样性，渔业、环境管理部门分别组织一些生态环境管理项目，防止环境质量降级和生态功能衰退。[①]

海洋生物多样性包括生物基因、生物种类多样性，生态群落、生态系统功能多样性及生物栖息地多样性。保护海洋生态环境关键是要注重保持生态系统的自然结构和功能，包括生物多样性和自然生产力。为了保护海洋环境和生物多样性，澳大利亚对海洋生物资源及其生境投入较多的关注，制定相关策略应对渔业资源枯竭和全球气候变暖的影响。

澳大利亚设立了一批生态保护区并对其进行重点保护。海洋生态保护区是海洋生态系统多样性、完整性的集中体现，也是海洋动物生长、栖息及繁殖的理想场所。澳大利亚联邦及州政府不仅建设了一批生态保护区，如珊瑚礁保护区、海草保护区、海上禁渔区及沿海湿地保护带等，而且在西澳大利亚及昆士兰两个州建设了人工鱼礁区，这些举措对于维持海洋生态功能、保护海洋生态环境发挥

---

① 郭琼丽：《澳大利亚海洋生态环境建设经验》，载"南方网"，http://www.southcn.com/news/community/shzt/env/into/200406030770.htm，上网时间：2016-07-02。

了重要作用。例如，位于昆士兰州的凯恩斯珊瑚礁保护区面积巨大，气势宏伟，礁区内的鱼、虾、贝、蟹等种类繁多，各种色彩光怪陆离，每年都吸引大量的观光游客，渔业管理部门每年都投入上百万澳元对该保护区进行维护和改良。①

根据1999年制定的《环境和生物多样性保护法》，澳大利亚在西南、北部、西北、东部和东南海域建立了五个海洋生物区，每个生物区都有一些该地区特有的海洋动植物，这些生物区组成了一个网络，最大限度地保护了海洋生物多样性，这项法案的实施有利于鉴定各个生物区的自然环境保育价值和关键生态特征，并且可以由此评估珍惜物种所面临的生存威胁，从而帮助有关部门决定是否应为该物种建立特别保护区。② 海洋生物区的管理经验可以为制定后续版本的《环境与生物多样性保护法》提供有用的建议。

澳大利亚政府还计划创建世界最大的海洋生态保护区，这个保护区位于南极洲北部水域，其范围内将全面禁止渔业和其他人类经济活动，该保护区总面积大约为650万公顷，位于澳大利亚大陆西南面约4500千米处，距离南极洲仅1000千米，包括西尔德岛和迈克唐纳群岛所在水域。保护区所在海域是世界上最著名的野生生态环境区之一，这里栖息着大量的珍稀动物，如南极海象、亚南极海狗、企鹅等。③

（二）实施区域性海洋规划

澳大利亚是世界上最先通过区域性海洋规划来实施海洋政策的国家之一，区域性海洋规划的实施不仅有利于综合协调利用海洋的各个方面，还有利于保持良好的海洋环境。澳大利亚在区域性海洋

---

① 资料来源：http://nh.cnnb.com.cn/system/2013/05/20/010599168.shtml，上网时间：2016-08-02。
② 资料来源：http://www.china.com.cn/military/txt/2010-06/11/content_20237393_2.htm，上网时间：2016-08-02。
③ 《澳大利亚将建世界最大的海洋生态保护区》，载《生态经济》2003年第1期，第75页。

规划中兼顾到了不同的利益相关者,如商业或娱乐钓鱼、海洋运输、海上旅游、水产、土著人、海洋科学和技术研究以及水下文化遗迹等。这些规划的原则是既要保护和保全澳大利亚的海洋空间,又要体现21世纪议程中提出的生物多样性保护、可持续发展以及几代人之间平等利用海洋的原则。

澳大利亚作为2014年世界公园大会的承办国,在保护本国自然区域方面进步明显,甚至对境外区域保护也作出了重大贡献。早在1987年4月26日新南威尔士州政府就建立了国家公园,后改名为皇家国家公园,该公园是澳大利亚境内第一个国家公园,同时也是1872年美国建立黄石国家公园之后世界上第二个国家公园,因此无论是在澳大利亚还是在世界上,均可被称为有先锋和标杆意义的保护区。[1] 在随后的几十年里,澳大利亚全国各地建立了数以千计的保护区。为了能更好地保护澳大利亚的自然景观和本土动植物,澳大利亚联邦政府和各州的国土资源部门已经出台了一套国家海洋保护系统,包括一系列保护海洋生态系统的计划。首期项目已在2012年完成,迄今,该系统纳入了一万多个陆地和海洋保护区,占地面积达1.37亿公顷。[2] 目前全澳大利亚超过200处海域已经在进行试点保护,其最终的目标是将20%的海上专属经济区都纳入到这套海洋保护系统中。

(三) 加强渔业生产活动对海洋生态环境效应的评估

无论是澳大利亚联邦渔业局还是各大洲或领地政府都高度重视渔业生产方式对海洋生态环境的影响。澳大利亚政府加强渔业生产活动对海洋生态环境效应的评估的举措在渔业资源的开发与养护领域堪称典范。对海洋捕捞生产活动而言,澳大利亚渔业管理部门对主要经济鱼类实施限量、配额管理,当实际总捕捞量达到早已设定

---

[1] 朱娅春:《澳大利亚保护区管理研究》,上海:华东师范大学学位论文,2015年,第Ⅷ页。

[2] 同上。

的限量或限额时，就对该鱼类捕捞活动进行禁止；渔业管理部门分别对各种捕捞网具进行了科学评估，分别对网目大小、网具长度、可捕捞规格及种类进行了明确的限制。[①]

对非经济种类则采用预警原则，即因数据资料信息不充分无法设定总捕捞限额时，澳大利亚渔业管理部门将通过立法禁止大批量捕捞该非经济鱼类，对其实行优先保护，只有当积累的捕捞资料及科学实验证明该鱼类能维持相当的可持续产量时，才对外开放该种类的渔场。另外，澳大利亚渔业、环境管理部门还分别组织贯彻一些生态环境管理项目，如副渔获物捕捞种类减轻计划。在东南部拖网项目中联邦渔业局重新设计捕捞日志，以便收集更多的副渔获物捕捞种类的资料信息，强制渔民安装海豹、海鸟逃逸装置，并通过立法限制副渔获物种类所占渔获物的比例。[②]

对海水养殖活动而言，澳大利亚渔业管理部门尤其关注的是养殖自身污染情况及饲料安全，并定期对养殖物及饲料等进行检查。渔业管理部门定期向公众公布各种渔业操作指南及操作规程，用于规范渔业生产行为，以达到渔业产品的卫生检疫要求。2008年4月，澳大利亚举行"展望2020年"会议，时任首相陆克文所做的题为"未来的繁荣与稳定"的报告中提出了"评估澳大利亚的海洋环境以制定长期的管理计划"的要求，这成为了澳大利亚强化海洋环境保护的新起点，而加强渔业生产活动对海洋生态环境的评估这一举措为澳大利亚实施长期的海洋环境保护计划树立了标杆，有助于为其他领域的海洋保护工作提供借鉴。

（四）充分发挥环保组织及社会中介的积极作用

澳大利亚拥有世界著名的海域岛屿自然景观，其中大堡礁、豪勋爵诸岛、鲨鱼湾、弗雷泽岛、赫德岛和麦当娜岛已经被列为世界

[①] 张义龙：《基于生态系统的渔业管理研究——概念、原则与应用》，青岛：中国海洋大学，2007年学位论文。

[②] 同上。

级的物质遗产，每年吸引大量游客前来观光旅游，为澳大利亚带来了巨大的经济回报。与此同时，澳大利亚的民众也迫切希望人人都能享受到健康的海洋环境及其带来的经济利益。因此，澳大利亚举国上下非常重视海洋环境的保护工作。

在海洋环境保护方面，澳大利亚联邦及各州政府重视海洋环境的建设及保护工作，防止环境质量降级和生态功能衰退。澳大利亚海上石油、天然气储量非常丰富，对海上油气资源的开发及安全监管也成为澳政府能源主管部门及油气行业监管机构的重要工作。澳大利亚向来注重对海洋环境污染进行严格的控制，按照环境保护法律要求，所有工业废水须经处理达标后排放，渔业、环境管理部门设点监控分析；沿海城市生活污水经收集处理后通过排污管道，排放到离岸一千米外或二百米深的海域。即便如此，澳大利亚仍然认为仅仅依靠政府力量来保护海洋环境是不够的。因此，澳大利亚充分发挥环境保护组织及社会中介的积极作用，不断提高社会环保观念水平。

澳大利亚有许许多多的环保组织、渔民协会，他们一方面积极向政府及渔业管理部门施加影响，要求在制订各项政策时要充分体现环境保护的要求；另一方面，他们利用接近渔业生产实践的机会，主动宣传教育资源利用者，要求他们要保护和爱惜渔业资源及海洋生态环境，利用自办的刊物及相关媒体，宣传海洋环境保护的重要意义及紧迫性。

（五）重视国际条约义务并加强海洋管理方面的立法

国际社会日益提高了海洋环境和海洋生物资源的保护意识，对船舶航行安全、避免来自船舶的海洋污染的关注程度也大大增强，关于公海活动的国际规制也越来越多，传统的公海自由贸易也变得越来越规范，海事活动也受到了越来越多的限制。总之，更多国际公约的形成不仅有助于防范潜在的威胁，而且帮助促进良好海洋秩序的形成。在这样的背景下，澳大利亚政府重视履行国际条约义务，积极推动并参与有关环境保护的国际公约的签订，并大量签署相关双边或多边协定。

与此同时，澳大利亚也加强了海洋管理方面的立法。除了参加有关国际条约和签订双边或多边协定以外，澳大利亚在海洋领域已建立了比较健全的法律制度。澳大利亚约有600多部与海洋有关的国内法律，内容涵盖了海洋生物多样性保护、渔业水产、近岸石油和矿产、海洋环境污染、海洋旅游、海洋建设工程和其他工业、海洋运输、药业、生物技术和遗传资源、能源利用、土著人和托雷斯群岛居民的责任和利益、自然和文化遗传等各个方面。澳大利亚对其海域、入海口的潮间带及与其相邻水域的动植物，部分或全部依法进行保护，此外，还制定了近岸问题的宪法解决办法等。

三、保护海洋环境的新尝试

澳大利亚的海洋政策历来支持探索海洋、了解海洋环境变化规律、更好保护海洋环境和生态系统等方面的新尝试。近年来，澳大利亚在碳捕获与储存和生物探索方面取得了较快的发展，成果处于世界领先地位。

（一）碳捕获与储存方面

在二氧化碳被排放到大气中之前就将其捕获并储存到地下可以有效地减小温室效应，这种捕获二氧化碳并将其注入到深层地下进行长期储存的方式叫作地质学储存。除此之外，将二氧化碳注入枯竭的油气田，包括海上油气田，也是一种减小温室效应的方法，这些措施做得好的话，可以减少使用化石能源时所带来的气候问题。

2008年12月12日，澳大利亚议会通过了《海上石油修正法案》，该法案在当年12月21日获得王室同意，这是自2006年以来首次对该法案进行修正，引入了对将固态二氧化碳注入海底的管理制度。尽管其他国家也有类似的地质学储存二氧化碳的做法，但是澳大利亚是第一个为此建立专门法律框架的国家,这不仅将使碳储存行为有法可依,而且对相关的商业活动也会带来一些影响,比如捕鱼和石油钻探。[①] 根据这项修订案,澳大利亚在 2009 年初开始提出第一个商业碳储存项目,将火力发电站排放出的二氧化碳收集起来,注入到曾经开采但是现在已经枯竭的油气田所在的地下(具体地点由澳大利亚地球科学局提供),这些被注入的二氧化碳纯度很高,没有其他工业废气。在维多利亚州,温室气体处理技术研究中心已经成功地将固态二氧化碳注入到了位于奥特威盆地的一个枯竭气田的地下,另外几个储存项目也在筹划当中,其中包括西澳大利亚州的 Gorgon 计划和昆士兰州的 ZeroGen 计划。ZeroGen 计划主要是将收集到的洛克汉普顿附近的一家发电厂排放的二氧化碳储存到昆士兰州西部某地的地下。[②]

(二) 对海洋生物的新探索

生物探索是通过对植物、动物、微生物的特征进行研究以发掘其不为人知的特殊效用或者其他商业价值,具体的研究对象可能是化合物、基因、生物本身。这种生物探索以找到新物种或者培育出新的活性组织为目标,并将它们用于制造药品、杀虫剂、除草剂或工业用酶。目前的生物降解工程、可持续性农业和材料科学等学科都迫切需要得到来自生物技术的新支持。

澳大利亚是典型的生物多样性国家,是全球九个"百万级生物"国家之一,而且这九个国家中只有两个是发达国家,更值得一提的是,澳大利亚的生物品种有 80% 都是独有的。但是,澳大利亚海洋所面临的气候变化、资源开发和其他人类活动的影响越来越大,为此,联邦政府不得不采取措施,投入大量人力、财力加强海洋科考和海洋研究工作。早在 2005 年,澳大利亚工业科技研究和革新委员

[①] 资料来源:http://mil.sohu.com/20100617/n272864029.shtml,查询时间:2016 - 08 - 05。

[②] 同上。

会已经为海洋生物探索提出了指导意见，其中包括改善投资环境、让利给研究机构等，希望借此来刺激海洋生物探索领域的发展。

澳大利亚拥有众多的海洋科研机构，如海岸、河口、航道研究中心和南极气候、生态系统研究中心等。近年来，联邦科学与工业研究组织新组建了5个顶尖的国家级分支研究机构，海洋财富研究所作为其中之一重点进行海事研究，另外还有三个研究所分别负责气候适应性、制造业和采矿业的研究，最后一个研究所专门研究如何利用在目前的开采技术下被认为是无价值的铁矿、镍矿和重矿砂。澳大利亚海洋科学所是促进企业参与海洋投资的重要机构，该机构完成的联合开发布劳斯盆地的液化天然气项目预计至少每年可以获利3000万澳元。

澳大利亚在利用好本国丰富而且独特的生物资源方面非常有信心，其已经针对生物探索活动制订了完备的法律保障，这方面的投入也在逐年增加，其目标是不仅要从生物研究中获得经济利益，而且还要让社会、环境和科研各个领域都获益。目前，澳大利亚几乎每天都能发现新物种，尤其是海洋生物物种，并陆续将其发现的来自海洋的代谢物在全球范围内接受临床测试，这足以说明澳大利亚的海洋生物探索工作是卓有成效的。

目前澳大利亚海洋生物探索尚处于初级阶段，大范围的生物品种样本采集、筛选工作正在进行。总体而言，澳大利亚海洋生物物种的应用前景非常光明，如来自海洋的微生物和海藻等生物材料就被认为是未来全球工业的主要推动力。从能量产出的角度来说，海洋生物材料也比传统农作物的转化效率更高。此外，澳大利亚政府把海洋生物材料和能源定位为一种补充资源，尝试尽力抓住发展机会让其给国民带来更多的财富。

澳大利亚周边的海洋水文条件非常复杂，很多通过在北半球进行研究而得到的生物学和海洋学结论并不能适用于澳大利亚的环境。南冰洋是澳大利亚周边最特殊的海域，洋流环绕着南极洲、非洲、南美洲和大洋洲畅通无阻地流动,这条洋流对地区甚至全球的气候都有极大的影响。因此,澳大利亚需要付出更多的时间和精力来研究南冰洋海域的生物学和海洋学,以期获得丰厚的回报。

第二节 澳大利亚海洋资源开发的安全监管与环境保护

澳大利亚海上石油、天然气储量非常丰富,因此对海上油气资源的开发及安全监管就成为澳政府能源主管部门及油气行业监管机构的重要工作,其在这方面的成功经验值得借鉴。在保护海洋环境的大前提下,澳大利亚强化了负责海上资源开发安全监管机构的职能,并健全了安全立法,尤其在海上石油、天然气开采方面。

一、海上油气资源开发及监管概况

在澳大利亚,所有矿产资源归全体国民所有,政府代表国民对这些资源进行管理。直到 2005 年 1 月 1 日之前,澳大利亚都实行的是联邦和州(或地区)两级管理体制,特别是石油天然气储量丰富的西澳大利亚、维多利亚州及北部地区政府对油气资源开发都拥有实际的管理权。就海洋石油天然气事务来说,各州或地区有权在 3 海里范围内制定监管法律,联邦政府则对 3 海里范围之外的所有海洋石油事务拥有监管权,这是载入澳大利亚"海洋宪法解决协议"的基本原则。[①] 但由于规模以上油气储量大部分在 3 海里之外,因此

---

① 何晓明:《澳大利亚海上石油天然气开发的安全监管》,载《国际石油经济》2005 年第 8 期,第 51—54 页。

澳大利亚海上油气资源主要还是由联邦政府监管，同时联邦政府在一些具体的监管环节上还须与地方政府合作，各州或地区政府受联邦政府委托履行包括安全事务在内的日常监管权力。[①]

不管是联邦政府还是州政府在行使澳大利亚油气监管权力时必须遵循三个基本方针：一是政府决策；二是市场监管；三是企业竞争。澳大利亚的政府部门负责油气资源开发及运输、销售的相关政策的制定，行业监管机构负责对油气市场运营情况实施有效监管，而参与油气市场竞争的企业需按市场规则进行合法的经营活动，政府的作用只是在市场出现问题时通过政策调整来干预油气企业的经营活动以使市场恢复正常秩序。此外，政府油气主管部门还要对行业监管机构进行监督，以确保其监管活动是公正、公开及按照法律程序进行的。

1967年，澳大利亚出台了《水下石油勘探法》。根据该法律，澳大利亚政府并不直接参与油气资源的勘探开发，只负责提供一个适合开发的宏观经济环境，并对油气资源的开发采取许可证制度，对有意参与油气资源开发的企业发放许可证，对外国投资者进行税收、利率等方面的政策制定和立法。为了减少企业投资的风险，政府还要负责油气储量的大方位的地质勘探，这也是政府提供的宏观环境的一部分，在此基础上向企业发放勘探许可证。[②] 企业通过竞争拿到许可证之后应承诺至少在许可证的6年期限里投入资金和工作量进行油气开采，如果在这一期间没有找到油气资源，要把许可证还给政府，如果在该地找到的油量过少而不具开采价值，则可以要求政府将其放在保留名单中，一次有效的名单保留可以获得5年期限，作为介于生产与勘探之间的过渡期。在这期间企业要向政府承

[①] 杜群、廖建凯：《澳大利亚的能源法律制度及其借鉴》，载《时代法学》2009年第3期，第87—94页。

[②] 资料来源：http://www.safehoo.com/Manage/Trade/Chemical/201406/354628.shtml，查询时间：2016-08-03。

诺进行商业开发的前期准备工作，5年后，企业可以根据情况申请直接开采或是再申请第二个五年，如果找到了具有开发前景的油气田，则可向政府直接申请开采许可证。这一许可证没有时间限制，企业拿到后即可进行商业性开采，但同时还要申请生产许可证及开采设施的修建、安装许可证。[①]

澳大利亚政府对来本国参与油气勘探的外国投资者也是采取完全开放的政策。澳政府每年都会公开对外发布油气勘探开发的招标信息，其中包括用于招标的区块和储量及有关政策的规定。外国投资者可以直接按照程序参与竞标，一旦中标即可进行直接投资，享有与澳大利亚国内油气勘探投资者同等的权利。

二、海上安全监管机构及安全立法

依前所述，在2005年之前澳大利亚海上油气监管基本实行的是两级监管，联邦和州（或地区）政府共同负责的框架下，各州（或地区）主要负责日常安全监管决策及其制度和程序安排。在20世纪90年代澳大利亚发生了一次严重的海上石油安全事故，此后澳大利亚政府开始对这种两级监管的油气体制的框架进行了重新评估，最终确立了全国统一的安全监管体制，并于2005年1月1日宣告成立国家海上石油安全局（NOPSA），这一新的油气资源监管机构是澳大利亚州、地区政府以及联邦政府监管机构的联合体，它作为唯一的全国性海上石油安全监管机构，取代了之前各州相互独立的监管机构和体制。

国家海上石油安全局向澳大利亚能源部长联席会议负责，这一联席会议是由澳大利亚联邦及各州、地区政府负责能源事务的部长

[①] 何晓明：《澳大利亚海上石油天然气开发的安全监管》，载《国际石油经济》2005年第8期，第51—54页。

组成的部长级的联席会议,主要任务是研究落实联邦政府领导人在联席会议上提出的政策主张,其具体职责:一是就全国性的能源发展和全国性的能源问题提出政策执行建议;二是协调各州之间的相互合作,特别是对环境有重大影响的能源问题的合作;三是负责监督能源政策的执行情况等。在部长联席会议之下有三个常设机构,即能源管理委员会、能源市场委员会、竞争和消费者事务委员会,但这三个常设机构又是独立于政府的能源事务方面的监管机构。[①] 按现代监管理念就是政府的政策制定职能要与政策执行职能相分离,监管机构是负责政策具体执行的专门机构。按上述澳大利亚能源行业的管理架构,前两个层次即联邦政府领导人联席会议和部联席会议都是政府的政策制定及政策执行的监督协调机构,是非常设的,但由负责能源事务的部门及其工作人员主持日常事务,而其下的第三个层次的机构则是负责政策执行的监管机构,他们各自负责不同的能源监管事务。

国家海上石油安全局对所有涉及到海上油气勘探开发的安全事务进行监管,并根据监管中存在的实际问题对部长联席会议制定的政策提出意见。由于澳大利亚多数海上油气活动都集中在西海岸的西北大陆架,或者集中于维多利亚海岸的巴士海峡(Bass Strait),因此国家海上石油安全局总部设在沿海城市珀斯(Perth),并在墨尔本设有办公室,而在达尔文市也设有官员以负责对北部海岸地区的油气活动进行监管。

澳大利亚国家海上石油安全局每年的法定预算约800万澳元,但其日常运作不依赖于政府预算,而是实行完全的成本回收制度,以向被监管者收取监管费用的方式来维持日常工作运转,主要的收费项目包括油气运输管道监管收费、行业从业者安全规范审理收费

[①] 何晓明:《澳大利亚海上石油天然气开发的安全监管》,载《国际石油经济》2005年第8期,第51—54页。

等。对于海上油气资源的安全监管，澳大利亚还制定了一系列的法律法规，例如2004年重新修订的《水下石油勘探法》、2002年制定的《水下石油监管条例（潜水作业安全）》、2001年制定的《水下石油监管条例（管道安全）》、1996年制定的《水下石油监管条例（海上设施安全管理）》及1993年制定的《水下石油监管条例（职业健康和安全）》等，国家海上石油安全局就是根据上述相关法律法规而成立的。以上述联邦法律条文为依据，澳大利亚各州和地区还制定了专门针对本州或本地区的安全监管法规，为国家海上石油安全局对各州或本地区的水域实施监管提供了法律依据，同时也确保在全国范围内建立统一的监管体制。

三、安全规范承包监管模式

安全规范承包监管模式是澳大利亚在20世纪90年代中后期才开始实行的一种监管模式。这种模式在欧洲大陆比较盛行，目前新西兰、巴西等国的油气行业监管也实行这一模式。这是一种监管机构在被监管公司自定安全规范的基础上对其进行评估、监督，通过充分调动被监管者的责任感来产生一种互动机制，从而实现安全风险控制的监管模式。国家海上石油安全局成立之前，澳大利亚政府专门就这一监管模式进行了评估，确认这是一种较为成功的监管方式。

（一）安全规范承包监管模式的概念和特点

对监管机构来说，所谓"安全规范承包监管模式"改变了传统的命令式监管，是一种设定监管目标、规定具体监管原则，而不列举具体监管要求的监管方式；对被监管公司来说，就是以一种安全义务承包的方式向监管者承诺企业应该达到的安全标准，即公司通过制定安全管理规范并在得到批准的基础上来履行安全防护义务。其目的是使企业把安全管理当作自己份内的事情，这也是企业从事生产经营活动所必须履行的义务。这种监管方式使监管者执法更有针对性，目标和方向都更为明确。

澳大利亚政府所制定的安全规范监管模式的特点主要表现在三个方面：一是必须由企业自行制定安全管理规范，其基本原则是谁制造了风险，谁就必须有能力控制风险。由于每个企业的每一套油气设施或其他机器设备的使用年限、质量标准都不尽相同，只有企业经营者自己才最清楚其各自的设施存在那些危险，因而安全管理规范必须由企业自己来制定；二是安全规范必须明确油气安全管理的关键方面，既要包括有关技术要求，也要包括管理方面的要求；三是安全规范管理必须明确关键环节的绩效要求，这样使企业及监管者都可以评估和测定其所制定的安全规范的实际表现。总之，安全规范监管模式的核心要求是被监管者必须说明其已经充分认识并且充分评估了所有可能发生的风险，并采取一切必要的措施将风险降到尽可能低的水平。随着海上油气勘探开发事业的发展壮大，在企业的承包义务里还应该加上健康和环保的内容，因此这一监管模式实际上是健康、安全、环保、规范的承包模式（以下简称"安全包模式"）。

（二）安全规范承包监管模式的监管程序和监管机构的职责

"安全包模式"实际是一种以预先防护为原则的监管模式，其监管程序是先由公司制定有关健康、安全、环保方面的规范，再由监管机构进行评估。当安全规范足以保障企业安全运营时，监管者必须批准该规范，如果规范未获批准，监管者必须指出规范的缺陷所在，相关责任人必须修改规范，这意味着企业经营者要制定更为严格的安全标准和改变其管理制度，直到其规范被认可。一旦评估被认可，由监管机构监督执行，并以定期检查的方式确保企业经营者遵从其制定的安全规范。这种标准化的互动监管模式增强了公众对有关责任人所采取的风险控制措施的信心。

监管机构按照以上工作程序所需履行的职责包括以下几个方面：

一是对企业制定的"安全包"和其实际应用中的证据进行评估,以确定有关责任人对管理健康、环保和安全事务是否建立了有效制度;二是对已建立起的管理制度进行检查、测试、找出存在的问题;三是对违反安全法规的情况采取必要的强制措施;四是履行必要的领导、指导和教育职能。澳大利亚政府为了增进监管机构执法的可信度和有效性要求监管机构做到以下几点:提高检查活动和"安全包"审查的针对性,并使这两种工作方式保持合适的比例;增强监管的标准化水平,使相似的情况得出相似的处理结果;在评估有关责任人的"安全包"时要提高透明度;具备足够的专业技能和知识以确保有能力履行职责;具有独立性和责任心并愿意与监管对象和其他人在安全等方面开展合作并提供指导。[①]

(三) 国家海上石油安全局的组织结构和工作运转程序

为适应"安全包"监管模式,澳大利亚国家海上石油安全局在成立之初就对内部的组织结构、工作运转程序、人员配备甚至办公地点等方面都进行了精心的安排。

组织结构:国家海上石油安全局在组织结构上采用的是矩阵式的组织结构,在小组最底层的人员与CEO之间最多有两个领导层;所有任务都集中到CEO、小组组长和执行小组中间;每个小组配备执行助理以方便为本组或执行小组提供支持;任何小组都要接受来自其他小组的支持,不能进行自我封闭;设立行政执行办公室,保证为使国家海上石油安全局正常运转所必需的信息及通讯技术、培训、财务、人力资源管理及与政府部门和议会沟通等功能。

内部管理:为确保国家海上石油安全局的有效运行,其内部成立了不同的委员会,这些委员会主要负责机构的整体规划、绩效监测、风险管理、外部沟通及员工咨询等方面的工作,委员会主席分

---

① 何晓明:《澳大利亚海上石油天然气开发的安全监管》,载《国际石油经济》2005年第8期,第51—54页。

别由 CEO、小组长、行政办公室经理担任；建立了一套内部管理制度，并与行业从业者及其员工代表在内的外部利益相关人员保持对话，以获得对国家海上石油安全局工作绩效的反馈。

工作绩效测评内容：工作绩效评估既是国家海上石油安全局每年对自己工作的检查，也是政府对其工作监督的内容；绩效测评的内容包括对企业核查和调查次数实现的情况、准时完成"安全包"评估的情况、检查并改进公开的内部制度和程序的情况等多个方面；通过调查来测评利益相关人对监管绩效的满意度；通过内部审计来测评内部绩效标准的遵守程度等。

人员配备：能够胜任海洋油气监管的人员需要具备各种相关知识、技能及素质，包括与海洋技术有关的操作和工程知识，与健康、安全、环保有关的技能和知识，他们应是这些领域的专家，并且还必须聘用一些在化工、电力、采矿等方面具有操作经验的技术人员，因此，国家海上石油安全局的薪酬水平要足以吸引并留住海洋油气监管所需要的高素质人才。

工作运转程序：国家海上石油安全局每年要定期对被监管企业的作业设施情况进行检查、调查或核查；定期与作业人员的管理办公室召开会议以便探讨作业中存在的安全风险及改进措施；在被监管公司的聚集地设立执行小组，使其与所在地的公司保持密切联系，管理"安全包"的评估过程，设计核查计划，对事故调查作出应急反应。

（四）可供借鉴的经验

总而言之，澳大利亚政府为了在海上油气的安全管理方面有效地体现成本效益原则，最终选择实行全国统一的安全监管模式。实践证明"安全包"模式是比较合适海洋油气监管的一种模式，通过对行业行为的适当约束可以实现国际水平的安全管理。并且根据澳大利亚的经验，在海洋油气行业实现有效的安全监管应具备以下前提条件：第一，建立明确的、有利执行的法律框架以约束作业者切实履行其所承担的责任;第二,需要由经验丰富的专家、技术人员组成高水平的监管团队;第三,监管机构的组织结构和管理体制要体现独立、透明、公开和成本效率的原则;第四,在履行法定职责和与企业打交道时,要形成一个各方认可的绩效标准;第五,必要时向企业及其员工授权以识别和报告潜在的危害,并确保能够采取适当的控制措施;第六,安全、资格、环保和资源管理方面的审批程序要顺畅、协调,以确保海洋油气业的项目开发不受到不应有的拖延。[1]

四、加强对海洋污染源的管控和应急反应

澳大利亚约70%的国土属于干旱或半干旱地带,中部大部分地区并不适合人类居住,即便如此,澳大利亚国土四面临海,海岸线延绵34218千米[2],因此其大部分人口居住在东南沿海地区。澳大利亚的航运业也十分发达,大大小小的贸易港口约有上百个,年国际水运货运量近十亿吨,因此,在防止海洋污染的污染源管控和应急反应、保护海洋环境方面,澳大利亚提出了较高的要求,也取得了成功的经验。

(一)防止海洋污染的国家应对计划

在防止海上污染、抵御海上油类和其他有毒有害物质污染方面,澳大利亚制定的《澳大利亚防止海上油类和其他有毒有害物质污染国家应对计划》(以下简称《国家计划》),值得借鉴。《国家计划》保证了澳大利亚国家政府和工业组织通过共同合作对海上污染事故

---

[1] 何晓明:《澳大利亚海上石油天然气开发及安全监管》,载《国际石油经济》2005年第8期,第51—54页。

[2] 资料来源:https://en.wikipedia.org/wiki/Australia#States_and_territories,转引自:State of the Environment 2006, Department of the Environment and Water Resources. Retrieved 19 May 2007, 查询时间,2016-06-15。

的有效应对。澳大利亚海上安全管理局与各州/北领地政府、航运、石油、开采、化学工业、应急以及消防等机构共同协作,最大限度地提高了本国海上污染应急反应能力,该计划指定国家和地方主管机关制定有关海洋油类和化学品溢漏突发性事故的反应计划,细化了州、地方和工业突发性事故的反应计划,制定了全国范围内的培训计划,如常规演习等。

《国家计划》一直很关注海上溢漏应急反应新技术的进步,规定某种新方法提出后,只有符合技术要求、在实验室经过大量的试验并经过实地检验后才可以被采纳,还规定所采用的产品和技术必须是非侵入性的,而且须确保不会在被污染的领域内或在处置污染物的过程中产生其他问题。[1] 另外,研究、发展和技术项目也是《国家计划》的组成部分。

澳大利亚政府规定了参与《国家计划》的各成员的职责,并规定各成员可以使用根据《国家计划》储备的设备和分散剂等物资,其设备可以获得维修保养和存放服务,各成员之间可以进行资源共享。澳政府认为,州、地方和工业组织制定的《突发性事故应急计划》都应与《国家计划》相一致,每个州/北领地都可以建立自己州的计划委员会,委员会主席由州/北领地海洋或环境机构的高级职员担任。

国家计划管理委员会负责对整个《国家计划》的实施情况进行全方位的、战略性监督,确立主要的政策和方向,全面监督有关各方的资源分配状况,针对国家计划基金的获取及分配问题向澳大利亚运输委员会提出建议。而国家计划行动组主要负责《国家计划》具体操作方面的事务,如设备、培训、突发性事故应对计划和演习,该行动组已建立了三个工作小组分别负责油类、化学品和环境方面

---

[1] 金秀梅:《澳大利亚抵御海上油类和其他有毒有害物质污染对策》,载《世界海运》2006年第2期,第46—48页。

的应急工作。

联邦责任基金采取的是"潜在污染者"支付原则,即向使用澳大利亚港口的商船征税,所获得的税收收入将用于《国家计划》的持续发展、完善以及管理,其中包括设备的获得、储存和维修以及培训项目。税收还将用于突发性事故的应急反应基金,该基金一般在无法确定污染方或清污产生的费用过高时启动使用。澳大利亚立法机构还积极执行国际上关于溢漏和污染应急反应行为所产生的费用补偿的各相关公约。另外,各州/北领地、工业组织和港口也直接或间接地提供资金以保证《国家计划》的功能正常运转。

澳大利亚政府注重培训与新技术的接纳,日常所设立的培训项目和演习都是针对有可能参加溢漏反应行动的人员设计的,这类培训课程由澳大利亚海上安全管理局、州/北领地政府和工业组织共同承办,其中油类溢漏培训将按以下三个层次进行:一是高级管理,负责高层决策的高级政府官员和高级工业组织管理人员;二是中级管理,负责组织应急行动的中级管理人员及其代表和环境科技协调员;三是操作级,被指定作为现场管理人员的监督员和负责现场清污和其他支持性工作的人员。[1]

(二) 建立海上溢油应急反应中心

坐落于维多利亚季隆的澳大利亚海上溢油中心是澳大利亚石油协会的下属机构,是《国家计划》中的一个完整部分,主要负责提供澳大利亚海上溢油中心库存的溢油应急设备,在对溢油事故进行应急反应的过程中,该中心除了调配自己的工作人员外,还可以调配规模较大的油品公司人员并与工业组织互相协调提供帮助。

澳大利亚是首批接受《1990年国际油污准备、反应和合作公约》(OPRC公约)的国家。该公约建立的主要目的是将世界各国对

---

[1] 金秀梅:《澳大利亚抵御海上油类和其他有毒有害物质污染对策》,载《世界海运》2006年第2期,第46—48页。

油类及有毒有害危险化学品溢漏事故的应急反应能力集中运用，以便所有国家都能从中受益。要达到此目的，需从以下几个方面着手：建立地区性和全国范围内的准备和反应体系，如，澳大利亚与新西兰、新喀里多尼亚、印度尼西亚和巴布亚新几内亚达成协议；促进国际间的合作与互助；实现信息共享；促进研究与发展；加强技术合作与培训；设置油污染报告程序等。

《国家计划》中对有关清污方法进行了具体的规定。每一次溢漏事故都会涉及到具体的环境和因素，需要根据具体的清污任务采取具体的措施。使用化学分散剂时，必须对所有的环境因素进行全面考虑后迅速决策，以便在溢漏的油向岸边漂浮之前使用分散剂，从而达到最佳效果；用围油栏和撇油器将溢油限制在一定的范围内然后回收的方法容易受到大风、洋流和其他海况的影响，所以有时用吸油毡通过吸收或吸附的方式来回收溢油，作为围油栏和撇油器的替代方法或补充方法，尤其在处理小范围海面浮油时使用吸油毡比较合适；向被污染的区域施放肥料或营养物质以加速自然生物降解。对于化学品溢漏事故，应根据溢漏化学品的特性制定相应的应急反应对策，同时对被污染领域内的环境进行监控并向该领域内的其他群体发出警告。

在制定国家计划的过程中，有关方面已经注意到海上溢漏事故应急工作中存在着许多局限性。有效应急反应的能力取决于实践和科学两方面的共同努力。目前，还没有一项技术能够防止由于天气原因形成的海面浮油或由于空气流动将岸上的污染物带到海面上，同样也无法防止环境遭到破坏或经济受到损失。很多时候最有利于环境的应对溢油或化学品溢漏事故的方法是让其自然分散或分解，那些为了表明对环境的关心和应付媒体而采取的一些不必要的措施反而会对海洋环境造成更严重的损害。

（三）设定应急反应设备及支持系统

《国家计划》中在9个区域储备了应急反应设备并设定了支持系

统，其中澳大利亚海上安全管理局提供的设备主要用于第二级和第三级这样较大的溢漏事故，港口管理当局提供适用于一级溢漏事故的设备，私营油类或化学品公司提供的设备以及位于季隆的澳大利亚海上溢油中心提供的设备都是对海上安全管理局设备力量的必要补充。

海上污染应急反应设备包括各种类型和型号的溢油控制围油栏、自推进油类回收船、静电油类回收装置和吸油毡，还包括一系列的储存装置，例如：可随意放置的储油罐，拖带油囊和回收装置的辅助设施。化学品溢漏事故应急反应设备要根据化学品的类型选择，不同化学物质的特性差别很大，经常会损坏设备或导致设备失效。一般情况下，由化学工业组织和消防机构决定适合于溢漏化学品的应急反应设备和清污设备，适当的溢油应急反应设备也可以用于化学品溢漏事故。[1]

澳大利亚通过电脑预测的溢油轨迹模型（OSTM）模拟并预测溢油的动向，从而帮助有关人员作出决策，第一时间制定合适的应急预案。国家计划溢油反应地图集是一个电脑数字绘图系统，操作者可以通过这个系统将不同类型的数据叠加到同一幅图上，就会清楚地看出海上污染事故对生物、文化、地理和社会经济分别产生的影响，这无疑对预测、模拟和防止化学品溢漏有很大帮助。《国家计划》中还提供了许多其他为决策提供支持的工具，具体涉及散装化学品船、海运包装危险货物、有毒化学品及其特性、气候分布图以及安全应急措施。

此外，澳大利亚对污水海洋处置及管理方面也探索出了一套较好的措施。污水海洋处置是沿海城市污水处理首先考虑和广泛采用的技术措施。随着城市的发展、经济实力的增长及水域环境功能的

---

[1] 金秀梅：《澳大利亚抵御海上油类和其他有毒有害物质污染对策》，载《世界海运》2006年第2期，第46—48页。

变化，澳大利亚的污水海洋处置经历了一个漫长的、逐步发展提高的过程，也逐步提高了对城市污水海洋处置系统的要求。[①]

在澳大利亚，污水海洋处置必须进行严格管理，澳大利亚的污水海洋处置工程一般都是在经过了较长时间的讨论研究，进行专门的规划设计，开展多种现场实验和室内实验，认真安装，进行施工运行观测并取得环保部门的排放许可证后才能正式运行。排放许可证不仅规定排放总量，还规定各项要素的最高允许排放浓度，并对运行管理监测的各个方面作出详细的规定，实施严格管理。比如，水污染治理采用天然净化与人工处理相结合的政策和技术路线，不仅适合澳大利亚本国国情也适应世界潮流。

[①] 陈复、王之佳：《澳大利亚城市污水海洋处置的借鉴》，载《环境科学研究》1994年第5期，第49—52页。

第八章 澳大利亚的海洋科技与教育战略

只有认识海洋、了解海洋，才能去发掘海洋的潜在价值。在对海洋环境恶化、鱼类资源量减少和全球变暖的忧虑越来越强烈的时代，在海洋对澳大利亚未来繁荣和稳定的重要性被高度强调的背景下，澳大利亚政府主张不仅要有了解海洋的愿望，还需要有先进的科学和技术作保障，其海洋科技发展和文化教育培训对其海洋管理的整体局势影响很大，构成了其海洋战略不可分割的组成部分，其海洋科技发展的对策措施与教育培训等实践及战略规划值得深入研究。

第一节 澳大利亚海洋科技的发展

澳大利亚海洋研究已有悠久的历史。但是，利用海洋研究来有目的地开发利用海洋，让海洋有效地服务于海洋产业是在近些年才逐渐发展起来的。与先进国家相比，澳大利亚政府曾经对海洋研究的重视程度不够，或多或少地影响了研究的效果，但是这种情况随着其对国家海洋利益的认知过程而逐步得到克服。

一、海洋科技发展面临的主要问题

澳大利亚常被描绘成一个以农村或农业为主的国家，有时给人以偏僻或落后的印象，事实上，澳大利亚拥有很多足以自豪的科技成就，例如检查怀孕妇女的超声波成像技术、拯救过无数生命的西药盘尼西林、全世界通用的飞行记录仪黑匣子、以电为动力的心脏起搏器等等都是澳大利亚科学家的发明。

尽管澳大利亚拥有傲人的科技成就，但在海洋科技发展方面仍然存在着一些问题：

第一，对海洋的了解还不够充分。由于对海洋的了解还不够充分，澳大利亚政府在处理各类事务时，无法把海洋问题的优先性提到应有的高度。澳大利亚需要更深入地了解本国的管辖海域，需要海洋科技的指引才能更好地管理海上资源和发现海洋蕴藏的新机遇。从气候变化的影响、沿海地区的能源开采、新能源的开发到人口增长和人类活动给海洋带来的压力等各个方面都需要不断提高海洋科技水平才能得到解决。

第二，缺乏全国性的海洋研发框架。澳大利亚关于渔业、海洋生物多样性、气候变化和沿海地区管理的所有研究、管理和政策框架基本上都是在独立发展，这极大地影响了其海洋科技水平的提升。在海洋产业中需要引入一个全国性的研发框架，且必须得到政府的重视，拥有较高的优先级，同时兼顾政府和企业的利益，保持海洋财富产生和维持的平衡。这类似于美国白宫科学与技术政策办公室颁布的《海洋研究优先权计划》。澳大利亚海洋政策科学与顾问小组在其报告《海洋国家：国家框架下海洋科研的革新》中建议政府任命一个负责海洋科研和技术革新的国家指导委员会，并让其成为政府决策者和企业界交流的一个高端窗口，该指导委员会的成立能够促进公私合作，推动海洋产业和海洋研究的革新。

第三，海洋科学研究的地位及经费有待提高。海洋科学相关的管理从本质上说是跨学科的研究活动，主要涉及法学、海洋科学和政策学等，其中也包含了经济学、历史学和其他社会科学的范畴。澳大利亚目前有两个以大学为中心的海洋管理学研究单位，分别是伍伦贡大学（University of Wollongong）的国家海洋资源和安全中心（Australian National Centre for Ocean Resources and Security：ANCORS）和塔斯马尼亚大学的南极和南冰洋研究所以及西澳大利亚大学的跨学科海洋研究所。

在澳大利亚，政府主持的海洋科研项目的经费主要有两个来源：一个是国家健康和医学理事会的赞助，每年的研究预算大约为5亿澳元，另一个是澳大利亚研究理事会通过国家竞标补助计划提供的资金，每年的预算大约为6亿澳元，其分配方式参考国家研究优先级。国家研究优先级是澳大利亚政府制定的覆盖社会、经济和环境等领域的科研重要性分级，这项制度有利于将各级相关单位的政策倾向和科研力量集中到最重要的研究项目上。澳大利亚政府应加大海洋科研领域的特殊优先级，让更多的海洋活动项目进入国家研究优先级列表，鼓励相关机构开展关于海洋管理的跨学科研究，为海洋科学或海洋环境方面（包括从事与海洋有关的人文科学课题的研究、教育和推广）的政府机构、学术研究所和工业实体提供资金，帮助他们建立研究网络。澳大利亚每隔数年会对国家研究优先级列表进行重审，根据实际情况对其进行调整，包括减少现有项目和加入新项目。

第四，海洋观测技术有待进一步提高。传统方式对海洋进行观测主要是依靠科考船的随机取样和关键区域取样，而遥感探测技术的进步使得对海洋的观测技术有了突飞猛进的发展。澳大利亚研制出了一款新型水下机器人，这款机器人可以下潜到海平面以下700米，并连续工作八小时以上，被研究人员称之为"21世纪人类海洋探险秘密武器"，这款新型水下机器人是高新技术的结晶，它结合了声纳技术和视频成像技术的优点,人们可以利用它传递回来的图像信息来修建大堡礁模型。水下机器人能够到达人类以前无法到达的海域,因而可以拍摄到大堡礁的许多珍贵图像,同时,声纳技术又可以让机器人感知到珊瑚礁的走向。除了进行珊瑚礁的探测工作之外,科学家期待水下机器人能够在海底石油、天然气探测及水下地震预测方面发挥积极的作用。[1]

新技术的引入使得实时监测洋流漩涡和决定气候变化的温水区域,研究从浮游生物到鲸鱼的植物和动物群及海水的化学、生物和物理结构构成为可能。其实,澳大利亚对海洋了解最少的部分是深海海床和下层土,因此需要进一步发展海洋观测技术,通过已有的和即将出现的海洋观测技术来创建"海洋观测站",使科研人员、海洋产业的员工甚至普通民众都可以通过这种观测站从影像和数据上直观地了解海洋。海洋观测站的数据来自于环绕着澳大利亚的观测系统和沿海研究船队,观测站得到的数据通过统计学分析和建模处理之后就可以供研究人员参考,有利于提高国民对海洋资源的认知,同时帮助提高国防安全的防御能力。

第五,应给予海洋科学研究的关键领域足够的重视。澳大利亚对海洋的探索和资料收集工作的重心体现在如下方面:一是研究气候变化,观测并了解海洋和气候变化的关系,以及气候变化带来的海平面上升、海水温度上升、海水酸化和极端天气对海上和海岸生态系统所造成的影响;二是可持续利用海洋资源,勘探沿岸地区的矿物储量,探索恢复沿海碳氢化合物的新技术,从海洋中探寻可持续利用的资源,评估澳大利亚周边的非法、未报告和不受管制的捕鱼量;三是保护海洋生物多样性,澳大利亚的很多海域还未经开发,这些区域的生态状况还不为人知,应做好生物多样性的保护工作;四是更好地管理海岸带地区,检测并掌握城市扩张、工业发展和来

---

[1] 《澳推出"21世纪海洋探险秘密武器"》,载《海洋世界》2005年第12期,第1页。

自陆上的海洋污染源对沿岸地区带来的压力；五是了解海底地貌，澳大利亚需要对其管辖海域内的海床有一个完整的认识，海底土层的等深线图是开发和利用海洋的必备工具；六是掌握全面的海洋学信息以保障海洋安全，需要更新海上支援系统和相关设施来保证有效的海上防御、边界安全和作战安全；七是海岸和海面观测，综合海洋观测系统的建立填补了澳大利亚从来没有投入大量资金装备高级海洋监测设备的空白，该系统的维持和更新还需要得到政府的继续投入。

除了以上几个方面，澳大利亚政府认为，海上搜救也是一项需要各方面的相关条件进行协调和配合的重要工作，需要有高性能的搜救船、综合海洋观测系统、长期的观测数据，还包括能够将由静态数据组成的海洋模型组合到一起的超级计算机才能完成好这项工作。

二、《澳大利亚海洋科技计划》

20世纪90年代以来，为推进海洋科学的研究，澳大利亚政府在1997年公布了《澳大利亚海洋产业发展战略》、1998年公布了《澳大利亚海洋政策》之后，紧接着又在1998年提出了有效期为10—15年的《澳大利亚海洋科技计划》（简称《科技计划》），政府制订的这项重要的《科技计划》对澳大利亚海洋政策产生较大的影响。为澳大利亚领海、毗连区的环境、资源保护和可持续使用制定了基本的科技行动计划。[1]

制订《科技计划》的主要目的在于：满足澳大利亚所承担的国际协议和条约义务的需要；响应全球变化，如气候变化，解决全球

---

[1] 吴闻：《英国、欧洲和澳大利亚的海洋科技计划》，载《海洋信息》2002年第2期，第14—16页。

问题的需要；为满足对自然资源需求的增长与环境资源所承受的来自渔业、海上石油业、旅游业等方面的压力的需要；出于环境恢复和保持环境整体性，包括保持地方一级和国家一级海洋生物多样性的需要；海洋资源可持续开发与管理的迫切需要和公私企业支持海洋可持续性研究的需要；维护国家安全，提高海上监视和搜救能力的需要；承认和保护土著居民合法财产权的需要。

《科技计划》的基本内容包括三方面：认识海洋环境、海洋环境的利用和管理、认识和利用海洋环境的基础设施。

第一，认识海洋环境。掌握澳大利亚海洋管辖区的特征，包括海岸带及毗连大洋区的特征，增进对管辖区内有关海洋与大气相互作用、海洋生物资源、生态系统及海底地质等的环境认识。

第二，海洋环境的利用和管理。支持海洋产业的发展，为澳大利亚海洋管辖区（包括海岸带、毗连大洋区及其资源）生态和经济可持续发展与管理提供知识库，减轻不断增强的海洋开发及环境压力，减缓海洋环境变化及变异。

第三，认识和利用海洋环境的基础设施。为澳大利亚海洋科学、技术和工程提供物理基础设施、适当的技能基础和信息管理支持，协调全国海洋科技和工程计划的管理。

澳大利亚力争通过该计划多年的努力，使其海洋科技和工程的水平有显著提高，比如：深海大洋作业的能力；沿岸和近海地质和生物资源测绘和清查的能力；存储、利用和提供科研、勘探、监测以及国际交换、国际合作计划所获取的大量数据的能力；认识海洋生态系动态变化及其对人类活动包括陆地活动影响的响应遥感、海洋模式和气候预报的能力；海洋科技和海洋资源与环境管理之间的关系，使海洋环境的管理者和利用者拥有开展海洋资源及生态系可持续利用的决策能力；为新兴海洋产业的发展把握机会，作出贡献的能力；为满足多方需求所必需的广泛技能，提供长期培训。①

三、海洋生物技术的研发和管理

澳大利亚在海洋生物技术研究开发和管理方面具有其明显的特点，尤其在新品种培育、疾病防治、渔业生态环境保护等方面。澳大利亚联邦科学和工业研究院（简称 CSIRO）共有 22 个下属研究机构，现有职员 6 万多人，经费充裕，CSIRO 下属的 7 个研究所，分别是海洋研究所、热带农业研究所、动物健康研究所、畜牧研究所、食品科学技术研究所、昆虫研究所和植物研究所开展生物技术研究。与 CSIRO 开展合作研究的机构主要包括：南极和南海合作研究中心、水产养殖合作研究中心、渔业研究和发展合作组织、澳大利亚国际农业研究中心等。② 数学信息服务中心则负责为研究院内各个单位提供相关的技术支持。

澳大利亚水产养殖和生物技术计划的具体目标是发展科学和技术基础，扩大和改进水产养殖业的现状，其发展的策略是建立网络、开展合作研究。研究对象主要集中在对虾、牡蛎、鲑鱼、鲍、龙虾、鲈鱼和海洋微藻等，对澳大利亚的产业发展具有重要意义的种类上。澳大利亚在海洋生物技术研究开发和管理上有如下几个鲜明的特点：

第一，高度重视海水养殖业与环境的协调发展、坚持可持续发展的基本方针。澳大利亚属于地广人稀、资源十分丰富的国家，自然条件十分适合发展水产养殖业。澳政府认为，发展水产养殖业要以与生态环境和谐为原则，千方百计地把发展养殖业对生态环境可能造成的影响降到最低，处处显示出贯彻可持续发展的策略，该策

---

① 吴闻：《英国、欧洲和澳大利亚的海洋科技计划》，载《海洋信息》2002 年第 2 期，第 14—16 页。

② 董昭和等：《澳大利亚海洋资源开发与环境保护研究》，载《海洋科学》2001 年第 4 期，第 21—24 页。

略在开展与水产养殖相关联的研究以及有关管理法规的设置等方面也得到了充分体现。研究项目的设置具有突出而统一的主题，即可持续发展，具体表现在对野生渔业资源的保护性开发，对不同养殖方式影响环境的机理、方式和强度等问题的预先评估。在海洋资源开发和保护方面有健全的法律法规，对新建水产养殖业要进行严格的控制和审批，在包括环境部门在内的多部门间开展评估，对水产养殖的选址、规模、养殖种类、苗种的来源、产量、养殖废水的排放及产品的去向等方面都要设立严密的管理制度和管理措施。另外，还要严格控制新品种的引进和当地品种的输出，避免对生态系统带来不良的影响。对于自然资源的捕捞，实行捕捞许可证和配额制度，而且必须到指定的专用码头进行销售。

第二，重视高技术研究和基础研究、研究内容和对象具有鲜明的实用性和前瞻性、研究结果具有明显的深入性和精确性。虽然澳大利亚水产养殖业在发展的深度和广度方面不是很发达，但对高新技术和基础研究高度重视。澳大利亚联邦政府和州政府共同投资建立了可容纳700余名科学家的生物技术中心，目的就是跟踪国际生物技术研究的最新动态，从而立足本国资源，开发本国的生物技术产品。该中心提出的口号是"发展该领域（指生物技术）的人们将会赢得未来的重要一块"，充分体现了发展生物技术的重要性和前景。目前，澳大利亚在海洋生物技术领域、转基因技术、多倍体诱导、海洋活性物质、海洋药物、对虾病毒病的检测和诊断、DNA标记辅助选择育种等方面都有良好的进展和成果。

澳大利亚在生物技术的基础研究方面强调研究内容不贪面广，但求研究要深入，这种研究态度代表着该领域的研究潮流。具体表现在对有养殖潜力的种类进行全面系统研究，对驯化、繁育、生理特征和营养方式等养殖生产时将可能遇到的各种问题预先研究明确，尤其是重视从当地野生种群中筛选可供养殖的种类，而许多具体内容是直接面向水产养殖的实际需要，真正做到了今天的基础研究是为了明天的技术和后天的产业发展。

第三，产学研相结合，真正形成了促进科研成果转化和产业化的有效机制。澳大利亚在产学研相结合、促进科技成果转化和产业化方面建立了良好的机制。例如，为使水产科研和产业密切结合，成立了水产养殖合作研究中心，由产业部门、大学和研究机构共同组成，政府部门参与协调和管理，研究项目的组织管理具有完整的系统性和学科交叉性。中心根据水产养殖业发展的需求，提出研究项目，实行首席科学家负责制，组成各学科配套交叉的项目组，分工负责，各有侧重，并特别注重项目研究前期的设计工作。采取真正意义上的跨部门、跨地域、跨学科联合，既有纵向的协调，也有横向的交流。这样做的结果是避免了各系统和各部门之间的重复和浪费，有利于发挥各自的学科优势，实现了优势集成。研究经费除政府资助的部分外，其他部分由产业部门和参与的大学、研究所共同承担，研究开发出来的成果即转移到产业部门。这样，共同的利益把产学研各方面紧密结合起来，有效地避免了科研与生产的脱节。

第四，完善的设施建设和先进的仪器设备条件。工欲善其事，必先利其器。良好的基础设施建设是科学研究和产业发展的必要条件。澳大利亚现有多家大学和研究所从事海洋生物技术的研究，研究设施相当先进，但政府仍决定投巨资新建生物技术研究中心，就是想在生物技术领域占有一席之地。澳政府认为，要想在国际竞争中不落后，就必须组建一流的研究队伍、拥有一流的研究设施。

第五，灵活的人才政策和广泛的国际交流与合作。澳大利亚在科研队伍建设中采用的是灵活的人才政策，科研队伍是流动的，不断有人员被交流出去，又不断地有新的力量补充进来，从而保证了科研队伍的活力，知识不断的补充和更新。在国际合作方面，澳大利亚与世界有关海洋生物技术方面的研究机构和人员有着广泛的交流与合作。例如，澳大利亚为了持续发展热带与亚热带水产养殖业，与亚洲国家建立了病害和健康管理协助工作组。

第二节 澳大利亚的海洋教育与培训

20世纪90年代以来，海洋教育得到了各国政府的普遍关注。1994年《联合国海洋法公约》正式生效后，很多国家和地区重新制定了海洋发展战略。各国政府充分肯定了海洋教育对海洋经济的促进作用，并提出了一些实施海洋教育的具体规划。1990年5月，日本海洋开发审议会向政府提出了面向21世纪的海洋开发设想和措施，其中涉及进行国际化的跨学科、跨领域的研究、加强海洋信息研究和管理、在全社会进行大力宣传以提高人们对海洋开发和保护的认识等提议。2005年，日本经团联发表了《关于推进海洋开发的重要课题》，向日本政府建议将产业界、学术界和政府联合起来，在小学、初中和高中开设海洋教育课程等。[1] 1996年8月，韩国政府成立了海洋与渔业部，制定了韩国21世纪海洋战略规划，其中涉及加强各个层次的海洋教育、开拓海洋科学培训渠道、在公民中开展持久的新海洋观教育等内容。[2] 英国海洋技术委员会在2000年提出了此后五至十年的海洋科学技术发展战略，其中包括海洋资源可持续利用和海洋环境预报两个方面的科技计划。[3] 美国在20世纪60年代就开始实施海洋补助金计划，美国政府资助海洋教育的目的是为了吸引科研人员开展海洋科学研究，从事海洋咨询和服务活动等。[4]

---

[1] 张伯玉：《从维护海洋权益到确立国家海洋战略——日本通过第一部海洋大法》，载《世界知识》2007年第9期，第32—33页。
[2] 吴闻：《韩国、日本的海洋科技计划》，载《海洋信息》2002年第1期，第25—26页。
[3] 吴闻：《英国、欧洲和澳大利亚的海洋科技计划》，载《海洋信息》2002年第2期，第14—16页。
[4] 李令华：《美国"海洋补助金计划"》，载《地球科学进展》1989年第6期，第64—66页。

从世界各国和地区对海洋教育的规划与措施可以看出,进入海洋世纪,海洋教育成为诸多国家海洋发展战略的一个重要组成部分,这种国际趋势对澳大利亚海洋教育的发展具有重大影响。[1] 澳大利亚的教育具有世界一流的水准,其海洋教育与培训的许多做法成为其他国家学习的经验和借鉴。

一、海洋教育的体制与基础

澳大利亚中小学及职业学院由各州或领地的教育部负责管理,联邦政府拨款资助,大学则由联邦政府统一管理。凡澳大利亚的公民和永久居民均享受免费的中小学教育。澳大利亚很注重教育,全国有40余所大学及200多所专科技术学院,这些大学和学院几乎都是公立学校,教育体系各州略有差别,但都由联邦政府控制管理,所以能保持平均较高的教育质量,各学校的学历文凭各州相互认可,澳大利亚的学历资格被世界各国广泛承认。

澳大利亚的教育追求世界一流的水准。所有的澳大利亚学校教育都是根据个体的需要、能力与兴趣而设,使每个学生都得以发挥其个人各方面的潜能,并能运用于各行各业。这个人口前几年才突破2000万的国家,已先后有6位科学家获得过诺贝尔奖。澳大利亚教育系统可分为五大部分,分别是中小学;由技术与继续教育学院(TAFE)构成的职业培训系统;为海外学生提供英语课程的英语补习学校(ELICOS);开设商业、饭店管理、航空驾驶等职业课程的私立学校;大学。

澳大利亚的教育体制大致承袭英国的系统,小学6年(即1—6年级);中学6年(7—12年级,不分初中高中);专科2—3年;大

---

[1] 崔爱林、赵清华:《澳大利亚的海洋教育及其启示》,载《河北经济社会文化发展研究》2008年第2期,第215—217页。

学3年。依据科系的不同，其修业年限也有差异，例如：文、商、理科3年，工科4年，法律4年或5年，医科6年。一般要进入专科以上学校进修者，必须完成12年教育。澳大利亚学生在12年级毕业后若想继续进修，可以有两种选择：一是以实务课程为主的技术与继续教育学院；二是具有学术理论性质的大学课程。申请资格以12年级的毕业会考成绩为依据。

澳大利亚的小学教育体制因州或领地而异，通常为六年制。在某些州，学生在上小学前先上幼儿园或学前班。小学通常设有以下课程：英语、数学、社会研究、艺术（包括音乐、美术、手工和戏剧）与保健（包括体育和品质培养）。

澳大利亚大部分的中学是综合性的男女合校制。在新南威尔士州、维多利亚州、澳大利亚首府行政区和塔斯曼尼亚州，初级中学年限是从7年级到10年级，如同中国的初一到高一；而在西澳大利亚州、南澳大利亚州、昆士兰州和北领地初中年限则为8年级至10年级。澳大利亚的义务教育到此为止。在10年级以后，大部分的学生会进入高级中学11年级及12年级（相当于中国的高二或高三）。

澳大利亚的大学预科班课程是为全海外留学生设计的课程，为他们所报读的大学本科学习作准备，本地居民是不需要进入预科班课程的。澳大利亚的大学预科班是为了帮助那些已经在自己国家完成12年级的高中教育，但是无法直接申请进入澳大利亚的大学的申请者，通常为期一年。学生在大学预科班所修的课程与将来他们要进入大学所修的课程必须相关。大学预科班的特色就是学生不参加统考，只需成功地完成此课程，就可以直接进入自己所报读并承认这项课程的大学。

澳大利亚大学体制从20世纪80年代末开始经历了巨大的变革，从那时起教育基础变得更加广泛，而非只面向精英，同时教育环境的影响也使得大学开设的课程数量大为增加。澳大利亚大学的模式起源于优秀的英国模式，在20世纪的后二十年，出于对未来利益和社会技能的考虑，即所谓"知识经济"的考虑，澳政府的政策持续强调高等教育作为公共福利的重要性。与以往相比，中学生进入大学深造的比例大为增加了，尤其是法科课程增设了不少。在20世纪70年代初，全澳大利亚只有8所法学院拥有专业优质的课程，在国家政策的扶持下，2014年QS世界大学排名（Quacquarelli Symonds World University Rankings）显示，澳大利亚的大学中有5个法学院排名全球前二十名，分别为：第8名的墨尔本大学、第13名的悉尼大学、第14名的新南威尔士大学、第15名的澳洲国立大学、第16名的莫纳什大学。[①]

澳大利亚的技术与继续教育学院（Technical and Further Education, TAFE）实行全国性的职业培训教育体制，提供各种专业技能的训练课程，大部分课程都更具实用性。TAFE学院的职业教育和培训种类繁多，为澳大利亚的劳动力大军提供所需的技能训练，包括专业、半专业、高级技师、技师及操作员等不同层次。TAFE的很多课程是与工业团体共同开办的，以确保学生有实习的地方并获得最新的专业信息。TAFE是三级教育中最大的部门，是澳大利亚高等教育和培训的主力军，70%的澳大利亚中学毕业生进入TAFE学院继续学习。很多澳大利亚国民即使离开了学校或者年纪大了的时候，仍会因各种需要而前往TAFE接受培训。例如，上了年纪的人如果发现自己需要学习电脑上网而又不想麻烦朋友邻居的话，TAFE的短期培训课程就是很好的选择。

澳大利亚全国200多所主要的技术与继续教育学院中有近百所位于主要大城市及各州首府，其余的则主要分布于各郊区城镇和乡村地区。各州和领地的TAFE文凭资格都是互通承认的，大部分的专科文凭课程受到各大学的认可并可以转移学分。TAFE的课程科系多而且广，从短至数小时或数天的培训到长达3年的全日制课程都

---

① 资料来源：http://studyabroad.tigtag.com/rank/168046.shtml，上网时间：2016-06-23。

有，教学方式以课堂上课及实习为主，各科的评分以作业、课堂讨论、实习和考试为依据。

TAFE课程包罗万象，包括会计、秘书、营销、企业管理、建筑工程操作、艺术与人文、商业行政管理、烹饪、调酒、各种外语、资讯科技、工程技术、医疗保健、电脑操作、网页制作、园艺、插花、服装设计、美容美发、汽车维修、酒店管理、急救技巧、安全意识、油漆技巧、家具制作、陶瓷制作、报税知识等。TAFE也提供英语进修课程给海外留学生，如英语强化课程、学术英语课程，同时还有12年级和大学预科班课程。

二、海洋教育发展的动因

进入21世纪，海洋教育成为许多国家和地区海洋发展战略的重要组成部分，这种国际趋势对澳大利亚海洋教育的发展具有重大影响。澳大利亚海洋教育的发展受到国际大环境的影响，同时海洋经济的发展对海洋教育提出了新的要求，澳大利亚国内发展海洋经济的热潮促进了海洋教育的全面发展。澳大利亚与海洋相关的产业多种多样，比如海洋资源型产业、海洋系统设计与建造业、海上作业与航运业、海洋有关设备和服务业等。据预测，到2020年时澳大利亚海洋产业的产值大约将达到500—850亿澳元。[①]

在澳大利亚海洋产业发展的过程中，也出现了一些阻碍海洋经济进一步发展的因素，从与海洋产业发展相关的科学研究领域来说，澳大利亚与世界先进水平还存在一定的差距。为了进一步促进海洋经济的可持续发展，增强海洋经济的国际竞争力，澳大利亚政府制定了一系列海洋产业发展战略，例如1997年发布的《澳大利亚海洋产业发展战略》、1998年发布的《澳大利亚海洋政策》和《澳大利

[①] 荆公：《澳大利亚海洋产业发展战略》，载《海洋信息》1998年第6期，第5—7页。

亚海洋科技计划》。在这些战略和计划中，澳大利亚政府提出了21世纪发展海洋经济的一系列重点目标，如海洋资源的多样化利用与综合化管理、海洋产业的控制、基础数据的收集和研究、海洋高科技人才的培养等。[①] 其中，大力发展海洋教育，建立不同层次的人才培养计划，从整体上提高国民的海洋教育水平，成为澳大利亚政府的一项重要的举措。

澳大利亚需要有后继的人才来接替管理海洋、维护海上利益的工作，因此，在培养后备力量方面需要克服存在的不足。海洋科研和海洋管理都需要能够吸引到足够多的人才，仅是在海洋科研方面，澳大利亚迫切地需要技术能手、工程师、数学家、统计学家、建模师、物理学家、化学家、微生物学家、地理学家和分类学家等专业科研人员的加入。而在海洋管理部门中，掌握与航海有关技能的人才也是非常短缺，很多岗位都需要补充新鲜血液，包括领航、海洋测量、终端和货物操作、港口操作、船舶管理、海事教育和培训，甚至像在运输安全办公室和澳大利亚海上安全局这样的机构从事海洋行政管理的职位都已经有了空缺。这不仅仅是澳大利亚的问题，全世界大多数国家都处在海员供给量不足的窘境中，而被迫使用技术水平不足的海员，又会给航海安全带来隐患。因此，无论对国内还是国际来说，培养更多的优秀海员都是一个紧迫的任务。

造成目前海员短缺情况的一个重要原因是澳大利亚国民普遍对海洋文化缺乏认识，需要通过创办中等和高等海洋管理学校来解决这一问题，有一些国家已经开始这样做了，如俄罗斯。可以邀请一些海洋产业的从业者和投资者帮助这类学校总结出最需要普及的技术和知识。澳大利亚还考虑创办一所或者多所专门的海洋高中，这种学校可以根据具体情况采用以海洋环境和海洋产业为主的7年制、

---

① Caldwell, "International Environmental Policy: From the Twentieth to the Twenty-first Century". Durhamand London: Du ke University Press, L. K. 1996.

或者 12 年制教学制度，以此来保证学生毕业后可以直接从事各种与海洋产业相关的职业。产业专家可以被邀请来担任专业课程的老师，这样可以让学生了解当前海事部门的发展状况。澳大利亚教育部门和海洋产业部门应联合起来推动海洋高中或中等海洋管理学校的建立。

三、发展海洋教育的途径与模式

澳大利亚采用建立海洋领域学术和科研机构、依托科研机构开展海洋研究、调整海洋类专业课程、在公众中加大海洋宣传教育活动等各种途径来发展海洋教育，形成了全民动员的规模，达到了系统深入而影响深远的效果。

(一) 建立了海洋相关领域的学术和科研机构

澳大利亚建立了诸多海洋领域相关的学术和科研机构，这些学术和科研机构在发展海洋教育、提高海洋科研水平方面发挥了重要作用。主要的学术和科研机构包括：

澳大利亚海洋科学研究所（Australian Institute of Marine Science）。该所的宗旨是对热带海洋的生物种群及海洋环境建立一种清晰的、论断性的理解，其研究项目主要与澳大利亚热带水域有关，研究目标分别是沿海地区的红树木环境、沿海地区的近海环境、暗礁生态系统中的能源流与资源循环、暗礁系统的模式、物质丰裕度和相互关系、中央大堡礁的沙洲海域等。

澳大利亚海事学院（Australian Maritime College）：是由澳大利亚联邦在 1978 年成立的国家级海事教育培训中心，位于塔斯马尼亚州，该学院在海事教育、培训、研究与开发方面具有较高水平。该中心也被公认为是国际上最佳的海事培训与科研中心之一，为澳大利亚以及亚太平洋地区的海事行业提供优质服务。澳大利亚海事学院的海事商务系除了为学员提供了国际认可的学历教育之外，还提供学员能在海事行业里应用的专业知识。除此以外，该学院还提供了全面的科研项目，条件适合的学员还能从学士的学习之后进入博士级的研究课题。

澳大利亚海事工程合作研究中心（Australian Maritime Engineering Cooperative Research Center）：该中心成立于1992年，是一个主要从事海事与近海工程领域合作研究的国防科研机构，该中心拥有独立的组织机构和优秀的专业技术人员并配备一流的研究设施，其发表的研究报告、论文及各种出版物、研究发展规划等都在学术领域颇具知名度。

澳大利亚海洋保护学会（AMCS）。它成立于1965年，是一个国家级的非赢利组织，其任务是保护澳大利亚海岸环境。该学会重点关注诸如海洋自然保护区、可持续渔业、濒危物种以及污染等一系列海洋问题。除此之外，澳大利亚和新西兰环境与养护理事会、澳大利亚海洋产业和科学理事会及林业、渔业和水产养殖业部级理事会等机构也为澳大利亚海洋教育的发展作出重要贡献。

（二）调整与海洋相关的专业及课程

在澳大利亚，海洋教育任务主要由专门的海洋学院和大学的生物系、环境工程系承担。为了与澳大利亚联邦政府实现国家海洋发展战略的目标相一致，20世纪90年代以后，各海洋高等教育机构纷纷调整了各自的专业和课程设置。澳大利亚海洋学院位于澳大利亚南部，长期以来，在海洋研究方面形成了自己的独特优势。近年来，为了适应澳大利亚海洋发展的新变化，澳大利亚海洋学院在研究方向上进行了调整，拓宽了很多内容，如在海洋生物方面，研究测定各种鱼类在海水养殖中的系统敏感性；结合气候变化，研究海洋与其他系统之间的相互作用；开发海洋环境智能信息和通信系统等。[①]

---

① 崔爱华、赵清华：《澳大利亚的海洋教育及其启示》载《河北学刊》2008年第2期，第215—217页。

另外，澳大利亚一些大学的生物系，在政府部门加大海洋科学研究投入、推动多领域海洋科学研究的背景下，也逐步从单纯的海洋生物研究过渡到了海洋多领域研究，比如，悉尼大学和詹姆斯·库克大学，其研究领域涉及海洋动植物、海洋法、海洋生物、海洋与气候的变化、海洋资源管理等，[1] 而一些大学的环境工程专业，在国内海洋经济大发展的背景下，及时对专业方向和课程作了调整，增加了相关海洋课程的比例。[2]

（三）依托科研机构进行海洋研究

在澳大利亚有很多资金组织和科研机构资助或致力于海洋科学研究，比如，海洋科学技术资金会主要资助一些应用性的海洋项目，如为CSIRO建造"蓝水"海洋科研船助资1.2亿澳元；为建设海洋综合观测系统投资5200万澳元；为澳大利亚科学研究所及海洋和南极研究所的建设分别资助5500万澳元、4500万澳元；投入2520万澳元用于澳大利亚南极司的管理经费。[3]

澳大利亚生物资源研究基金会所提供的资金全部用于海洋分类学研究。[4] 在科研机构中，规模比较大的有成立于1972年的澳大利亚海洋科学研究所，这是一个由工业、科学和技术部直接领导的国家级科研单位，研究所经费主要由联邦政府拨款，并通过与公司、企业的合作获得一些经费。近年来，澳大利亚海洋科学研究所的专业研究主要包括维护海洋产品的开发和销售、改进海洋管理体制、

---

[1] 谢子远，闫国庆：《澳大利亚发展海洋经济的经验及我国的战略选择》，载《中国软科学》2011年第9期，第18—29页。

[2] Carl M. Stepath, Med. "Draft Colral Reef Education and Australian High School Students" [EB/OL]. http://www.saveourseas.org/CarlStepath/Coral reefed paper ME – SA.pdf, 2009年11月22日。

[3] 赵昕、井枭婧：《支持中国海洋经济发展的货币政策路径探索》，载《海洋经济》2012年第4期，第1—5页。

[4] Chris tanti. Marine Education Swimming the Nation [J/OL]. http://www.The.source.Gov.au/involve/NYR/pdf/2（X）2_ environment/enviro_ reports/chris_ tanti.pdf, 2007年11月2日。

促进澳大利亚海洋事业以及扩大国际关系等。①

(四) 普遍开展海洋生态环境教育

在澳大利亚，中小学是开展海洋教育的重要场所。澳大利亚中小学海洋教育一般都从学生所熟悉的水开始，围绕"水"这一主题设计一系列的主题，比如关于水的信息、人类和水的关系、对于水的积极态度、水资源的分类、水问题的解决、保护水的行动等，通过各种活动促进中小学生对水资源的关注和了解，使他们具备必要的水资源保护的知识和技能，然后再逐渐过渡到海洋教育的内容。②

澳大利亚的中小学海洋教育主要致力于增进学生对海洋的理解与关心，培养学生成为积极参与海洋保护行动的公民，其主要教育内容有：了解过去和现在人类与海洋环境之间的关系；了解社会发展和海洋环境保护之间的关系；了解澳大利亚海洋资源多样化的特点；培养学生调查、搜集、分类和陈述海洋信息的技能；培养学生对海洋持续、稳定发展的理解和关心等。③ 在澳大利亚，海洋博物馆种类繁多，涉及海洋的各个领域，每个博物馆都设有活动中心，经常组织各种活动，鼓励青少年通过参与来认识澳大利亚的历史、地理和海洋环境。

(五) 在社区开展各种海洋教育活动

澳大利亚政府非常强调居民要真正参与到海洋教育中去，认为海洋问题一方面要靠技术来解决，另一方面也要靠居民的认识和态度，如果居民普遍支持海洋可持续发展的价值观就会对整个社会的海洋保护起到重要作用。④ 为此，澳大利亚的大部分州政府都制定了

---

① 何培英：《高等海洋教育生态及其承载力研究》，青岛：中国海洋大学，博士学位论文，2010年。

② 姚泊等：《高校如何在中学开展"蓝色国土蓝色教育"活动的实践与思考》，载《海洋开发与管理》2010年第9期，第16—18页。

③ 崔爱华、赵清华：《澳大利亚的海洋教育及其启示》载《河北学刊》2008年第2期，第215—217页。

④ 谢子远、闫国庆：《澳大利亚发展海洋经济的经验及我国的战略选择》载《中国软科学》2011年第9期，第18—29页。

一些社区海洋教育的发展计划,通过举办海洋知识讲座、开放图书馆、举办各种专题讨论、调查搜集水资源数据、参与沿海保护项目等多种形式开展海洋教育活动。[1] 另外,澳大利亚的一些环境保护网站也开办了一些专门针对海洋资源的栏目,定期公布国家和各州的海洋事业发展动态,普及有关知识,鼓励居民参与讨论,有的网站还成立了网络学校,举办各种相关培训活动,居民个人也可以参与这类网站的建设。[2]

(六) 通过灾害预警系统加强对公众的教育

2005年5月印度洋海啸之后,为了降低海啸对澳大利亚海岸地区的人员伤亡、减少海啸对海上作业和沿海水域作业的危害、减少海啸对沿海地区基本设施的影响,澳大利亚政府宣布在其当年的联邦预算中增加建立澳大利亚海啸预警系统的任务。毋庸置疑,这项任务对澳大利亚的地球科学研究会带来重要的影响,新建的海啸预警系统将印度洋海啸预警系统作出重要贡献,并与现有的太平洋海啸预警中心合并,以推进太平洋西南地区的海啸预警工作。[3]

对于澳大利亚联邦政府所拨付的经费,各相关单位和部门分别用于不同的科学研究目的,如:地球科学研究会将联邦政府所拨付的经费主要用于澳大利亚地震观测能力的提升,开展全天候的地震观测,并建立分析中心;气象局将获得的经费主要用于海平面测量仪器的更新,提高海啸浮标的深海评估和报告能力以及加强全天候作业和分析中心工作;而紧急事件管理局的经费主要用于公众教育和培训机构的发展。这些教育和培训对提高全社会的海洋知识整体

---

[1] 杨月等:《高校应如何在社区开展海洋环境教育》,载《海洋开发与管理》2009年第10期,第19—23页。

[2] Oceans Policy Governance [J/OL], http://www.environment.Gov.au/coasts/oceans-policy/obom-no-ag.html, 2007年11月2日。

[3] 王禹、赵勇:《澳大利亚新建海啸预警系统》,载《防灾博览》2005年第6期,第46页。

水平、对全社会共同关心和了解海洋及海洋灾害的危害方面将产生深远的影响。这一系列的资金投入和科研开发将大力提高澳大利亚的灾害预警系统的建设水平,进而增强公众对预警灾害相关知识的科普教育。

第九章 澳大利亚的海洋国际政治与外交战略

　　澳大利亚经济实力强大并日益融入全球经济，以其民主政体、多元文化和建设性方式参与国际事务，树立了积极参与国际事务的良好形象。澳大利亚奉行独立自主的外交政策，外交重点是加强同美国的联盟关系，密切同亚太地区各国的关系，发展与亚洲尤其是东亚的关系，将与美国、日本、中国、印尼的关系作为最重要的四大双边关系。美国不仅是澳大利亚最重要的经济伙伴之一，还是最紧密的安全同盟，澳美关系建立在长期的国防合作传统、共同的自由民主价值观、广泛的经济纽带和其他共同利益的基础之上。澳大利亚在重大贸易和安全问题上与欧洲紧密合作，与欧洲国家的双边关系是对澳大利亚与欧洲联盟直接关系的有力补充。澳大利亚主张种族平等，消除种族歧视，改善人权状况，反对将人权与贸易挂钩，这些立场也反映到了其海洋管理领域。本章重点介绍澳大利亚的海洋国际政治与外交战略，回顾澳大利亚通过积极参与国际海洋事务的合作与交流，加强区域合作，妥善解决与周边海上邻国的海洋权益争端，并成功获得外大陆架主张的国家实践。

第一节　澳大利亚国际海洋事务的合作与交流

在国际海洋事务的合作与交流方面,澳大利亚的态度一向是积极的,立场也是明确的,如充分关注和积极响应联合国系统内涉海组织和机构的决议和各项安排,尽可能多地加入国际、区域或分区域的海事合作组织,广泛参加全球性与区域性的合作计划,依托海洋外交扩大本国的国际影响力,成为国际海洋事务的领先国家,也成为亚太地区活跃且具有较大影响力的一极。

一、保持良好的国际信誉

国际社会早期关于海洋安全的思想的大部分,已经逐渐演变成为各种具体的海洋公约,澳大利亚积极参与国际层面维持海洋秩序的国际公约并推动这些公约的实施。作为一个拥有辽阔管辖海域的国家,澳大利亚政府对国际航运和船舶安全、海洋环境保护等非常重视,着力维护海洋的良好秩序。作为国际海事组织领导者之一的澳大利亚在海事方面始终保持着良好的国际信誉,而且还在其他一些国际性或地区性船运安全组织、海事环境保护组织中扮演着重要角色。

(一) 积极推动国际海洋秩序的建立

1998年世界海洋独立委员会就在其年度报告《海洋:我们的未来》中描述了当今与海洋有关的主要问题,其中包括领海争端、全球气候变暖、非法捕鱼、动物栖息地破坏和物种灭绝、海洋污染、毒品走私、非法移民、海盗活动以及沿海设施破坏等。当时这些问题在澳大利亚周边海域均不同程度地存在着。

在这份报告发布后的十年，国际社会在海洋管理方面取得了两项重大的进步：第一，"9·11"恐怖袭击事件发生以后，世界各国都对海事安全给予了更多的关注，随着《国际船舶和港口设施安全法规则》的颁布，海事安全的覆盖范围进一步扩大，而且对民用船舶海上安全的关注度也有所提高；第二，关于海洋重要性的认识有所提高，开发海洋资源、处理海洋危机等问题已经引起了世界各国的共同关注。尽管海洋在全球气候变暖中的作用仍然处于被低估的状态，但是国际社会已经开始从海洋的角度来考虑解决问题的办法，并逐渐意识到海洋的确对气候变化有直接的影响，同时海洋也直接受到气候变化的影响。

为维护周边海域的良好秩序，使包括澳大利亚在内的各国的海洋利益最大化，澳大利亚基于相关国际条约的规定条件和具体要求，加强与周边国家的合作，共同打击破坏海上秩序的行为，例如不受控制的海洋环境污染、非法捕鱼，以及其他很多海上犯罪活动，如海盗、海上恐怖活动、贩卖人口、贩卖毒品和军火、非法交易保护动物和珍稀植物、非法运输有毒物质和核废料、倾销国际条约所禁止的污染物和有害物质等。

澳大利亚积极推动国际海洋秩序的建立，通过加入国际层面的公约积极维持海洋秩序。这类公约主要包括：提供了海洋管理总的原则和框架性规定的《联合国海洋法公约》，其他所有的国际海洋制度和条约都是在此框架内产生的；主要用于处理国际商船安全问题的《国际海上人命安全公约》；保护海洋不受来自船舶废弃物和泄漏物污染的《防止船舶污染海洋公约》；鼓励和促进其成员国在海上搜救行动中进行合作的《海上搜索和营救公约》；保护航海船只、海上设施的安全，并且促进各国在打击公海犯罪方面进行合作的《禁止危害航海安全的非法行为公约》；对跨界捕鱼、捕捞洄游鱼类和捕捞在专属经济区和公海之间交叉迁徙的跨海域活动鱼群作出了明确规定的联合国《鱼类种群协定》等。此外，澳大利亚还全力支持国际上其他关于海洋资源开发保护等国际公约的推进与执行，例如《生物多样性公约》的目的在于保护一切环境下的生物多样性，包括海洋生物的多样性，为此，澳大利亚联邦政府、州政府和领地政府还签署了保持生物多样性的国家战略。

（二）争取国际海洋事务的主导权和话语权

在《联合国海洋法公约》生效之前，澳大利亚实际已承认习惯国际法的许多条款，还执行了与该公约保持一致的相关政策和法规。澳大利亚还很早就提出了紧邻海岸的领海和领海以外海域的主张，并于1990年把领海扩展到符合《联合国海洋法公约》规定的12海里，这些海域构成了澳大利亚国土的组成部分，也是其发展海洋经济最重要的区域空间。自《联合国海洋法公约》签署以来，联合国对国际海洋事务越来越重视，无论在深度或广度上，海洋法制的形成与发展所扮演的角色越发复杂且细致。[1]

为了依据《联合国海洋法公约》协调各国与海洋有关的利益，联合国成立了国际海底管理局、国际海洋法法庭、大陆架界限委员会等一系列专门的海洋机构。这些机构拥有广泛的权力，在国际上具有十分重要的作用，其主席、副主席、理事长、秘书长、国际海洋法法庭法官等职位由选举产生，要想获得这其中的席位，都要以批准《联合国海洋法公约》并参加其活动为前提，并严格遵守时间限制。为了争夺国际海底管理局等机构领导权的机会，使国家的主张和利益能很好地在国际海洋组织中得到体现，澳大利亚对各类海洋事务的关注程度很高，尤其是对国际海洋事务的主动权和话语权，并努力在其中有所作为，以争取最佳的表现。

《联合国海洋法公约》奠定了法制的更大确定性，而且提高了政治家和广泛的社团对海洋财富及其利用机会的认识。《联合国海洋法公约》不仅提供了国际法承认的利用专属经济区和大陆架资源的权

---

[1] 资料来源：http://www.Un.org/Depts/los/index.htm，上网时间：2016－05－28。

利，而且还赋予沿海国实施资源和环境可持续发展和管理的责任。《联合国海洋法公约》以实现良好的海上秩序为目标，详细规定了各国在航运、渔业、海床采矿、海洋环境保护、海上搜救等方面的合作机制。除此之外，在后《联合国海洋法公约》时代，尤其在最近几十年，国际社会还衍生出了一些"软性法律"和"习惯性公约"，如防止渔船更换旗帜以规避国际渔业法律法规、负责任渔业行为守则等，关于维护海上秩序的国际条约越来越完善，澳大利亚在这个过程中扮演了领导者的角色，主动推动相关讨论和协商的进程。由于仍有一些重要的国际海洋公约在澳大利亚周边的区域并没有得到有效地实施，地区海上军力发展迅猛，竞争性的海洋战略越来越多，对本地区的海洋安全构成了威胁，澳大利亚期望能在促进这些条约的实施方面发挥更大的作用，以更好地体现其国家立场和相关利益。

二、维持区域大国的形象与地位

在亚太地区，澳大利亚密切参与亚洲事务，并与许多亚洲国家之间建立了强有力的、成熟的双边政治、安全和民间合作联系，其经济关系的一个重要特征是与许多亚洲国家建立了广泛的双边贸易与投资关系，并签订了全面的双边自由贸易协定，日本与中国分别是澳大利亚的第一大和第三大出口目的地。

澳大利亚与南太平洋地区的稳定和经济独立发展休戚相关。澳大利亚不仅是该地区发展援助资金最大的捐赠国，同时也是南太平洋各国主要的贸易和投资伙伴。在南太平洋及其他众多与澳大利亚有着共同利益的地区广泛开展长期的紧密合作为澳大利亚带来了巨大的经济和政治利益，如与新西兰、印尼和东帝汶的合作为澳带来多方面的收益。

近年来，关于海洋管理的国际化法律制度得到了较大的发展，各国开始认识到处理海洋利益关系需要通过国家、地区间的通力合作方能达到更好的效果，例如目前国际社会关注度最高的气候变化问题等。但是当前面临的一大挑战就是如何将国际公约贯彻到区域和国家层面，这项工作在某些地区的落实是很有难度的，其中就包括东南亚地区。东南亚的国家之间关于海域界限划定的冲突从来没有停止过，而且一些主权国家在其管辖权范围内无力通过执行国际公约来保护自身的海洋安全。

（一）推动周边国家间区域性海洋问题的解决

澳大利亚坐落在印度洋和太平洋的中心地带，这一地区及其海域的海洋问题极其尖锐突出。不言而喻，维护周边海域的良好秩序关乎澳大利亚的国家安全，也明显有利于澳大利亚的海上利益维护。只有在海上秩序良好的前提下，各国之间的自由海运贸易才能正常地运作，各种开发海洋资源的活动才能按照和平、可持续的方式进行，这也正是国际条约所期望的目标。因此，澳大利亚呼吁海上邻国对国际公约投入更大的关注，并积极地推动这一进程。

澳大利亚承担着管理其自身广阔的管辖海域的艰巨而又重要的任务。同时，澳大利亚需要在解决周边国家所面临的海洋问题中扮演领导者的角色，因为对澳大利亚而言，履行这样的责任是建立更稳定的地区安全环境和防止海上威胁的关键途径。为了履行好这个职责，扮演好海洋方面的地区领导者的角色，澳大利亚需要采用更加系统化的方式来处理海洋问题，并且对海洋安全投入更广泛的关注，既要探索海洋所带来的利益，也要重视与之相伴而生的威胁，保护澳大利亚的海洋利益，建立一个覆盖印度洋和太平洋地区的区域性合作机制。

在太平洋地区，澳大利亚太平洋委员会的地区海洋规划秘书处的工作取得了很大的成效，目前只有少数岛国对《海上搜索和营救公约》的态度不很积极。有些领土较小的国家不愿意加入这些海洋公约，因为担心国家主权和独立性会因此受到损害，或者是觉得没有足够的能力来承担加入这些公约后新增的管理负担。因此，澳大利亚努力使这些国家增强对国际公约的认同感，使其意识到地区的共同利益比本国的单方面利益更重要，最重要的是要帮助他们增强管理海洋、处理海洋事务的能力。

澳大利亚与亚太地区的国家中签订了一系列地区性海上合作条约，在这些合作国家中，虽然有不少国家签署了《联合国海洋法公约》，但是却对另外一些专项性的国际海洋公约认可度不高。在澳大利亚的海上邻国中，只有大约1/3的国家签署了《海上搜索与营救公约》，而《1988年禁止危害航海安全的非法行为公约》至今也没有得到印尼、泰国、马来西亚等国的承认，联合国的《鱼类种群协定》在大洋洲和印度洋地区得到了很好的执行，但是在东南亚却得不到支持。相对来说，只有《国际海上人命安全公约》和《防止船舶污染海洋公约》得到的支持最为广泛，但其实这两项公约里的某些关键协议和附属条款执行时在不同的地区也存在争议。

澳大利亚在区域海洋管理方面投入了大量财力物力来管理海洋，大致体现在以下几个方面：为了妥善处理在澳大利亚西北和正北面海域的相关事务，澳大利亚加入了东亚海洋协调机构，该机构的工作重点主要集中在防止海洋污染、动物栖息地保护和响应海洋灾害方面；在整个亚太地区，澳大利亚在处理与海洋管理相关的事务时，主要依靠亚太经合组织的相关工作组和亚太安全贸易倡议组织来与周边国家进行合作洽谈；澳大利亚还是珊瑚礁倡议组织的"发展伙伴"，该组织的成员还包括印尼、菲律宾、巴布亚新几内亚、所罗门群岛、东帝汶和马来西亚，其重点关注的是海洋经济的可持续发展、食品安全和海洋生物品种保护。[①] 此外，澳大利亚还加入了印度洋和太平洋的一系列地区性渔业管理组织，这些都是以保护生物资源和生态系统为工作原则的组织。

[①] 王钱柱：《后冷战时期的澳大利亚海洋战略（1991—2009）》，南昌：江西师范大学，2013年学位论文。

在太平洋中部和南部以及珊瑚海、阿拉弗拉海域，澳大利亚参与了太平洋地区环境规划组织，这是联合国环境规划项目里最重要的一个地区性组织，代表着广大太平洋岛国在海洋环境保护方面的共同利益，也是地区性海洋环保组织的一个成功范本，此外，澳大利亚还与法国签订了《澳法南冰洋协议》以打击在该地区的非法、未报告和不受管制捕鱼行为。[①] 海洋管理中的国际合作是非常重要的，但是目前在印度洋海域还没有建立起这种协作机制，在珊瑚海地区有很多领海交界的国家，但是在该区域内管理海洋的国际合作还远远不够。

（二）推动保障海洋安全的区域合作

根据国际公约，澳大利亚要负责在大约占地球表面九分之一的海域内提供必要的救援支持，在印度洋和南极地区，这个面积还有可能根据实际情况而有所延伸。澳大利亚在公海同样肩负着一些重要的责任和义务，比如搜索与救援、保护海难生还者的人生安全等。根据国际海事组织的建议文件，澳大利亚是上述地区的"安全力量权威"，因此澳大利亚有义务参与处理国际安全事务。维护良好的周边海洋秩序是澳大利亚最明确的战略利益，通过帮助周边国家增强管理和保护其海洋的能力能够间接维护澳大利亚的国家安全利益，但是澳大利亚在采取此类行动时非常谨慎，以免引起不必要的争议。

近年来澳大利亚加大了与印尼和菲律宾在维护海上环境稳定和反恐方面的合作。澳大利亚与印尼合作主要是由于地理上的邻接，而且两国有着管理海洋边界、打击非法捕鱼的共同利益；澳大利亚与菲律宾的合作主要是为了共同打击在希里伯斯海和苏鲁群岛海域活动的恐怖组织，同时严防海盗的出现，因为该海域是澳大利亚与中国进行液化天然气贸易的必经之路；澳大利亚除了向菲律宾海岸

---

① 资料来源：http://mil.sohu.com/20100617/n272864029.shtml，上网时间：2016 - 08 - 02。

警卫队捐赠了新型巡逻艇外，还与菲律宾一道加强了对菲律宾南部的洋面监测、边界控制和港口保护。

现有的国际海洋组织已经很好地覆盖了东南亚和太平洋地区，但是在印度洋方面，国际海洋合作还稍显不足。亚太经合组织是澳大利亚参与的最重要的与海洋安全有关的国际组织，借助东盟区域论坛和亚太经合组织的力量，可以使澳大利亚在维护太平洋地区的稳定方面取得事半功倍的效果。但是由于该组织覆盖的地理范围太广，使得其针对澳洲的决议显得不够高效，2002年颁布的《汉城海洋宣言》更是令人失望。相比之下，东盟地区论坛的主旨更符合澳大利亚的利益，尤其是该论坛每年召开一次海上安全国际会议，澳大利亚力争把握契机在该会议上成为一个重要的角色。

澳大利亚作为地区海洋管理的领先国家，一向重视帮助其他国家提高海洋管理水平。澳大利亚认为为其他国家提供海洋技术上的援助这一行为对国家发展而言具有独特的战略价值。澳大利亚当前援助项目的主题是帮助发展中国家发展经济、管理国家、加强医疗和教育普及等，这些项目都是为了促进地区的和平和发展，这些主题也都和澳大利亚扩大在本地区的海上影响力有关。印度洋和太平洋上的很多小岛国家，可以依照《联合国海洋法公约》主张200海里外大陆架，但是他们自己没有能力和力量去探测本国的外大陆架范围，从而无法向国际大陆架界限委员会提交划界提案，而澳大利亚将这样的国家作为其提供援助的对象，把对周边国家的技术援助看作是一种战略投资，从而帮助增强本国的渔业管理能力和海上军事实力。

澳大利亚联邦预算中用于官方援助的资金到2015年时占到国民总收入的0.5%，并且这种对外援助的费用预算有逐年增长的趋势。通过帮助周边的发展中国家更好地维护其海洋利益，从而扩大本国的区域影响力，提升本国的海上综合实力，是澳大利亚希望扩大其援助项目的目的所在。澳大利亚希望帮助那些拥有辽阔的专属经济区和丰富的鱼类资源却没有可持续发展观念的国家，帮助他们学习和建立管理鱼类资源的科学方法，制止那些为了增加短期的财政收入而进行掠夺式捕捞的行为，减少由于越界捕捞等问题引起地区纠纷，从而减少可能导致环境和经济发展潜力遭到毁灭性破坏的因素。

（三）加强渔业管理的区域合作

澳大利亚重视与其他国家进行渔业管理合作及其所带来的潜在的战略利益。澳大利亚的渔业管理理念是符合时代特点的先进管理理念，其并不追求短期内的最大捕捞量，而是奉行保持高储量的"丰收策略"，既能维持海洋生态平衡又能保证获得经济上的持久回报。澳大利亚采取风险评估为主的管理方式对与渔业有关的整个生态系统进行管理，通过研究捕捞到的鱼类中目标种类占总量的比例来分析该目标种类栖息地所面临的风险等级，由此来保证该目标种类的鱼不会以超过可接受范围的速度而减少。[1]

虽然很多印度洋、太平洋、南冰洋和东南亚的国家都把渔业看成是本国的经济命脉，但与这些国家相比，澳大利亚在渔业的规模和技术方面保持着明显的领先地位，堪称是行业的领导者。在地区和全球打击非法、未报告和不受管制捕鱼行动中，澳大利亚也作出了很大的贡献，还通过地区渔业管理组织和亚太经合组织来主持鱼类储量管理和保护工作，例如：2005年在亚太经合组织的海洋部长级会议上通过《巴厘岛计划法案》以支持对渔业进行国际化管理；在2006年澳大利亚与印尼签署的《安全合作框架》文件中，也把渔业合作作为一个重要部分；澳大利亚还与韩国签署了为期三年的科研合作协议以保持区域渔业的长期发展。[2] 根据协议，韩国国家渔业研究发展所将和澳大利亚联邦科学和产业研究组织海洋大气研究所在资源管理、水产养殖、海洋生物技术等方面进行合作。澳大利亚

---

[1] 资料来源：http://mil.sohu.com/20100617/n272864100.shtml，上网时间：2016-08-04。

[2] 资料来源：http://www.theage.com.au，上网时间：2016-05-30。

海洋大气研究所负责人称，韩国在太平洋的金枪鱼渔业规模很大，澳韩渔业合作关系的正式确立将为澳大利亚联邦科学和产业研究组织带来诸多利益。

澳大利亚积极加入各种地区性的渔业管理组织，并注意将其先进的管理方式介绍给其他国家，通过长期执行科学的管理方式来挽救那些已经出现问题的渔场。比如，澳大利亚在东南亚、印度洋、太平洋和南冰洋进行地区性的渔业管理合作，推行统筹兼顾的全面的战略思想，最终实现多赢的局面。因此，澳大利亚在地区渔业管理组织中发挥着重要的领导作用，为地区渔业带来明显的经济利益，形成了良好的反响。澳大利亚希望在现有的渔业管理合作框架下能与各国有更深入和更广泛的行动，力争把合作的主体扩大到整个政府体系，并突破地区性渔业管理组织处理事务上的一些限制，从而更好地发挥澳大利亚渔业管理方面的技术和经验优势。

第二节　澳大利亚的海洋权益争端及谈判解决

澳大利亚依靠其优越的海上地理位置积极发展海洋事业，在海洋政策与立法、海域划界争端的处理和大陆架外部界限划界实践三方面取得了巨大的成就，有力维护了国家的海洋权益，尤其在海洋主权纠纷解决方面，澳大利亚奉行公平原则、积极开展与周边国家的协商，分别于1978年、1982年、1997年、2004年与巴布亚新几内亚、法国、印度尼西亚、新西兰签订海洋边界条约，不但妥善地处理好了与邻国间的主权纠纷争端，并且在海域划界中获得了巨大的海洋利益。

一、澳大利亚和印度尼西亚的海底边界协定

澳大利亚和印度尼西亚关于帝汶海的划界协定经历了漫长而艰苦的谈判过程，但最终双方不仅实现了"双赢"的结果，而且为国际海域划界创建了新的模式。

（一）帝汶海槽的基本情况

位于印度尼西亚附近的帝汶海（Timor Sea）的海槽是一个海底低洼地，距离帝汶岛南部约25—50海里，其轴线大致与帝汶岛的南部海岸平行，该海槽长625海里，宽70海里。从地质上看，帝汶海槽既不是明显大陆性的也不是海洋性的，而可能是大陆地壳到海洋地壳的过渡；从地貌上看，帝汶海槽是深达1400米以上的海底板块，最深处达2380米，比临近的陆架深得多；就海洋探测学来说，帝汶海槽的水深为陆架水深的15—30倍。[1]

澳大利亚认为帝汶海槽切断了澳大利亚与帝汶岛之间的大陆架，因而其与印度尼西亚分别处于两个不同的陆架，而不是完全同一的陆架，所以主张以海槽的轴线作为两国大陆架界线；而印度尼西亚则认为，两国享有同一大陆架，帝汶海槽只不过是这个单一大陆架上偶然出现的海底洼地，因此主张使用中间线原则划界。[2] 两国之间经过谈判，分别于1971年、1972年和1973年签订了三个条约，基本是以帝汶海槽为界划定了两国的大陆架。

（二）谈判进程与协定的主要内容

早在1971年5月18日澳大利亚和印度尼西两国就对关于阿拉费拉海（Arafura Sea）的大陆架问题达成协议并签署了划界协议，

---

[1] 高健军：《从国际法角度看中日东海划界争端——兼论日本主张的无理性》，载《环球法律评论》2006年第6期，第748—754页。

[2] J. R. V. 普雷斯科特著：《海洋政治地理》，王铁崖、邵津译，商务印书馆，1978年版，第164—166页。

1972年两国就东经133°23′以西的阿拉费拉海和帝汶海的大陆架划界开始谈判，1972年10月9日两国签署了《澳大利亚和印度尼西亚关于补充1971年5月18日协定确定帝汶海和阿拉弗拉海某些海床边界的协定》，但留下了帝汶缺口，该协定于1973年11月8日生效。通过协商两国将大陆架界线定在帝汶海槽轴线和中间线之间，并且更靠近帝汶海槽轴线，确定的边界线达到距澳海岸线约200海里处，距帝汶海海岸线约160海里处，从而将争议地区的80%划给了澳大利亚，而原来边界为其海岸距帝汶岛50海里处。①

关于专属经济区划界，印尼主张通过谈判解决边界问题。1979年澳大利亚和印尼两国开始就帝汶缺口的划界问题谈判，1981年双方经过艰苦的谈判，达成了一项关于临时渔业监管线的谅解备忘录。在谈判中双方一致同意根据中间线原则划定临时渔业线，但在选择基点问题上双方立场大相径庭。澳大利亚主张远离澳大利亚海岸而靠近印度尼西亚的澳大利亚岛屿作为划线的基点；印度尼西亚则认为，如果中间线从澳大利亚最外缘的岛屿量起，将会导致极不公平的结果。② 最后双方都做出让步达成妥协方案，即远离澳大利亚海岸的阿什莫尔礁、卡捷岛和布劳斯岛不能作为测算中间点的基点，但作为补偿，临时渔业监管线给予澳大利亚最外缘的阿什莫尔礁12海里领海处，该谅解备忘录作为最后划界的一条临时专属经济区界线于1982年生效。③

1989年澳大利亚和印度尼西亚两国在"帝汶缺口"设立共同开发区时仍采用了帝汶海槽的轴线作为开发区的北部界限。④ 1989年

---

① 1972年10月9日《澳大利亚和印度尼西亚关补充1971年5月18日协定确定帝汶海和阿拉弗拉海某些海床边界的协定》，1973年11月8日生效。Jonathan I. Charney & Lewis M. Alexander (eds). "International Maritime Boundaries", Martinus Nijihoff Pub. 1993, Vol. II, pp. 1211 – 1218.

② 张耀光：《中国海洋政治地理学》，北京：科学出版社，2004年版，第90页。

③ 甘振军：《地缘政治理论视野中的当代澳大利亚海洋战略》，资料来源：http：//lwl.xznu.edu.cn/_t203/4b/d1/c4584a84945/page.htm，查询时间：2016 – 08 – 03。

④ Jonathan I. Charney & Lewis M. Alexander (eds). "International Maritime Boundaries", Martinus Nijihoff Pub. 1993, Vol. II, p. 1251.

12月，双方外长在帝汶海上空飞机上签署了《关于印度尼西亚东帝汶省和澳大利亚之间区域内的合作区域条约》，又称《帝汶海沟区合作条约》或《帝汶缺口条约》，条约中划出了4万平方千米的有争议的海区，并未对其划界分割，而是约定共同勘探开发石油资源，该条约于1991年2月生效。[1]

1997年3月14日，澳大利亚外长唐纳和印度尼西亚外长阿拉塔斯签署了《澳大利亚联邦政府和印度尼西亚共和国政府关于建立专属经济区边界和某些海床边界的条约》，结束了两国间长达25年的谈判。[2] 1997年的海上边界划界条约向西进一步延伸了海底边界，但没有采用等距离线，而是再次赋予地貌因素重要作用，[3] 选择了一条位于等距离线以北的界限，这表明帝汶海槽在双方划界时被视为重要因素加以考虑并被赋予一定的效力。[4] 这样，大约1800平方海里的海床和底土距离澳大利亚的最近领土超过200海里，而距离印度尼西亚却不足200海里。[5]

（三）协定的基本特征

澳大利亚和印度尼西亚在帝汶海和阿拉弗拉海划界的一系列协定中，具有诸多重要特征，归纳如下：

第一，地貌因素在划界中起到了重要作用。根据国际法，大陆架被视为用于海洋开发的、连接领土的一部分，而地貌因素是影响

---

[1] 王秀英：《中日东海大陆架划界中的若干关键问题》，载《东北亚论坛》2007年第6期，第78—83页。

[2] 关于1997年条约的内容和分析，参见 Max Herriman & Martin Tsamenyi. "The 1997 Australia - Indonesia Maritime Boundary Treaty: A Secure Legal Regime for Offshore Resource Development", Ocean Development and International Law (1998), pp. 361 - 396.

[3] 1997年3月14日《澳大利亚联邦政府和印度尼西亚共和国政府关于建立专属经济区边界和某些海床边界的条约》。

[4] Max Herriman & Martin Tsamenyi. "The 1997 Australia - Indonesia Maritime Boundary Treaty: A Secure Legal Regime for Of fshore Resource Development", Ocean Development and International Law (1998), pp. 361 - 396.

[5] Jonathan I. Charney & Lewis M. Alexander (eds). "International Maritime Boundaries", Martinus Nijhoff Pub. 1993, Vol. II, pp. 2707 - 2709.

大陆架划界结果的最明显的例证之一。澳大利亚和印度尼西的海底边界条约充分反映了海槽等"相关情况"在大陆架划界中起到的重要作用。

第二，采用专属经济区和大陆架两条线划界。澳大利亚和印度尼西亚在帝汶海和阿拉弗拉海的划界中采用两条线分别划分专属经济区和大陆架。两国在该海域的海床界线和上覆水域界线是不同的：前者位于后者以北。两国约定，在管辖发生重叠的区域，印度尼西亚对水体享有1982年《联合国海洋法公约》规定的专属经济区的主权权利和管辖权，而澳大利亚则对海床享有1982年公约规定的大陆架的主权权利和管辖权。[①]

第三，建立合作区实现了搁置争议共同开发的安排。澳大利亚和印度尼西亚两国在1972年和1975年两次以中间线和公平原则签订双边大陆架划界条约为双方开发海洋资源提供了条件。在这两个条约中澳大利亚还注重自然地理分界线的法律地位，搁置了两国在帝汶海的管辖界限的争议，做出共同开发的临时性安排措施，有效地促成了争端的公平与和平解决。

澳大利亚和印度尼西亚两国针对帝汶海和阿拉弗拉海划界所签订的一系列协定的最大优点在于平衡了双方的利益，避免了争端的恶化，促使划界争议趋于缓和或化解，但也存在一定的问题，造成国家立法的复杂化并使海洋管辖范围模糊，在一定程度上提高了执法的难度。

二、澳大利亚和巴布亚新几内亚关于托雷斯海峡的划界条约

作为处理海洋权益争端的典型案例，澳大利亚和巴布亚新几内亚关于托雷斯海峡的划界条约为海洋划界争议提供了国际上解决类

---

① 参见1997年3月14日签订的《澳大利亚/印度尼西亚条约》第6条、第7条。

似问题的成功模式。

（一）托雷斯海峡的地理特征

巴布亚新几内亚系澳大利亚的前属地，1975年脱离澳大利亚的行政托管而获得独立，从而成为澳大利亚最重要的邻国之一。托雷斯海峡（Tores Strait）位于澳大利亚的约克角半岛，即澳大利亚昆士兰州的最北端和巴布亚新几内亚的新几内亚岛之间，东部连接珊瑚海，西通阿拉弗拉海，海峡全长约130千米，宽为59—170千米，其南部水较浅而北部水较深，平均水深50米，最浅处仅14米。海峡内多珊瑚礁和小岛，最窄处宽约150公里。[1] 由于有刺猬一般的暗礁和居住在海岸的土著人，该海峡被认为是危险地带。

（二）两国海洋边界条约及其主要内容

在联合国第三次海洋法会议的影响下，澳大利亚和巴布亚新几内亚开始就两国在托雷斯海峡地区的主权和海洋边界等问题进行谈判。通过历时数年的谈判，1978年12月两国在悉尼签署了《关于包括托雷斯海峡地区在内的两国之间地区的主权和海洋边界及其他事项的条约》（简称《澳、巴海洋边界条约》），[2] 该条约确定了两国间在领海、海床、渔业及托雷斯海峡岛民保护区等方面的四条不同的海洋边界线。[3]

《澳、巴海洋边界条约》共6个部分，32条，外加9个附件，详细约定了澳大利亚和巴布亚新几内亚两国在托雷斯海峡的主权和管辖权以及各海域的具体分界线。条约的序言部分明确指出，双方缔约的目的是划定彼此在近海的边界，保护居住在托雷斯海峡地区的双方居民的传统生活方式和生计，保证在该区域内彼此的船舶、

---

[1] 李毅：《论澳巴海洋边界划分方法之特色及其对中日东海海域划界之借鉴意义》，载《东北亚论坛》2005年第3期，第30—34页。

[2] 资料来源：http://www.Austlii.Edu.au/cgi-bin/sinodisp/au/other/dfat/treaties/1985/4.html?query=torres%20strait；Australian Treaty Series 1985 No.4。

[3] 有关澳、巴两国历次谈判的会议记录及相关文件等参见：Fact Sheet 258 - Torres Strait Treaty, 1978, http://www.naa.gov.au/about-us/publications/fact-sheets/fs258.aspx。

飞机的航行和飞越自由以及在海洋环境保护、渔业资源和海底矿产资源的开发、利用和管理等方面彼此的合作。条约确定了两国间在领海、海床、渔业及托雷斯海峡岛民保护区等方面的4条不同的海洋边界线。此外，条约还就海外岛屿的主权、生物资源的养护和管理、动植物的保护、海洋环境保护、传统活动及传统捕鱼、某些海底矿层的开发、航海救助、失事遇难残骸的管辖权等诸多事项作了规定。显然，该条约是一个试图一揽子解决与海域划界有关的一系列问题的综合性条约。①

与其他有关海域划界的国际协定相比，该条约最为突出的特点是建立了海床管辖权和渔业管辖权两条不同的界线，该条约所划定的"海底管辖区界限"同"上覆水域的界限（渔业管辖区界限）"在大部分地方是一致的，但在托雷斯海峡地区分开了，由于该地区的地貌形状，海床线的延伸从基线量起超过了200海里，而渔业管辖权的边界线终止在200海里的地方，因此，在相当一部分区域内，两者是完全不同的两条界线。②

在条约中，双方事实上划定了四种分界线：一是有关岛屿和沙洲的领海外围界线；二是海底管辖区界线；三是渔业管辖区界线；四是保护区界线。首先，在托雷斯海峡的西部，条约的附件四所规定的"海底管辖区界限"与附件五所规定的"渔业管辖区界限"是重合的；其次，条约分别就"海底管辖区"和"渔业管辖区"划定了完全不同的两条界线；再次，由于在托雷斯海峡中的大多数岛屿都属于澳大利亚，其中有些岛屿，如博伊古岛、迟乌安岛和赛拜岛等甚至仅距巴布亚新几内亚南部海岸数百码。③

因此，如何确定这些岛屿在双方海域划界中的作用就成为一个

---

① 李毅：《论澳巴海洋边界划分方法之特色及其对中日东海海域划界之借鉴意义》，载《东北亚论坛》2005年第3期，第30—34页。
② 同上。
③ 同上。

比较复杂的问题。显然，如果将澳大利亚的这些岛屿作为划定双方海域界线的、具有完全效果的基点，则海底区域分界线无疑将非常靠近巴布亚新几内亚的本土海岸。双方力求为实现公平结果而进行的谈判最终确定的海底管辖线在托雷斯海峡区域，该线以北的澳大利亚岛屿（奥布西岛、博伊古岛、莫伊米岛、迟乌安岛、考麦格岛、赛拜岛）被视为澳大利亚的飞地，而该区域的渔业管辖线在巴布亚新几内亚的海底管辖区上覆水域围成一个属于澳大利亚的近似矩形的渔业管辖权区域。根据条约附件五和附件八的规定，在托里斯海峡以东，双方的海底管辖线和渔业管辖线又是一条合二为一的单一分界线。[①]

通过该条约两国还同意将托雷斯海峡内一部分属于巴布亚新几内亚的海底管辖区域的上覆水域作为澳大利亚的专属渔区。条约的附件九划定了将整个托雷斯海峡包括在内的一个保护区，双方在条约中指出建立保护区并且确定其在东、南、西、北方向的边界的主要目的是承认和保护传统居民的传统生活方式和生计，包括他们的传统捕鱼和自由移动及保护和保存该区域的海洋环境和土生动植物。[②] 保护区是将海底管辖线与渔业管辖线相分离的那一部分区域完全包括在内的，由此可见，托雷斯海峡复杂的地理和地质地貌特征及两国在海域经济开发利用和环境保护方面合作的需要，是促使双方为达到公平的划界结果而采用两条界线的划分方法的重要原因。

（三）协定的基本特征

澳大利亚和巴布亚新几内亚所签订的《澳、巴海洋边界条约》其最大的亮点在于采用了"海底管辖区界限"和"上覆水域的界限（渔业管辖区界限）"两条界线的划分方法，这在国际海域划界实践中确立了一个新的模式，即对渔业管辖区和海底管辖区分别采用两

[①] 资料来源：http://www.doc88.com/p-0387215955295.html，上网时间：2016-08-05。
[②] 参见：《关于包括托里斯海峡地区在内的两国之间地区的主权和海洋边界及其他事项的条约》，第4部分第10条。

条不同的划界界线予以划定。这一安排不仅解决了双方的划界冲突，也体现了澳大利亚立足两国国情，一切从实际出发，灵活运用《联合国海洋法公约》关于大陆架与专属经济区划界的有关规定，从而取得解决双边矛盾的最佳效果。双方协商在争议区域建立保护区、承认和保护传统居民的生活方式和生计、保护和保存该区域内的海洋环境和土生动植物等一系列做法，无不最大限度地保护了该区域的资源和土著居民的权益。

虽然该划界协定是以国际法的公平原则为基础、在双方协商一致的情况下产生的，但在执行过程中却很难做到完全的"公平"。正如澳大利亚海洋划界专家墨尔本大学教授 Victor Prescott 所言，尽管澳大利亚就托雷斯海峡所提出的法律主张无懈可击，而巴布亚新几内亚以贫困为由提出的主张却常使澳方处于劣势。

第三节　澳大利亚外大陆架划界提案

《联合国海洋法公约》生效以来，200 海里外大陆架界限问题已经成为沿海国争取和扩大本国海洋权益的新领域和国际法的热点问题。外大陆架界限的划定不仅关系到沿海国的主权权利和经济利益，还与沿海各国的经济利益和国际海底区域制度相关联。能否拥有尽可能多的深海矿藏，对每个沿海国的经济发展有着重要的意义，但过度主张可能会侵害作为人类共同继承财产的国际海底区域的份额。外大陆架划界近些年不仅是海洋法学界关注的焦点问题，也是沿海国为争夺自然资源进行的"蓝色圈地运动"的最后契机，是沿海国主权管辖范围的扩大与国际海底区域范围缩小之间的博弈。

一、关于外大陆架的法律制度及运用

《联合国海洋法公约》规定沿海国可以自领海基线起划出12海里的领海、24海里的毗连区、200海里的专属经济区和大陆架作为其管辖海域，而沿海国如认为本国自然延伸的大陆架超过200海里，则需要在2009年5月13日之前向联合国大陆架界限委员会（Commission on the Limits of the Continental Shelf，以下简称委员会）提交200海里以外大陆架外部界线的申请，并提供相关科学证据证明其权利主张。一国的专属经济区需要该国正式宣布，并通过国家立法确定管辖区域的法律地位和制度。

国际法上所规定的"大陆架"不是指自然地理学上的"大陆架"，而是自然地理学上所称的"大陆边"，一般包括大陆架、大陆坡和大陆基。1982年《联合国海洋法公约》第76条将大陆架定义为："沿海国的大陆架包括其领海以外依其陆地领土的全部自然延伸，扩展到大陆边外缘的海底区域的海床和底土，如果从测算领海宽度的基线量起到大陆边的外缘的距离不到200海里，则扩展到200海里的距离。"

这个定义反映出随着科学的发展，人们对海洋的认识不断深化、对海底资源开发的需求逐渐增强，法律意义上大陆架概念的内容也随之发生变化。一方面，沿海国勘探开发海底自然资源的经济技术条件迅速提高，纷纷对其邻接海域、海底及其资源主张权利。一系列国际司法判决和仲裁裁决的出现，使第三次联合国海洋法会议不得不根据时代发展的需要对大陆架的概念作出调整，即使有些沿海国没有宽大的、自然延伸的大陆架，也被法律赋予享有至少200海里的主张权利。另一方面，如果某一个沿海国从其测算领海宽度的基线量起200海里以外，仍然存在自然延伸的大陆架，那么该沿海国也享有200海里以外大陆架的主张权利，这就是学界通常所说的外大陆架。

拥有宽大陆架的国家需要准备划界提案，而在提交的划界提案中，对《联合国海洋法公约》第76条规定的运用至关重要。第76条第4款至6款规定对沿海国如何确定外大陆架的外部界限设定了一系列科学和法律的标准，沿海国可以根据本国的情况自主决定同时或交替采取哪种公式线或制约线以最大限度地划定其外大陆架的外部界限。沿海国划定大陆架的外部界限可任意选择使用两条"公式线"：第一种是"1%沉积岩厚度线"，即以最外各定点为准划定界限，每一定点上的沉积岩的厚度至少为从该点至大陆坡脚最短距离的百分之一；第二种是"坡脚+60海里线"，即以离大陆坡脚的距离不超过60海里的各定点为准划定界线。一般地，把大陆坡坡度变动最大的点确定为大陆坡脚，其中，沉积厚度公式在澳大利亚南极领土区域的外部界限划定中发挥了主导作用，但在其他区域的作用则十分有限，大部分外部界限是按照大陆坡脚外60海里公式划定的。[①] 此外，《联合国海洋法公约》第76条还规定了距离制约与深度制约的两条"制约线"，即按照上述公式线所划定的大陆架外界的各定点，不应超过从领海基线量起350海里，或不应超过2500米等深线外100海里。

二、联合国大陆架界限委员会及其对划界提案的审理建议

根据《联合国海洋法公约》附件二第4条的规定，外大陆架的划界提案应提交至联合国大陆架界限委员会，由该委员会审议后就有关划定大陆架外部界限的事项向沿海国提出建议，沿海国在这些建议的基础上划定的大陆架界限具有确定性和约束力。

[①] 高健军：《200海里以外大陆架外部界限的划定》，载《中国海洋法学评论》2008年第1期，第1—30页。

由于外大陆架划界的复杂性与地理因素要求的技术性，沿海国提交划界显得异常艰难，因此《联合国海洋法公约》规定提交的最后期限条件也随之放宽至2009年5月13日。截至2015年12月29日，委员会已经收到47份外大陆架划界的初步信息；截至2016年7月8日，委员会已经收到77份外大陆架划界提案；已经审议完毕并提出建议案的划界提案为22个。[1]

通常情况下，大陆架界限委员会根据各国提交的划界案的材料完善程度及相关国家的支持或反对情况采取四种处理方式，即全部审议、部分审议、推迟审议、不审议。在已经审议的划界案中，俄罗斯第一个向联合国大陆架界限委员会提交申请却以失败告终，在其提交的四个区域中有三个区域涉及与他国未决争端，一个区域由于科学证据提交不充分而被要求修订申请。[2] 此后俄罗斯又分别于2013年2月28日和2015年8月3日提交了补充信息。[3] 其他国家，如法国的提案中也有涉及争议而未被审议的情况。巴西的提案中虽未与他国存在领土或海洋争端，但由于应委员会要求为其申请的执行摘要补遗，所以历时近三年。爱尔兰的申请是部分申请且相对简单得到委员会支持。新西兰的申请也是部分申请，其中涉及与斐济、汤加和法国之间的划界争端。法爱西英的联合划界案是第一个联合划界申请，同时对各沿海国而言也是部分申请的划界案，联合国大陆架界限委员会在第二十次会议时强调联合划界只是程序性质，并不改变《联合国海洋法公约》第76条赋予它们权利的实质内容。[4]

大陆架界限委员会作为联合国的一个独立和专门处理外大陆架

---

[1] 关于200海里外大陆架划界的初步信息及划界提案的提交情况，参见联合国大陆架界限委员会网站：http://www.un.org/Depts/los/clcs_new/commission_preliminary.htm。

[2] 李金蓉等：《200海里外大陆架划界案审议进程及发展趋势研究》，载《国际论坛》2014年第3期，第38页。

[3] 参见：http://www.un.org/Depts/los/clcs-new/commission-submissions.htm。

[4] 大陆架界限委员会第十三届会议：《大陆架界限委员会主席关于委员会工作进展情况的说明》。

界限划定的机构，在各沿海国的大陆架划界事务中扮演着重要的角色。面对众多的划界提案，委员会已召开了40届会议，并建立了分委员会加快提案的审理进度。[①] 以技术专家的角色来协助国际社会避免纷争，但并非以纠纷裁判者的角色来解决国际纠纷。从提交的划界案来看，沿海国提出的主张只有少数没有重叠争议。因此，沿海国划界提案的调查准备工作及沿海国在处理与利益相关国的争端方面能动性的发挥就显得尤为重要。

三、澳大利亚外大陆架划界的相关问题

从1994年批准《联合国海洋法公约》时起，澳大利亚就开始筹划根据该公约来谋求延伸其大陆架的事宜，并于2004年11月15日正式向联合国大陆架界限委员会提交划界申请。经过联合国大陆架界限委员会6届会议的审议（从第十五届至第二十一届会议），到2008年申请被批准，澳大利亚为完成其外大陆架的划界申请足足进行了为期十五年的准备工作。[②] 2008年4月21日，联合国大陆架界限委员会接受了其划界提案中的大部分要求，由此，澳大利亚的大陆架面积得以扩展了250万平方千米，虽然比原计划申请面积少了30万平方千米，但这已经远远超过了一般国家只能享有200海里的大陆架范围。澳大利亚因此名正言顺地大大拓展了其管辖海域的范围，新增面积相当于五个法国或十个新西兰的国土面积，而且是潜在的富矿带。这意味着澳大利亚因此获得了大量的海洋自然资源，甚至抢得了南极洲周边资源开发的先机。澳大利亚外大陆架的划界

[①] 2016年2月1日至3月18日，委员会在纽约召开其第40届会议，审理各国划界提案。关于委员会工作进展情况的说明，参见https://documents-dds-ny.un.org/doc/UNDOC/GEN/N16/108/88/PDF/N1610888.pdf?OpenElement。

[②] 资料来源：https://documents-dds-ny.un.org/doc/UNDOC/GEN/N05/330/62/PDF/N0533062.pdf?OpenElement。

案堪称是迄今为止通过大陆架界限委员会审议的最为成功的案例。

(一) 申请提案及建议范围

从 2004 年 11 月 15 日联合国大陆架界限委员会公布的澳大利亚外大陆架划界执行摘要可以了解到澳大利亚划界案的具体内容。[①] 该执行摘要主要分为 7 个部分：导言、地图和坐标、援用的第 76 条规定、向划界案提供咨询意见的委员会成员、待决的海洋划界问题、各区介绍、地图介绍，此外还有澳大利亚常驻代表团连同澳大利亚提交的划界案给联合国秘书长的照会和 2 个附件。

澳大利亚在提交的划界案中用充分的数据来证明其在 10 个不连接的海洋地区大陆边外缘从领海基线量起超过 200 海里，这些地区分别是：阿尔戈（Argo）、澳大利亚南极领地（Australian Antarctic Territory）、大澳大利亚湾（Great Australian Bight）、凯尔盖朗深海高原（Kerguelen Plateau）、豪勋爵海隆（Lord Howe Rise）、麦夸里海岭（Macquarie Ridge）、博物学家深海高原（Naturaliste Plateau）、南塔斯曼海隆（South Tasman Rise）、三王海岭（Three Kings Ridge）、沃勒比和埃克斯茅斯深海高原（Wallaby and Exmouth Plateaus）。[②]

除南极领土地区外，联合国大陆架界限委员会对澳大利亚其他 9 大区域的外部大陆架界限提出了建议。委员会审议澳大利亚提案所运用的技术原则和最大主张范围的划界依据主要是《联合国海洋法公约》第 76 条关于大陆架的规定及其附件二，并在审议过程中参照澳大利亚提交的科技数据及该委员会制定的关于各会员国划定大陆架外部界限的《科学与技术指导方针》，以避免建立夸大不实的大陆架外部界限。

[①] 资料来源：http://www.un.org/Depts/los/clcs_new/submissions_files/aus04/Documents/aus_2004_c.pdf。

[②] 澳大利亚大陆架划界案执行摘要，2004 年，AUS–DOC–ES，http://www.un.org/Depts/los/clcsnew/submissions files/aus04/ Document s/aus 2004 c.pdf。

（二）待决海洋划界问题的处理

在已经审议的划界案中，俄罗斯第一个向委员会提交申请却以失败告终，在其提交的4个区域中有3个区域涉及与他国的未决争端;[1] 法国的提案中也有涉及争议而未被审议的情况；新西兰的申请是部分申请，其中涉及与斐济、汤加和法国之间的划界争端。但是，根据《联合国海洋法公约》第76条第10款和附件二第9条的规定，澳大利亚划界案并不妨害悬而未决的划界问题，这主要得益于澳大利亚妥善地处理了其与邻国之间的海域划界争端。具体来说，在澳大利亚提起申请的10个地区中，3个受到澳大利亚与另一海岸相向或相邻国家之间的待决大陆架界限划定问题的影响。[2]

首先，澳大利亚在1997年与印度尼西亚签订了海洋疆界条约，即《澳大利亚政府和印度尼西亚共和国政府确定专属经济区界限和若干海底界限的条约》，该条约就海底界限与专属经济区界限在若干个区域出现的分歧做出规定，在界限不一致的区域由澳大利亚行使海底和底土管辖权，印度尼西亚行使水域管辖权。这项条约在外大陆架划界案中被援用于阿尔戈地区中部海底界限和专属经济区界限和在沃勒比和埃克斯茅斯深海高原地区以北。

其次，法国在照会中提到有关凯尔盖朗深海高原和新喀里多尼亚（三王海岭）的划界问题。基于澳大利亚与法国在1982年签订了《澳大利亚政府和法兰西共和国政府海洋划界协定》，划定了赫德岛和麦克唐纳群岛与凯尔盖朗群岛之间，在珊瑚海的澳大利亚岛屿、诺福克岛和其他澳大利亚岛屿与新喀里多尼亚、切斯特菲尔德群岛和其他法国岛屿之间的大陆架和专属经济区界限，分别为凯尔盖朗深海高原地区、豪勋爵海隆地区和三王海岭地区的划界奠定了基础。

---

[1] 大陆架界限委员会第十三届会议：《大陆架界限委员会主席关于委员会工作进展情况的说明》。

[2] 潘军：《一次卓有成效的国家实践——200海里外大陆架法律制度下澳大利亚划界案的实证分析》，载《太平洋学报》2012年第8期，第66—79页。

法国认为如果澳大利亚划界案中凯尔盖朗、三王海岭这两个扩展大陆架区域与任何可能包括在法国提交的划界案内的法国属地发生重叠，则可能需与法国解决划界问题，扩展《澳法划界条约》界限西端与界限东端。① 在不妨害两国最终划定的界限的情况下，法国并不反对联合国大陆架界限委员会审议澳大利亚这一部分的划界案并对此提出建议②。与法国的立场类似，挪威也向澳大利亚表示，在不妨害与澳大利亚最终划定的界限的情况下，不反对澳大利亚划界案的包括与挪威需要划界的相关区域在内。

此外，澳大利亚政府和新西兰于2004年签订《澳大利亚政府和新西兰政府确定若干专属经济区界限和大陆架界限的条约》，其中划定了澳大利亚豪勋爵岛和诺福克岛与新西兰之间、澳大利亚麦夸里岛与新西兰奥克兰岛和坎贝尔岛之间的大陆架和专属经济区界限，分别为豪勋爵海隆地区、三王海岭地区、麦夸里海岭地区的外大陆架划界扫清了障碍。③

（三）处理南极问题的经典案例

澳大利亚是在南极事务中起主导地位的国家之一，也是世界上有着悠久的南极活动历史的国家之一。它不仅地理上临近南极大陆，而且在气候等方面和南冰洋维系着彼此间的区域性关联，例如，澳大利亚在南冰洋所开展的金枪鱼和冰鱼捕捞活动也促进了其经济收益的增长。

此次划界提案中，关于南极问题的处理也充分显示了澳大利亚处理国际关系和国家利益的高超技巧。澳大利亚在划界提案中对南极领土区域，即南极大陆和南纬60度以南区域的大陆架提出了主张

---

① 薛桂芳、王冠钰：《澳大利亚外大陆架划界初探》，载《中国海洋大学学报（社会科学版）》2009年第6期，第23—26页。
② 资料来源：http://www.un.org/Depts/los/clcs_new/submissions_files/aus04/Documents/aus_2004_c.pdf。
③ 《澳大利亚大陆架划界案执行摘要》，2004年，AUS-DOC-ES，第21—27页。

要求，划出面积约为69万平方千米的大陆架区域。[1] 在俄罗斯和日本对此提出异议的情况下，澳大利亚立即妥协，在提交申请的同时主动给联合国秘书长发了一封照会，认为考虑到《南极条约》规定的南纬60度以南区域特殊的法律和政治地位，请求联合国大陆架界限委员会对关于该区域的申请暂不审议。[2]

在2004年11月15日澳大利亚提交划界案后，联合国大陆架界限委员会向联合国所有成员国分发了一份大陆架通知书，其中载有该划界案的执行摘要，包括标示澳大利亚大陆架拟议外部界限及相关领海基线的所有海图和坐标。美国、俄罗斯和日本在2005年2月以前，以普通照会的方式向联合国秘书长转达了对澳大利亚划界案执行摘要的书面意见，表示不承认对《南极条约》所辖地区内的任何领土权利主张，也不承认任何国家对南极洲以外和毗邻的海底区域的海底和底土拥有权利；它们支持澳大利亚请求委员会不就划界案有关南极洲毗邻海底和底土的部分采取任何行动。荷兰、德国、印度等国也表示，在尊重《南极条约》与《联合国海洋法公约》的规定的基础上，基于《南极条约》第4条的规定不支持涉及南极部分的提案。

澳大利亚通过主动递交照会，要求委员会不对其涉及南极领土的外大陆架划界采取行动的方式实现了多方面的目的，既藉此提案重申了对南极的领土要求，又主张了藉此而派生的海洋权益，同时还不致引起国际社会的反对。[3] 澳大利亚成功扩展了大陆架权益，引起了其他沿海国的效仿，新西兰的提案中对涉及南极领土区域的处理如出一辙，在随提案附照会中请求委员会不对其申请中涉及附属

---

[1] 薛桂芳、王冠钰：《澳大利亚外大陆架划界初探》，载《中国海洋大学学报（社会科学版）》2009年第6期，第23—26页。

[2] 资料来源：http://www.un.org/Depts/los/clcs_new/submissions_files/aus04/Documents/aus_2004_c.pdf。

[3] 贾宇：《中国东海二百海里外大陆架法律问题初探》，载《中国海洋法学评论》2006年第1期，第64—72页。

南极的大陆架部分的信息采取行动,表示有关南极地区的大陆架申请将在以后提出。①

联合国大陆架界限委员会在建议中指出,基于澳大利亚的照会对南极领地区域的提案不予考虑,并最终批准了9块澳大利亚南极领地,其中6个基于澳大利亚大陆。3个基于海外领地,即诺福克岛——三王海岭、麦夸里岛——麦夸里海岭、赫德岛和麦克唐纳群岛——凯尔盖朗深海高原,其中面积最大的凯尔盖朗深海高原和麦夸里海岭虽然是涉及到南极问题的区域,但仍获得了批准。因此,在海洋权益扩展方面,澳大利亚仍然利用大陆架外部界限划界的机遇将其大陆架扩展到了南极大陆,换言之,澳大利亚的南极战略实现了其海洋权益的最大化,其勘探的地区逐渐转向豪勋爵岛以东的地区、大澳大利亚湾及埃克斯茅斯深海高原等地。

澳大利亚200海里外大陆架划界案的成功并不是偶然,而是其多年重视《联合国海洋法公约》,精于对相关权益的系统研究,勤于海洋法实践的积累和积极准备的结果。在技术方面上,澳大利亚大陆架外部界限的划定严格按照《联合国海洋法公约》第76条的规定,并参照联合国大陆架界限委员会制定的《科技指南》;在国际关系处理方面,澳大利亚和平解决与邻国的争端,尤其是与印尼、法国等均有划界条约,对其外大陆架划界主张的成功也发挥了重要作用。

在澳大利亚划界案中,大陆架界限委员会的建议是外大陆架制度发展的重要内容。委员会对该划界案审议所形成的建议是对《联合国海洋法公约》的全新诠释,是审议其他划界案可沿用的司法案例,其对《联合国海洋法公约》国际海底区域制度的确立产生重大影响,同时对南北极现有条约制度也产生巨大冲击。尽管澳大利亚

---

① 资料来源:http://www.un.org/Depts/los/clcs_new/submissions_files/nzl06/nzl_2006_c.pdf.

发表照会请求对关于南极区域的申请暂时不要采取任何行动,但在其申请的其他两个区域,即凯尔盖朗深海高原、麦夸里海岭地区的200海里以外大陆架的界限侵入到了南纬60度以南地区,即侵入了《南极条约》的适用范围。虽然大陆架界限委员会在建议中表示不对该地区采取行动,但却支持了澳大利亚其他区域的大部分申请。这无疑将《联合国海洋法公约》与《南极条约》的冲突解决问题再一次提上了日程。随着科学技术的飞速进步及地球科学的新发展,《联合国海洋法公约》和《科技指南》的理论基础已经被动摇了,陆续有国家提出应对《公约》和《科技指南》进行修改。2006年的东京会议及同年举行的国际法学会多伦多会议所提出的二十四点结论性意见是对《公约》大陆架制度的极大挑战。

对澳大利亚来说,新增的250万平方千米的海域,除了海洋洋底潜在的巨大能源和资源储藏外,丰富的海洋生物也是一大宝贵资源,而这一切让澳大利亚的海洋生物学家充满期待。澳大利亚除举国上下欢庆其巨大成功之外,更加深刻地认识到海洋对未来国家发展的重大意义。澳大利亚的一位资深专家在报纸上呼吁说,"在扩大了海底面积后,澳大利亚政府需要战略新思维来开发海洋的潜力,这是经济、政治和环境的迫切需要。"毋庸置疑,在大面积新增大陆架成功实现后,澳大利亚政府对海洋资源的开发利用给予更多的重视和投入,大力推进海洋和海底资源的开发。澳大利亚对海洋的管理水平和海洋战略的整体规划也随之跨上一个新台阶。

第十章 澳大利亚海洋战略的启示

中国是一个发展中的海洋大国,由于国家规模、人口数量、发展层次、所处的海陆位置及政治、地理、区域特征等因素的差异,使得中国的国情和海情与澳大利亚颇为不同,但两国发展海洋经济的目标与海上安全关注的重点是基本相同的。澳大利亚对海洋空间及其资源与环境的重视、将海洋战略作为国家战略的一部分、加强国民海洋意识的培养和教育、通过国际法和平解决与邻国的海洋争端等经验值得中国参考和借鉴。

第一节 制定综合性的国家海洋战略

海洋问题历来是关系国家兴衰的战略问题,海上安全是国家安全的主要方向,维系着国家未来重大的生存和发展利益。作为南太平洋最大的"岛国"和世界最小的大陆国,澳大利亚与海洋的关系十分密切,澳大利亚也格外重视海洋问题。在先进海洋理念的引导下,澳大利亚拥有浓厚的海洋意识。基于此,澳大利亚宏观领域的海洋战略和微观方面的海洋政策才能产生具有显著特色及成效的海洋管理实践。

一、海陆统筹背景下海洋意识的培养和强化

随着《联合国海洋法公约》的生效，国际组织和世界各国对海洋越来越重视。许多沿海国家为获得政治、经济、军事上的有利态势和战略利益，不断拓宽海洋问题的研究范围，竞相调整国家海洋战略和海洋政策，并逐步提升海洋领域在国内外政策中的地位。更多的国家加速了国内海洋立法程序，纷纷依据《联合国海洋法公约》的有关规定认真审视本国的海洋政策，制定和调整国内的海洋法律，尤其在海洋立法、规划、海洋权益维护和管理等方面加大了力度。与澳大利亚类似，美国、日本、韩国、加拿大、俄罗斯等主要海洋国家都制定了新的海洋战略和政策，形成了包括海洋经济、政治、科技、地理、海洋国土、海洋军事空间等诸多内容的新的海洋观。

国家海洋理念的构建是由国家海洋利益和国家海洋政策所决定的，同时受国家实现海洋领域的目的和任务的影响，并直接影响海洋管理实践。由于在不同的历史发展阶段国家的海洋利益不同，因此，相伴而生的国家海洋政策也有很大差别。从澳大利亚的海洋战略的形成及其内涵的演变、海洋政策、海洋法律体系来看，无不反映着其国家海洋理念和相关实践随着时代背景和国际及地区形势的变化而不断调整的进程。

《联合国海洋法公约》生效以来，澳大利亚的海洋国防安全观、海洋国土意识观、海洋经济与科技观、海洋生态与环境观、海洋军事空间观等海洋理念有了新的发展和创新。国家海洋政策和法律制度的调整及海上力量的转型中寓军于民的做法均表现出澳大利亚对海洋问题的全方位重视。澳大利亚对海洋利益的基本认识、海洋政策文件、海洋政策原则、海洋政策主要方向等方面的宏观引导均体现出其先进的海洋理念影响下的海洋政策对国家发展的影响。

澳大利亚全面的海洋意识包括两方面的内涵：一是国家决策层

的海洋战略意识；二是国民的海洋意识。国家的决策者或领导集体必须具备海洋战略意识，具备从整体上运筹海洋、经略海洋的韬略，选择正确的战略方向。这里所说的战略方向不是指一场战争中的战略方向，而是指一个国家大战略中的发展方向。海洋战略意识是海洋事务全局和长久观念的总和，必须从时间和空间的总体上去把握、认识和利用海洋。国民的海洋意识包括：第一，健康的海洋自然观，即珍惜海洋的自然资源，了解其生态的脆弱性和环境易受污染的特征，与海洋和谐相处；第二，清晰的海洋国土观，即海洋国土是属于或置于一个沿海国家主权管辖下地域空间的海域部分，是陆地国土向海洋的延伸。

全方位提升国家和国民的海洋意识，首先要增强决策中的海洋战略意识，其次要强化国民的海洋国土意识，重视海洋教育和人才培养。澳大利亚对海洋环境和生态系统的管理和保护，如对日本捕鲸船的干扰和抗议，以及发展海洋教育，对海洋意识从娃娃抓起的系统教育等经验和做法值得借鉴。

首先，认真分析中国海洋经济发展过程中的优势和不足，明确海洋教育对于海洋经济发展的重要作用，制定中国海洋教育的整体规划，根据不同地域不同海域的特点，分别制定具体的发展目标和措施，从而保障海洋教育的有效实施。

其次，从基础教育开始进行普及和宣传，把海洋知识的普及纳入基础教育发展规划中，并培养相关教师，对学生进行必要的海洋观教育，并根据情况及时调整课程设置情况。政府要加大资金的投入力度，保障高校和研究机构的经费支出，以促进海洋教育和相关科研工作的持续发展。[1]

再次，以社区为单位进行海洋知识宣传，推广和普及海洋教育，

---

[1] 崔爱林、赵清华：《澳大利亚的海洋教育及其启示》，载《河北学刊》2008年第2期，第15—17页。

开展形式多样的宣传活动，制定社区海洋教育计划，建立海洋网站、论坛，充分调动社区居民的积极性，提高全社会的海洋知识的整体水平。

二、全面实施海洋的综合规划与管理

海洋的涉外性是其最重要的社会属性，世界上大多数国家因海洋而连接在一起，因此，推行海洋的综合管理不仅仅只是解决海洋开发、利用、保护的效率问题，更重要的是从国家安全、战略决策、经济发展等方面对海洋进行全局统筹。海洋管理的实质是国家战略问题，其重要目标是维护国家海洋权益。《联合国海洋法公约》所确立的世界海洋管理的新制度和新秩序改变了各国在领海内的狭窄管辖带和领海之外的公海自由构成的传统海洋管理，多数沿海国家开始倡导对海洋实行综合管理的新理念。

加强海洋综合管理已成为当今的时代潮流。作为海洋管理的新发展，海洋综合管理不是对海洋的某一局部区域或某一方面的具体内容的管理，而是立足全部海域的根本和长远的利益，对海洋整体进行全覆盖、统筹协调、高层次的管理的形式。海洋综合管理不仅涉及具体的管理活动，如行业资源开发利用活动的宏观管理和规划及政策调整，还必须采用计划、区划、立法与执法、行政协调等具体控制手段。海洋综合管理的基本内容还包括国家管辖海域之外的海洋利益的维护和取得，如合理享用公海海域和国际海底区域的空间与矿产资源、保护和保全公海和国际海底区域的资源和环境。

在国际社会推行海洋综合管理的大背景下，中国的"海洋综合管理"仍属于停留在纸面上的提法，海洋综合管理的体制因种种原因而难以建立。为满足国家海洋事业不断发展壮大的需要，中国需要促进通过各级政府运用先进的科学技术对所属海洋国土的空间、资源、环境和权益等进行的全面统筹和协调的管理活动。为确保海洋综合管理措施的实施，中国需要管理思路向海洋事务的综合协调转变，管理领域由近岸海域向世界大洋和地球两极拓展，管理方式由传统的计划体制向行政、法律、经济等多种手段并举的现代化管理模式发展。

经过20世纪80年代与90年代的两次海洋管理体制改革，中国的海洋管理体制经历了从行业性管理到行业管理加海洋环境复合管理，再到向海洋综合管理过渡的发展历程。特别是《联合国海洋法公约》的生效及可持续发展和海洋综合管理的概念被正式提出后，中国的海洋管理体制有了较快的发展。在中央与地方相结合的海洋管理体制的建立和不断完善过程中，海洋管理能力有了一定的提高，全国海洋开发的调控和管理框架已基本形成。中国目前的海洋管理属于半集中型体制，是海洋行政管理与分部门、分级管理相结合的国家海洋管理体制。当前，根据国内海洋经济发展和国际海洋权益之争的新形势，中国亟需制定综合性的国家海洋战略，从国家层面组织对中国海洋战略、海洋政策的全面评估和调研，明确中国在国际海洋竞争中的定位。中国海洋综合管理的当务之急是要与国际接轨，根据中国的具体情况借鉴外国的成功经验，改进其不合理之处，全面实施海洋综合规划与管理，逐渐摸索出一条有中国特色的海洋综合管理之路。

三、高度重视国家的海洋安全

由于自然地理条件和区域政治环境的特殊性，澳大利亚高度重视海洋，对其面临的直接或间接的海洋安全威胁进行系统地分析并审慎作出评估和应对预案。在很大程度上，澳大利亚海洋战略的核心是确保其周边地区的海洋安全环境。

与澳大利亚类似，影响中国国家安全的因素同样是主要来自海洋，原因如下：第一，中国与周边国家的主要陆地划界工作已基本完成，来自陆地边界的威胁日益减少；第二，随着全球化的不断深化，中国利用海洋的频度和广度将日益提升与拓展。鉴于中国为海洋地理相对不利国的事实，未来将主要面临海洋污染、海洋资源开发争端、海洋调查或测量活动、岛屿归属争议等引发的海洋通道安全、国家军事安全和海洋安全等问题。从中国的自然地理条件和地缘政治环境来看，中国的海洋及海洋战略问题与国家的安全战略紧密相联、融为一体，中国需要对重要海洋战略的内涵进行界定并加以明确，以充分应对直接或间接威胁国家海洋安全的各种情况的发生。

20世纪90年代中国以发展海洋经济为战略目标，制定了引领中国海洋未来发展的海洋政策。21世纪中国海洋利益的最高战略选择的核心是维护中国"蓝色国土"的整体安全性，实现由海洋大国向海洋强国的跨越，这既是国家最高利益的选择，也是实现中华民族复兴的必由之路。[①] 海洋既是中国经济社会发展所需资源能源的来源地，又是运输物质的重要交通通道，也是保卫国家安全的重要领域。一般来说，海洋安全主要可分为海洋领土安全、海洋资源安全、海上交通安全、海洋信息安全、海洋环境安全以及海洋非传统安全问题等。[②]

鉴于未来中国所面临的安全威胁将主要来自于海上方向，因此，国家海洋战略除了将国家合理开发利用海洋资源作为国家的基本政策外，还应增加对国际利益和地区安全的考虑，从战略上重视海洋问题引发的安全问题，为构建和谐海洋提供有力的保障。同时，中国需抓紧制定和完善中国海洋基本法、海上安全法等；还应加大海洋维权执法力度，扩大对海域的实际管辖和实际控制，增强中国在海洋领域的影响力和话语权。

[①] 王诗成：《蓝色的挑战》，北京：海洋出版社，2004年版。
[②] 金永明：《论中国海洋安全与海洋法制》，载《东方法学》2010年第3期，第33—43页。

四、加强海洋管理的能力建设

由于澳大利亚行政区划制度的特殊性，澳大利亚联邦和各州的法律制度容易出现冲突或混乱。为此，澳大利亚按照本国宪法的规定，采取联邦政府和州政府之间既有分工又有协作的海洋管理机制。同时，经过海洋政策的调整，澳大利亚较好地解决了联邦政府与州和领地政府之间由于海域管辖分工而产生的问题，并全面推行了海岸带综合管理，该模式成为各国制定相关海洋法律政策时的重要参考，颇具借鉴价值。

作为一个人口已逾13亿的发展中国家，中国地理覆盖面积大，正处在由一个陆域大国奔向海洋强国的建设进程中。近年来，中国颁布或修改了一系列重要的涉海法律及规章，进一步加强了海洋事务管理的专门机构建设，完善了中国的海洋法律体系及相关制度。虽然中国的海洋管理在机构建设、海洋立法和海洋资源管理等诸方面已取得了一定的成绩，海洋的开发与管理实践中创造和积累了许多行之有效的管理经验，但中国在海洋管理领域还存在较多的矛盾和问题，海洋管理的总体水平仍相对落后，影响了中国海洋事业向纵深层次的内涵式发展。

中国的海洋管理机构是随着行业经济发展的需要而不断增加的，其管理内容也在不断充实和发展，因此涉海机构的设置缺乏宏观考量，造成管理职权上的平行交叉。在2013年国务院机构改革方案中对国家海洋局进行重组之前，[1] 中国海洋管理和海上执法职能分散在国家海洋局、农业部、交通部、国家环保部、公安部（边防、海警）、海关、海军等诸多部门，形成包括国家海洋局的海监、交通部

---

[1] 资料来源："中国欲建立独立海洋维权机构——类似美海岸警卫队"，http://news.sohu.com/20101126/n277933378.shtml，上网时间：2016 - 6 - 2。

的海事局、农业部的渔政、公安部的海警、海关总署的海上缉私警察等自成体系的海上执法队伍，形成"群龙治海"的局面。

这些管理机构所属的5支海上执法队伍，在履行其职能的海洋行政执法或维权行动中呈现出各自的特点：海监执法船只吨位较大，具备长时间、大面积的海域巡航执法能力；渔政执法船只数量较多，熟悉各重点捕捞海域情况，在保障渔业生产安全方面具有独特优势；海事部门在确保近海海域交通安全方面拥有广泛的信息源和专业救捞力量；边防海警由现役军人组成，组织纪律性和作战能力较强，但船只吨位普遍较小，难以在远洋海域方面发挥更大作用。[1]

"群龙治海"的海洋管理模式存在一系列的突出问题[2]：第一，条块分割严重，各机构之间的协调工作难以进行，无法应对海洋事务的日益国际化、快速化、复杂化与政治化，无法及时地反映、决策和解决海洋事务；第二，中央和地方海洋管理机构的职能设置相互交叉重叠，存在弊端，造成对有些任务各部门争夺管理权，对有些任务各部门又出现互相推诿的现象，缺乏全局观念[3]；第三，执法机构及装备重复建设和多功能利用问题难以解决，并且海事、海监、海关、海警、渔政等的执法队伍力量都不强，各部门都在分别建设，导致海洋管理的效率低下；第四，"群龙治海"的格局导致海洋管理体制缺乏整体性、全局性，制定海洋法规的部门众多，但各部门规范的海洋活动大多只涉及各自管辖的范围或区域，加之以现行的、单一的部门法规解决行业管理的单个问题及法律授权存在分歧的现实，造成部门间分工困难、缺乏配合、矛盾突出[4]，无法综合维护国

---

[1] 资料来源："中国欲建立独立海洋维权机构——类似美海岸警卫队"，http://news.sohu.com/20101126/n277933378.shtml，上网时间：2016年6月2日。

[2] 海韬：《"五龙治海"不利中国海洋维权》，载《珠江水运》2010年第15期，第46—48页。

[3] 侯景妙、林山青：《我国的海洋综合管理亟待加强与完善》，载自《中国海洋报》1998年3月3日。

[4] 林千红：《试论海洋综合管理中的区域管理》，载《福建论坛》（人文社会科学版）2005年第7期，第113—116页。

家海洋权益,也无法满足当今海洋事务的发展趋势和要求。

"群龙治海"的海洋管理体制是陆地各种资源开发部门管理职能向海洋延伸造成的,虽然在一定时期内促进了中国各项海洋事业的发展,但随着国家海洋管理概念的变革和科技进步引起的海洋经济的飞速发展,这种自然形成的体制已经暴露出严重的不足,新的国际海洋法律制度应运而生。正是在这种背景下,国务院在2013年的机构改革方案中要求重组国家海洋局,建立统一管理与分部门、分级管理的格局,形成一支精干高效的海上综合执法队伍。

2013年出台的《国务院机构改革和职能转变方案》中提出,整合原国家海洋局海监总队、农业部渔政局、公安部边防局、海关总署缉私局,以中国海警局的名义开展海上执法。交通运输部海事局未纳入国家海洋局整合范围,但明确了两者职责分工。根据2013年7月国务院批准的《国家海洋局主要职责内设机构和人员编制规定》,由国家海洋局统一指挥中国海警队伍,设置北海、东海及南海3个分局,在沿海省设置11个海警总队及其支队,履行所辖海域海洋监督管理和维权执法职责。目前,中央层面的海上执法队伍已精简为中国海警局和交通运输部海事局,同时各级地方政府也多设有名目不一的海上执法管理和协调机构。[1]

为加强海洋事务的统筹规划和综合协调,该《方案》还提出设立高层次议事协调机构"国家海洋委员会",负责研究制定国家海洋发展战略,统筹协调海洋重大事项,国家海洋委员会的具体工作由国家海洋局承担。[2] 中国海警局的组建标志着中国海上执法力量建设进入新阶段,也将促进海洋管理水平的提高。

---

[1] 阎铁毅、吴煦:《中国海洋执法体制研究》,载《学术论坛》2012年第10期,第204—209页。

[2] 资料来源:"国家海洋局将重组——整合海监海警渔政和海关缉私",http://www.guancha.cn/politics/2013_03_10_130834.shtml,上网时间:2016年6月2日。

第二节 应对国际海洋法实践的新挑战

随着中国经济的持续快速发展及海洋综合利用与开发能力的不断增强，海洋的战略地位将不断提高，海洋管理和海上执法将越来越受到重视。按照《联合国海洋法公约》确立的新的国际海洋法制度，中国除了传统的领海以外，在毗连区和大陆架、专属经济区等海域也具有相应的主权权利和管辖权，海洋管理和海上执法任务日趋繁重。海洋战略、政策及其规划纲要的推进实施需要健全的海洋法制作保障。加强海洋法律制度建设、建立和完善海洋立法及其配套法规是维护中国海洋权益的重要任务之一。尤其在世界各国纷纷加强海洋管理实践的背景下，中国需要采取措施，应对国际海洋法实践的新挑战。

一、争取国际影响力和话语权

在中国主张的 300 万平方千米的管辖海域中，有近一半的海域分别与韩国、日本、朝鲜、越南等 8 个邻国产生主张重叠的海域划界问题，与其中一些国家的岛屿争端也日趋突出，某些邻国根据其单方面主张加强了对争议海域的管控和利用，中国岛屿被侵占、海洋资源被掠夺、渔民遭抓扣、海洋科考受干扰等问题日益突出。加之《公约》对一些条款的规定不够明确具体，引发诸如军事海洋科学调查和高技术海洋观测等海上活动的管辖权争议。另外，海上能源运输通道的安全也备受关注，索马里海域是中国海上油运的主要通道之一，近年来该海域已经成为世界上最危险的海域之一，中国的商船安全受到严重的威胁，如果没有一支强有力的海上执法队伍来加强对海洋的综合管理，国防安全、国家海洋权益以及海上能源运输通道都将面临巨大威胁。

中国的海上力量与各国海上力量存在较大差距。虽然国家海洋局重组后，中央层面的海上执法队伍已精简为中国海警局和交通运输部海事局，从执法人员及船舶的数量上看，中国的海上执法力量不逊于其他一些海洋国家的海上执法力量，但执法能力和管控有效性方面还存在较大差距，中国目前的海监船大多性能和吨位不足、装备老化，与日本海上保安厅的二百多艘现代化舰船以及大量巡逻机、大中小各型直升机相比，力量显然弱小得多。究其原因主要在于国家海警局成立之前，中国的海上执法队伍长期处于设置偏多、力量分散、职能不协调、重复建设、效率低下、行政成本高的状态，有些机构职能单一、工作量不饱满等问题比较突出，一方面导致近岸海域多头执法、重复检查、企业和群众负担重，另一方面专属经济区等远海海域维权执法和护航能力明显不足。国家海警局成立至今，这些问题虽然得到了一定缓解，但是由于时间有限，加之一些客观因素的影响，海上执法力量职能协调、装备更新、人员执法技能提高等方面的一些问题尚未从根本上得到解决。

中国海洋法律体系尚不完善，符合时代需求的海上执法力量的建设仍处于起步阶段，远不能满足管理"海洋国土"的需求，不能从容应对大面积海域维权执法的复杂情况，也不具备迅速处理海上大规模突发事件的应急能力。面对更加剧烈变化的国际海洋形势，根据《公约》和中国海洋地理区位及周边环境等方面的情况，建设一支能够对中国管辖海域实施高效而有力控制的执法力量是中国当前亟需解决的一个重要问题。中国应以《公约》生效后所出现的新形势为契机，建立健全海洋管理机构及其协调机制，在现阶段整合海洋管理及执法力量的同时采取一系列举措和后续行动，维护中国的海洋权益，促进中国海洋事业的发展。

中国的海洋决策和综合管理水平仍处于初级阶段，目前追求的目标主要是保护海上安全利益为主的"维护性海权"。中国海上执法力量与海军的协调配合还处于起步阶段,与周边国家如日、韩的类似机构相比,仍然存在较大差距。中国可采取海警局维权执法和必要时候授予海军执法权分别运用的方式,来加强对中国管辖海域的行政执法和维权,保障中国海上运输线的安全,这是中国经济发展的需要,也是作为一个大国应有的责任。与主要海洋国家相比,中国海洋执法在队伍的统一性和系统性上不如美国的海岸警卫队,在技术装备的先进性上不如日本的海上保安厅,在海洋执法船舶和飞机的防卫火力配备上不如阿根廷。而国内法的依据与上述国家相比更显得欠缺,尤其是在海洋维权执法方面,中国的相关法律比较陈旧,不能适应新的形势,一方面需要利用法律上的"话语权",依照有关国际和国内法律解决海洋管理实践中出现的新问题,通过海洋立法进一步宣示中国的主张和政策;另一方面,中国更需要采取切实的措施,加强海上执法力量的建设。通过对比分析澳大利亚联邦和各州的海洋立法和执法实践的手段和效果,从中发现带有普遍性、规律性的一些做法,能够为中国的海洋法律政策及海上执法队伍建设提供理论框架与实践参考。此外,中国应加强对国际海洋法的研究,尤其是对《联合国海洋法公约》的研究,实现国际法与国内法的良性衔接。

二、完善国内的海洋法律制度

中国当代的海洋法律制度已经走过了半个多世纪的发展历程。自 20 世纪 70 年代后期开始,中国的海洋法律制度进入快速发展阶段。[①] 到目前为止,中国主要的海洋法律制度已基本建立,从法律位

[①] 根据中国法学会 2015 年 7 月 15 日发布的《中国法治建设年度报告(2014)》显示,截至 2014 年 12 月底,中国除现行宪法外,现行有效的法律共 242 件,现行有效的行政法规共 739 件,其中,2014 年中国全国人大及其常委会通过法律、法律解释和有关法律问题的决定 24 件。资料来源:中国法学会 http://www.chinalaw.org.cn/Column/Column_View.aspx?ColumnID=900&InfoID=15740,上网时间:2016-07-01。

阶上看，包括宪法、法律、行政法规、地方性法规、规章以及为实施这些法律法规而制定和颁布的标准等。在国家法和宪法性文件层面，有《中华人民共和国领海及毗邻区法》《中华人民共和国专属经济区和大陆架法》和《中华人民共和国关于领海的声明》，这些法律文件涉及中国主权和主权权利，属于具有宪法性质的法律。在涉海法律（包括宪法性法律）中，基本的海洋法律及与海洋事务有直接关系的法律近三十件，约占中国现行有效法律总数的百分之十。中国在切实履行《联合国海洋法公约》、区域及双边条约、国家海洋法规制度的同时，需要修改现行法律、法规中的不适应部分，使中国海洋强国的建设和海洋权益维护的法律依据更为完备和统一。

中国主要应在以下几个方面完善国内海洋法律制度：

第一，确立海洋在《宪法》中的地位。澳大利亚在其近岸问题的处理上规定了宪法的解决方案，使海洋问题的处理宪法化，有效地树立并维护了海洋法律的权威。中国也有必要在《宪法》第9条中增加"海洋"为自然资源的组成部分，以确立"海洋"在《宪法》中的地位，加强对海洋的保护。

第二，尽快制定中国的《海洋基本法》。该海洋基本法应以国家需求与民族利益为根本，确立海洋强国的建设目标，调整海权与陆权的关系并建立高层统一协调的涉海管理机构。制定《海洋基本法》应明确实施该法的目的、原则、计划和措施，例如，海洋资源的可持续开发和利用原则、海洋环境预防和治理原则、海洋的全面综合管理原则、海洋国际与区域及双边合作原则等。

第三，制定《领海及毗邻区法》和《专属经济区和大陆架法》等法律的配套法规。中国的两部海洋领域的"基本法"自公布施行以来，迄今未制定相应的配套法规与实施细则，需要尽快在这些已有法律的基础上制定相应的配套法规，以实施其确立的具体制度，包括：领海无害通过制度、专属经济区资源开发管理制度、专属经济区和大陆架人工岛屿、设施和结构的管理制度及安全区域管理办法、大陆架油气资源开发规则等,应对外国企业、船舶侵害中国大陆架和专属经济区资源开发活动的措施,应对外国船舶测量中国管辖海域活动的措施[1],建立中国在国际海底区域勘探资源和管理采矿活动的制度等。

第四,制定海洋事务部门的新法规。海洋事务具有综合性与独立性,中国应在制定海洋基本法的基础上制定海洋事务部门新法规,例如海洋安全法等。2016年2月26日,中国颁布了《深海海底区域资源勘探开发法》,也需要制定和完善相关配套法规,以细化其基本原则与规则。

第五,进一步择机公布中国的领海基线,明确中国管辖海域界线,宣示国家的海洋国土主权。中国于1996年5月宣布了大陆领海的部分基线和西沙群岛领海基线后,迄今未宣布其他岛屿的领海基线,为切实维护中国的海洋权益,中国应进一步宣布其他所属岛屿的领海基线,以明确确定中国有权管辖的海域界限。尤其在经历了由菲律宾单方面提起的"南海仲裁案"之后,中国亟需更新管理理念和法律的运用能力,管理好中国的管辖海域,切实维护中国的海洋权益。

三、理顺海洋管理体制

随着相关机构改革和职能的转变,中国海上执法力量资源进行了初步整合,转型后中国海上执法机构变得相对简洁,但是此次改革并不彻底,只是在政策层面做出方向性指导,在改革方案中并没有对职能、人员、装备等具体的整合划分提供一个解决的办法[2],仍存在着海上执法资源分散和分布不均衡等诸多问题,尚未实现彻底

---

[1] 金永明:《论东海问题与共同开发》,载《社会科学》2007年第6期,第45—53页。
[2] 张晓楠:《我国海上执法力量资源整合与配置研究》,大连:大连海事大学,2015年学位论文,第20页。

整合：在中央层面，交通运输部海事局的相关职能仍独立于中国海警局，两者部分职能交叉，如防治船舶海洋污染[①]，这就削弱了海上执法的综合性和全局性；在地方层面，相关机构设置杂乱，如地方渔政和海监机构，各省市或将两者合二为一或独立设置，且隶属关系复杂；其次，海上执法教育资源分散，中国海洋大学、大连海事大学、公安海警学院等院校均有涉及，缺乏综合性培训院校，直接影响到中国海上执法人员的教育培训；再次，海上执法相关法律资源分散重叠，各涉海行业管理部门规章在适用范围和权限上往往有一定程度交叉，给海上执法带来诸多不便。[②]

在未来海上执法将更加体现出"军民结合、有效维护、注重技术、提升空间"的特点，因此要注重海上执法队伍和海军的互动。[③]一方面，海上执法具有国际性、复杂性与风险性等特点，为了有效打击海上违法行为，需要海军给予海上执法队伍相应的支持；另一方面，海上执法力量军事化程度的增强能够在战时更有利于配合海军作战，然而目前中国海上执法队伍与海军之间缺乏有效的配合机制，并且中国现有两支海上执法力量，与海军的互动更为复杂和不易协调。[④]

随着海洋开发和利用的专业分工越来越细，海上执法也逐渐向着精细化和专业化转变，影响海上执法的技术因素不断增多，这也就要求海上执法人员具备更高的专业素质。为此，各海洋强国纷纷设立专门的培训院校与机构，以提升海上执法人员素质并向国家不断输送各类涉海人才。中国目前关于海上执法的专业性培训基地和

[①] 向力：《海上行政执法的主体困境及其克服》，载《武汉大学学报》2011年第9期，第82—87页。

[②] 王杰、陈卓：《我国海上执法力量资源整合研究》，载《中国软科学》2014年第6期，第25—27页。

[③] 宋增华：《海权的发展趋势及中国海权发展战略构想》，载《中国软科学》2009年第7期，第189—192页。

[④] 王杰、陈卓：《我国海上执法力量资源整合研究》，载《中国软科学》2014年第6期，第28页。

机构缺乏，相关教育资源分散，海上执法人员的素质无法得到有效保障，难以适应海上执法的技术因素不断增加的趋势。因此，中国海上执法体制需要在组织架构、执法范围以及内容上作出相应改变，继续整合现有海上执法队伍，建立统一的、国内外一体化管理的综合执法机构，发挥资源的系统、整体和规模化效益，以在环保、安全、经济权益等技术、经济要素相互交替的情况下，实现对海洋的合理开发和有效保护。

四、完善海上执法队伍的职能

中国是一个海洋大国，但不是一个海洋强国。与世界海洋强国相比，中国现行的海洋管理体制和海上执法机构的设置仍然与之存在巨大差距。随着各涉海领域间合作的日益增多，海洋管理体制不完善所带来的职能重叠和监管盲点愈发显现，这也成为阻碍中国海洋事业发展的巨大瓶颈。中国现行的海洋执法体制及机构的设置与中国的海洋管理体制是一致的，实行以行业管理为主、行业管理与综合管理相结合的分级管理行政体制，与当前严峻的海洋形势不相匹配，不能完全适应当前中国面临的海洋形势和权益挑战。因此，唯有尽快提高海上执法队伍的能力建设，才能使中国的海洋综合执法步入正轨。

中国的管辖海域中有近一半与外国存在争议，其中最突出的就是南海问题、中日和中韩东海大陆架的划分以及钓鱼岛争端。为此，中国应进一步大力推进海洋行政执法能力和海洋武装力量建设，提高装备水平，包括配置相应的海上执法设施。[1] 增强对海上执法人员的培训，形成必要的执法能力，以提升海上执法的综合实力，对侵

---

[1] 资料来源："海洋管理的理论与实践"，载王诗成：《蓝色的挑战》，青岛：中国海洋大学出版社，2003年版。

犯中国海洋权益的活动予以有力的打击，为海上维权巡航执法提供法律依据和制度保障，维护中国的海洋权益。同时，还需不断完善海洋管理机制和体制，提高海域综合管理和决策能力；不断提高海域勘测、监测能力，为维护海洋权益提供及时、可靠的信息保障。

具体而言，中国应当在以下几个方面加强海上执法队伍的建设。首先，行政执法管理与军事干预并重发展，以造成强大的威慑力，完善军民合作的工作机制和法律保障制度；其次，增加强制措施的可操作性，使中国海上执法力量在行使职权的过程中做到有理、有据、有节；第三，设置科学完善的法律责任追究机制；最后，组建具有中国特色的海上维权执法队伍，力争实现准军事部队管理，平时负责海上执法，战时可立即转成正式部队建制。

总之，面对严峻的海洋维权形势，没有强大的海上执法力量做保障，维护国家海洋权益将只能沦为空谈，而建立强大的海上力量并不是一蹴而就的，它需要国家海洋体制机制的相应转变，需要有强大的政策及财政支持做后盾，需要国家配套法规提供法律保障，需要大量涉海科研、技术人才提供智力和技术支撑等等。

第三节　实施海洋经济可持续发展战略

海洋经济是开发利用海洋的各类产业及相关经济活动的总和。身处21世纪这一海洋世纪初期，海洋正日益成为重要的经济增长源，海洋产业将是未来几十年国际竞争的主要领域，谁忽视开发海洋产业，谁就会在新一轮全球发展中缺乏后备竞争力。作为澳大利亚第一大贸易伙伴、第一大出口目的地和第一大进口来源地，中国应关注澳大利亚发展海洋经济的策略和有效措施，实施海洋经济的可持续发展战略。

一、科学规划海洋经济的发展

澳大利亚的海洋产业在许多方面都处于世界领先地位，其在 1997 年开始实施的澳大利亚历史上第一个《海洋产业发展战略》对澳大利亚海洋产业的管理、科教、发展等方面起到重要的推动作用。[①] 澳大利亚海洋产业发展战略及其措施的实施对发展中国海洋产业具有借鉴价值。第一，澳大利亚政府加深了对海洋产业的认识，把海洋视为资源开发和产业发展的新领域，考虑如何最大限度地获得海洋产业可持续发展所带来的财富。第二，澳大利亚海洋产业发展战略提出了沿海航运政策，有效保护了澳大利亚的海上航运业。第三，将生态可持续发展原则列为海洋产业发展战略之一，表明澳大利亚联邦政府认识到良好的海洋生态环境对海洋产业健康发展的重要性，是正确处理国家和民族长远利益与产业眼前效益关系的良好开端。

中国海洋经济居世界沿海国家的中等水平，目前正处于快速成长期。虽然中国发展海洋经济已具备良好的自然条件、经济基础和社会环境，但也存在众多突出问题：

第一，海洋资源开发管理体制不够完善，海洋经济发展缺乏宏观的指导、协调和规划，横向发展不均衡。主要包括三方面的问题：一是重近岸开发，轻深远海的利用，且近海海洋开发存在无序、无度现象；二是重空间开发，轻海洋生态效益；三是重眼前利益，轻长远发展谋划。长期以来，中国海洋管理实行的是从中央到地方，多部门、多层次齐抓共管的管理模式，管理结构混乱分散，缺乏权威和综合的管理机构，权责难以明确，管理效率较低。

---

① 赵清华、崔爱华：《澳大利亚海洋经济可持续性发展战略及其启示》，载《商场现代化》2008 年第 2 期，第 167 页。

第二，海洋产业结构性矛盾突出。海洋经济发展面临总量增加与结构调整、素质提高的双重任务。传统海洋产业仍处于粗放型发展阶段，海洋科技总体水平较低，一些新兴海洋产业尚未形成规模。中国是海洋大国，管辖海域广阔，海洋资源丰富，中国的长期繁荣和发展必然越来越多的依赖海洋。大力发展海洋产业，提升中国海洋产业国际竞争力，重点是发展海洋科技，构建以高技术为支撑的特色鲜明、高素质的海洋产业体系，为保护海洋、开发海洋发挥更大的作用。

第三，海洋调查勘探程度低，可开发的重要资源底数不清、情况不明。海洋经济发展存在基础设施和技术装备相对落后，海洋科技成果产业化水平低，自主创新能力较差，科技贡献率不足，海洋科技发展总体水平有待进一步提高等方面的问题。

海洋经济开发和管理是非常复杂的工作，各个相关部门、各个产业的情况差异较大，每个单位达到目标的方式和过程也不同，因此在海洋经济发展的过程中要借鉴澳大利亚的海洋管理经验，重视海洋开发的结果，处理好海洋经济发展中的过程管理和结果管理的关系。为了实现各个部门的工作实绩必须达到或超过预定目标这一结果，就需要鼓励各个部门在具体工作中放得开、不受常规的约束，只要在过程中不违反海洋可持续发展的总体目标即可。

因此，中国需要优化海洋产业结构，统一规划，合理调整，把技术含量和附加值高的产业部门作为发展重点，逐步实现海洋产业的优化升级，为海洋经济的持续、快速发展提供保证，进一步提高海洋产业的对外开放水平。要适应海洋经济全球化的大趋势，在增强沿海地区的内外辐射能力的同时，通过技贸结合、资本经营、技术创新等方式来培育一批具有国际竞争力的跨国公司，使之成为"走出去"战略的主体。

随着海洋管理过程中出现的新情况和新矛盾，国际社会对海洋的管理与保护也不断加强，并采取各种具体措施推行海洋综合管理。

而中国是人口众多、资源缺乏的发展中国家，正处于由海洋资源大国向海洋产业强国转变的时期，贯彻可持续发展方针尤其重要。在发展经济的同时，要注意维持资源、环境、生态之间的和谐关系，借鉴澳大利亚在发展海洋产业中的一些做法，把可持续发展的战略切实落到实处。

鉴于中国与先进国家的差距及目前的经济实力，中国海洋产业发展过程中需要重视海洋科学技术的研究和发展，贯彻环境与经济相统一的海洋开发原则，强化综合管理模式在海洋产业管理中的运用，积极提高中国海洋产业的国际竞争力。在海洋科学研究中应有所选择，有所放弃，根据具体国情确定战略目标，集中科研和资金力量攻克若干关键基础课题，使之保持世界先进水平。海洋科技决策机构要随时跟踪当今世界海洋高新科技发展的动态，对有重大经济效益或具有开发潜力的项目应予以大力资助，另外还要加强海洋学科与其他学科的共同研究，鼓励和支持边缘学科的发展。

二、妥善处理海洋资源开发与环境保护的关系

改革开放以来，随着中国沿海经济和海洋开发的快速发展，中国对海洋资源的开发力度加大，而对资源的保护和海洋环境的重视程度不够，海洋环境问题日益突出。港口、船舶、海洋化工、海洋工程、海洋石油开发、海上倾废、滨海旅游等对海洋环境与资源的破坏严重；部分海域和海岛开发秩序混乱，用海矛盾突出，导致海洋环境污染和生物资源衰退不断加剧的局面；近海渔业资源破坏严重，一些海洋珍稀物种濒临灭绝；有些沿海地区因大规模围填海或海洋污染导致海水养殖户"失海"现象严重，成为引发社会不稳定的一个重要因素；有些地区海洋开发无序、无度，直接影响着海洋政策和海洋法律的实施效果。目前，中国的海洋管理缺乏科学管理机制，存在被动管理的局面，海洋管理严重滞后于海洋开发活动，

"先繁荣，后规范，重发展，轻管理"的局面严重。①

中国海洋经济的快速发展一定程度上是以牺牲环境和资源为代价的。如在一些国家潜心"造岛"的时候，中国的不少岛屿却因随意性开发利用而不断消失。国外一些沿海国家为保护海洋环境专门制定了环境保护法，周边一些国家早就开始了海洋方面的国内立法工作，日本制定了《孤岛振兴法》、韩国制定了《岛屿开发促进法》等。这些国家对海岛保护的法律规定十分规范，条款制定非常严格、细致，而中国部分海域生态环境恶化的趋势还没有得到有效遏制，海洋经济的持续发展给海岸带和海洋带来的压力越来越大，而且现有的可用于解决各种冲突的方法越来越复杂，矛盾越来越大，付出的代价也越来越沉重。

中国目前现行的有关法律法规都是针对单项海洋资源的开发利用、保护和管理而制定的，这些单项法规过分强调所管理的某种海洋资源及其开发利用的重要性和特殊性，而对其他产业部门及其他海洋资源开发利用的利益和需要考虑不足。2013年国家海洋局发布《国家海洋事业发展"十二五"规划》，规划共十八章，分别就海洋资源管理、海岛保护与开发、海洋生态保护和修复，以及海洋防灾减灾、海洋权益维护等方面作了说明，规划期至2015年，远景展望到2020年。②但中国目前仍缺乏一部海洋基本法用于协调各涉海部门和海洋产业在开发、利用、保护和管理海洋环境及其资源过程中的关系，提供指导各涉海部门和海洋产业合理而有效地进行涉海活动的准则，以加速各海洋产业的协调发展，取得最佳的经济效益、环境效益和生态效益。

海洋生态环境保护形势严峻，成为制约海洋经济发展的"瓶

---

① 资料来源：http://www.soa.gov.cn/hyjww/lmhg/zxschyzt/2007/03/1174546478050288.htm，上网时间：2016-05-24。

② 资料来源：http://news.china.com.cn/txt/2013-04/11/content_28516188.htm，上网时间：2016-05-31。

颈",中国应加强对资源的管理和环境的保护,科学合理地开发和利用海洋资源,通过法律手段、行政手段和经济手段实现海洋综合管理,从而实现国民经济的可持续发展。首先,要树立海洋环境保护意识,加强政府在海洋环境保护方面的职能建设,建立起环境与发展的综合决策机制,在制定海域综合开发利用规划、调整海洋产业和生产力布局时综合考虑社会、经济和环境效益,进行充分的环境影响评价,避免决策失误,从源头上控制海洋环境问题的产生。其次,要加大舆论宣传力度,增强全民环境保护意识,激发民众对海洋环境保护工作的参与热情,发挥群众的监督作用,争取社会各界对海洋环境保护工作的关注与支持,特别要加强面向企业的宣传,帮助企业转变观念,从被动地治理环境污染转向主动选择清洁生产工艺和海洋环境无害的生产技术。

澳大利亚海洋产业发展过程中倡导可持续发展的战略目标,提倡在发展海洋产业的同时要注意保护海域环境,并具体提出海洋环境综合管理的方法,这些措施对于中国实施环境与经济一体化战略具有很强的借鉴意义。具体来说,就是要做到海洋资源的可持续利用,防止海洋的陆域污染,限制资源消耗型产业的规模,加大环保型、集约型海洋产业的发展。海洋环境保护必须以海洋资源的可持续发展为准则,而海洋资源的合理利用应促进海洋经济的发展和环境的良性循环,这才是处理好经济发展与海洋资源、海洋环境三者之间相互关系的正确途径。[1]

近几年,中国在海上油类及其他有毒有害物质污染事故应急方面取得了很大成绩,《中国船舶重大溢油事故应急计划》已经完成,正逐步积极协调有关部门和沿海省、自治区、直辖市人民政府制定《国家重大海上污染事故应急计划》,其中《北方海区溢油应急计

---

[1] 文艳、倪国江:《澳大利亚海洋产业发展战略及对中国的启示》,载《中国渔业经济》2008年第1期,第79—82页。

划》已经正式发布。[①] 但是，在实际应用中，尤其通过对近几年发生的几起重大和特大海上溢油事故应急过程的分析可以看出该计划还存在许多薄弱环节，有待进一步提高和完善。[②] 另外，中国沿海地区大中城市的污水海洋（河口）处置工程目前规模很大，而且沿海开放城市和特区仍在增建污水海洋处置工程。中国在这方面还缺乏成熟的经验和系统的技术，澳大利亚城市污水海洋处置已有多年运行的历史并有一定特色，可供中国借鉴和参考。

三、重视海洋科学技术的研究和应用

政府对海洋科学技术的重视是推动海洋科技进步的重要因素。澳大利亚政府拟定的《澳大利亚海洋科学与技术计划》为澳大利亚领海、毗邻海的环境、资源保护及可持续使用研究制定了基本的行动计划。同时，澳大利亚还拟定了《21世纪海洋科学技术发展计划》强调注重对近海海洋资源环境的认识，积极参加全球海洋科学发展的进程。这些海洋科技计划的实施使澳大利亚在海洋科学的许多领域处于世界前列，为海洋产业的发展提供了强有力的技术基础，技术优势也是澳大利亚海洋油气工业蓬勃发展的主要原因。

近年来，中国十分重视海洋经济发展问题，相继出台了各种政策和措施，促使海洋经济迅速发展，逐渐成为一个新的经济增长点。但从整体上看，中国的海洋产业仍属于粗放经营，科技含量较低，海洋资源优势未能及时转化为海洋经济生产力。海洋教育水平偏低，海洋研究专业狭窄，这严重制约了中国海洋经济的发展。

---

① 《中国海上船舶溢油应急计划》及《北方海区溢油应急计划》《东海海区溢油应急计中国海上船舶溢油应急计划》《南海海区溢油应急计划》《台湾海峡水域溢油应急计划》经交通部和国家环境保护总局批准，自2000年4月1日起施行。

② 郝艳萍：《我国海洋环保产业的现状及发展对策》，《中国人口资源与环境》2002年第5期。

中国作为沿海大国,可持续发展必然越来越多地依赖海洋,因此有必要全面发展海洋科学技术,形成比较完整的海洋科学技术体系。中国应形成一个国家级海洋科学研究中心,适度参与全球"海洋大科学"(ocean megasciences)的研究,包括全球海洋观测、海洋科学钻探、热液海洋过程及其生态系统、海洋生物多样性、海岸带综合管理学等。除此之外,中国还应当着重做好以下方面的工作,以全面推动中国海洋科学技术的研究和发展:

第一,对海洋资源要综合协调地开发和管理。当前,由于缺乏综合化的有效管理,中国海洋经济发展中存在很多问题,要实现海洋经济的可持续发展,必须强化科学论证与综合管理,开发方式要由资源消耗型向可持续发展型转变,对海洋可再生资源要改善其利用效率,保持生态系统具有较强的恢复能力和持续再生能力,对海洋不可再生资源要有计划地适度开发,提高循环利用的水平,在特定海区限制或禁止开发资源,使各类资源得到充分、合理、持久的利用。①

第二,重视海洋勘探和数据的搜集。发展海洋经济必须注重广泛调查和科学数据,并通过分析基础数据资料得出区划、规划、战略等理论成果,进而实现海洋相关信息的共享。

第三,加大实施海洋人才战略的步伐。人才是推动海洋经济持续快速发展的动力,也是海洋开发和海洋经济可持续发展的根本保障。长期以来,中国海洋人才结构不尽合理,海洋高科技人才、综合管理人才和海洋法律人才缺乏,人才流动机制不健全。实现海洋经济的可持续性发展,必须高度重视和实施海洋人才开发战略,制定人才政策,引进国外海洋高级人才,发展海洋高等教育,重点建设一批高等院校和学科,积极发展多形式、多层次的海洋职业教育

---

① 吴发桥:《海洋技术创新及产业化与沿海区域发展》,南京:东南大学,2011年博士学位论文,第74页。

和海洋成人教育，培养海洋专业技术和管理人才，逐步造就一支高素质的海洋科技队伍。[①]

第四，加强海洋科学重点实验室建设，以集中学科优势、跟踪和跨越国际前沿学科，扩大中国在世界海洋科学领域的影响，提高国家的地位。通过国家重点基础研究计划项目等重大项目，在联合攻关、团结协作等方面进一步总结、提高。建立一支海洋应用科学和适用技术研究的队伍，从而加强近海海洋动力学研究，海洋生态科学研究，海洋环境科学研究，特殊海洋区域综合研究，海洋工程科学、海洋管理科学、海洋经济科学和海洋法学研究。

第五，应当发展海洋高新技术，推动海洋高新技术产业发展。政府应当投入充分的科研资金，大力发展海洋观测技术、海洋生态恢复技术、海底调查技术、海洋测绘技术、海洋遥感技术、海洋捕捞技术、海水养殖技术、海洋油气开发技术、深海矿物开发技术、海水利用技术、海水淡化技术、海洋能利用技术、海洋土木工程技术等。唯有海洋高新技术的不断发展才能加速科技体制改革，才能进一步适应社会主义市场经济发展的需要。

在新品种引进过程中采取有效措施，避免盲目引进、重复引进、监管不严、检疫不严的现象发生，加强对生物技术产品，如转基因生物、多倍体生物的管理和监督，尽量防止和避免这些产品的逃逸对当地生态环境可能带来的危害作用，把发展海洋旅游、生态旅游作为发展海洋经济的一个重要方面，学习澳大利亚开发海洋旅游、生态旅游的经验加强海洋旅游的宣传和鼓动工作吸引游客，为沿海经济的发展多辟途径。[②]

[①] 赵清华、崔爱林：《澳大利亚海洋经济可持续性发展战略及其启示》，载《商场现代化》2008年第5期，第1页。
[②] 董昭和等：《澳大利亚海洋生物技术的研究开发和管理》，载《海洋科学》2001年第4期，第21—24页。

第四节　树立负责任大国的良好形象

《联合国海洋法公约》所建立的海洋法律制度首次对国家海洋权益进行了系统、全面和明确的规定，为沿海国开发利用海洋、有效管理海洋提供了机遇。然而，沿海国尤其是毗邻闭海或半闭海的沿海国在主张海洋权益时往往与相邻国家的主张重叠，从而产生系列的海洋权益争端，一些沿海国家围绕岛屿归属、大陆架划界和管辖海域等问题展开的斗争愈演愈烈，有些甚至有演变成为局部战争或潜在武装冲突的危险。

一、坚持和平解决海洋争端的基本原则

虽然《联合国海洋法公约》是世界各国妥协和让步的产物，但是其仍然无法满足所有国家和地区的特殊需要和利益。在较小地理区域内，各国之间只有通过多边协商才能制定出更加符合各国或各地区实际需要和利益的方案。中国应积极参与海洋领域的国际合作事务，推动国际和地区性海洋事务的合作与交流，为促进全球海洋事业的发展作出努力。倡导在争议海域的共同开发，通过和平谈判与友好协商推动与周边海上邻国逐步解决岛屿主权争端和海域划界问题。

尽管在制订《联合国海洋法公约》时各国已注意到海洋区域的重新划定会引起系列的海域争端及资源纠纷等问题，为此还规定了二十余条有关海洋划界的规则，如规定了领海、毗连区、专属经济区等的宽度测量尺度，指出了划界时应采用的原则、标准和方法。但是，作为各国妥协的产物，《公约》的许多规定比较笼统和含糊，

依此种含糊规定划分各国间的海洋界线难免出现争端,而海洋边界划分方面的分歧往往会引起国家间的矛盾和冲突。多年来,国际上发生的土耳其与希腊、罗马尼亚与乌克兰、日本与韩国、也门与厄立特、尼日利亚与喀麦隆的岛礁主权争议,以及挪威与冰岛、加拿大和美国、日本和俄国、法国和西班牙、欧盟与加拿大等国之间的渔业纠纷都是典型的例证。[①]

澳大利亚在处理其与邻国的海域划界方面留下了许多值得借鉴的宝贵经验。《澳、印共同开发条约》作为迄今为止最为完善和全面的争议海域共同开发的法律文件,创建了一系列具体的有关共同开发活动的操作规则,第一次创造性地建立了一个由三个区域构成的合作区,一方面澳、印两国均搁置了其极端的边界主张,另一方面两国的利益和主张都得到了一定程度的反映,这样既照顾了各自的主权和管辖要求,又缓和了矛盾,取而代之的是长期的合作和双方的得益。实际上,由于共同开发涉及的是两个国家,而且其中包含的事项复杂,通常仅从两国协商至协议达成就需要一段漫长的时间,从协议的订立到最终顺利的实施必然也是漫长的,这并不能说明共同开发制度本身不合理,只能说这项制度还需要进一步的研究以便完善,当然更需要相关各国更深入地认识到合作对于全人类的重要意义。

大陆架及专属经济区制度产生以来,相邻或相向沿海国的海域划界特别是其彼此的专属经济区与大陆架应统一还是分别划界的问题日益凸显。澳大利亚与印尼、巴布亚新几内亚的划界案成为澳大利亚成功解决邻国争端的典型实例,这对于中国海洋权益争端的解决,尤其是对解决中日东海海域划界纠纷颇具借鉴意义。专属经济区与大陆架应统一还是分别划界,目前并无统一的国际法规则。由

---

① 常明霞:《论海洋油气资源的共同开发在国际法中的法律基础》,北京:中国政法大学,2005年学位论文。

于大陆架主要涉及海床和底土，而专属经济区则以水域为主，两者考虑的相关情况有可能不同，因此公平解决划界问题并不要求专属经济区和大陆架的划界线总是相一致的，当事国可以在全面考虑有关因素的基础上，通过协议或裁决选择采用就专属经济区和大陆架统一或分别划界的方法来解决问题。[①] 总体上，中国应高度重视所面临的海洋权益争端形势，力争通过公平协商的和平方式解决划界争端，同时还要深入开展海洋划界研究，重视自然分界线的法律地位，考证大陆架和专属经济区分别划界的方法，注重把握争端解决的主动权。

二、妥善解决与周边邻国的海洋权益矛盾

《联合国海洋法公约》的生效，一方面确认了中国38万平方千米的"蓝色国土"，使中国可以主张300万平方千米的管辖海域，跻身于海洋大国的行列；另一方面，激化了中国与海上邻国的海洋权益之争，使中国面临着更加严峻的形势和更加激烈的挑战。中国对《联合国海洋法公约》的接受和批准经历了一个艰难的抉择过程，这与中国不利的海洋地理和政治环境密不可分。根据《联合国海洋法公约》第122条的规定，中国属于半闭海沿海国，而与中国隔海相邻的周边国家有8个，由北向南与朝鲜、韩国、日本、菲律宾、马来西亚、文莱、印度尼西亚和越南等国家为邻，而且这些国家均已宣布建立本国的专属经济区和大陆架制度。加之自然地理的海域狭窄和历史与现实的原因，处于半闭海包围中的中国与海上邻国之间在海域划界、岛屿归属和资源权益等方面均存在矛盾，这些矛盾使

---

① 李毅：《论澳巴海洋边界划分方法之特色及其对中日东海海域划界之借鉴意义》，载《东北亚论坛》2005年第3期，第30—34页。

中国海洋权益面临着严峻的挑战。[①] 中国维护海洋权益的任务更加繁重且更为艰巨。

毗邻中国东部和南部的四大海域，除渤海是中国内海、不存在主权争议外，其他三个海域都有着不同程度的海洋划界争端。在东海和南海中国所主张的主权管辖范围与相邻国家主张的管辖范围存在交错和重叠，加之钓鱼岛及南沙群岛的许多岛屿的领土归属争端，使得海洋划界问题变得更加错综复杂。在海洋划界问题上中国始终坚持公平原则的标准，有关争议国家多主张中间线原则标准，在此问题上当事国彼此都不会主动让步或轻易放弃权利，因而争端在短期内难以得到解决，这些问题在《联合国海洋法公约》生效后被进一步激化。

在黄海，中、朝、韩各方的划界主张存在重叠，中国与朝鲜是相邻共架国，与韩国是相向共架国，因此中国需要同朝鲜划分领海边界、专属经济区边界和大陆架边界，同韩国划分专属经济区边界和大陆架边界。东海的海洋权益争端主要是中日之间东海海域的大陆架和专属经济区划界、钓鱼岛及其附属岛屿的主权归属以及东海海底油气资源之争。另外，东海北部也涉及到韩国的专属经济区、大陆架权利主张，位于中、韩两国专属经济区重叠区域内的"苏岩礁"问题也颇受海内外关注。南海问题主要体现在三个方面，即岛礁争议、海域划界和资源争夺，南沙群岛岛礁及其周围海域所拥有的实际和潜在资源是引发南海部分海域及部分岛礁争端的重要诱因。南海问题牵涉六国七方，即中国、越南、菲律宾、马来西亚、印度尼西亚、文莱和中国台湾，其中，中、越两国已于2000年完成了北部湾的海域划界，这是中国海洋划界的第一步，也为本地区协商解决海洋划界争端树立了典范。

[①] 薛桂芳：《〈联合国海洋法公约〉体制下维护我国海洋权益的对策建议》，载《中国海洋大学学报（社会科学版）》2005年第6期，第18—21页。

周边国家以其单方面的主张对相关海域实施实际管辖，强行干扰中国科考、调查、巡航等正常的海上作业，造成冲突不断的局面，使得中国在与邻国海域划界纠纷中处于被动不利的态势。2013年1月，菲律宾单方面启动了与中国关于南海争端的强制仲裁程序，依据《联合国海洋法公约》组建的仲裁庭经过三年多的审理，基本上支持了菲律宾的各项仲裁主张，我国虽然坚持了不接受、不参与、不承认、不执行的"四不"立场，但仲裁结果对中国南海的权益主张的影响是存在的，中国需要高度重视并全面应对随之而来的更严峻的海洋权益危机形势，采用多种途径和方略维护海洋权益，包括：寓维权于开发和建设之中；外交谈判与政治协商；必要时可考虑通过国际司法解决争端的策略。

面对这样的海洋权益形势，要实现维护国家海洋权益的目标，中国就必须对以《联合国海洋法公约》为核心的系列国际海洋法规则了然于胸，因为只有弄清楚国际法赋予了中国哪些海洋权益，才能有针对性地去捍卫这些权益，并在符合国际法规则的情况下尝试将这些权益实现固化下来。因此，中国应当重视深化对国际法权益规则的理解，尤其需要厘清《联合国海洋法公约》所涉及到的重要术语的概念，注重分析这些概念背后所包含的法律权限和实现路径，这不仅是捍卫国家海洋主权、解决国家海洋争端的需要，也是增强中国在国际涉海交流活动中的话语权的重要基础。

三、了解周边海上邻国的海洋战略与政策

中国要与世界各国相互来往，就需要深入了解外部的世界，中国要建设海洋强国，既要了解世界大国对中国走向海洋强国的态度，

也要知晓周边邻国的思虑。① 图道罗夫（Tzvetan Todorov）在分析西班牙冒险家柯特斯（Hernando Cortes）如何以三百勇士征服墨西哥数千万之众之后说："这惊人的成功的关键在于西方文明的一个特点……那就是欧洲人了解别人的能力"，也就是这一能力使得"西欧三百五十年来同化别人，消除外在别国的企图，基本上得以成功"。② 只有了解周边海上邻国的海洋战略与政策，中国才能取长补短、因地制宜更好地制定和发展海洋强国战略，例如，通过对澳大利亚以及其他国家海洋安全战略做出及时、恰当的评估，不仅有利于维护中国的海洋权益，还有利于中国21世纪海上丝绸之路的建设及帮助推动海洋强国建设。

以大陆架划界为例，大陆架的外部界限是沿海国有主权管辖权利海域的最外边界，因此外大陆架划界是沿海国的重大机遇。一方面大陆架外部界限是与国际海底区域之间的边界，沿海国对大陆架的扩张意味着人类共同继承财产的减少；另一方面，沿海国对大陆架的过度扩张，将直接影响到邻国的大陆架和其他国家在国际海底区域的权益。从对澳大利亚外大陆架划界案的分析来看，为了加快大陆架外部界限划界争端解决的进程，中国应当对包括中国、日本、韩国和朝鲜等在内的世界所有沿海国的领海基点和基线，尤其是直线基线，进行统一的研究和分析，特别应重视对日本领海基点和基线的研究以及确定中国台湾周围的领海基点。③ 美国划界专家史密斯教授认为，就日本大多数的直线基线线段而言，其所包围的海域与陆地没有紧密的关系，却相当大地反映了公海或领海的特征，这个违反国际法的问题在日本东南部表现突出，日本不适当的和过分长

---

① 刘新华：《澳大利亚海洋安全战略研究》，载《国际安全研究》2015年第2期，第119—138页。

② [美]麦尼尔：《竞逐富强：西方军事的现代化历程》，倪大昕、杨润殷译，上海：学林出版社，1996年版。

③ 李令华：《关于领海基点和基线的确定问题》，载《中国海洋大学学报（社会科学版）》2007年第3期，第14—18页。

度的直线基线必然导致其在西北太平洋的外大陆架界限范围向外扩展，进而会影响全人类乃至中国的利益。[①] 为此，中国应积极研究大陆架相关制度，积极应对对方的挑战以维护中国的合法海洋权益。

同时，中国也需要认识到，用相同的标准确定基点和基线是遏制有关国家非法扩展其外大陆架区域的一种必然方式。只有基点和基线确定好了，划出的界线才能够准确，外大陆架范围确定的划界工作才能顺利进行。虽然《联合国海洋法公约》掀起了新一轮的"海洋圈地运动"，并且提供了指导沿海国进行海洋划界的一般原则，但是，海域划界是相邻和相向国家间的事，《联合国海洋法公约》并没有也不可能给沿海国的海洋划界问题提出时间表。谈到与邻国的海洋划界，正如澳大利亚著名的海洋政治地理学家维克多·普莱斯克特（Victor Prescott）教授认为，这并不是一个迫在眉睫的问题，中国没有必要急于求成，否则就有可能付出过分让步的代价。比如印度尼西亚就认为他们在20世纪70年代与澳大利亚进行的海洋划界中受到了损失，如果推迟二十年进行，他们就不会付出这样高的代价。[②] 因此，中国应始终秉承通过公平地谈判协商的方式来妥善解决与邻国间的海洋争端，戒骄戒躁，踏实做好与海域划界相关的准备工作，提升海洋综合实力的同时逐渐扩大中国在国际上的话语权。

四、综合运用法律与科学技术手段

现代海洋法和海洋事务的一个重要特点是经常将法律之争与地质地貌紧密联系在一起，因为海洋勘探资料已成为主张国家海洋权

[①] 由于来自国际上的批评，菲律宾政府在1988年10月和越南政府在1994年都曾有过依据《公约》条款的精神修改本国邻海基点、基线和主权水域的意念。参见：《海洋开发与国际法》英文杂志2000年第1期，第35页。

[②] 贾宇：《访华教授一席谈——维克多·普莱斯克特教授访华讲学散记》，载《海洋开发与管理》1999年第3期，第49—50页。

益、进行海洋划界的基础，国际法律赋予的权利只有在掌握了充分勘探资料的基础上才能变成实实在在的利益，否则只能沦为空谈。[①]澳大利亚划界提案中主要涉及到大陆坡基部、大陆坡脚的确定、地质连续性、洋脊性质界定和桥式连接问题、与南极条约的关系问题等等一系列的问题，所以划界提案的完成不仅仅是科学技术方面的问题，还存在法理方面的问题。因此，大陆架外部界限提案的制定及其界限的划定是对各沿海国家科学技术能力和法律运用能力的极大挑战。

中国应充分发挥和利用国际法赋予的海洋权益，对外大陆架的申请应予以高度重视，在法理和案例研究的基础上加强对中国海域和相邻地区的洋脊问题进行研究，确定中国和周边国家海洋的洋脊性质、应用条件、潜在外大陆架的范围和距离，提出应对的原则和建议，避免因情况不明给中国海洋划界工作造成被动和损失。例如《联合国海洋法公约》第76条涉及到"深洋洋脊"、"海底洋脊"和"海底高地"三个术语，三者有着不同的法律地位和权限。第一，根据《联合国海洋法公约》76条第3款的规定，深洋洋脊不是大陆边的构成部分，也不是法律意义上的大陆架的一部分，其大陆架外部界限限定在200海里，沿海国不能选择位于深洋洋脊上的定点来进行200海里以外大陆架外部界限的划界。第二，为了对少数位于海底洋脊上的国家加以限制，如冰岛，《联合国海洋法公约》第76条第6款规定，海底洋脊上的外部界限不应超过从测算领海宽度的基线量起350海里。第三，海底高地属于大陆边自然构成部分，不应超过从测算领海宽度的基线量起350海里，或不应超过连接2500米深度各点的等深线100海里。而作为大陆边自然构成部分的海台、海隆、海峰、暗滩和坡尖等海底高地，不是此处所谓的"海底洋

[①] 吴洁：《国际海洋与海洋专属经济区权益维护研究》，载《地域研究与开发》2007年第1期，第54—57页。

脊"。

只有厘清以上三个重要概念之后,才能解析其各自背后所代表的法律地位和权限,也才能在大陆架划界过程中按照距离限制选择定点,使得位于海底高地之上的大陆架外部界限有可能延伸到从领海基线量起350海里以外,因此沿海国都极力主张将所有与大陆边缘有关的洋脊作为海底高地处理,利用2500米+100海里制约线扩展大陆架,这意味着属于全人类共同所有的国际海底区域将进一步缩小。[1]

涉及洋脊问题的外大陆架划界案可能会因为洋脊属性问题而就采用何种公式线和制约线引起争议。澳大利亚划界申请的一个突出特点是外部界限的划定涉及大量的"海底高地",如凯尔盖朗深海高原部分的洋脊性质界定。澳大利亚代表团团长坎贝尔先生在最后陈述的时候就地质连续性概念强调了《联合国海洋法公约》第76条第6款的解释和适用问题,这也是代表团与小组委员会互动时出现的问题。[2] 在小组委员会审议澳大利亚划界申请的过程中,对"海底高地"性质的认定就是一个棘手的核心问题。

中国应加大在海洋科学技术研究方面的经费投入,支持海洋科学家不断开发新型高尖端设备,在海洋地质、资源勘探、海洋生物等多方面开展科学研究和探测;同时还要鼓励各大高校、研究机构和学者积极致力于国际海洋法问题研究,更多地去探寻大陆坡、洋脊、海底高地等专业术语背后所代表的法律地位和权限问题,增强在海洋权益争端解决中的法理依据。

根据东海和南海地区的地质与地貌特征,中国运用200海里以外大陆架自然延伸理论和洋脊规则寻求外大陆架区域是困难的。但

---

[1] 薛桂芳、王冠钰:《澳大利亚外大陆架划界初探》,载《中国海洋大学学报(社会科学版)》2009年第6期,第23—26页。
[2] 大陆架界限委员会第十九届会议:《大陆架界限委员会主席关于委员会工作进展情况的说明》。

是，了解与认识以上理论和规则在西北太平洋划界中的意义是十分必要的，可以运用这些理论和规则来预防甚至遏制某些邻国侵占本来属于国际海底区域或中国的大陆架区域。

各国均将与本国陆地领土的延伸关系作为主张大陆架权利的依据，而不是以其他海域划界中所考虑的距离因素为依据，这就极大地加强了自然延伸原则在大陆架划界中的地位。尽管国家对于自然延伸因素在大陆架划界中的地位仍有争议，但至少那些明显的海底地质特征已成为划界中不得不考虑的因素。1971年澳大利亚和印度尼西亚关于帝汶海槽和阿弗拉海大陆架划界协议就是最好的印证，即在考虑了帝汶海槽的存在后没以等距离线划界而以一条协议线划界，而且也被其后的国际法院裁判所证明。

在中日东海划界问题上，中国基于大陆架是陆地领土的自然延伸的事实，即大陆架的法律基础，主张中国东海大陆架界限至于冲绳海槽，该海槽应为中日大陆架的自然分界线；而日本主张，冲绳海槽只是偶然的凹陷，且海槽周边包括凹陷处的隆起和凹陷部分的成分相同，其不应成为中日东海大陆架的自然分界线，中日为共大陆架。故今后中国的主要任务应从地理地质结构等方面，借鉴澳大利亚与印度尼西亚关于帝汶海槽的划界，论证和说明该海槽的成分和结构与附近的大陆架不同，中日在东海属非共大陆架，确立冲绳海槽在划界中的作用，以支撑中国的大陆架延伸至冲绳海槽的主张。[1]

为了使中日大陆架划界的结果有利于中方，中国的勘测工作有一些必须达到的目标，比如，更加确凿地证实冲绳海槽东西两侧的海底区域不属于同一大陆的自然延伸。20世纪90年代以来，中国开展了大陆架及邻近海域勘查与资源评价、油气资源调查以及其他海洋地质地球物理调查，取得了一系列的成果，但还不能完全满足要

---

[1] 金永明：《论东海问题与共同开发》，载《社会科学》2007年第6期，第45—53页。

求。中方目前对专属经济区和大陆架的勘测范围不到一半,大多数海域尚未进行勘测。[①] 况且与中国一样,日本的勘测工作也在进行之中,其在技术与设备上的优势十分明显,所以中国只有加倍努力,掌握丰富的海洋勘探资料,才能使自己在未来的谈判中更有底气。

五、深入开展海域划界相关问题研究

《联合国海洋法公约》附件二第4条规定,按照《公约》第76条划定其200海里以外大陆架外部界限的沿海国应将这种界限的详情连同支持这种界限的科学和技术资料尽早提交大陆架界限委员会,而且无论如何应于本《公约》对该国生效的十年后提出。但《公约》第76条第4—6款关于确定大陆架外界的技术规则非常复杂,实施难度大,很多发展中国家难以在十年内完成相关信息资料的准备和划界案的提交工作。因此,2001年5月召开的《联合国海洋法公约》第十一次缔约国大会通过决议,将十年期限的起始时间定为1999年5月13日,这一天,委员会发表了《大陆架界限委员会科学和技术准则》使沿海国在确定其外大陆架外界时有章可循。这个决议意味着1999年5月13日之前批准或加入《联合国海洋法公约》的国家,最迟应在2009年5月13日之前完成外大陆架划界案的有关法律和程序工作。尽管有了上述决议,但发展中国家要想在规定的期限内提交大陆架外部界限划界案依然很困难。为此,2008年《联合国海洋法公约》缔约国第十八次会议上通过了再次延长申请期限的决议,即缔约国只要在2009年5月13日前先提交一份有关200海里以外大陆架外部界限的"初步信息",就被认为是满足了《联合国海洋法公约》规定的期限。

为履行《联合国海洋法公约》规定的义务和缔约国大会通过的

---

① 李涛:《论大陆架划界的法律制度》,武汉:武汉大学,2005年学位论文。

决议，中国政府于2009年5月12日向联合国秘书长递交了《中华人民共和国关于确定二百海里以外大陆架外部界限的初步信息》（以下简称《初步信息》），该《初步信息》载明："中国正在进行提交二百海里以外大陆架划界案的准备工作。中国开展了相关海域所需数据的采集和处理，正在根据《公约》第76条的要求以及《大陆架界限委员会议事规则》和《大陆架界限委员会科学和技术准则》编制划界案，并进行相关评估工作"；① "在上述工作完成后，中国将在适当时候提交全部或部分200海里以外大陆架外部界限的划界案"（共17页，包括12条、4个附图和8个附表），② 内容涉及中国东海部分海域200海里以外大陆架外部界限。《初步信息》指出，中国利用全球水深数据和中国实测水深资料，编制了东海大陆架及其周边海域的海底地形图，以中国政府公布的领海基点"两兄弟屿"、"渔山列岛"和"台州列岛"为测量起点选取海底地形剖面；同时指出，中国在东海的大陆架自然延伸超过200海里，而且依据从大陆坡脚量起60海里确定的外部界限线点没有超过从测算领海基线宽度的基线量起350海里。对于中国在其他海域的立场和态度，外交部发言人强调指出，中国对南海诸岛及其附近海域拥有无可争辩的主权、主权权利和管辖权；中国政府还将继续根据一贯主张和立场维护海洋权益，同时坚持与海上邻国在国际法基础上，按照公平原则，通过和平谈判进行海洋划界。③

提交划界申请工作过程中遇到的问题有以下两个方面：第一，主权划界纠纷尚未解决，同海上邻国间的海域划界存在诸多争议。对于周边国家不顾中国领土主权，提交违反国际法规定的大陆架外部界限划界申请案，中国坚决反对。外交部就越南向大陆架界限委

---

① 资料来源：《中华人民共和国东海部分海域二百海里以外大陆架外部界限划界案》。
② 资料来源：http：//www.un.org/depts/los/clcs_new/submissions_files/preliminary/chn2009 preliminaryinformation_chinese.pdf。
③ 金永明：《论中国海洋安全与海洋法制》，载《东方法学》2010年第3期，第33—43页。

员会单独提交南海"外大陆架划界案"表示,越方提交的所谓"外大陆架划界案"严重侵犯了中国的主权、主权权利和管辖权,是非法的、无效的。[1] 无独有偶,2009年2月17日菲律宾国会通过其本国的领海基线法案,该法案将中国的黄岩岛和南沙群岛部分岛礁划为菲律宾领土。第二,大陆架勘查工作进展缓慢。1958年中国开始海洋区域地质调查,在随后的几十年中,又相继开展了许多有关大陆架资源的勘测和调查,取得一系列成果。但要获得准确的勘测资料并非易事,因为大陆架勘测对技术和设备而言都是挑战,技术难度大,经费投入大,国际争议大。[2]

2012年12月14日,中国常驻联合国代表团代表中国政府向联合国秘书处提交了东海部分海域200海里以外大陆架外部界限划界案。该划界案指出,地貌与地质特征表明东海大陆架是中国陆地领土的自然延伸,冲绳海槽是具有显著隔断特点的重要地理单元,是中国东海大陆架延伸的终止,中国东海大陆架宽度从测算中国领海宽度的基线量起超过200海里。划界案同时明确,提交该划界案不影响中国政府以后在东海或其他海域提交其他外大陆架划界案。[3]

进行海域划界有利于相关国家明确各自管辖海域,加强对其管辖海域内各类活动的监控和管理,减少不必要的矛盾和冲突。中国与邻国之间存在着复杂的海上划界任务,目前仅与越南进行了北部湾的海域划界,应该继续加强对海上划界有关问题的调查与研究,为将来的海域划界谈判做好各方面的准备。在海域划界问题上,应坚持在公认的国际法、包括《联合国海洋法公约》在内的现代海洋法的原则和制度基础上,通过和平谈判、友好协商,公平合理地解

---

[1] "外交部就我国提交200海里外大陆架初步信息答问",载腾讯网,http://news.qq.com/a/20090512/000062.htm,2009年5月12日,查询时间:2016-1-2。

[2] 资料来源:《延伸大陆架中国不能掉队》,来自松滋新闻网,http://www.szxwcm.com/xinsongzi/shwx/200811/4137.html,查询时间:2016-1-12。

[3] 资料来源:《中国政府提交东海部分海域外大陆架外部界限划界案》。

决争端。一时解决不了的，应继续推进海域的共同开发，作为过渡性措施或临时安排。

关于专属经济区与大陆架的关系问题，日本认为，200海里以内的大陆架制度已归入专属经济区制度，可用专属经济区制度阐释200海里内的大陆架制度。诚然，在200海里内专属经济区与大陆架存在重叠现象，且专属经济区制度远丰富于大陆架制度，但不可否认的是从法律依据、内容和效果等规定的不同可以看出，上述两制度为平行而独立的制度，不存在主次之分，而且在第三次联合国海洋法会议上有国家提出将200海里以内的大陆架纳入专属经济区制度的提案，但遭到了否定。[1] 实际上，在相邻或相向国家间存在专属经济区和大陆架划界争议时，根据《联合国海洋法公约》的规定，相关国家没有统一划分界限的义务，可根据不同的制度划分不同的界限。同时，在划分界限时，大陆架与专属经济区划界需考虑的要素与作用也不相同。

考虑到中日间关于东海问题的争议主要集中在海底资源的归属和开发上，因此，双方应使用大陆架制度对大陆架进行划界。采用大陆架与专属经济区分别划界的方法，主要理由为：第一，《联合国海洋法公约》的法律依据。例如，《联合国海洋法公约》第56条第3款规定，关于沿海国对专属经济区内海床和底土的权利应按照大陆架制度的规定行使。可见，对于海床和底土的权利，大陆架制度优先于专属经济区制度。[2] 第二，中日间已经于1997年建立关于渔业资源的协定，划分专属经济区现已没有充分的现实必要性。该协定对各方所属的海域与共同海域均规定了相应的权利与义务，包括合作的义务，故在东海划分专属经济区、确定其界限已没有现实的必要性。[3]

---

[1] 姚莹：《解决中日东海争端的司法路径探析》，载《当代法学》2011年第3期，第24—35页。
[2] 金永明：《专属经济区与大陆架制度比较研究》，载《社会科学》2008年第3期，第123—131页。
[3] 金永明：《论东海问题与共同开发》，载《社会科学》2007年第6期，第45—53页。

结　　语

21世纪是海洋的世纪，当陆地资源与空间被开发殆尽时，世界各国纷纷将目光转向富有丰富资源的海洋空间，海洋成为新的利益争夺的"战场"。《联合国海洋法公约》的生效，为世界各国及国际组织开发利用海洋的系列活动提供了法律规制与保障，它不仅打破了传统的海洋利益格局，建立了国际海洋新秩序，还使得沿海国家的海洋管辖权范围逐渐扩大。一方面，人们对海洋的重视使各国纷纷实施海洋综合管理以实现海洋生态资源的可持续利用；另一方面，各个国家开始围绕《联合国海洋法公约》赋予的权利与义务进行"蓝色国土"争夺战，主权纠纷引起潜在的海域边界争端矛盾表面化。

澳大利亚依托地缘优势，很早就开始开发与利用海洋资源，其充分抓住《联合国海洋法公约》生效这一契机，大力发展国家海洋事业，成为南太平洋上的海洋强国和世界不容忽视的蓝色生力军。澳大利亚全面履行《联合国海洋法公约》赋予的权利与义务，在海洋政策与立法实践、海域划界争端处理实践和大陆架外部界限划界实践等方面进行了一系列卓有成效的实践，为世界各国的海洋管理与实践提供了宝贵的经验借鉴。

2008年联合国海洋法大会的秘书长报告就指出，世界各国既应该一起分享海洋带来的利益，也必须共同承担和维护海洋和平稳定的责任，一同应对海洋安全所面临的威胁和挑战。澳大利亚政府认为，其周边的海洋环境对其国家未来的繁荣和稳定至关重要，因此，在维护海洋安全和稳定的过程中，国际和地区合作是必不可少的。澳大利亚政府认为，开拓海洋的经济和战略潜力是付出较少代价即可获得巨大利益的重要途径，这种利益尤其会表现在政治上，因此，不应该固守着过去那种岛国心态，把海洋仅仅看成是将其与其他大国隔开的护城河，相反，应把海洋看成是连接澳大利亚与世界的桥梁。澳大利亚以一个充满自信的海洋国家的身份，积极地参与海洋管理和全面处理海洋问题的地区合作事务，并且坚信能够把握海洋的命运。

展望中国的海洋强国建设之路，任重而道远。中国是海洋地理不利国，海洋事业仍处于发展初期，海洋综合管理尚未完善，与周边国家的海洋权益争端、资源争端及海域划界形势复杂，甚至大陆架外部界限的划界亦不容乐观。在海洋权益维护、资源开发、构建海上防御体系方面，也面临着诸多现实和长远的挑战。因此，中国应立足国情，正确判断面临的海上威胁，借鉴澳大利亚海洋战略发展中的成功经验，在《联合国海洋法公约》的框架下积极维护中国的合法权益，提升海洋综合实力，拓展海上防御体系，推动国家海洋战略的实现，全面推进海洋事业的新发展。

附件：澳大利亚政府的公开文件和智库

一、政府公开文件

1. 澳大利亚《国防白皮书》（Defence White Paper, Department of Defence）系列由澳大利亚国防部出版，详细地阐述了澳大利亚的国防安全战略及国防政策。

（1）"Defence White Paper 2016", Department of Defense, 25 February 2016, http://apo.org.au/files/Resource/2016 - defence - white - paper.pdf

（2）"Defence White Paper 2013", Department of Defense, 3 May 2013, http://apo.org.au/files/Resource/departmentofdefence_ defencewhitepaper2013_ may2013.pdf

（3）"Defence White Paper 2009", Department of Defense, 2 May 2009, http://www.defence.gov.au/whitepaper/2009/docs/defence_ white_ paper_ 2009.pdf

（4）"Defence White Paper 2000", Department of Defense, May 2000, http://www.defence.gov.au/publications/wpaper2000.pdf

（5）"Defence White Paper 1994", Department of Defense, November 1994, http://www.defence.gov.au/Publications/wpaper1994.

pdf

2.《澳大利亚的国家安全：国防政策更新解释》（Australia's National Security：A Defence Update，Department of Defence）系列由澳大利亚国防部出版，对历次出版的国防白皮书作出更新解释。

（1）"Australia's National Security：A Defence Update 2007"，Department of Defence，July 2007，http：//www.defesa.gov.br/projetosweb/livrobranco/arquivos/pdf/Australia%202007.pdf

（2）"Australia's National Security：A Defence Update 2005"，Department of Defence，December 2005，http：//www.defesa.gov.br/projetosweb/livrobranco/arquivos/pdf/Australia%202005.pdf

（3）"Australia's National Security：A Defence Update 2003"，Department of Defence，February 2003，http：//aseanregionalforum.asean.org/files/library/ARF%20Defense%20White%20Papers/Australia-2003.pdf

3. 澳大利亚《年度防务报告》（Defence Annual Reports，Department of Defence）系列由澳大利亚国防部出版，对澳大利亚防务的状况进行年度评析，自1997—1998年度出版第一期以来，目前已出版至2013—2014年度，共17期，详见http：//www.defence.gov.au/AnnualReports/。

（1）"Defence Annual Reports 2013 – 2014"，Vol.1，Department of Defense，October 2014，http：//www.defence.gov.au/annualreports/13 – 14/DAR_1314_V1.pdf

（2）"Defence Annual Reports 2013 – 2014"，Vol.2，Department of Defense，September 2014，http：//www.defence.gov.au/annualreports/13 – 14/DAR_ 1314_ V2.pdf

（3）"Defence Annual Reports 2012 – 2013"，Department of Defense，October 2013，http：//www.defence.gov.au/AnnualReports/12 – 13/pdf.asp

4. 澳大利亚《国防能力计划》(Defence Capability Plan, Department of Defense) 由澳大利亚国防部出版，是一份重要的国家安全文件，一般是每两年出版一次，其内容是对最新版的《国防白皮书》中相关国家战略和国防需要的反映，为国防工业的发展提供指导。

（1）"Defence Capability Plan 2006 – 2016", Department of Defense, http://www.defence.gov.au/dmo/id/dcp/DCP_2006_16.pdf

（2）"Defence Capability Plan 2012", Department of Defense, http://www.defence.gov.au/publications/docs/CapabilityPlan2012.pdf

（3）"Defence Capability Plan 2009", Department of Defense, http://www.defence.gov.au/publications/docs/DCP_2009.pdf

5. 澳大利亚外交贸易部《年度报告》(Annual Report, Department of Foreign Affairs and Trade) 由澳大利亚外交贸易部出版，对澳大利亚每年的贸易状况进行详细的分析，自1997—1998年出版第一期至2014—2015年共18期，详见澳大利亚外交贸易部的官网，http://dfat.gov.au/about-us/publications/corporate/annual-reports/Pages/annual-reports.aspx。

（1）"Department of Foreign Affairs and Trade Annual Report 2014 – 15", Department of Foreign Affairs and Trade, October 2015, http://dfat.gov.au/about-us/publications/corporate/annual-reports/Pages/department-of-foreign-affairs-and-trade-annual-report-2014-2015.aspx

（2）"Department of Foreign Affairs and Trade Annual Report 2013 – 14", Department of Foreign Affairs and Trade, October 2014, http://dfat.gov.au/about-us/publications/corporate/annual-reports/Pages/department-of-foreign-affairs-and-trade-annual-report-2013-2014.aspx

（3）"Department of Foreign Affairs and Trade Annual Report 2012 – 13", Department of Foreign Affairs and Trade, October 2013, http://

dfat. gov. au/about – us/publications/corporate/annual – reports/annual – report – 2012 – 2013/index. html

二、澳大利亚主要涉海智库名录

1. 罗伊研究所（Lowy Institute）：http：//www. lowyinstitute. org/

2. 澳大利亚战略政策研究所（Australian Strategic Policy Institute）：https：//www. aspi. org. au/

3. 澳大利亚国立大学战略与防务研究中心（Australian National University：Strategic and Defence Studies Centre）：http：//sdsc. bellschool. anu. edu. au/

4. 科科达基金会（Kokoda Foundation）：http：//www. kokodafoundation. org/

5. 澳大利亚国际事务研究所（The Australian Institute of International Affairs）：http：//www. internationalaffairs. org. au/

6. 澳大利亚海军中心（The Sea Power Centre Australia）：http：//www. navy. gov. au/history/sea – power – centre

7. 伦敦国际战略研究所（The International Institute for Strategic Studies）：https：//www. iiss. org/

8. 斯德哥尔摩国际和平研究所（Stockholm International Peace Research Institute）：https：//www. sipri. org/

主要参考文献

一、中文专著

[1] 崔丕：《冷战时期美国对外政策史探微》，北京：中华书局，2002年版。

[2] 傅崐成：《海洋法专题研究》，厦门：厦门大学出版社，2004年版。

[3] 戈登·格林伍德：《澳大利亚政治社会史》，北京：商务印书馆，1960年版。

[4] 韩锋，刘樊德：《当代澳大利亚》，北京：世界知识出版社，2004年版。

[5] 惠特拉姆：《超越越南：澳大利亚的地区责任》，（澳）维多利亚费边社，1968年版。

[6] J. R. V. 普雷斯科特著：《海洋政治地理》王铁崖，邵津译，商务印书馆，1978年版。

[7] 联合国新闻部：《联合国海洋法公约评价》，北京：海洋出版社，1996年版。

[8] 李常磊：《澳大利亚文化博览》，上海：世界图书出版公司，2004年版。

[9] 李凡：《冷战后的美国和澳大利亚同盟关系》，北京：中国

社会科学出版社，2010年版。

［10］（美）阿尔弗雷德·塞耶·马汉：《海权论》，范利鸿译，中国言实出版社，1997年版。

［11］（美）斯皮克曼：《和平地理学》，刘愈之译，商务印书馆，1965年版。

［12］（美）麦尼尔：《竞逐富强：西方军事的现代化历程》，倪大昕、杨润殷译，上海：学林出版社1996年版。

［13］倪健中：《海洋中国》，北京：中国国际广播出版社，1997年版。

［14］沈永兴，张秋生，高国荣：《澳大利亚》，北京：社会科学文献出版社，2010年版。

［15］吴桢福：《澳大利亚历史1788—1942》，北京：北京出版社，1992年版。

［16］汪诗明：《20世纪澳大利亚外交史》，北京：北京大学出版社，2003年版。

［17］威廉森·莫里，马克·格里姆斯利：《论战略》，北京：世界知识出版社，2004年版。

［18］王诗成：《蓝色的挑战》，北京：海洋出版社，2004年版。

［19］薛桂芳，胡增祥：《海洋法理论与实践》，北京：海洋出版社，2009年第2版。

［20］（英）哈·麦金德：《历史的地理枢纽》，林尔蔚，陈江译，商务印书馆，1985年版。

［21］张秋生：《澳大利亚与亚洲关系史1940—1995》，北京：北京大学出版社，2002年版。

［22］张天：《澳洲史》，北京：社会科学文献出版社，1996年版。

［23］张炜主编：《国家海上安全》，北京：海潮出版社，2008年版。

[24] 张耀光著：《中国海洋政治地理学》，北京：科学出版社，2004年版。

[25] 郑寅达：《澳大利亚史》，上海：华东师范大学出版社，1991年版。

二、中文论文

（一）期刊论文

[1] 崔爱林、赵清华：《澳大利亚的海洋教育及其启示》，载《河北经济社会文化发展研究》2008年第2期。

[2] 陈飞、王灵舒：《综合性海岸带规划与管理探讨》，载于《规划师》2005年第11期。

[3] 陈复、王之佳：《澳大利亚城市污水海洋处置的借鉴》，载《环境科学研究》1994年第5期。

[4] 邓明艳：《国外世界遗产保护与旅游管理方法的启示——以澳大利亚大堡礁为例》，载《生态经济》2005年第12期。

[5] 杜群、廖建凯：《澳大利亚的能源法律制度及其借鉴》，载《时代法学》2009年第3期。

[6] 董昭和等：《澳大利亚海洋资源开发与环境保护研究》，载《海洋科学》2001年第4期。

[7] 方悟：《澳大利亚大堡礁海洋公园的管理体制》，载《海洋信息》1991年第2期。

[8] 鬼斧：《大洋洲畔大洋舟：2030年度的澳大利亚海军》，《舰载武器》2010年第10期。

[9] 甘振军、李家山：《简析澳大利亚海洋安全战略》，载《世界经济与政治论坛》2011年第4期。

[10] 高健军：《从国际法角度看中日东海划界争端——兼论日本主张的无理性》，载《环球法律评论》2006年第6期。

［11］黄恩浩：《澳洲区域海上安全战略与武力规划：一个中等国家的安全建构》，载《东亚研究》2009年第11期。

［12］海韬：《"五龙治海"不利中国海洋维权》，载《珠江水运》2010年第15期。

［13］何晓明：《澳大利亚海上石油天然气开发的安全监管》，载《国际石油经济》2005年第8期。

［14］荆公：《澳大利亚海洋产业发展战略》，载《海洋信息》1998年第6期。

［15］金永明：《论东海问题与共同开发》，载《社会科学》2007年第6期。

［16］金永明：《论中国海洋安全与海洋法制》，载《东方法学》2010年第3期。

［17］金永明：《专属经济区与大陆架制度比较研究》，载《社会科学》2008年第3期。

［18］贾宇：《访华教授一席谈——维克多·普莱斯克特教授访华讲学散记》，载《海洋开发与管理》1999年第3期。

［19］贾宇：《中国东海二百海里外大陆架法律问题初探》，载《中国海洋法学评论》2006年第1期。

［20］金秀梅：《澳大利亚抵御海上油类和其他有毒有害物质污染对策》，载《世界海运》2006年第2期。

［21］林千红：《试论海洋综合管理中的区域管理》，载《福建论坛》（人文社会科学版）2005年第7期。

［22］刘斌：《澳大利亚联邦海事国库管理制度》，载《世界海运》2006年第1期。

［23］李令华：《美国"海洋补助金计划"》，载《地球科学进展》1989年第6期。

［24］刘新华、秦仪：《略论澳大利亚的地缘战略地位和美澳军事同盟关系》，载《世界经济与政治论坛》2003年第3期。

[25] 李巧稚：《国外海洋政策发展趋势及对中国的启示》，载《海洋开发与管理》2008 年第 12 期。

[26] 李毅：《论澳巴海洋边界划分方法之特色及其对中日东海海域划界之借鉴意义》，载《东北亚论坛》2005 年第 3 期。

[27] 刘新华：《澳大利亚海洋安全战略研究》，载《国际安全研究》2015 年第 2 期。

[28] 罗自刚：《海洋公共管理中的政府行为：一种国际化视野》，载《中国软科学》2012 年第 7 期。

[29] 慕亚平、郑艳：《海洋法公约生效后的新形势和中国面临的问题与挑战》，载《法学评论》1999 年第 3 期。

[30] 马英杰、胡增祥、解新颖：《澳大利亚海洋综合规划与管理——情况介绍》，载《海洋开发与管理》2002 年第 1 期。

[31] 潘军：《一次卓有成效的国家实践——200 海里外大陆架法律制度下澳大利亚划界案的实证分析》，载《太平洋学报》2012 年第 8 期。

[32] 邱浩兴：《迈向现代化的澳大利亚海军》，载《现代军事》1997 年第 11 期。

[33] 舒克编译：《澳大利亚和新西兰海军主要发展方向》，载《亚太防务季刊》2010 年第 1 期。

[34] 苏培荣编译：《今日澳大利亚海军》，载《当代海军》2001 年第 9 期。

[35] 宋增华：《海权的发展趋势及中国海权发展战略构想》，载《中国软科学》2009 年第 7 期。

[36] 谭征：《解读"海洋圣经"》，载《百科知识》2005 年第 18 期。

[37] 谭正平、吴治文：《从舰船中队迈向"增强舰队"——全景扫描澳大利亚皇家海军之三》，载《当代海军》2008 年第 5 期。

[38] 谭正平：《打造走向蓝水的两洋舰队——全面扫描澳大利

亚皇家海军之一》，载《当代海军》2008年第3期。

[39] 王传剑：《澳大利亚与东亚合作：政策演进及发展趋势》，载《世界经济与政治论坛》2007年第1期。

[40] 王杰、陈卓：《中国海上执法力量资源整合研究》，载《中国软科学》2014年第6期。

[41] 王钱柱：《寻求体系转型中的战略增长点：澳大利亚的印度洋政策前瞻》，载《国际展望》2013年第2期。

[42] 王禹、赵勇：《澳大利亚新建海啸预警系统》，载《防灾博览》2005年第6期。

[43] 王秀英：《中日东海大陆架划界中的若干关键问题》，载《东北亚论坛》2007年第6期。

[44] 吴洁：《国际海洋与海洋专属经济区权益维护研究》，载《地域研究与开发》2007年第1期。

[45] 吴闻：《英国、欧洲和澳大利亚的海洋科技计划》，载《海洋信息》2002年第2期。

[46] 文艳、倪国江：《澳大利亚海洋产业发展战略及对中国的启示》，载《中国渔业经济》2008年第1期，第26卷。

[47] 薛桂芳：《〈联合国海洋法公约〉体制下维护中国海洋权益的对策建议》，载《中国海洋大学学报（社会科学版）》2005年第6期。

[48] 薛桂芳、王冠钰：《澳大利亚外大陆架划界初探》，载《中国海洋大学学报（社会科学版）》2009年第6期。

[49] 薛桂芳、张珊：《澳大利亚海事识别制度初探》，载《中国海洋大学学报（社科版）》2007年第5期。

[50] 肖鹏：《澳大利亚海洋战略》，载《海洋世界》2012年第1期。

[51] 谢子远、闫国庆：《澳大利亚发展海洋经济的经验及中国的战略选择》，载《中国软科学》2011年第9期。

[52] 向力：《海上行政执法的主体困境及其克服》，载《武汉大学学报》2011年第9期。

[53] 于宜法等：《制定〈海洋基本法〉初探》载《东岳论丛》2010年第8期。

[54] 姚泊等：《高校如何在中学开展"蓝色国土蓝色教育"活动的实践与思考》，载《海洋开发与管理》2010年第9期。

[55] 杨月等：《高校应如何在社区开展海洋环境教育》，载《海洋开发与管理》2009年第10期。

[56] 阎铁毅、吴煦：《中国海洋执法体制研究》，载《学术论坛》2012年第10期。

[57] 姚莹：《解决中日东海争端的司法路径探析》，载《当代法学》2011年第3期。

[58] 赵昌、甘振军：《国内关于二战时期澳大利亚外交研究综述》，载《东南亚纵横》2008年第10期。

[59] 张伯玉：《从维护海洋权益到确立国家海洋战略——日本通过第一部海洋大法》，载《世界知识》2007年第9期。

[60] 张德山：《澳大利亚海洋产业的现状和发展前景》，载《海洋开发与管理》1999年第16卷第3期。

[61] 张惠荣：《海上没有弹丸之地——从"联合国海洋法公约"诞生看海洋权益纷争》，载《海洋开发与管理》2006年第1期。

[62] 张铠等：《中国近现代社会发展战略》，载《魅力中国》2011年第4期。

[63] 赵昕、井泉婧：《支持中国海洋经济发展的货币政策路径探索》，载《海洋经济》2012年第4期。

(二) 学位论文

[1] 常明霞：《论海洋油气资源的共同开发在国际法中的法律基础》，北京：中国政法大学，2005年学位论文。

[2] 郭进：《新世纪澳大利亚对华政策研究》，上海：上海师范

大学，2013年学位论文。

［3］郭珊：《澳大利亚滨海休闲旅游区生态利用研究》，天津：天津大学，2008年学位论文。

［4］何培英：《高等海洋教育生态及其承载力研究》，青岛：中国海洋大学，2010年博士学位论文。

［5］李昌新：《海权与国家安全》，广州：暨南大学，2006年博士学位论文。

［6］李涛：《论大陆架划界的法律制度》，武汉：武汉大学，2005年学位论文。

［7］任江：《地缘政治视角下的澳中关系》，上海：华中师范大学，2009年学位论文。

［8］吴发桥：《海洋技术创新及产业化与沿海区域发展》，南京：东南大学，2011年博士学位论文。

［9］王钱柱：《冷战时期的澳大利亚海洋战略1997—2009》，南昌：江西师范大学，2013年学位论文。

［10］王冠钰：《澳大利亚海洋法实践研究及其对中国的启示》，青岛：中国海洋大学，2010年学位论文。

［11］王侠：《新世纪澳大利亚国家安全政策及其对中国的影响》，石家庄：河北师范大学，2009年学位论文。

［12］王斌：《冷战后澳大利亚对美政策的演变》，郑州：河南大学，2010年学位论文。

［13］许世旭：《澳洲的南太平洋政策研究：新区域主义的观点》，台湾：台湾"国立"政治大学，2007年学位论文。

［14］徐秀军：《地区主义与南太平洋地区秩序的构建》，武汉：华中师范大学，2009年博士论文。

［15］赵晶晶：《澳大利亚海洋安全战略及其对中国的影响》，青岛：中国海洋大学，2013年学位论文。

［16］周立冰：《论冷战后澳大利亚的对华政策——兼析美国因

素的影响》,青岛:中国海洋大学,2014年学位论文。

［17］朱娅春:《澳大利亚保护区管理研究》,上海:华东师范大学,2015年学位论文。

［18］张义龙:《基于生态系统的渔业管理研究——概念、原则与应用》,青岛:中国海洋大学,2007年学位论文。

［19］张晓楠:《中国海上执法力量资源整合与配置研究》,大连:大连海事大学,2015年学位论文。

三、外文文献

［1］Australia Department of Defence, Strategic Review 1993, Canberra: Department of Defence, 1993

［2］Australia Department of Defence, Defence 2000: Our Future Defence Force

［3］Australia Department of Defence, Defence Annual Report 2004 - 2005, Canberra: Department of Defence

［4］Australia Department of Defence, Defence Annual Report 2000 - 2010, Canberra: Department of Defence

［5］Australia Department of Defence, "Defending Australia—Defence White Paper 1994", Canberra: Australian Government Publishing Service, 1994

［6］Bansidhar Pradhan, "Changing Dynamics of Indian's West Asia Policy", International Studies, February 2004

［7］Bateman, Bergin, "Our Western Front: Australia and the Indian Ocean", Australian Strategic Policy Institute, 2010

［8］Caldwell, "International Environmental Policy: From the Twentieth to the Twenty - first Century". Durhamand London: Duke University Press, L K. 1996

[9] Department of Defense, 2013 Defence White Paper, pp. 9 - 11, http://www.defence.gov.au/whitepaper2013/docs/WP_2013_web.pdf.

[10] Department of Defence, "Australia's Strategic Policy", Commonwealth of Australia, 1997

[11] Department of Defense, Defending Australia in the Asia Pacific Century: Force 2030

[12] Department of Foreign Affairs and Trade, Trade at a Glance 2012, Canberra: Department of Foreign Affairs and Trade, 2012

[13] Desmond Ball, "Australia's Strategic and Defence Policy into The 21st Century", Taiwanese Journal of Australian Studies, No. 2, 2001

[14] Evans Michal, "Island - Consciousness and Australian Strategic Culture", Review - Institute of Public Affairs, Vol. 58, July 2006

[15] Firth S, "Australia in International Politics: An Introduction to Australian Foreign Policy", Allen&Unwin, 1999

[16] Geoffrey Till, "Maritime Strategy and the Nuclear Age", New York: St. Martin's Press, Second Edition, 1984

[17] "Golden Window of Opportunity: A New Maritime Strategy and Force Structure for the Australian Navy", Security Challenges, Vol. 4, No. 2 (Winter 2008)

[18] Gary Brown, Laura Rayner, "Upside, Downside: ANZUS after Fifty Years", http://www.aph.gov.au/library/pubs/CIB/2001-02/02cib03.pdf, December 7, 2011

[19] Hugh White, "Australian Defence Policy and the Possibility of War", Australian Journal of International Affairs, Vol. 56, No. 2 (2002)

[20] John Lee, "The importance of India: Restoring Sight to

Australia's Strategic Blind Spot," Foreign Policy Analysis, Sydney: The Centre for Independent Studies, No. 2, November 5, 2009

[21] Lowy Institute for International Policy, The Lowy Institute Poll Date Book 2005, Sydney: Lowy Institute for International Policy 2005

[22] John J. Mearsheimer, "The Gathering Storm: China's Challenge to US Power in Asia", The Chinese Journal of International Politics, Vol. 3, (Winter 2010)

[23] John B. Hattendorf, "What Is Maritime Strategy", in David Stevens Edited, In Search of Maritime Strategy – The Maritime Element in Australian Defence Planning Since 1901, Canberra: Strategic and Defence Studies Centre, 1997

[24] Jonathan I. Charney & Lewis M. Alexander (eds). "International Maritime Boundaries", Martinus Nijihoff Pub. 1993, Vol. II

[25] John Reeve, "Maritime Strategy and Defence of the Archipelagic Inner Arc", Royal Australian Navy – Sea power Centre: Working Paper No. 5, (March 2001)

[26] Mark Kenny, "Tony Abbott says Japan is Australia's 'closest friend in Asia'," The Sydney Morning Herald, October 9, 2013

[27] Nick Lee-Frampton, "Australia and NZ Expand Defense Cooperation," Defense News, February 10, 2011

[28] Paul Dibb, "Australia's Alliance with America", Melbourne Asia Policy Pappers, Vol. 1, No. 1, March 2003

[29] Roger Cabrera, "Adjusting Military Forces to the New Security Environment, the Case of Three 'Middle Power': Australian, The Netherlands and Norway", February 22, 2012

[30] Sam Bateman, Anthony Bergin, "Sea change: Advancing Australia's ocean interests", Canberra: Australian Strategic Policy Institute, 2009

[31] Stewart Firth, "Australia in International Politics: An Introduction to Australian Foreign Policy", Allen & Uwin, Australia, 1999

[32] Sea Power Centre, Australian Maritime Doctrine: RAN Doctrine 1-2010, Canberra: Royal Australian Navy, 2010

[33] United States Institute of Peace, "The South China Sea Dispute: Prospects for Preventive Diplomacy", http://www.usip.org/files/resources/SR18.pdf

[34] Werner Levi, "Australians Outlook on Asia", Sydney: Greenwood Press, 1979

四、网络资源

[1] http://www.un.org/Depts/los/reference_files/chronological_lists_of_ratifications.htm

[2] http://junshi.xilu.com/2011/0215/news_343_140885.html

[3] http://www.51lunwen.com/gjhyflw/2012/0629/lw201206292350354431.html

[4] https://en.wikipedia.org/wiki/Geography_of_Australia

[5] http://www.abs.gov.au/ausstats/abs@.nsf/0/BCDDE4F49C8A3D1ECA257B8F00126F77?Opendocument

[6] http://www.elivecity.cn/html/jingjifz/3075.html

[7] http://www.soa.gov.cn/soa/management/protection/webinfo/2007/07/1285406065967363.htm

[8] http://www.askci.com/news/201401/16/1616494035513.shtml

[9] http://finance.sina.com.cn/stock/t/2016-06-02/doc-ifxsvexw8274034.shtml

[10] http：//finance.ifeng.com/a/20160602/14451051_0.shtml

[11] http：//news.defence.gov.au/2011/06/24/anzac-forces-ready-to-respond-in-the-modern-era/.

[12] https：//en.wikipedia.org/wiki/Australian_Labor_Party

[13] https：//en.wikipedia.org/wiki/Liberal_Party_of_Australia

[14] http：//news.xinhuanet.com/world/2016-07/10/c_1119194576.htm

[15] http：//www.dpti.sa.gov.au/planning/population#south-australias-current-population

[16] http：//www.china.com.cn/military/txt/2010-06/11/content_20237393_4.htm

[17] http：//news.Xinhuanet.com/mil/2007-03/17/content-5859883.htm

[18] http：//www.mofa.go.jp/announce/announce/2010/5/0519_02.html

[19] http：//www.defence.org.cn/article-13-31130.html

[20] http：//asc.wh.sdu.edu.cn/newsInfo.jsp?id=123

[21] http：//www.defence.org.cn/article-13-31130.html

[22] https：//en.wikipedia.org/wiki/Australian_Defence_Force#Personnel_numbers

[23] http：//mil.qianlong.com/2016/0226/397942.shtml

[24] http：//www.cssn.cn/jsx/dtkx_jsx/201602/t20160226_2884974.shtml

[25] http：//mil.sohu.com/20100617/n272864029.shtml

[26] http：//www.comlaw.gov.au/comlaw/legislation/legislative instrulmentl.nsf/asmade/bytitle/10EBgA6A42E19llDCA25703D0009E4D7?OpenDoeulnent

［27］http：//mil. eastday. com/epublish/gb/paper2/20001023/class000200001/hwz130792. html

［28］http：//www. globalsecurity. org/military/world/australia/ran. htm

［29］http：//www. defence. gov. au/minister/Hilltpl. cfm? CurrentId = 4745. 2005 - 03 - 30/2006 - 05 - 28

［30］http：//www. marinelog. com/DOCS/NEWSMMIV/MMIVDec15. html. 2004 - 12 - 15/2006 - 04 - 19

［31］http：//voanews. com/chinese/archive/2004 - 12/a - 2004 - 12 - 16 - 19 - 1. cfm/2006 - 04 - 20

［32］http：//port. shippingchina. com/expertarticles/index/detail/id/13. html

［33］http：//www. ag. gov. au/agd/www/Justiceministerhome. nsf. 2004 - 07 - 30/2006 - 04 - 16

［34］http：//www. oceans. gov. au/the_oceans_policy_overview. jsp

［35］http：//www. china. com. cn/chinese/huanjing/725350. htm

［36］http：//news. sina. com. cn/w/2003 - 10 - 03/1604860001s. shtml

［37］http：//countryreport. mofcom. gov. cn/new/view110209. asp? news_id = 27950

［38］http：//www. southcn. com/news/community/shzt/env/into/200406030770. htm

［39］http：//studyabroad. tigtag. com/rank/168046. shtml

［40］http：//www. environment. gov. au/coasts/oceans - policy/obom - no - ag. html

［41］http：//www. docin. com/p - 752931670. html

［42］http：//www. naa. gov. au/about - us/publications/fact -

sheets/fs258. aspx

［43］http：//www.chinalaw.org.cn/Column/Column_ View.aspx?ColumnID=900&InfoID=15740

［44］http：//news.qq.com/a/20090512/000062.htm

［45］http：//www.360doc.com/content/12/1215/19/7536781_25423 2505.shtml